U0853832

Elementary Classroom Management
Lessons from Research and Practice, 5e

做最好的小学教师

高效课堂管理的十三堂课

卡萝尔·西蒙·温斯坦（Carol Simon Weinstein）
［美］莫莉·E·罗马诺（Molly E. Romano） 著
小安德鲁·J·米格纳诺（Andrew J. Mignano, Jr.）

梁 钫 译

中国人民大学出版社
·北京·

作者简介

卡萝尔·西蒙·温斯坦是新泽西州立大学教育学院教学系荣誉退休教授。温斯坦于马萨诸塞州伍斯特市克拉克大学获得心理学学士学位，于哈佛大学教育学院获得硕士、博士学位。温斯坦博士的科研事业自研究课堂设计对学生行为与态度的影响开始，在这一课题上进行了多年的探求，撰写文章谈论帮助教师实现教学目标、有助儿童学习和发展的教室环境的设计方法。温斯坦博士对如何组织教室空间的科研兴趣最终延伸至课堂总体的组织与管理，她还是《做最好的中学教师：高效课堂管理的十三堂课》（*Secondary Classroom Management*：*Lessons from Research and Practice*，McGraw-Hill，2011）的作者［与英格丽德·诺维德沃斯基（Ingrid Novodvorsky）合著，而且撰写了大量文章探讨课堂管理以及师范实习生对关爱与控制的信念等问题。温斯坦博士还对“文化回应型课堂管理”，或者说为社会公正服务的课堂管理这一课题进行了专门研究。2006 年，温斯坦博士与卡罗琳·埃弗森（Carolyn Evertson）一道编写了世界首部《课堂管理手册——研究、实践与当代问题》（*Handbook of Classroom Management*：*Research*，*Practice and Contemporary Issues*，Lawrence Erlbaum Associates，Inc.），全书共 47 章，由来自世界各地的学者撰写而成，系该领域纲领性著作。

莫莉·E·罗马诺是亚利桑那大学教学与师范教育系助教。罗马诺博士的初等教育学士学位、教学与师范教育硕士和博士学位均在该校获得。罗马诺博士成为大学助教之前曾在小学任教 10 年，其间担任多名实习教师的导师。罗马诺博士与实习生、即将转正的教师一道，研究了“教学中的颠簸时刻”（bumpy moments），该术语由罗马诺博士提出，指教学实践过程中，行动之前需要多加考虑的事件。罗马诺博士发现，对于实习生和即将转正的教师而言，很多“颠簸时刻”以及教学中的困难都与课堂管理直接相关。目前，罗马诺博士正致力于创建一套以学校为基地的硕士学位课程，该课程特别重视导师指导以及教师领导。

小安德鲁·J·米格纳诺是新泽西州弗里霍尔德镇所辖公立学校的课程与授课助理主管，曾任当地劳拉·多诺万小学校长 5 年。此前，米格纳诺曾是新泽西州高地公园的一名教师，并曾担任校长一职。米格纳诺先生 1974 年于罗格斯大学获得初等教育及特殊教育学士学位，1981 年获得肯恩大学教育心理学硕士学位。在 15 年的教学生涯中，米格纳诺曾教授过从幼儿园到小学五年级所有级别的课程，包括一年的特殊教育班级教学经历。自始至终，米格纳诺先生一直是一位教学领导者，十分重视职业发展。在早期识字、儿童早期教育、写作工作坊、策略性阅读、全纳教育和家长参与等领域的革新中，米格纳诺先生起到了重要作用。他还与罗格斯大学教育学院师范教育办公室紧密合作，欢迎师范生到该校实习，并担任学生实习研讨班的兼职教授。

献　词

仅以此书再次献给：芭芭拉（Barbara）、考特妮（Courtney）、肯（Ken）、维维安娜（Viviana）和加内塔（Garnetta）——你们继续在教学岗位上工作着并激励着阅读此书的所有读者。

序　言

《做最好的小学教师（第一版）》发行之后的这些年来，课堂管理的挑战急剧加大。班级的构成比以往更具异质性，学生来自各种各样的文化背景和语言背景。残障儿童和他们的非残障同伴在同一个班级接受教育，而教师也可能在需要协调的合作教学的安排下工作。越来越多的儿童带着情感和心理问题来到学校。近来的经济危机增加了贫困和无家可归者的数量，造成了不确定性、焦虑和恐惧的氛围。如今的教师比以往任何时候都更需要了解如何建设互助互爱的、全纳式的有序课堂。

遗憾的是，新教师常常报告说，他们所受的师范教育并没有帮助他们作好应对课堂管理挑战的准备。他们在很多方面需要作更多的准备，例如与家长沟通、应对学生的不当行为、在多样性及多元文化背景下工作，以及帮助有特殊需要的学生等。他们抱怨课程脱离学校实际，渴望有真人真事作为榜样，学习这些教师如何处理真实课堂中真实的学生带来的挑战。

五位真实教师的档案

此版《做最好的小学教师》正是针对上述问题撰写的。我们将研究中认为的有效课堂的管理方法与来自实践的知识结合了起来。为做到这一点，我们重点突出了五位真实的教师在实际课堂管理中的想法与做法。这五位教师是：考特妮·贝尔（Courtney Bell），幼儿园教师；维维安娜·洛夫（Viviana Love），一年级双语教师；加内塔·钱恩（Garnetta Chain），三年级教师；芭芭拉·布罗吉（Barbara Broggi），四年级教师；肯·科瓦尔斯基(Ken Kowalski)，五年级教师。其中，考特妮任教一年，其他教师都富有经验。本书读者会逐渐了解五位教师，听到他们关于课堂管理方方面面的见解，看到他们与学生、家长建立关系的方法。他们的故事为研究中得出的概念和原则提供了真实的范例。

五位教师教授不同的年级，而且他们学校所在的地区也在种族、民族、社会经济地位方面各不相同。考特妮任教的郊区主要是欧裔美国人（占85%），只有4%的学生有资格参加联邦免费或折价午餐计划。与此相反，维维安娜和加内塔任教的市区中54%为拉丁裔，41%为非裔，共有80%的学生有资格参加联邦午餐计划。鉴于上述不同点，五位教师管理课堂的方式各有不同。但五位教师都能够创造出富有成果、相互尊重的课堂，而且他们在课堂中应用的管理基本原则是相同的。

本书简介——与先前几版的相同点和创新点

与前几版一样，本书为组织和管理课堂提供了一些清晰的、实际的建议。我们的目标是写一本书，既要使用相关的科学研究成果，又要好读易懂，甚至使阅读的过程很愉快。我们既要求本书具有广度与深度，又努力使本书方便阅读、长度合理。我们希望成功地写出一部内容清晰、生动活泼的作品，既似促膝谈话，又能引人入胜。（请注意：为具有可读性，即使在描述仅涉及一位作者的事件时，我们也会一直使用“我们”这样的人称。）

本书仍然要讨论教师们不断面临的管理任务，包括物理空间组织、创建社区、讲授行为规范、应对不当行为以及防止暴力等。我们也加入了一些课堂管理教科书上经常略过但又十分重要的话题，例如如何与家长协作以及有效利用时间。此外，我们还将探讨一般有关教学法的书籍中讨论的话题，包括激励学生的策略，以及小学课堂常用的教学模式管理（如独立作业、小组学习、课堂提问和讨论）。我们在书中自始至终强调积极的师生关系在有效课堂管理中的重要性。

本书保留了一些教学法特色，教师和学生都认为这非常有益。几乎在本书的每一章，读者都会发现以下内容：

- “暂停与思考”提示栏，用来促进读者的阅读参与和理解。
- “技巧培养活动与反思”板块。该板块分为三部分：“课上活动”、“独立活动”、“载入档案袋”。
- “实用贴士”，为读者提供实用的课堂管理策略。
- 页边图标，提示读者密切注意与文化多样性相关的内容。

此外，本书还有两个新特色。第一，本书每一编都有内容简介，用来说明本编的组织框架、概述各章内容。第二，“会见教育家”专栏对著名演说家和作家的作品进行了提示，这些名家都是新教师在职工讨论会或讲座中可能遇到的人。所有这些教育家或者制定过被广泛应用的课堂管理规划，或者发表过相关著作，如阿尔菲·科恩（Alfie Kohn）、哈里·王（Harry Wong）、简·内尔森（Jane Nelsen）、林恩·洛特（Lynn Lott），以及斯宾塞·卡根（Spencer Kagan）。

根据上一版使用者的反馈，一些章节被重新编排，以便更好地与课堂管理课程编制方式相契合。我们在连贯性方面也作出了改善，将某些章节的内容挪到其他章节，消除了冗余，也使讨论更加简化而高效。所有章节都经过了更新，以便反映学术新发展和当下关注的问题，此外还新增了70余种新的参考书籍。新材料和拓展材料针对的是以下主题：

- 待人热情又不失独断的重要性
- 给出专业的表现
- 中产阶级白人文化的准则与价值观
- 了解学生的生活
- 在课堂中与其他成人协作

- 积极参与“个别化教育计划”和“504 计划”①
- 更多地利用科技与家长沟通
- 应用多元智能理论来促进学生成功
- 发展中的小学儿童
- 如何对待贫困或无家可归的儿童
- 对积极行为的支持

智慧课程
智慧学习，智慧选择

本书文字作为电子教材可以从 www.coursesmart.com 获得。通过“智慧课程”网上教材出版公司下载本书，你不但可以节省 50% 的印刷教材费用、减少对环境的影响，还可以获得有力的网络学习工具。“智慧课程”的电子教材最多，可以提供数千种普遍使用的教材，涵盖各类高等教育出版产品。“智慧课程”提供的电子教材可以通过一种标准在线阅读器进行全文搜索、可加注释和高亮，还设有电子邮件工具以供同学间分享笔记和注释。如需更多信息，敬请垂询当地销售代表，或登录 www.coursesmart.com。采用该书作教材的教师可向 McGraw-Hill 公司北京代表处联系索取教学课件资料，传真：(010) 62790292，电子邮件：instructorchina@mcgraw-hill.com。

《做最好的中学教师》——本书的姊妹篇

《做最好的小学教师》与《做最好的中学教师》同步出版，因此同时讲授小学和中学师范课程的教师可将二者配套使用。两本书籍讨论的原则与概念是相同的，但《做最好的中学教师》是根据初中教师的教学工作编写的，其经验也主要来自对初级中学和高级中学的相关研究发现。

① “个别化教育计划”英文为 individualized education program (IEP)。美国联邦政府于 1975 年颁布《全体残障儿童教育法案》，其中一项是“为每一位残障儿童维持一项个别化教育计划”。“个别化教育计划”是为满足残障儿童在教育方面的特殊需要而制定的，它是由一位地方教育机构代表负责提供或督导的专门的教学计划，该计划由教师和儿童的家长或监护人，在适当情况下与残障儿童本人一起商议制定而成。

“504 计划”是美国 1973 年颁布的《复健法案》条款中的一项，指为了帮助常规教育环境中有特殊需要的儿童而设计的授课服务方案。“504 计划”不同于“个别化教育计划”，后者适用于残障儿童，但从特殊教育环境转到常规教育环境下的学生可以被安置在“504 计划”之下。——译者注

致　谢

一如既往，我们要向本书的主角教师表示感谢。五位教师允许我们观摩他们的课堂，在长时间的访谈中和我们分享他们的智慧、挫折和欢庆时刻。关于本书的结构方面有一点需要明确。对芭芭拉、肯、维维安娜和加内塔的描写是自1991年以来所收集的素材的合成像。换言之，我们创作了每位教师的画像，把不同年级的不同学生在不同年份里发生的事件描述出来，就好像这都是在同一学年、同一个班级中发生的事情。肯和考特妮仍然在原校任教（但显然考特妮已经不再是仅有一年教龄的老师了!），芭芭拉刚刚退休，因此这三位教师仍旧可以为本书新版作出贡献。但是，维维安娜和加内塔都已退休多年。

我们还要感谢同意进行本项目研究的地区行政官员，感谢学校的顾问能安排时间与我们交谈、分享他们的见地。十分感谢我们的学生，他们允许我们看他们的日记、对所有问题提供反馈，包括内容上的不清晰和印刷错误。值得注意的是，为了避免尴尬，我们改变了日记中的某些细节，有时还将数篇日记糅合在了一起。

我们要对前几版图书的所有评论者表示感谢，他们是：北艾奥瓦大学的琳恩·恩斯华斯（Lynne Ensworth），位于彭布罗克的北卡罗来纳大学的卡罗尔·L·希吉（Carol L. Higy），瑞德大学的莎伦·S·麦库尔（Sharon S. McKool）. 卡迪纳尔斯特里奇大学的琳达·V·内曼（Linda V. Neiman），密歇根大学的凯瑟琳·赖施尔（Catherine Reischl），以及瓦尔多斯塔州立大学的雪莉·E·汤普森（Shirley E. Thompson）。如果本书有任何差错或错误陈述，责任由我们承担。

卡萝尔·西蒙·温斯坦

莫莉·E·罗马诺

小安德鲁·J·米格纳诺

目 录

第一编 绪论

第二编 创建有助学生成长的学习环境

第一编　绪论

当你听到“真正的好教师”这个称谓时，你会想到什么呢？

当我们对本校师范生提出这个问题的时候，他们不约而同地谈到了“关爱”。他们说，好的教师应该是一位有爱心、尊重并支持学生的教师，他们不会让学生失望，会真正把学生作为个体来关注。我们的师范生还相信，他们有能力成为那样的教师。他们认为未来自己能培养孩子们的自尊，为孩子们的成功而喜悦，在自己与孩子间建立牢固的情感纽带，并能与他们相互尊重。

后来，这些未来的教师开始了教学实习。几周后，关爱之类的话渐渐不谈了，取而代之的是控制与纪律、处罚与后果。实习生悲叹他们开始时“过于和善”了，论断说他们本该“更刻薄些”，有些实习生甚至认为关爱和秩序是相互排斥的。

想要关爱学生和维持教学秩序之间的张力在新手中并非罕见，但是，表示关爱和维持秩序并不是不可调和的目标，两者其实是携手并进的。事实上，教师创建有序环境的主要途径之一就是热情、尊重地对待学生。常识告诉我们，学生更可能与他们认为可亲、可信、可敬的教师合作，而科学研究一再证明了这种常识的正确性。

同时，你向学生表示关爱的主要途径之一就是担负起维持秩序的责任。教师的关爱绝对不是“脉脉温情”，而是乐于担负起领导者的职责——担任领导者本身就是教师工作的一部分。对于这样的教师而言，关爱不只是意味着慈爱与尊重，它还意味着监控学生的行为、教授和贯彻行为规范、提供必要的组织和条理。这样的教师深知，孩子们实际上是渴望受到限制的，即使他们可能会高声抗议。

在第一章中，你将会和五位优秀的小学教师见面，他们的经验和智慧是本书的基础。你将会看到，他们能把热情、尊重与坚持让学生努力学习、遵守课堂规范、为对方着想结合起来。这种结合体就是权威的课堂管理。借用养育方面的学术文献术语来表述，权威的课堂管理者既不独裁也不无情（“专制型”），既不滥情也不过分随和（“放纵型”）。与此相反，他们是“温和要求型”，我们将在此后的多个章节中再次看到这一概念。

第一章

教师如何做，才能有效地管理课堂

对于很多未来的教师和新任教师而言，走进小学教室就像回到久违的家中一样。一切都太熟悉了：告示板仍然展示着“优秀作业”，上面用大头针钉着“A”啦、五角星啦、笑脸啦；字母表挂图仍然在告诉我们字母的正确构成；宣布防火演习的电铃和蜂鸣器仍然会打断课堂。这熟悉的景物、熟悉的声音使我们感到轻松从容，也使我们认为从学生到教师的过渡相对容易一些。然而，事实与此相反，这种熟悉感倒可能是个陷阱，使我们难以认识到小学课堂是多么奇特、多么让人费心。就像从来没有见过小学课堂一样地审视它吧，这也许能帮助我们发现一些前所未见的特点和矛盾现象。

从一个全新的视角来看，小学课堂其实是一个极其拥挤的地方，它更像地铁或公共汽车，而不像是学习场所。事实上，除了监狱，再也很难想出还有哪种地方会有大群大群的个体被聚集在一处，时间又是如此之长。而就在这样拥挤的环境中，教师还经常禁止学生相互交流。正如菲利普·杰克逊（Jackson，1990）指出的：“学生们必须在实际并非独处的情况下表现得像在独处……这些儿童若要成为出色的学生，必须学会如何在人群中独处”（p. 16）。

在这个奇特的地方还有其他的矛盾现象。教师期望孩子们和谐地一道学习，但他们可能彼此陌生，甚至彼此对抗，而且可能来自完全不同的文化背景。教师要求孩子们合作、分享、互帮互助，但同时又让他们独立考试，此外他们还要为分数和特别待遇而竞争。我们让孩子们接受有关独立和责任感的训导，但又要求他们对教师的指令完全服从。

除上述矛盾外，沃尔特·多伊尔（Doyle，2006）还指出了使课堂更加复杂化的六个课堂环境特点。第一，课堂具有多维度的特点。与邮局或餐馆这些进行单一活动的场所不同，课堂是多种事件发生的场所。课堂内，学生读书、写作、讨论，他们建立友谊、发生争论、庆祝生日、一起游戏。教师不仅要进行教学，还要代收牛奶钱、点名、解决纠纷，他们要给学生提出忠告并帮助他们解决问题，还要会见家长、讨论学生的学习进展。课堂环境必须设法容纳这些活动。

第二，多种活动同时进行。这种共时性使小学课堂看起来有点像三个场地同时演出的马戏团。一些学生和老师在讨论故事，一些学生自己伏案或在电脑上写作，一些学生两人一组玩数学游戏，还有一个小组忙着出社会调研的板报，更有一些学生互相传纸条谈论昨天的足球赛。这种场景十分普遍，正是因为这种共时性，“背后长着眼睛”对教师来讲才十分重要。

小学课堂的第三个特点是事件发生速度快。由于课堂事件发生的瞬间性，教师不可能在每次行动前都经过思考。学生因为争夺玩偶的归属爆发了口角，一个学生抱怨邻座打小抄，一个通常很沉默的孩子在小组讨论中突然发表认真却又不相关的评论……每个这样的小事件都需要教师作出快速反应，即时决策课堂该如何进行。另外，即使进行了最周密的计划，上述课堂事件通常也无法预料。不可预见性就是课堂的第四个特点。因此，当教师绝对不会感觉枯燥，但是不可预见性也会让人筋疲力尽。

课堂的第五个特点是缺乏私密性。课堂显然是公共场所，四壁之内，每个人的行为都能被其他许多人观察到。教师感觉自己好像总是“在舞台上”或“活在鱼缸里”（Lortie，1975）。这种感觉容易理解。在二三十双眼睛的注视之下，很难抽空私下一笑或不为人察觉地叹口气。但这种监督是双向的：教师也不断地密切监督着学生的行为。为了对抗这种有时并不受欢迎的监察，学生们逐步展开一种“活跃的私人生活”（Hatch，1986）来从事个人的日程安排。随着年级的升高，他们的技巧更加精湛，学会了传纸条、梳头、看杂志和涂鸦——所有这一切，他们都希望教师没有丝毫察觉。然而，即便他们能避开教师的目光，也还有来自同伴的注视。同教师私下进行交流、掩盖考试分数或犯了错误也不为人知，对学生而言都是很难做到的。

第六，经过一学年的共处，班级同学创造了共同的历史。这第六个特点意味着班级就像家庭一样，会记住过去的事件，无论是好事还是坏事。他们记得谁被吼了，谁又被选为学委；记得老师对家庭作业的交代；记得谁还剩“一次机会”就要被留堂了，即使是教师最后没有让他留堂，学生也会记住的。班级记忆意味着今天发生的事情会影响明天事情的发生，也意味着教师必须努力塑造一种能够促进（而非阻碍）未来活动的历史。

多维度、共时性、瞬间性、不可预见性、公开性和能记性，这幅图景凸显了我们经常忽略的课堂特点。本书以此图景展开，是因为我们相信，要进行有效的组织和管理就必须深入理解课堂的独特之处。很多新教师遇到的班级管理问题都可以从对自身工作环境的复杂性缺乏了解方面找到原因。

以往与孩子相处的经验也会误导新教师。比如，你也许给学习有困难的学生做过家教，也许做过夏令营辅导员，虽然这些都是宝贵的经验，但是这与课堂教学完全不同。教师不是在私人房间里进行一对一的教学，他们很少带领学生进行孩子们自己选择的娱乐活动，教师工作面临的甚至并不是那些自愿出勤的少年。其实，教师的工作针对的是非自愿型学生，是在拥挤的公共环境下开展的，工作内容是不易得到学生配合的课业日程。

暂停与思考

往下阅读之前，记下当你听到“课堂管理”这个词时脑海中闪现的语句，然后回答下面的问题：“课堂管理的目标是什么？”读完下一节之后，把你的目标陈述与本书的陈述对比一下。两者相似吗？有哪些方面不同？

在这样的环境下，教师必须完成课堂管理的基本任务。

课堂管理的五项指导原则

有时候我们太过执着于基本的管理问题（比如如何让所有人都坐下），却忘记了课堂管理并不是为了秩序本身而维持秩序。实际上，课堂管理有两个明确的目的：它不仅要建立和保持一个充满爱心的有序环境以供学生进行有意义的学习活动，还要对学生进行社会和情感培养。从这个角度讲，教师如何维持秩序比是否维持了秩序更为重要（Evertson & Weinstein，2006）。记住这一点后，我们就可以学习指导本书内容和结构的五项原则了（表 1—1 概括了这五项原则）。

表 1—1　　　　课堂管理的五项指导原则

（1）成功的课堂管理能培养自律性和个人责任感。
（2）大多数课堂混乱的问题都是可以避免的，只要教师能够培养积极的师生关系、教学引人入胜，并运用预防性管理策略。
（3）对课堂秩序的需求不应超过对有意义的教学的需要。
（4）管理现今的多样化课堂要求教师具备一定的知识、技巧和素质，以便面对来自不同种族、民族、语言和社会阶层背景的学生。换言之，教师必须成为“文化回应型课堂管理者”。
（5）成为一名有效的课堂管理者需要思考、努力和时间。

第一，成功的课堂管理能培养自律性和个人责任感。让我们诚实一点儿吧：教师最害怕的就是管理失控，面对无拘无束、无法无天的班级束手无策。想到那梦魇般的情景，下面的方法就颇有诱惑力了，即通过使用奖惩制度来使学生顺从，创建一个自上而下的高压管理体系。然而，这样的方法不能教会学生在行为方面作出正确的选择。此外，正如玛丽・麦卡斯林和汤姆・古德（McCaslin &Good，1998，p. 170）所指出的：“顺从模式的成功依赖于不断的监控（教师一转身，学生就不遵守纪律了……）。”强调外部控制不仅与当前的课程和教育理念不一致（McCaslin & Good，1998），也不利于设计培养独立能力、解决问题能力以及批判思考能力的学习活动，反倒会鼓励依赖分数、联欢会和惩罚措施的管理手段。这并不是要减损教师权威的重要性，但显然，想要管理有效就必须乐于设置限度、引导学生做出正确行为。当然，你的目标是创造一个环境，使学生出于个人责任感而规范自身行为，而不是出于害怕被惩罚或渴望得到奖赏。

第二，大多数课堂混乱的问题都是可以避免的，只要教师能够培养积极的师生关系、教学引人入胜，并运用预防性管理策略。让我们一起按顺序研究这些因素。广泛的研究表明，当学生觉得老师支持、关心他们的时候，他们更可能表现出合作、负责的行为，也更倾向于遵守课堂规则与规范（Hoy & Weinstein，2006）。同样，如果学生认为课业活动有意义、吸引人、富有启发性，他们就不太可能走神或扰乱课堂秩序。最后，雅各布・库宁（Kounin，1970）所做的一项重要研究记载了这样一个事实：有序的课堂是教师管理小组活动能力的结果，而与教师处理学生错误行为的某种方法关联较小。作为库宁研究的结果，我们发现训诫与课堂管理是不同的，前者用于应对不当行为，后者则是用于创建相互关爱、相互尊重的环境，从而促进教学的方法。

第三，对课堂秩序的需求不应超过对有意义的教学的需要。虽然学习和授课不可能在一个混乱无序的环境中进行，但是过度地关心安静和统一会妨碍教与学（Doyle，

2006)。例如，一位教师可能想把学生分成几个小组动手做科学实验，认为学生通过自己动手可以比观看演示学到更多。然而，她对噪声的焦虑和对学生能否合作的担忧可能会使她放弃小组实验计划，而用教师演示和独立完成书面作业取代。一方面，这位教师是正确的：一项需要合作的科学实验要求更高的智力水平和社交水平，对管理方面也就提出更大的挑战。但另一方面，教师不能为了使课堂保持安静而牺牲学习机会，这才是至关重要的。正如多伊尔（Doyle，1985）所评价的那样："一堂井然有序却什么也不教的课与混乱到不能进行任何学习活动的课一样无用。"(p. 33)

我们的第四项原则是，管理现今的多样化课堂要求教师具备一定的知识、技巧和素质，以便面对来自不同种族、民族、语言和社会阶级背景的学生。换言之，教师必须成为"文化回应型课堂管理者"（Weinstein，Curran，& Tomlinson-Clarke，2003；Weinstein，Tomlinson-Clarke，& Curran，2004）。有时，想要公平对待学生的愿望会促使教师努力成为"色盲"，不在意肤色差别（Nieto & Bode，2008），而教育学者也因为害怕成见而不愿谈及文化特色的话题。但是，举止得当的定义和要求都是深受文化影响的。如果我们忽视学生的文化背景，就有可能发生矛盾冲突。日内瓦·盖伊（Gay，2006）提供了一个令人信服的事例，告诉我们如果教师和学生之间有"文化沟壑"会发生什么情况。她发现，非裔美国人频繁使用"唤起情感的语言"，并在语言沟通中"注入强大的表达力，兴高采烈、充满激情"（p. 355）。但欧裔美国教师可能会把这种语言理解为粗鲁或粗俗，进而感到有必要斥责这些学生，甚至会实施惩罚。然而，如果学生认为自己并没有说错什么，他们就会对老师的反应感到不满和抗拒。正如盖伊提到的，"其结果是文化冲突，进而很快升级为课堂上的纪律处分，或者转送学校行政部门裁定处罚"（p. 355）。

为了避免上述情况的发生，我们需要清醒地认识以自身文化为基础的原则、偏见和价值观，思考这些因素是如何影响我们对行为的要求以及与学生互动的。只要我们把自己的文化偏见带到意识层面，我们就会减少误解与我们具有不同文化背景的学生的行为的可能性，减少不公正对待他们的可能性。此外，我们必须了解承载文化内容的知识。例如，我们必须了解学生的家庭背景以及他们文化中的人际关系范式。显然，这些知识不应该被用于将学生归类或形成成见，重要的是我们还应该认识到同一文化群落成员中也存在着个体差异。尽管如此，承载文化内容的知识仍然有助于我们形成对学生行为的假设（Weiner，1999）。

我们的第五项原则是，成为一名有效的课堂管理者需要思考、努力和时间。课堂管理并不能被简单归结为一套秘诀或一些"行为指南"。正如我们所见，课堂环境是拥挤的、多维的、快节奏的、不可预知的、公开的。在这种复杂的环境中，没有轻易获得的答案。同理，秩序良好的课堂也不是通过"本能直觉"或"跟着感觉走"实现的。课堂管理是一种习得的技艺。这意味着你必须掌握有关加强有效课堂管理的知识，你也必须做好准备，并且乐于预测问题、分析情况、找到解决办法，进而作出深思熟虑的决策——还要从自己的错误中吸取教训。

本书重点：来自五位一线教师的经验

《做最好的小学教师》在第二编中首先关注的是支持学习和自我规范的课堂环境的创建方法，例如怎样设计适当的教室环境、怎样创造相互关爱和尊重的氛围、怎样制定行为标准。其次，在第三编中讨论重点将移向与授课直接相关的管理任务，例如合理使用时间、激励学生学习、组织小组活动，以及管理以学生为中心的课堂讨论。最后，本书将在第四编中检视课堂管理中不可避免的挑战，比如应对学生的不当行为以及防止和处理暴力。

通过研究获得的概念和原则与五位小学教师的智慧和亲身经历交织在一起，贯穿本书。在本书中，你可以逐渐了解到他们所教的班级以及他们教室中的物理局限，听取他们对课堂管理规则和方法的思考，并观察他们如何把这些规则教给学生。你将听到他们讨论激励学生、培养合作精神、处理不当行为的方法。总之，本书的重点是真实的教师在管理复杂的小学课堂时所做出的真实决策。我们分享这些经历，并不是说只有他们的课堂管理方法是有效的。我们的目的是说明五位善于思考、充满爱心又截然不同的教师是如何完成课堂管理任务的。现在我们就来按照年级顺序见一见这几位教师（表 1—2 提供了五位教师及其教学环境的概观）。

表 1—2　　五位主角教师和他们的学区

教师姓名	年级	学区规模（学生数量）	有资格享受免费或折价午餐的学生数量占学生总数的比重	学区民族/种族多样性
考特妮·贝尔	幼儿园	4 605	4%	85%欧裔美国人 7% 亚裔美国人 5% 拉丁裔美国人 3% 非裔美国人
维维安娜·洛夫	一年级（双语）	6 500	80%	54%拉丁裔美国人 41%非裔美国人 5%欧裔美国人
加内塔·钱恩	三年级	6 500	80%	54%拉丁裔美国人 41%非裔美国人 5% 欧裔美国人
芭芭拉·布罗吉	四年级	1 650	26%	53%欧裔美国人 17%非裔美国人 16%亚裔美国人 14%拉丁裔美国人
肯·科瓦尔斯基	五年级	7 500	12%	64%欧裔美国人 20%亚裔美国人 10%非裔美国人 6%拉丁裔美国人

见见各位老师吧

考特妮·贝尔：幼儿园教师

考特妮，24 岁，是一位任教一年的幼儿园教师。考特妮大学时期主修戏剧艺术，后来她决定继续学习，并获得了硕士学位和初级教育资格证书。在考虑将教师作为自己的事业这一选择的时候，她说道：

我所做的抉择并不轻松。所有人都说我应该当老师，我就对这些劝告产生了抵触。我本意是要从事戏剧疗法①方面的工作，但经过一次实习后，我认定那并不适合我。思考了很久，我决定去读教育学硕士……我的决定并没有让父母感到惊讶，他们知道这就是我一直都应该做的……你们看我的简历就知道了，我所做的每一份兼职都是教育类的、和孩子们相关的工作。我觉得，父母看到我终于想通了之后真是松了口气！

考特妮在一所启用了“回应型课堂”的幼儿园进行了教育实习，回应型课堂是一种把儿童社会—情感学习与课业相结合的教学方法（见 Charney，2002）。考特妮觉得这次工作经历极有收获，因此找工作时就去寻找那些允许她应用回应型课堂元素的学区。她在一个中产和中上层阶级聚居的市郊学区找到了一份工作，该学区由 5 所小学和 2 所中学组成。该镇的人口构成在种族和社会经济地位方面相对单一：在该地区 4 605 名学龄前幼儿② 到八年级学生中，3%为非裔美国人，5%为拉丁裔美国人，7%为亚裔美国人，85%为欧裔美国人。只有 4%的学生有资格加入免费或折价午餐计划。该学区以不断进步和课业成绩高而著称，2004 年就开始实行幼儿园教育全日制。

考特妮的学校是 20 世纪 60 年代建造的砖结构平房，刚刚增建了一座独立的耳房以容纳 5 间新的幼儿园教室。这 5 个班的教师组成了一个工作团队，计划和实施回应型教学。这给考特妮提供了她急需的指导和支持，使得第一年的任教工作不再那么令人生畏了。

考特妮班上有 21 名学生，其中 2 名学生是意大利人，其余都是欧裔美国人。孩子们的身型差异极大：一名女孩开学前刚满 5 岁，个子十分矮小；一名快要 6 岁的男孩长得就像三年级的学生。一个孩子留级一年，因为要等他再成熟些才能让他上小学，而另一个孩子在校期间被诊断出了阿斯伯格综合征。考特妮还有一个学生患有糖尿病，每天必须数次离开教室去医务室。

开学前几天，考特妮谈到了想要为她的 21 名学生建立一个安全快乐课堂环境的愿望。

我的主要目标是向学生灌输对学习的热爱。这是我的学生的第一次公立学校经历，我想让他们的学习变得令人兴奋又有趣。同时，我想创造一个温暖的环境，让他们感觉在学习和社交方面都能自由地表达自己。孩子们在学习上应该有冒险的自由，应该感到即使不成功也不会遭到嘲笑。我也想让孩子们觉得在我的课堂上很成功。我想让他们知道他们能够做成好多事情，即使差那么一点点我也能接受，只要他们取得进步我就会庆贺。我相信，孩子们做得出色时，我表扬他们的一个微笑、说话中兴奋的语调，这样一些小小的举动也能让他们觉得自己努力做事是值得的。

作为她创造温暖、友好环境承诺的一部分，考特妮每天伊始就在教室会议区席

① 美国戏剧治疗协会将戏剧治疗定义为“系统而有目的地使用戏剧和电影的方法，实现生理整合及个体成长”。戏剧疗法是一种积极的方法，通过让治疗者讲述自己的故事来帮助他们解决问题、得到宣泄、扩展内部体验的深度和广度、理解表象的含义、增强观察个人在社会中的角色的能力。——译者注

② 此处学龄前幼儿指 3～4 岁幼儿。美国的基础教育包括幼儿园和小学，儿童进入幼儿园即所谓入学。3～4 岁儿童一般要进入为上幼儿园做准备的学前班学习，因此他们被称为学龄前幼儿。——译者注

地而坐，召开小组集会。除了按照该幼儿园的传统讨论日期和天气外，考特妮的早会经常还包括互相问候（小组成员围成圆圈逐个称呼姓名问好）、唱歌和进行团体亲善建设活动。她还会引导学生讨论出席情况（“我们班有多少人?”“今天来了多少人?”“有多少人缺席?”“谁没有来?”）和当日问题。最后，全班一起朗读画板架上的晨间信息。例如，开学第一天的信息写道：“同学们，早晨好！今天是9月7日，星期二。今天我们将要学习同学们的名字。”晨间信息不仅可以提示学生当天要发生的事情，还能作为讨论字母、读音和标点符号的载体。

这是有代表性的一天。早会结束，考特妮转而进行“高声朗读”活动，显然这是孩子们最喜欢的。她所选的书通常是当月主题的一部分，例如，苹果、南瓜、公共汽车、企鹅、家庭成员等。吃过点心，进行了一些大肌肉群活动后（在户外操场或者多功能教室），考特妮开始指导写作讨论会并领上一节“单词工厂”（“Word Work”）课。然后就是午餐时间，此后是午休和安静的识字活动，活动中学生可以抱着枕头蜷缩在地毯上。数学课和“关联艺术”课（如音乐、美术、文学和体育）都安排在下午。最后是半小时的“自由选择时间”，学生可在位于教室各处的学习中心活动，一天就这样结束了。

作为一位新教师，考特妮对未来的一年感到既兴奋又乐观。尽管如此，她也意识到这将是学习的一年。

尝试从来没有做过的事情时最有压力的部分就是，我不知道什么方法才是可行的。我知道，一个老师可能教了20年，年年工作都很出色，但是突然遇到一个班级，干什么事都不顺利。而对于我来说，一切都是在做实验，一切都是新的，很难建立信心。我的意思是，我自信受过很好的培训，我要做的很多事情最后也会成功，但是我不可能对每件事都有信心。我想，我们只能拭目以待了。

维维安娜·洛夫：一年级教师

维维安娜·洛夫是一年级双语教师，任教于一个由10所学校组成的城市学区。这一学区的6 500名学生中，54%是拉丁裔美国人，41%是非裔美国人。很多孩子来自贫困或低收入家庭，80%的儿童有资格加入免费或折价午餐计划就可以证明这一事实。他们的社会经济状况导致了城市地区其他典型的状况——滥用药物、居住的暂时性、无家可归、少女早孕、躯体虐待。维维安娜的学校位于这座小城市的中心，周围是单门独户或多家合住的住宅。学校大楼很旧，但养护得很好，可容纳700名学生。

维维安娜出生在波多黎各的一个小城里。虽然她的父母只有小学三年级的文化，但他们给维维安娜灌输了学习的愿望和必胜的雄心。母亲教给她读写技能，而她运用这些技能，7岁就开始了教书生涯。她给邻近的孩子上课，令她高兴的是，有时候还能因此得到25美分！从一开始维维安娜就知道，教书的感觉好极了。

维维安娜现在还记得她一年级的老师埃尔南德斯夫人的形象，跟50年前一样鲜明。

她戴着许多手镯，当她走到黑板前的时候……噢，那些镯子啊！我喜欢它们悦耳的撞击声。我以前总是看着它们，心想等我当了老师，一定先买很多闪亮的镯子——我真的买了！那些手镯对于我来说，是崇高社会地位的光辉象征。带着亮闪闪的手镯在黑板上写字，嘿，我都等不及啦！

维维安娜的职业教学生涯始于波多黎各，之后她搬到了美国本土，从那时起一直在同一个学区教书，长达30年之久。维维安娜自己没有子女，她“收养”了自己的学生。她说：“他们就是我的孩子，我要像母亲对待自己的孩子一样，为他们去做什么都行。我想让他们成为最出色的人。”有时她真想把一些孩子带回家，这样就能给予他们所缺乏的爱护和稳定的居所。最重要的是，她总是努力激发孩子们学习的愿望。

维维安娜对学生付出了多少心血，从她的一年级双语教室就能看出来。她以罕见的精力鼓舞、鞭策着她的学生，言传身教，表扬他们、吸引他们。根据该学区的要求，大多数时候她都是给全班授课。教学气氛轻松活泼，而维维安娜显然也颇有戏剧才能。她利用音乐和各种道具，加上手势和面部表情，并通过语调的变换来教授教材内容。

维维安娜的25名学生都是移民，来自多米尼加、墨西哥、波多黎各，以及洪都拉斯。其中18人在此地上过幼儿园，7人属于入境（POE）儿童，刚刚来到美国。刚开学的时候，维维安娜基本上用西班牙语授课。但是，她会尽快转用英语，只在认为学生理解有困难时才用西班牙语。维维安娜非常不愿看到学生因为英语不熟练而和其他学生隔离或者被视为后进生。她抓紧每一分钟授课，甚至把干扰或突发事件变为可以教学的时间。她的努力得到了回报：虽然孩子们刚开始不会或只会一点英语，但他们6月升年级离开她时，都基本达到了该学区一年级的正常学习目标。

维维安娜知道她的学生来自贫困家庭，所以她会给他们提供完成家庭作业所需的各种材料。“我的孩子们不能推说他们完不成手工作业是因为没有杂志或剪刀，我给了他们需要的东西，这样他们就没有借口不做了。”有人说，维维安娜太严格了，对一年级的孩子要求太高，但是她的学生却没有因为她的期望值很高而退缩。他们看起来热情洋溢，总是充满骄傲地谈起自己的成就。

维维安娜也得到了学生家长的高度评价和感激。每次开学的第一天，她总会对来送孩子上学的家长公开讲话：“在家里，你们是家长……但是在学校，我就是母亲。我们都是一家人，是一个大家庭，都是西班牙后裔，我们要互相帮助。”她经常和家长沟通，不只谈论学生在校的进步情况，还在管教孩子方面给家长提出忠告、指导他们就业，并就怎样帮助孩子学习给他们提出建议。

尽管维维安娜在该地已经居住了31年，但她还是和仍留在波多黎各的父母保持着密切的联系。她感谢父母鼓励她热爱学习、渴望成功，希望能把这些父母给予的礼物与学生和学生的家人一起分享。

加内塔·钱恩：三年级教师

在维维安娜任教的同一学区，在该市市郊，一所低层砖结构小学坐落在低收入住房区和破旧的工厂之间。在校舍接出来的新楼中，我们会见了三年级教师加内塔·钱恩。加内塔的教室一反城区学校的老套，2/3的教室地面铺了蓝灰相间的地毯，给人一种家的温暖感受；而另外1/3的地面则是铺着非常适合开展各种活动的油地毡。从后面的墙壁到洗涤槽边，有半岛式排列的架子和橱柜。胶木工作台上摆着两个水族箱和几只长毛豚鼠，大大小小、五颜六色的数学教具摆满了架子。颜色鲜艳的贴图——太阳系、“心灵之旅”、草体的字母表，都提示着本班将要学习的主题。教室一角是图书中心，对面的墙上则是棋盘游戏大集合。

加内塔是3个孩子的母亲，已经有25年教龄。虽然她刚上大学时的愿望是成为一名生物化学家，但她很快认识到自己想做的是能跟孩子在一起的工作，于是改修了教育专业。最终，加内塔获得了基础教育硕士学位。最近13年，她一直任三年级教师。这次她的班级人数很少，只有15名学生——3名拉丁裔美国人，12名非裔美国人。相比去年，这是很大的变化。那时她的班上有39个孩子，只能在图书馆里教学，因为没有那么大的教室！

加内塔在班级里是一股旋风，这真是名副其实。她无处不在，一转眼就来到学生身边，确保他们积极参与学习与活动。当学生们学到液体度量时，加内塔马上拿来水和容器，供他们灌注、测量。有时她让学生们两人一组互相访谈，然后向全班同学做口头报告，描述他们的搭档。当他们学到可怕的长除法时，她就利用"接接小方块"数学教具来教学，突然间长除法也不那么可怕了。当他们在阅读教材上读到如何烤面包时，她就让学生在课堂上动手做面包。虽然讲解新概念、新技能应该面对全班，但是加内塔也经常以小班的方式强化和丰富学生的知识。她坚信让学生教学生有极大裨益，因此十分强调团队合作的重要性。

谈到学生面临的困难时，加内塔十分坦率。他们中有很多孩子是躯体虐待和性虐待的受害者。毒品、少女怀孕以及暴力充斥着他们居住的社区。难怪加内塔会觉得：在那里做教师不仅要让学生打下坚实的学习基础、培养他们对学习的热爱，而且要向他们传授道德观、多付出爱心和关心、教导学生对自己有信心。

加内塔还致力于为学生们提供一个安全的环境。班级守则张贴在教室的墙上，内容非常明确。她认为，她的学生在生活中忍受了太多的不确定性，因此要让他们知道还有一个地方，在那里一致性还能起到作用。她告诉我们："他们需要知道，不管是周一还是周五，否定的答复就是否定，肯定的答复就是肯定。他们行事必须有限度，他们的行为要产生后果，这样他们就会对自己的行为产生责任感。"

除了规定限度，加内塔也给予赞扬和关爱。我们观察到，她柔声细语地平息了一个孩子的愤怒，把一只手放在学生的肩上就阻止了他上课捣乱。这就让我们很容易理解为什么学生开始逐渐地尊敬她、信任她。经常可见学生升年级后回到她的教室，找她闲谈或讨论问题。

当我们问加内塔如何才能保持她那种对教学的乐观和热情时，她回答说：

我总是希望会有那么一个人，在有困难时可以求助于他，也希望我会使一切变得不同。我知道社会对我的学生很苛刻，也许我会失败。但是如果有人想取得成功，而我又能对此起到一些作用，这一切就都值得。我必须坚信这一点。

芭芭拉·布罗吉：四年级教师

芭芭拉在一个小规模社区任教，该社区人口在种族、民族和社会经济地位方面极其多样化。该地区的3所小学接纳的学生，有的来自拥有昂贵住宅的家庭，有的则出身于居住在低收入公寓楼的家庭。1 650名学生中，53%为欧裔美国人，17%为非裔美国人，14%为拉美裔美国人，16%为亚裔美国人。大约26%的学生有资格加入联邦免费或折价午餐计划。

芭芭拉·布罗吉这位3个孩子的母亲是其任教学校制度下产生的优秀教师，教授四年级学生。该校共有从三年级到六年级的学生450名。今年，芭芭拉有25名学生。与该镇一样，她的班级里学生在种族和民族构成方面也很多样化：16名欧裔学生，4名非裔学生，3名拉美裔学生，2名亚裔学生。在学习能力和学习成绩方面，学生之间也迥然不同：6名学生可以拔高，3名学生有学习障碍，还有3名学生需要接受额外的“基本技能训练”。此外，1名学生患有自闭症，还有1名学生被列为情绪障碍儿童，2名学生均有“儿童特别助理”全天陪护。

芭芭拉别无他念，一心想当教师。她的母亲在同一地区教高中，因此芭芭拉从小就以局内人的眼光看待这一职业。小时候，学生来找母亲谈话或请求额外帮助的时候，芭芭拉就在一旁，而正是这种人与人的密切关系最初吸引她成为教师。即使是在教室度过23年之后的今天，这种与学生的亲密关系对她来说仍然是最为重要的。

每天与学生接触使教学工作对我来说变得非常特别。我想把学生作为活生生的人去了解，而不止是座位表上的名字。我也想让他们了解我，让他们看到我和他们一样，有长处也有需求。如果给他们读小说中悲惨的一章时我哭了，他们就会看到我有感情，也不害怕表达感情，因此就能知道他们自己也可以表达感情。我告诉学生：“我们是共同奋战的，我们将一起学习、工作，一起游戏，我们的共同目标是尽可能利用好每一天。”

芭芭拉的课堂反映了她的信条：创造性的表达和积极的参与是非常重要的。学生的作业把墙都盖满了，从天棚一直悬挂下来；科学实验总在进行，告示板上的小说插图栩栩如生；三台电脑全天开机，这样学生就能写作、编辑和进行研究。

芭芭拉在教材和教法使用方面自由度颇高。例如，她热情支持以文学为基础的阅读训练。她可以选择令她感动并认为对学生有意义的小说：“在讨论文学作品时，我可以把学生的所有喜怒哀乐与一系列广泛的主题对接起来。我们分享感悟的时候，变得更加贴近。”芭芭拉还以儿童文学作品为载体，讲授词汇、语法、写作和拼写。

芭芭拉喜欢在她教学的这个小镇生活。她喜欢在当地的食品店里、足球赛场，或者在她和丈夫开的体育名人卡店里遇见学生家长。家长也珍视这种与教师接近的机会，而正是这种非正式的偶遇帮助芭芭拉和他们建立起了伙伴关系。她和学生家长之间的关系达到了可以以名字相称的程度，这体现了他们交往的开放与轻松。

每天下午下课铃响起的时候，不同年龄的学生就会围在芭芭拉的教室门口。他们来分享见闻，抱怨自己认为的不公，或者只是来看看她的教室有什么活动。正是这种能与孩子们保持密切个人关系的愿望，吸引芭芭拉从事教学工作。现在，当我们看到芭芭拉被她现在和以前的学生簇拥着的时候，显而易见，那种愿望变为了现实。

肯·科瓦尔斯基：五年级教师

肯·科瓦尔斯基任教的学区以改革创新而著称。这个富有声望的市郊学区大约有7 500名学生，每年还要增收400名。学生人口越来越多样化，现在有64%的学生为欧裔美国人，20%的学生为亚裔美国人，10%的学生为非裔美国人，6%的学生为拉丁裔美国人。学生讲50多种不同的第一语言，主要有西班牙语、古吉拉特语、印度语、广东话，以及阿拉伯语。同样，此地学生的社会经济差别也很显著。虽然很多人认为这是中产阶级和中上层阶级聚居的社区，但是也有相当数量的孩子生活在廉价的活动房聚居区。12%的学生有资格加入联邦免费或折价午餐计划。

肯的学校给人的第一印象是坐落在公园之内，周围是树林和草地，一座小木桥横跨附近的小溪。学校始建于1975年，接纳自幼儿园至五年级的学生共502名。该校舍是一座“开放式”建筑，主要授课区是一个至少可容纳10间“教室”的巨大空地。这里只有几座永久性的内墙，教室界线是由折叠式隔断、文件柜、告示板、书架以及小壁橱构成的。

肯是五年级的教师，一个孩子的父亲。他的从教之路是迂回曲折的。大学毕业取得社会学学位之后，肯开始从事写作行业。为了增加收入，他又开始参加学校的课后辅导计划。随着逐渐了解由他负责的孩子们，肯意识到，要教好学生仅靠教学技艺是不够的，而且他并不知道自己如何才能帮助他们。

小时候我上的是教会学校，一个班有50～60名学生。修女嬷嬷拿这么多人简直没有办法，很少有时间再去关注个体。我不可能利用自己的经历去帮助“我的孩子”，从直觉上也不知该做什么。如果说教学是美术的话，我的调色板上却没有任何色彩。

肯决定报名参加一个教师认证项目，这样就能为自己那些“濒临危险”的学生做点什么。很快，他就开始让学生玩单词游戏、到他家谈话或者了解他们家庭的故事。此后，肯的教师生涯开始了。

虽然肯进入教师行列是机缘巧合，但是他对这个职业有着强烈的使命感，并且对同事怀有深厚的感情。他获得了2个硕士学位，一门专业是阅读，另一门专业是计算机教育，此外他还定期参加在职学习。肯经常对自己在课堂上的作为提出疑问，努力寻找帮助学生成长的最佳途径。

今年，肯的班级有23名学生，3名学生是亚裔美国人，1名学生是非裔美国人，19名学生为欧裔美国人。一名学生双耳中度失聪，还有一名学生因学习障碍而被抽调出他的班级去接受特别服务。一些学生前一年就在肯任教的四年级班级中，所以他们的关系并不拘谨，因为他们从一开始就相互熟悉。由于熟悉自己的学生，肯就可以将上一年的知识“捡起”，制定他认为在智力上有挑战性的学习计划。此外，肯还十分关心学生的社交与情感发展。就在刚刚过去的这个夏天，他参加了一个关于“回应型课堂”的学会，并热切希望把所学的理念应用于实践。正如肯所说：

几何是令人兴奋、十分必要的课程，但是要说几何课比跟孩子坐在一起、处理诸如挨欺负和受侮辱这样的事件更重要，那就是错误的。如果孩子们坐在那里、感到痛苦，那么学校就是骗人的，就成了一个你本想学习，来了之后却感到可怕的地方。正相反，学校应该是一个你来解决最重要问题的地方。这个问题就是怎样与人相处，学会它之后你才能开始学几何。只有当孩子们不再为其他的事情忧虑时，几何才能变得有趣。

肯努力营造一个相互理解、相互负责、相互尊重的氛围。在课堂上，他总是显得放松而富有耐心。学生跟他说话时，他专注地倾听。学生们知道可以信任他，经常利用交日记的机会向他吐露心事。肯知道，写作可以让他分享学生的隐私，这是课堂教学难以企及的，因此他总是给学生写回信。

也许肯开始教学的时候，他的调色板上没有颜色，但是无疑，他现在已经成为可以调制出最微妙色彩的大师了。

听听学生们的反馈

编写本章的时候，我们有些好奇，想知道课堂上学生对这五位教师是如何理解的，特别是想知道他们愿意与教师合作的原因。在每一个班，我们都把学生分成小组会面，或者在教室一角，或者在走廊上。我们让他们解释“为什么这个班的学生守纪律”。学生毫无戒心地回答问题，十分诚实，而且每个班的学生都显示出高度的一致性。

暂停与思考

既然你已经见过了几位老师，花些时间想想他们的个性以及课堂管理方法。你和其中哪位老师有特别的亲切感吗？如果有，想想为什么会有这样的感觉？接下来，回想一下你自己的小学经历，有没有哪位教师的课堂管理特别有效？他们的做法是什么？这些教师与你刚刚见到的五位教师有共同点吗？

考特妮的幼儿园学生第一反应是说，“这儿的孩子们守纪律是因为认真听话”。随着我们追问为什么他们认真听话时，他们告诉我们，他们听考特妮的话是“因为她是老师，学生就得听老师的”。（一个学生补充说：“因为她比我们长得都大。”）我们评论说“虽然孩子们应该听老师的话，可他们并不总是听话啊”，他们也同意了这种说法。又经过了几分钟的思考，几个孩子谈到了一个事实，贝尔老师“对我们好”，他们“真的都很喜欢她”。一个孩子解释说：“她给了我们很多玩的时间。”另一个说：“她总是给我们选择的机会。”孩子们还谈到“她教我们当好孩子”的方法，虽然他们并不能确切地解释她到底是怎样做的。一个平时表达能力很强的孩子把这次讨论概括了起来，他告诉我们：“因为她对我们很好，所以我们得尊重她。”

维维安娜的一年级学生似乎连不当行为的概念都很难理解。对于他们来说，守纪律是唯一可能的行为方式。跟考特妮的学生一样，他们告诉我们：“我们就得守纪律，因为她是大人，她是老师啊。”一遍又一遍，他们坚持说，“小孩得听老师的”，“我们必须守纪律，因为她告诉我们要表现好”。当我们向他们描述一些学生不守纪律的情况时，他们呆呆地望着我们，好像不能相信那种事也可能发生。有个男孩甚至告诉我们：“我母亲教育我要好好遵守纪律，所以我没有不遵守的时候，她不允许我不守纪律。”还有几个孩子谈到了想让洛夫老师高兴：“洛夫老师很好，我们表现好她就高兴，我们听话她就感到开心。”一个男孩说他守纪律是为了能学习：“你要是不听老师的，就不能学习好。等长大了要是有人问你问题，你就答不上来，然后你就得不到好工作，然后就挣不着钱。”

与此相反，加内塔的三年级学生能毫不费力地理解我们的问题。他们热切地谈起表现良好时获得的小贴纸。他们骄傲地把装贴纸的文件夹给我们看，一定要让我们看他们最喜欢的几张。还说起他们表现“特别好”时得到的糖果，以及他们赢得的比萨联欢会。此外，他们还强调说：“钱恩老师真是太好了。”对这一主题我们听到了几种不同表述：“钱恩老师从来不对我们喊”、“钱恩老师关心我们”、“钱恩老师对我们可好呢。我们问她可不可以去哪儿，比如洗手间，她总会让我们去。别的老师则会说‘等着，别的孩子都去你才能去’”、“钱恩老师给我们买了豚鼠，只有八年级学生才能养豚鼠呢”。学生们还讲到了他们做的手工，宣称“在这个班，我们可以做有趣的东西”。一个女孩汇报说：“在这个班，我们能烤面包。（我们的阅读书上有讲面包制作的，所以她让我们烤。）她还让我们做纸托蛋糕，让我们和她去买义卖会时用的鱼。”最后，学生描述了他们破坏规矩的一些“后果”。

在芭芭拉的班级，学生也强调老师有多么“好”，她“从来不对我们喊”、“甚至我们不喜欢的东西，她也会让它变得有趣”。他们谈到了所做的科学实验、艺术和手工活动，他们读过的书和记过的日记。对于能够获得许可与其他同学一起学习，以及被给予选择权，他们觉得十分有价值。他们还谈到了芭芭拉给他们自由时间的方式，还有她是如何跟他们一起做棋盘游戏的（“不像母亲，她们从来不和小孩玩游戏”）。一个孩子评论说：“她给了我们所想要的，因此她要什么我们也给。”最后，学生们明确表示，他们知道老师给他们规定了限度：“她很严格，像一些老师一样，她不让我们对她态度不好，但是她不刻薄。”

在肯的班级里我们听到了同样的主题。那些五年级的学生谈论着他如何“使学习变得有趣”，他是多么“好”——爱讲笑话、关心学生、能用心倾听。一个女孩喜欢他们交流的方式：“我们可以告诉他我们的问题。我们有日记，如果有问题，就可以写下来告诉他，他就会给你写回信（比如你不想坐在谁旁边，或者想调到另一个学习小组）。”学生们也提到偶尔获得的奖励（“如果我们做了许多好事，就可以多到外面做一次游戏”）和惩罚（“我们休息时必须留在教室，讨论哪里做错了”）。但是，主题基本上就是“在肯老师的班里，孩子们也能作决策”。学生们一再谈起老师给他们的选择权（例如，“我们要决定用什么顺序来完成一项工作”）。他们骄傲地把学生“权利法案”和“本周最佳学生计划”指给我们。一个男孩急切地描述科瓦尔斯基老师和“其他老师”的不同点：“在这里，是小孩来制定班级规则。有的老师从来不在意孩子们对班级规则的想法，他们第一天来到教室，就发下一张纸，上面印着班规，说‘这就是规则’。但是在我们这儿，我们可以说出我们认为规则应该是什么样。”

暂停与思考

学生们讨论了高效课堂管理者的特点：富有爱心，尊重学生，教学方式能激励和吸引学生，坚决果断（有能力设定和贯彻学生行为限度）。听完这些讨论，请用一些时间思考一下自己在这三方面的优势与不足。你认为哪个方面对你最具有挑战性？

研究这些反馈的异同是很引人深思的。从某种程度上讲，班与班的不同反映出儿童对权威和服从的理解的发展变化。例如，威廉·戴蒙（Damon，1977）就曾指出，幼童认为权威人物天生就具有被服从的权利。因此，考特妮和维维安娜的多数学生认为“我们就得听话，因为她是大人，她是老师”。戴蒙评论说，稍后，权威开始被理解为一种互反关系：一个人服从另一个人，以取得对方的帮助和喜爱。当加内塔的学生告诉我们“她给我们贴纸和糖果”时，当芭芭拉的学生讲述“她跟我们一起做游戏”时，我们听到的就是这种类型的推理（虽然考特妮的一些学生也运用了这种推理类型）。在儿童年龄更大一些时，他们开始把权威看作一种赚得的商品，那些有特定能力和经验的人有权获得他人的服从。根据戴蒙的理论，权威人物对属下权益的尊重被看得至关重要。虽然这一主题在加内塔和芭芭拉的学生讨论中也出现了，但是在我们与肯的五年级学生的讨论中表现得最为明显，他们一再强调“在科瓦尔斯基老师的班里，孩子也有决定做什么事的发言权”。

除了这些发展差异，我们还可以看出学生们的反馈大体上表现了三个主题：以关爱和尊重的态度与学生相处，以鼓舞学生、生动有趣的方式教学，设置并执行行为限度。另外，学生的描述与我们在观察中看到的行为高度一致。我们一次又一次地受到震撼，被老师对学生表现出的爱心和敏感所震撼，被他们为激发学生兴趣作出的努力、上课的专注所震撼，被他们权威的、“师道尊严”的态度所震撼。

总结评论

考特妮、维维安娜、加内塔、芭芭拉和肯教学的背景各不相同，年级水平也从考特妮教的幼儿园到肯教的五年级不等。5个班级的种族构成也截然不同：芭芭拉的班级呈现出极端的多样性，维维安娜的学生都是拉美裔美国人，考特妮和肯的班级主要由欧裔美国人构成，而加内塔的班级则以非裔美国人为主。维维安娜和加内塔工作的地区，80%的学生有资格加入免费或折价午餐计划，而芭芭拉工作的地区有26%的学生有资格，肯工作的地区只有12%的学生有资格，考特妮工作的地区这类学生仅占4%。5位教师都严格遵循可以反映本州标准的地区性课程规定，只是肯、芭芭拉和考特妮比维维安娜和加内塔在课程实施和材料选择方面享有更高的自由度。为了讲求效率，我们的5位教师对年龄、种族、文化、社会经济条件和地区政策等诸多差异非常敏感，并且善于回应相关问题。

尽管有上述不同，考特妮、维维安娜、加内塔、芭芭拉和肯在许多方面还是非常相似的。当他们谈起课堂管理的内容时，明显的相似点就出现了。有趣的是，5位教师很少使用纪律或惩罚、对抗或处罚这类词汇。相反，他们强调，需要建立一个“充满关爱的社区”（caring community），在那里孩子们都是能作出贡献、受到重视的成员（Schaps，2003；Watson & Battistich，2006）；他们总是谈到让学生参与学习活动，帮助他们取得成就，也总是谈论组织有序和准备充分的重要性。

记住这一点很重要：考特妮、维维安娜、加内塔、芭芭拉和肯是工作在复杂的、不确定的小学课堂环境中的、活生生的、真正的人。考特妮刚任教一年，正如她自己也承认的，她并不能确定“哪种方法能成功”。维维安娜、加内塔、芭芭拉和肯是很聪明、很讲技巧的老师，在防止不当行为方面措施有效，但是他们的课堂并非没有问题（第十二章将特别聚焦他们处理不当行为的方法）。像我们所有人一样，他们也会犯错误，也会有挫折感、失去耐心，有时候无法保持他们心中“理想”教师的形象。他们自己也承认，他们仍在学习如何更有效地管理课堂。

记住这一点也很重要：这5位教师并没有遵循什么统一的课堂管理妙招，因此他们与儿童交流的方式看起来各不相同。然而，在不同的行为方式背后，我们通常可以发现相同的指导原则。在下面几章中，我们将努力让读者明白5位优秀教师是如何使这些原则适应自己的特定环境的。

最后，有必要指出，这几位教师工作的学校并不是条件差到各班要在楼梯间或储藏间上课，或者教室玻璃坏了多年、40个学生只能一起看几本教材。他们工作的学校也并没有安装金属探测器，或者学生总带着枪上学。近年来，他们任教的地区都经历过严重问题不断增加的日子，但是暴力并不会每天都发生。本书讨论的策略是否对有严重问题的学校也具有普遍意义还不清楚。然而，我们希望《做最好的小学教师》会成为一个对各地教师都有帮助的起点。

小　结

本章考察了课堂的几个矛盾之处和特点，认为有效的课堂管理要求教师了解课堂环境的独特之处，强调教师的工作是针对非自愿型学生开展的，工作内容是不易得到学生配合的课业日程。在此特定环境下，教师必须努力完成两个主要的课堂管理目标——为学习创建一个充满关爱的有序环境，促进学生的社会和情感成长。

课堂环境的矛盾之处

- 多维度
- 共时性
- 瞬间性
- 不可预见性
- 公开性
- 能记性

本书的指导原则

- 成功的课堂管理能培养自律性和个人责任感。
- 大多数课堂混乱的问题都是可以避免的，只要教师能够培养积极的师生关系、教学引人入胜，并运用预防性管理策略。
- 对课堂秩序的需求不应超过对有意义的教学的需要。
- 教师必须成为“文化回应型课堂管理者”。
- 成为一名有效的课堂管理者需要思考、努力和时间。

见见各位老师吧

本章介绍了五位教师，他们的想法和经历将贯穿本书，在其他各章节进行描述（见表1—2教师及其教学环境的概观）。

- 考特妮·贝尔（幼儿园教师）
- 维维安娜·洛夫（一年级教师，双语）
- 加内塔·钱恩（三年级教师）
- 芭芭拉·布罗吉（四年级教师）
- 肯·科瓦尔斯基（五年级教师）

虽然五位教师所教年级和教学环境各不相同，但是他们也有很多相似之处。最为突出的是，他们在谈到课堂管理的时候用词非常相似，他们强调行为问题的预防、相互尊重、让学生参与学习活动，以及组织有序和准备充分的重要性。

听听学生们的反馈

当问起学生为什么在一些课堂中表现好而在其他课堂中表现不好时，学生们一致地阐述了如下主题：以关爱和尊重的态度与学生相处，以鼓舞学生、生动有趣的方式教学，设置并执行行为限度。我们会在后面的章节中再次谈到这三个主题。

技巧培养活动与反思

课上活动

1. 小组讨论课堂环境的 6 个特点；作为授课教师，这些特点对你会有怎样的影响？就此进行思想交流。

2. 回想一下你从前针对儿童的工作经历（例如做家教或夏令营辅导员），你从中获得了哪些对你课堂教学有帮助的经验？

3. 回顾一下所有教师的传记，找出 3～4 个相同点。

独立活动

如果你是一位新教师，或即将成为教师，你也有考特妮表达的那种不确定的感觉吗？想想你可能会担心什么？与具有二三年教学经验的教师谈谈你的想法，找出那位教师如何应付这些顾虑。

载入档案袋

假设你也是本书描述的一位教师，你的故事是什么样的？思考一下，是什么促使你选择了教师事业？你的目标是什么？把你想要放在个人简介中的要点写下来。（这将成为一份有用的文件，可以用来做访谈之前的回顾，也可以在教学第一年的困难期中用来激励自己。）

第二编　创建有助学生成长的学习环境

一则相传已久的教学格言说："等到圣诞节再笑吧。"

当学习师范教育课程的时候，我们所学到的有关不当行为预防的全部内容就是上面那则警句。其核心内容就是开学头几个月抑制自己不要微笑，这样学生就会认为你比较严格、严肃，他们因此便不敢造次。

实际上，我们从前的课程内容根本就很少涉及学生行为，压倒一切的重点就是教什么内容和这些内容怎样教。即使偶尔真的讨论起学生行为了，谈的也总是纪律，即学生个体出现不当行为后该做什么。我们修完课程毕业后就加入了教学队伍，我们创建相互尊重、富有成果的学习环境多半是靠直觉和运气，而不是什么真正的知识。

幸运的是，近 30 年来，形势发生了很大变化。现在，师范生可以学习到科学研究指导下的原则、概念和做法，用以创建有序的课堂——而且，微笑当然也受到了鼓励。课程重点也从强调出现不当行为后该做什么（纪律）转移到怎样从开始就预防不当行为。纪律仍然是重要的，因为预防有时也会失败，但教育学者现在更多谈到的是广义上的课堂管理（纪律仅是其中的一部分）。正如我们在第一章谈到的，我们把课堂管理定义为教师为创建充满关爱、兼容并包、富有成果的学习环境所必须完成的任务。

本书第二编主要探讨"学年之初"所面临的任务。因为多数教师一开始面临的任务就是教室家具的摆放，第二章就集中讨论物理环境。第三章，我们研究创建让学生感到彼此联系、互敬互爱的班集体的几种方法。第四章集中探讨建立和教授行为要求的任务。我们一再强调：如果要把课堂建设成安全舒适、富有成果的环境，师生就要在行为要求（规范）方面达成共识。第五章强调了解学生的重要性，要欣赏学生的共性特点，也要理解学生独特的个体需求。最后，第六章将探究教师与家庭通力合作带来的裨益，并就如何向家庭伸出援手的策略提出建议。在这几章中，我们会了解我们的五位教师的信念和做法，也会读到有关这些论题的研究发现。

第二章

教室环境设计

教室环境的六个功能
教师如何设计教室环境
总结评论
小结
技巧培养活动与反思

对于组织和管理的讨论往往会忽略教室的物理特点。除非教室变得太热、太冷、太拥挤或者太吵闹，我们倾向于认为教室环境只是交互活动的一个背景。但是，这个环境会影响教师和学生的感觉、思维和行为的方式。认真设计物理环境是良好的课堂管理不可或缺的组成部分。此外，创造舒适和功能齐全的教室也是向学生表示关心的一种方式。

暂停与思考

你作为学生曾经在中小学教室中度过了大约 13 000 小时。毫无疑问，有些教室远比其他教室更有吸引力、更舒适。思考一下，这是什么因素造成的？是因为告示板吗？还是因为教室里有植物？教室家具的摆放？光线？记下这些使教室成为宜人学习环境的具体特征，想想其中哪些是教师可以控制的元素，记住这些特征并在你阅读本章时进行思考。

环境心理学家指出，教室环境可能同时存在直接和间接的影响（Proshansky & Wolfe，1974）。例如，如果以横排分座的学生不能进行课堂讨论是因为他们听不到对方说话，那么环境就直接影响了他们的参与。如果学生从座位的安排推断教师并不想真的让他们交流，这是就间接影响。在这种情况下，课桌的摆放向学生传达了他们应如何行为的信息。如果教师故意这样摆放座位以抑制讨论活动，那么学生对这条信息的解读就是精确的。但是，更有可能的是，教师真心希望学生参与，但并没有想到教室环境和学生行为之间的联系。

本章旨在帮助读者培养“环境能力”（Martin，2002；Steele，1973），即对物理环境及其影响的认识，以及利用环境达到目的的能力。具有环境能力的教师能够规划出支持他们授课计划的教室空间布局。他们对物理环境所传递的信息十分敏感，知道如何评价教室环境的有效性。当遇到可能是物理因素带来的行为问题事件时，他们能有清醒的意识，并能在必要时修正教室环境。

当你阅读本章的时候，请记住课堂管理并不只是处理不当行为这样的事。正如我们在第一章中强调的，成功的管理者会促进学生对教育活动的参与、培养学生的自律性、预防干扰，以关心和尊重的态度与学生交往。我们对课堂环境的讨论反映了这一点：我们不仅关心通过合理的环境设计减少学生分散注意力或将拥堵程度降至最低，还关心环境如何培养儿童的安全感、增加他们的舒适感，以及激发他们对学习任务的兴趣。本章自始至终以大家刚刚认识的几位教师的课堂为例证明我们的主要观点。

教室环境的六个功能

第一章强调了教室中发生的活动的多样性。虽然我们通常认为教室是授课的地方，但它也是结交朋友、收取图书俱乐部费用和互相传纸条的地方。教室是社交的场所，是尝试新角色的地方，是建立信任、信心和个人身份的环境。弗莱德·斯蒂尔（Steele，1973）曾指出，物理环境有六个基本功能：让学生有安全感，促进学生、师生间交流，展示班级身份，充当任务手段，愉悦师生身心，有助学生成长。这六个功能为思考小学课堂的物理环境提供了框架。

让学生有安全感

保证安全和提供庇护是所有人工修建的环境的基本功能。和住宅、办公楼及商店一样，教室应该提供保护功能，使师生不受恶劣天气、噪声、高热或酷寒，以及有害气味的侵袭。可悲的是，甚至这一最基本的功能有时候也不能实现，师生们必须与公路噪声、破碎的窗户和漏雨的天棚作斗争。处在这样的条件下，要实现其他功能会很困难。物理安全是必须满足的先决条件，至少要在一定程度上得到满足。这样，环境才能满足师生们其他的更高水平的需求。

物理安全在科学课和美术课上是一个尤为重要的问题，因为学生会接触到一些具有潜在危险性的物品和设备。这些科目的教师应该了解本州有关正确使用、储藏和标注这些物品的安全规定，这一点十分重要。例如，维维安娜所在学校的美术教师就能根据本州的规范仔细地储藏这些物品。她还一直关注着自己所能订购的材料的规章制度信息，有尖的剪刀和橡胶胶水绝对不在订购之列！

如果学生中有坐轮椅的、带腿部支架的、拄拐的或步态不稳的，物理安全也是要特别关注的事情。对这些学生而言，穿过拥挤的教室可能是一件艰巨而危险的任务，因此一定要注意过道需要宽一些，还需要留出空间，让轮椅和拐杖不用的时候即可放置于此。学校的物理治疗师或职业治疗师可以向你提供咨询和建议。

学校通常能提供物理安全，但是却不能给予心理安全感，即让学生感觉到学校是一个安全舒适的地方。对于居住在贫困、不稳定，有时甚至是不安全环境中的儿童来说，心理安全感十分重要。在开放环境中，比如肯的教室，心理安全感尤为重要，噪声和巨大的内部空间可能会令人不安。

增加心理安全感的一种方法是确保教室带有“柔软元素”（softness）。大面积的泥墙以及胶木课桌会使教室成为“坚硬”的地方。但是，如果环境中带有柔软物件或能对触碰作出反应的物件，儿童（也包括成人）就会感觉更加安全和舒适。在加内塔的教室里，我们发现了植物、鱼缸以及供休息的软体椅；维维安娜的教室里有一张真皮长沙发和两个单人沙发；考特妮的教室里则有一些靠枕，孩子们想蜷缩在地板上读书时就可以拿来使用。

使用软包家具和纤维面料的靠枕有一个忧虑，就是可能会传播虱子（Clayton & Forton，2001）。而事实上，确实有一位考特妮学生的家长打电话来反映她的担忧。

她说（很委婉地说），她不确定在教室里用靠枕是不是个好主意，因为学生的头都要靠在枕上，这可能传染疾病或者传播虱子。我向她解释了为什么要用靠枕——是为了创造温馨的环境，为了孩子们在地板上看书时能舒适惬意。我告诉她，我还会继续使用靠枕，但是她可以告诉自己的孩子说不想让他用靠枕，而我也会帮她管着她的孩子。我把这事跟导师谈了，导师提到她使用的是软体椅，是乙烯的。我想，明年我也会用那种，或者是买一些可拆换枕套的靠枕，定期清洗。

教师可以利用的其他柔软元素还有填充玩具、羽毛玩具和绒毛玩具动物，但一定要确保没有对此过敏的学生。温暖的颜色、明快的风格，以及各种质地的物品（如粗麻布、木块和毛毡），这些都有助于营造安全和舒适的氛围。

另一种增加心理安全感的方法是安排教室的空间使学生受到尽可能少的干扰。在教室这样的拥挤环境中，注意力很容易分散。你需要确保学生课桌不要离交通拥挤区域过近（例如，放削笔器的地方、洗涤槽和学习中心），还要确保喧闹的活动区与安静的活动区分开（例如，积木游戏区和读写中心要分开）。

创建出气氛过热时可以让学生去静心的空间也很有帮助。低矮的隔断会让学生感到有独立的、私人的空间，而仍然能使你看到他们的活动状况。此外，你可以创立单独学习室和“私人办公室”，这样，需要更多封闭区的孩子们就能单独学习了；你还可以提供折叠式纸壳挡板（三个硬纸壳连在一起即可）让学生放在课桌上。我们有时都需要“逃离那一切”，但是研究表明，获得私密的机会对于易于分心和与同伴交往有困难的儿童尤为重要（Weinstein，1982）。芭芭拉认识到了这种对私密性的需求。

我总是把课桌摆成一组一组的，因为我要安排很多小组活动，但是也有学生要求单独一桌的，我给他们这样的机会。我发现过一段时间他们往往还要回到小组中去。我从来不把学生长期单独放在一组，因为那样这个学生就不能成为我计划的活动的一部分。我想让这个学生成为小组的一员，但是觉得不行的时候他也有权要求退出。当我看见一个学生在小组中有麻烦的时候，可能会说：“看，如果你想自己活动，可以去，但是不要把整个小组都破坏了。”或者这个学生会问我可不可以单独活动，那么他/她就可以把自己的课桌搬到角落去，在教室里找到一小块封闭的地方。

不受干扰对于那些患有注意力缺损多动障碍（ADHD）（一种神经生物能力丧失，干扰个体注意力集中的障碍）的儿童来说至关重要。患有注意力缺损多动障碍的儿童在注意力集中、精神集中、倾听、听从指导和任务组织等方面有困难，他们也可能表现出与多动有关的行为——坐立难安、烦躁、冲动、缺乏自控能力（详见第五章有关 ADHD 的更多信息）。你可以帮助这些 ADHD 儿童，安排他们坐在远离噪声区的地方、靠近注意力集中的同学、距离你越近越好，这样你就容易与他们进行目光接触（Carbone，2001）。对于这些学生来讲，单独的学习室、折叠隔板和静心空间尤其重要。

促进学生、师生间交流

学生间交流

当你规划学生课桌的摆放时，需要非常认真地考虑你究竟想让学生进行多少交流，因为不同的摆放方法可以促进不同程度的交流。成组摆放的课桌可以增进社会交往，因为孩子们距离接近，可以和对面的同学直接进行目光交流。在小组中，孩子们可以一起做活动、分享资料、进行小组讨论、相互帮助完成作业。这种接近对促进交流十分有益，尤其适用于来自不同语言、不同文化背景的儿童之间，以及有残障和无残障同学之间的交流。

从另一方面讲，按排列式摆放的课桌会使孩子们更容易集中精力完成个体的作业（Bonus & Riordan，1998；Wheldall & Lam，1987），这尤其适用于ADHD儿童（Carbone，2001），以及行为和学习有问题的学生。在一项研究中，一个小学班级的排座方式由小组改为排列式后，研究者发现学生在学习任务上的平均用时显著增加（Hastings & Schwieso，1995）。这种用时增加在3名精力特别不集中、爱捣乱的男孩身上表现得更为明显，从16%上升到91%——竟然增加了75个百分点！

很明显，如果你的计划强调小组任务与合作学习，那么按组摆放课桌是最适当的。事实上，研究也显示，在从幼儿园到五年级的学生中，按组摆放课桌应用最为广泛（Patton，Snell，Knight，& Gerken，2001）。但是，把孩子们分成小组，然后分配给他们个人学习任务，再叮嘱他们不可相互交谈，这是不明智的、缺乏一致性的，甚至是非人道的。如果你那样做了，学生就收到了两条相互矛盾的信息：座位安排传递的信息是可以相互交流，而你的语言信息则正好相反！

你也可以考虑把课桌摆放成横排（见图2—1）。这样的摆放让学生朝向教师，并仍然能在学生的两侧安置两个近邻。另外一个选择是由弗莱德里克·琼斯等人（Jones et al.，2007）提出来的（见图2—2）。在这种安排中，一个“内环结构”（interior loop）使你得以“用最少的步数让大家工作起来”（p. 34）。

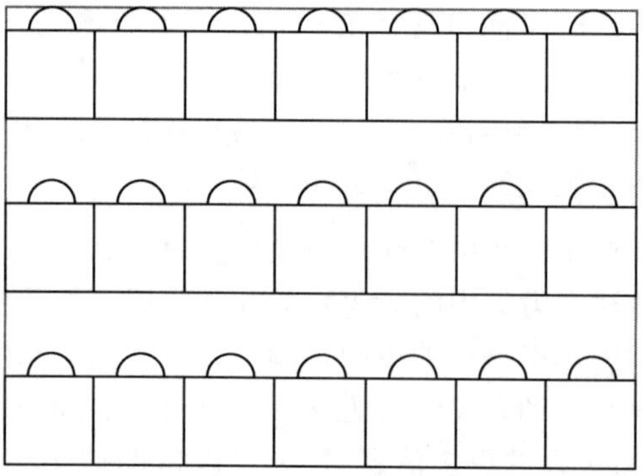

图2—1　横排摆放

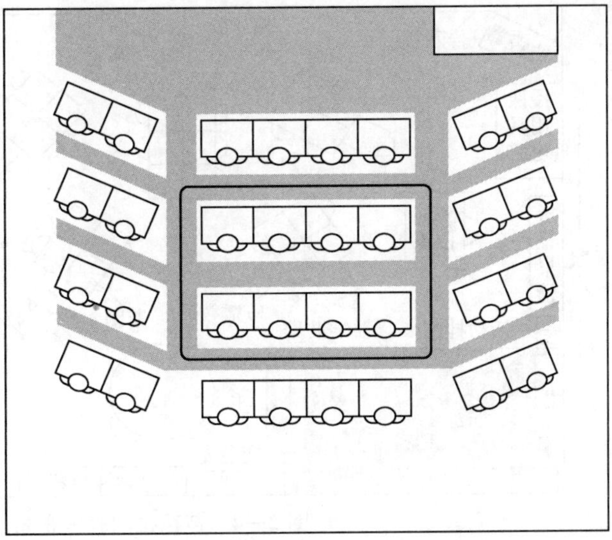

图 2—2 弗莱德里克·琼斯提出的内环结构摆放

资料来源：Jones，F. H. (2007). *Tools for Teaching*. Santa Cruz，CA：Fredric H. Jones & Associates. Reprinted with permission。

考特妮、芭芭拉、加内塔和肯都把学生课桌按组摆放，这反映出他们高度重视学生合作（考特妮和芭芭拉的教室布局见图 2—3 和 2—4）。考特妮还必须考虑孩子们坐在地板上开早会、进行"高声朗读"以及其他活动时她所希望的学生间交流

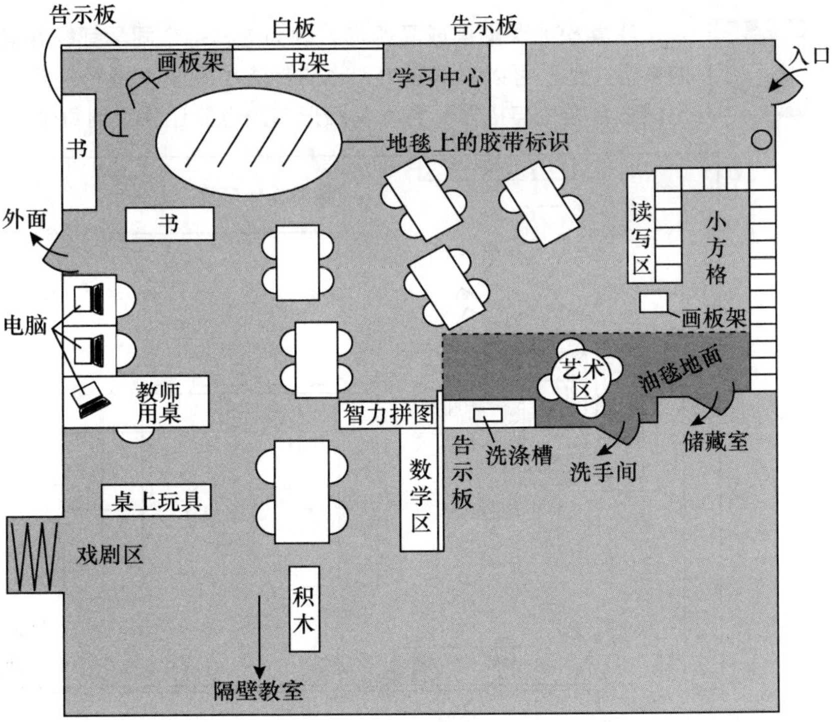

图 2—3 考特妮的教室布局

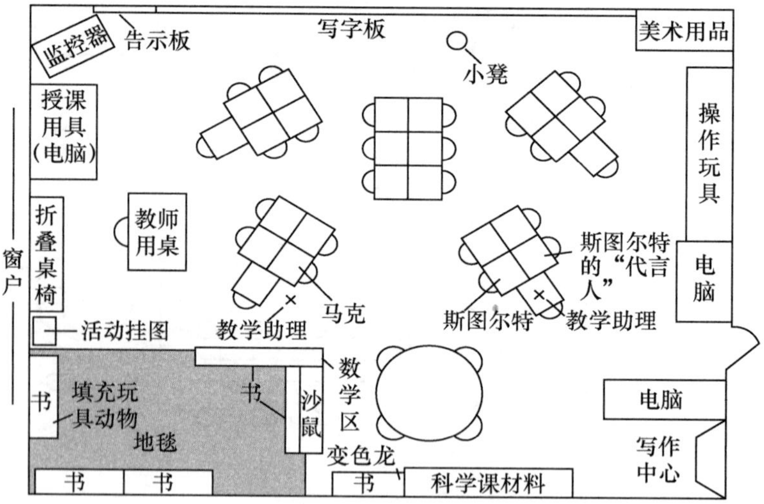

图 2—4　芭芭拉的教室布局

数量。为此，她用胶带在地板上标示出两个不同的构型。明黄色的椭圆区是开早会（这时她提倡学生交流）和上数学课的地方（这时她想让学生都能看到做演示用的操作玩具、教具）。四排平行的白色胶带标示出的区域可以供学生坐下高声朗读、进行“日期认读时间”活动，或者上识字课。

与其他教师不同，维维安娜应用的是马蹄形排列（见图 2—5）。这种布局与她所教授的以教师为主导的课程性质相吻合，同时也可以让学生很容易地与坐在两边的同学合作。维维安娜解释了为什么这样摆放。

我喜欢把课桌摆成马蹄形，因为这样每个同学都能看清教室前面发生的事情。他们可以看清板书，也能看清小圆桌上进行的演示。而这种布局也很适合学生与搭档配合。马蹄形布局也能让我看到每个人并接近他们。

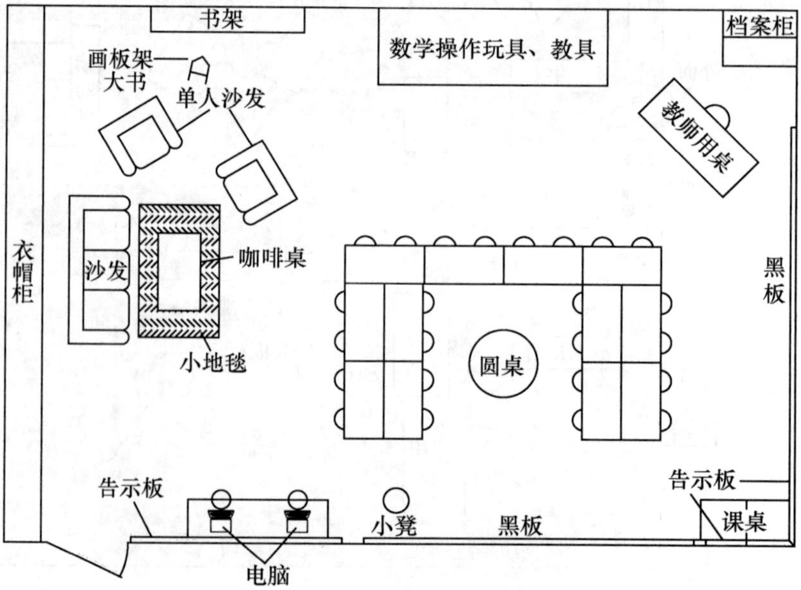

图 2—5　维维安娜的教室布局

我们的五位教师都选择了能够支持他们正常授课活动的课桌摆放方法，但重要的是，当某节课要求不同的布局时，他们乐于重新布置教室。这并不是普遍的做法。研究显示，教师通常不愿意移动教室中的陈设来与他们想让学生做的活动类型匹配——换句话说，他们更愿意为了适应已经固定的教室陈设而改变授课方式(Kutnick et al.，2005)。因此，教室课桌按横竖排摆放的教师可能会选择两人一组的讨论，而不是合作学习小组，因为前者不要求搬动桌椅。我们可以理解这种不情愿：搬动桌椅可能会造成授课时间的损失、学生的混乱和迷惑。但是情况并不一定会这样。观察我们五位教师的学生搬动桌椅组成新布局清晰地证实了一点，学生们可以学会安静、迅速地搬动桌椅，但是他们需要老师教他们所需遵循的程序（详见第四章）。

师生间交流

安排学生座位的方式也会影响师生之间的交流。一些研究发现，在按横竖排摆放课桌的教室里，教师主要是同坐在教室前排和中间的学生交流。处在“行动区”(Adams & Biddle，1970；Kashti，Arieli，& Harel，1984）的学生会更多地参与课堂讨论，主动提出更多问题，发表更多评论。

教育研究人员曾经尝试梳理出这种现象背后的原因。究竟是对课堂参与更感兴趣、更热切的学生选择了前排的座位，还是靠前的位置不知何故导致了学生这种态度和行为？这个问题迄今还没有完全解决，但是一些证据有力地表明，前排中间的座位确实可以鼓励课堂参与，而后排的座位会使课堂参与变得困难，使“退出”变得容易。

虽然对“行动区”的研究只检验了按排摆放课桌的情况，但是很容易想象，一旦教师把多数评论和问题导向距离他们较近的学生，同样的现象就会出现。因此要记住这一点，并采取措施确保“行动区”能把全班都纳入进来。对此有几个建议：(1）尽可能在教室里到处走动；(2）与距离你较远的学生建立目光交流；(3）把评论指向坐在后排和两侧的同学；(4）定期更换学生座位，这样大家都有机会坐到前面。

展示班级身份

斯蒂尔总结的教室的第三个功能指环境可以提供长期处于该环境中的人们的信息。关键问题是：关于学生，即他们的兴趣、活动、背景、成就和偏好，教室究竟会告诉我们些什么？关于教师的目标、价值观和教育信条，教室又会告诉我们些什么？大多数时候，教室就像汽车旅馆的房间，很舒适却没有人情味，显示不出任何使用这个空间的人的特性。

使教室空间个性化的方法不计其数：你可以把孩子们的美术作品、他们讲的或者写的故事、列有他们身高和体重或生日的表格，以及照片张贴起来。你可以用孩子们的侧面像或用大些的纸把他们的全身轮廓描绘出来装点教室。作为一个相互介绍的活动，芭芭拉让学生写一段话，说明自己为什么是独一无二的（例如，一个学生可能是会跳芭蕾舞的女孩，或另一个可能喜欢电脑）。然后学生把文章改为用毛毡做的条幅，包括芭芭拉自己也做了一个。文章贴在告示板上，条幅整年都挂在那里。

同样，考特妮整个学年都在使用学生的“照片卡”。

在开学几天前的幼儿园迎新会上，每位家长都带来一张自己孩子的照片。我把这些照片收上来，为每个孩子制作了一张“照片卡”，上面有这个孩子的照片和姓名。这对我记住他们的名字真的很有帮助，甚至在他们入学前我就记住了。孩子们呢，可以用这张照片卡回答当日的问题，还可以用它在自由游戏中标示他们选择的活动。

你还可以通过张贴能反映班级学生文化背景的材料来使教室个性化（Weinstein，Curran，& Tomlinson-Clarke，2003）。学年开始时，你可以用你学生或者学生家人所讲的不同语言制作一个欢迎条幅。你可以展示来自世界各地的学生的照片，列出学生出生国名人的成就，或者张贴画报，展示来自不同文化的艺术作品。在维维安娜的教室里，天棚上吊着来自波多黎各的五颜六色的布鹦鹉；告示板上的展示品贴着英语和西班牙语的说明；一面墙上装饰着各国的纸制国旗，代表多米尼加、尼加拉瓜、墨西哥、厄瓜多尔、波多黎各、古巴、秘鲁、洪都拉斯和哥伦比亚。这样的陈设表达了你对学生的不同文化背景的尊重。

此外，还可以考虑利用环境传达有关你自己的文化背景、经历以及个人特质的信息。你可以张贴自己最喜欢的美术作品、陈列家人的照片，或者展示你收集的“珍贵物品”。其他对教室空间个性化的建议可见“实用贴士”。

实用贴士

教室空间个性化

思考一下你教室的下列布置：

- 学生生日。你可以向教室里的每个学生的生日表示致意，每个月你可以用层压纸做成蛋糕，插上纸做的蜡烛，写明学生的姓名及其生日的月份、日期。这种做法不仅为学生提供了一种视觉表征，使他们能看到谁的生日和自己相近，而且也为教师提供了记录，以记住学生的生日。
- 世界地图。教室里长期陈列世界地图，可以让学生学到地理知识、培养他们的文化意识。在每一学年中，你可以定期把全班集中，讨论“你去过哪里”，或者“你是在哪里出生的”等问题。对于年龄小一点的学生，可以让他们往家里带便条，请家长回答这些问题。你可以把学生的回答用彩色图钉标在地图上，或者把学生的姓名和地图上相应的地点连接起来。
- 词语墙。指定一块墙面，用来张贴学生在本学年学过的或者常用的字词。学年之初，每个学生的姓名可以张贴在字母表中适当的字母下面。
- 每周之星告示板。可以装饰好一块特定的纸板或者墙面来推出每周之星学生。轮到某个学生的时候，他可以带来照片、证书、美术作品，或者代表个人兴趣的其他手工制品。开学第一天，教师也可以用这样的纸板来进行自我介绍。
- 每位学生的最佳作业。允许班级里的每位学生挑选自己最好的一次作业，在班级墙面上展示。这一做法可以鼓励学生进行自我评价，为自己的作业感到骄傲，而且还可以避免只张贴几名学生的作业的危险。为达此目的，你可能会需要为每个孩子指定一个地方，并用标签标明。

最后，在把一些商用材料张贴在教室的墙壁上之前，要用批判的目光审视它们，考虑它们是否真的可以为学生的学习作出贡献。帕特里夏·塔尔（Tarr，2004）认为，当商用材料的使用过度时，或者当这些展示材料在性别、民族和文化方面不能反映学习者身份的时候，商用材料可能使儿童“沉默”。下列问题来自塔尔，对你规划教室陈设很有裨益：

- 我为什么要陈列这些材料，为谁而陈列？
- 这些陈列的材料反映了什么样的学习者形象？
- 教室墙面如何能吸引学生积极参与学习？
- 陈列的材料是否对儿童的发言权和作业表示了尊敬？
- 墙面如何能反映学习者的生活、家庭、文化和兴趣？
- 课堂的氛围是什么样的？这些陈列的材料如何能为这种氛围作贡献？
- 关于儿童如何学习的理论假设是什么？墙面是如何反映这些假设的？

充当任务手段

这一功能涉及的是环境为我们完成任务提供的帮助。想一想你要在教室里完成的任务和活动。学生要在自己的课桌旁独立完成作业吗？他们要合作完成活动或手工制作吗？你要通过黑板、画板架、白板、投影仪向全班授课吗？你要组织阅读小组吗？学生们要用互联网进行研究吗？他们要在各个学习中心之间轮换吗？他们要不要进行戏剧表演、玩积木游戏、画画、做手工，或者做科学实验？

对于上述每项任务，你都需要考虑到物理环境的设计要求。例如，如果你计划会见各个阅读小组，那么就必须仔细考虑在哪里设置小组区。你想把它设置在黑板附近还是告示板附近？在任何情况下，这个地点都不应该设置在会分散单独学习的学生的注意力的地方，而且应保证在你会见阅读小组时，还能同时监控其他同学的状况。

今年，肯很幸运，教室里配有四台电脑，而芭芭拉和加内塔各有三台，维维安娜和考特妮各有两台（再加上考特妮办公桌上她自己的工作电脑）。这基本要比每个班只有一台（或没有）好得多，这种状况很多学校都有。一台电脑就只能用于非授课活动，比如做记录或者充当全组演示活动的工具（Bolick & Cooper，2006）。多台电脑就可以作为学生获取信息的工具，或者充当学习中心。当电脑中心的安置受到电源插座或者互联网接口的位置限制时，你需要仔细考虑电脑中心的地点问题。如果学生要成对或分小组上机学习，那么就要把电脑放在可以容纳一组学生围在一起却不会造成拥堵和分散注意力的地方，还要确保电脑远离水源和黑板（灰尘可能引发问题）。

不论你的课堂要完成什么任务，你都要记住一些基本原则。这些原则在“实用贴士”中列出。

实用贴士

充分利用教室布置这一任务手段

● 确保学生可以方便地得到课堂上常用的材料。像蜡笔、铅笔、纸张、字典、尺子和订书器这样的材料应该做到取用方便。这会最大限度地减少活动准备和清理所用的时间。因此，教师要决定好哪些用品可以放在学生书桌上，哪些可以放在架子上。

● 把架子和贮藏区组织好，这样材料和设备的归属就清晰了。给架子贴上标签也很有用，这样大家就知道物品应该摆放在哪里。（如果你教的是幼童，可以使用配有图片的文字标签。）这会使材料的拿取和归还容易许多。你也应该为收、交作业设置一套系统（例如，收发作业箱，或者单独的学生信箱）。

● 规划好教室通道，避免拥堵或分散学生注意力。通向饮水处、削笔器存放处、垃圾桶和衣橱的过道应该清晰可见、畅通无阻。这些交通拥挤处应该尽可能地远离学生书桌，并且不穿过学习区。例如，不要让学生为了去取衣橱里的东西而必须穿过识字角，也不要让学生为了取一本要用的字典而必须经过小组阅读区的后面。你还应当思考通道的宽度是否足以让带有助行器或坐轮椅的学生通过。

● 规划出可以让学生在门口排成队的空间（Clayton & Forton，2001）。每个孩子之间留出大约九英寸的距离，这样你就可以大致保证学生排队时不至于撞到家具或相互挤在一起。

● 设计一种座次安排，让学生都能看清授课演示。如果可能，应该让学生在不必来回转动桌椅的情况下就能看清授课演示。

● 给学生提供放置个人物品的空间（饭盒、背包、滑板等等）。如果你教室里的书桌没有储藏空间，这一点就更为重要。

● 决定好在哪里放置教师用桌（或者干脆别要教师桌）。桌子的位置取决于你在哪儿度过的时间最多。如果你要不断地在教室里走动，你的桌子就可以放在教室的某一边，或者是某个角落里。如果你想把它用作会议区或者工作站，那么它的位置就要靠近教室中央。但是要留意：如果桌子在中心地区，可能会使你在此处长时间停留，这会降低你监督学生行为的可能性。我们所介绍的五位教师都把教师用桌放在了教室的后面或角落里。

● 把不兼容的活动分开进行。如果你计划给特定活动留出空间，那么就要仔细考虑其相对位置，确保把不宜一同进行的活动分开。吵闹的活动和安静的活动、杂乱的活动和规整的活动、不用水的活动和用水的活动，都要分开（例如，电脑应远离洗涤槽）。

愉悦师生身心

这里的重要问题是，学生和教师是否觉得教室有吸引力、令人愉快。有的教师已经劳动过量了，忙于完成课程、提高考试分数、维持秩序，对他们来说，对美感的关注可能是无关紧要的（至少在家长会迫近之前是这样的）。然而，考虑到你和学生要在教室里度过很长的时间，思考如何创造一个舒适的环境就是非常值得的。在加内塔的教室里，窗台上摆着一排植物，芭芭拉用几大张带有夸张图案的包装纸把告示板包了起来，而维维安娜的彩色鹦鹉则营造了一种节日气氛。

亚伯拉罕·马斯洛和诺伯特·明茨（Maslow & Mintz，1956）对环境的吸引力进行了经典的研究。实验者把在“丑陋”的房间进行的面试与在“美丽”的房间进行的面试进行了比较。面试者和研究对象都不知道研究的真正目的是评估环境对他们行为的影响。马斯洛和明茨发现，被分在丑陋房间的面试者抱怨说他们头痛、乏力、不舒服。此外，在丑陋房间里的面试结束得更快。显然，在丑陋房间里的人想尽快结束任务，以逃离令人不快的环境。

识别出让每个人都认同的令人愉快的东西的特性是很困难的。然而，当思考如何创造一个有吸引力的教室时，应当记住几点原则。大体说来，人们对富于变化的环境都有积极反应。换句话说，人们会更喜欢处在这样的环境中：既有暖色又有冷色；既有开放、宽敞的区域，又有狭小、惬意的角落；既有坚硬的表面，也有柔软的表面；既有质地光滑的物品，也有质地毛糙的物品（Olds，1987）。但更重要的是这种变化要适度、有序。没有刺激因素的变化会导致单调，但是太多的变化会令人产生混乱、焦虑的感觉，尤其是在这种变化缺乏特定模式和可预见性时。

有助学生成长

斯蒂尔（Steele，1973）总结的最后一个功能与教室尤为相关，因为教室的主要目的就是用来促进儿童的发展。但是，这一功能又是最难控制的。尽管我们很容易就能认识到环境应该具有多种功能和吸引力，但是通过设计环境可以促进学生成长，这一点并非显而易见。另外，成长可以指任何领域中的成长——学会系鞋带、增强自信心、学习与人合作。为了简单起见，我们将把讨论限制在环境如何促进儿童认知发展和提高儿童课业成绩这两方面。

心理学家发现，探索刺激因素丰富的环境的机会与认知发展密切相关。课堂应该不只是一个儿童听讲、完成练习册，或者证明自己掌握了技能的地方，而应该是一个吸引儿童参加学习体验的环境（Strong-Wilson & Ellis，2007），教师则在这个环境中引导儿童探索、观察、调查、实验和发现。这意味着，除了备有标准阅读材料、字典和练习册外，教室里还应该有拼图益智玩具、可操作的数学教具、科学设备以及美术用品等各种材料。

在给教室配备材料时，考虑一下“开放性”的材料很有帮助，如水、颜料和黏土，同时也应考虑“闭合性”材料，如拼图、练习册和描摹图案（Jones & Prescott，1978）。某种材料或物品在开放—闭合连续体上的位置决定操作这种材料是否只有一种正确的方法。例如，用黏土创作时，孩子们可以有很多做法，而在玩木制益智玩具时，只有一种正确方法。诸如积木、乐高玩具以及万能工匠（Tinker Toys）等结构玩具处于这个连续体的中部：虽然这些材料对如何拼装有一些限制，但是它们也需要实验和即兴创作。从开放性的角度来分析材料会有助于建构一个激发创造力和发散思维的环境。

环境还可以通过激发儿童对读书和写作的兴趣来促进他们的成长。遗憾的是，尽管证明“印刷材料丰富的教室环境”和阅读成绩提高之间有联系的研究成果颇丰，但很多班级仍只有最基础的图书资料（Morrow，Reutzel，& Casey，2006）。莱斯利·莫罗（Morrow，2005）鼓励教师给儿童提供快乐体验文学的机会：每天给他们读书，讨论故事，计划出娱乐阅读时段，把文学与课程内其他领域融合在一起。一个富有吸引力、井井有条的写作中心可以支持上述文学活动。除了材料丰富的图书角，还可以建立备有各种纸张、索引卡、马克笔、钢笔、铅笔和“快来写故事”卡片①的读写中心，还可以成立备有字母磁贴、个人用白板、装有字母的字母

① “快来写故事”卡片英文为 story-starter，是儿童写作的一种教具，通常是一张印刷精美的配图卡片，上面写好了故事的开头、留下了空格，由教师引导儿童把故事接下去。——译者注

盘，可以进行组词游戏、单词与字母游戏（例如，乐透游戏）的“词语工作”中心。装备好富于想象的游戏中心（例如建造游戏区或戏剧游戏区），使其备有能促进儿童识字活动的、特定情景下使用的、与读写相联系的物品（电话本、食谱、优惠券、商店广告、地图、日历等）。

维维安娜就在教室里开辟了一个“迷你起居室”，皮面沙发和单人沙发一应俱全（都是从学校储藏室淘来的）。咖啡桌上盖满了报纸、书本和杂志，小地毯和靠枕则让孩子们得以舒服地坐在地板上。维维安娜告诉我们为什么要建立这样一个中心。

对于我们班大多数的孩子来说，在起居室唯一可做的就是看电视。我想让他们意识到，他们也可以坐在起居室里看一本好书。每天，我坐在沙发上，让他们围着我坐在椅子或靠枕上。我从当天的报纸（我自己带的）上选读一个故事或一篇文章。最后可以让一个孩子把报纸带回家。孩子们喜欢我们的“起居室”，而当我看到他们拿着书蜷在沙发上时，自己也感觉很棒。

暂停与思考

我们曾经听到中年级或者中学老师评价说，尽管教室环境的六个功能很有趣，但更适用于小学课堂。我们不同意这种说法。思考一下，中年级或者中学教师怎样才能利用教室的这六种功能，以便规划和创建适合其学生发展的教室环境？

图 2—6（根据莫罗 2005 年的研究改写）提供了一份清单，你可以用来创建、评估和改进教室的读写环境。如果你已经像清单中建议的那样决定要创建读写中心，那么应注意一点：规划出学生使用读写中心的固定时间。很多教师只是设计并给读写中心配备了用品，却没有给学生提供使用读写中心的机会。有些教师只有在学生完成了“真正的作业”之后才允许他们去读写中心。这就意味着写作业较慢的儿童永远不可能得到使用读写中心的机会。这也传递了一条信息：在读写中心进行的活动没有在教师直接监督下在课桌旁进行的活动那样重要或有用。通过规划学生使用读写中心的固定时间，你就为所有学生提供了同等参与到这个丰富的文化环境中的机会。

读写中心

- 将读写中心设置在教室里安静的区域
- 装上低矮的隔断，以防止儿童注意力分散和他人闯入，而又让教师视觉能见
- 儿童可以参与中心的设计（例如，制定规则、为中心命名以及编制材料）
- 应有柔软元素（例如，靠枕、软体椅、植物，以及绒毛玩具）
- 附近要有告示板，用以张贴孩子们的书评，以及专题书籍的护封
- 中心可占用教室空间的 10%，容纳5～6名学生

图书角（位于读写中心内）

- 专题书籍要陈列出来，封面清晰可见
- 其他书籍应书脊朝外放置在架上
- 上架图书要有组织、有系统
- 每名儿童拥有 5～8 本图书
- 每两周应有 20 本新书流通
- 图书应代表 3～4 个阅读级别
- 应有不同种类的图书：(a) 图画书，(b) 图画故事书，(c) 传统文学，(d) 诗歌，(e) 现实主义文学，(f) 情报类图书，(g) 人物传记，(h) 章回小说，(i) 简易读物，(j) 谜语和笑话书，(k) 可参与性图书，(l) 系列丛书，(m) 无文字图书，(n) 与电视有关的图书，(o) 小册子，(p) 杂志，(q) 报纸
- 耳机和书籍的录音磁带
- 配备所选图书的文学道具（例如，带有故事人物的毡板、木偶）

- 借书/还书制度，儿童可每日带走图书
- 记录已阅读图书的系统（例如，钉在告示板上的 3×5 纸板）
- 为想要给全班或低年级学生朗读的学生准备签名表

写作中心（位于读写中心内）

- 桌椅
- 习作海报和告示板，为儿童准备以展示他们自己的作品
- 写作的工具（例如，钢笔、铅笔、蜡笔、毡头记号笔、各色彩笔）
- 写作用纸（例如，各种规格、各种类型的纸张、小册子和便笺纸）
- 电脑
- 自制书籍的材料（例如，纸板、订书器）
- 留言板，以便儿童给老师和同学留言
- 储藏个体学生的单词表或字典的地方
- 文件夹，供儿童存放自己的习作

科目学习中心（位于教室其他部分）

- 环境印刷品（例如，与主题、指令和规则相关的标志）
- 日历
- 时事板
- 适合的书籍、杂志和报纸
- 所有中心的写作工具
- 所有中心的各类纸张
- 一个展示儿童读写作业的地方

图 2—6 教室读写环境创建和改进清单

资料来源：Adapted from Morrow，2005 and Morrow & Weinstein，1982，1986。

教师如何设计教室环境

斯蒂尔总结的六个功能为你提供了思考环境的一种方法，但是这些功能并没有为你提供一份建设蓝图。如果你仔细考虑环境所起的各种作用，就会意识到这些功能不仅有重合之处，还有可能相互冲突。有利于社会交往的座位安排可能不利于测试，能给儿童提供私密空间的教室布置可能不利于监督和维持秩序。如果你考虑到教室的特点和自身的优先选择，就必须作出决定，哪种功能要优先于其他功能。在本章的这一小节里，我们将描述一个思考过程，供你在设计教室的时候遵循。

考虑课堂活动的特点

教室设计的第一步是决定你的教室要容纳哪些活动。例如，如果你教的是幼儿园或者小学，那么你可能会希望为下列活动创建不同区域：分享活动、高声朗读、小组阅读授课、全班数学授课、积木游戏、戏剧表演、电脑，以及美术和手工。教中年级的教师可能会举行全班文学讨论、小组活动、媒体演示、实践操作项目，以及测试活动。把这些活动列成一栏，在每一栏旁边标注出某项活动是否有特别的物理要求。例如，美术和科学区应该距离洗涤槽近一些，而读写中心要位于教室里比较安静的区域。还要考虑哪些活动涉及不能移动的物品，例如，投影屏、需要电源的设备，或者电脑联网用的网线。

不要因为发现你的教室不太适合某个你要做的活动而感到灰心。相反，尽量思考补救的方法。例如，芭芭拉的教室里没有自来水，但是使管理员惊诧的是，她每天在教室准备两桶水（一桶用于洗手，另一桶用于水彩画或者科学实验），并把它们存放在方便的地方。正如她说的：“不必每次有人洒了果汁就要跑到大厅尽头去洗，这样挺好的。”

考虑是否有特殊需要的儿童，是否需要改造环境

正如我们已经提到过的，你必须确保通道的宽度足以让坐轮椅、带腿部支架或

助行器、使用腋杖的学生通过。此外，坐轮椅的学生一定会需要特殊型号的课桌，而带靠背的坐垫可能会帮助该学生参与到坐在地板上的其他孩子中来。

如果你像肯今年的班级一样，有听力受损的学生，那么尽量减少噪声的措施就十分可取了。你可以给桌椅腿垫上毛毡或者套上橡皮帽（网球也很好用），给桌面铺上桌布，或者给单独学习室加上一层隔音砖或者软木板（Mamlin & Dodd-Murphy，2002）。

安排学生座位的时候，还要考虑一些特殊需要。我们已经讨论了注意力缺损多动障碍学生的座位安排问题，但其他学生也可能在座位分配上有特殊要求。例如，要确保视力受损的学生能容易地看见你的板书。同理，如果你有听力受损需要读唇语的学生，就要把他们的座位安排好，让他们一直能看到你的脸。

芭芭拉必须仔细考虑让患有自闭症的学生斯图尔特坐在哪里。斯图尔特的个别化教育计划规定，一旦斯图尔特受到过度刺激或失去自控能力，他可以在上课中途离开教室，到走廊散步。因此，芭芭拉必须把他安置在门口附近（见芭芭拉教室布局图）。另外，斯图尔特还需要与1～2名他的“代言人”同学坐在一组，他们自从斯图尔特进入普通教育课堂就一直跟他一起上学，能理解他的肢体语言和发音方法。

考虑教室中其他成年人的需要

随着越来越多有特殊需要的学生进入普通教育课堂，你就越来越可能与其他的成年人一道工作（例如，提供课堂内支持的特殊教育教师、专职人员的助手、授课助理）。实际上，最近一项对18所小学的研究发现，教师在课堂上更有可能至少与一名其他成人合作，而不是单独面对学生（Valli，Croninger，& Walters，2007）。

辅导教师或者授课助理的工作至少也要求有存放教材和设备的地方以及一个坐的地方，因此你需要决定这些地点应在何处。芭芭拉在规划教室布局时，需要考虑帮助斯图尔特和患有情绪障碍的学生马克的全职助理（称为“教学助理”，简称教理）坐在哪里（见平面图中两位教理座位的位置）。每位教理在各人负责的孩子旁边各有一把椅子，但是要共用一张学生课桌（在斯图尔特旁边）来存放可能要用的物品。（在第五章讨论普通教育教师与特殊教育教师合作时，我们要针对这些问题进行更深层的探讨。）

绘制教室平面图

在实际挪动教室家具之前，你可以绘制几张不同的平面图，再选择看起来最可行的一张。先前的教室示意图可能包含了一些有用的符号，你也可以自己创造一些。当你决定在何处放置桌椅和设备的时候，要考虑到你的活动清单上标注的那些特殊要求，以及教室的“已知条件”——电源位置、黑板或白板、窗户、嵌入式书架、电脑配线、永久性安装的电视屏幕以及电话的位置。还要记住我们曾讨论过的心理安全感、社会交往和任务手段问题。

也许从决定在哪里进行全班授课（如果有这个项目）以及此时学生的座位安排开始会有所帮助。考虑好下列问题：教师用桌应该放在哪里，经常使用的材料是储藏在架子上还是放在橱柜里以使你和学生便于取用，过道是否畅通。

记住，教室设计的正确方法不止一种。重要的是确保你的空间安排支持你将要运用的教学策略，支持你所期望的学生行为（Bonus & Riordan，1998；Wengel，1992）。

让学生参与环境设计

虽然有很多事可以在学校开学之前做好，但是留下一些事情不做也是很好的主意，这样学生就可以参与到教室设计的过程中来。你可以诱导孩子们对教室设计提出想法，并选出看起来最切实可行的提议。你也可以轮流让各个学生小组负责教室环境设计的某一方面（例如，每个小组都可能有机会设计告示板的展示）。邀请学生参与环境规划不但有利于创造出更好的回应型物理环境布局，还能让学生发表自己的见解、参与有意义的决策。孩子们在描述自己想要的教室时，可能会表现出较强的感受力和想象力（Pointon & Kershner，2000）。例如，芭芭拉设计了最初的教室布局，然后学生发表意见，这样就开始了谈判过程。

我尽量让孩子们在教室布局上有发言权。我们有个约定：有时候我作最后的决定，有时候由他们决定。不论怎样，我们都同意在规定的时间内使用那种布局。要是我们不喜欢了，就可以换掉。去年，我的学生决定将圆桌放在教室中央，把其他课桌摆成马蹄形围绕着它。我讨厌这样，但是也将就了一个月。然后我确切地告诉他们为什么我不喜欢这样：我没有私密空间，而且所有的声音都是朝着教室前面的。后来，我们一起改变了这种布局。

尝试新设计、评估和重新设计

把斯蒂尔（Steele，1973）总结的环境六功能作为框架来评估你的教室设计。例如，教室是否能提供静心空间和私密空间？课桌摆放是促进还是妨碍学生之间的社会交往？教室陈设能否传递有关学生及其学习状况的信息？经常使用的材料是否方便学生取用？教室是否能使大家身心愉悦？教室里有没有吸引学生进行探索、拓展学生兴趣和能力的材料？

当你评估教室环境的有效性时，要一直注意物理环境安排可能引起的行为问题。例如，如果一小部分学生的书桌被挪到豚鼠笼边之后，他们突然变得不注意听讲了，那么教师可能要进行环境方面的改变，而不是要学生留堂。如果在自由活动期间，学生从未显示出对阅读有兴趣，那么也许是图书陈列方式的原因。如果在你一再呼吁之后，教室地板上仍有乱扔的垃圾，那么潜在的问题可能是垃圾桶数量不足。

改进教室的布局并非一定乏味单调、浪费时间。事实上，小小的改进可以带来行为方面令人满意的变化。在一项个案中，当幼儿园的小朋友簇拥在老师身旁听故事的时候，他们的注意力容易分散，总是打断老师（Krantz & Risley，1972）。但只要把这些孩子呈半圆形分散开，就会显著提高他们的注意力。事实上，这种小小的环境改进与那些实验家们发明的复杂的奖励和特权系统一样卓有成效！

总结评论

我们的五位教师设计的教室各有千秋，但他们都是具有较强环境能力的教师，照顾到了斯蒂尔的环境六功能。他们努力把各自的教室环境变得更为舒适，教室里包括了柔软元素（让学生有安全感）；他们安排好学生的课桌，来与各自实施的授课方法相匹配（促进学生、师生间交流）；他们把教室个性化，张贴了学生作业，展示了与课程相关的手工作品（展示班级身份）；他们努力思考活动进行的场地、材料存放在哪里、教师用桌的位置，以及怎样克服物理局限（充当任务手段）；他们都有配备齐全的读写中心（有助学生成长）。甚至在做了周密的计划后，他们也意识到，还必须观察这些安排的实际效果，已设计好的安排同样也可能还要进行一些改变。

像考特妮、维维安娜、加内塔、芭芭拉和肯一样，你在安排自己的教室空间时，也需要考虑物理环境的不同功能。环境能力是有效课堂管理的一个不可或缺的组成部分。记住，物理环境设计需要的远远不止是装饰几块告示板。

小　结

本章我们讨论了教室物理环境对教师与学生的感知、思考和行为方式的影响。我们强调了教师有必要意识到物理环境的直接和间接影响。这种意识是培养“环境能力”的第一步。我们运用斯蒂尔总结的环境六功能作为讨论框架，对支持授课目标的教室设计方法提供了建议。

让学生有安全感

- 添加柔软元素。
- 安排不受干扰的空间。
- 创建一个“静心”区。

促进学生、师生间交流

- 思考你想让学生进行多少交流。
- 想一想你是否要进行与全班同学的交流。

展示班级身份

- 使你的教室空间个性化，让它能传递有关你和学生的信息。

充当任务手段

- 确保学生可以方便地得到课堂上常用的材料。
- 材料的归属地要清晰。
- 规划好通道，避免拥堵或注意力分散。
- 规划出足以让学生在门口排队的空间。
- 座次安排要让学生都能看清授课演示。

- 给学生提供放置个人物品的空间。
- 把教师用桌放置到适当位置，或者干脆不要教师用桌。
- 把不兼容的活动分开进行。

愉悦师生身心

- 使用不同颜色和质地的材料创造一间富于美感、令人愉悦的教室。

有助学生成长

- 在你的教室里进行多样的活动，兼顾“开放性”和“闭合性”的活动。
- 创造一个读写材料丰富的环境。

周密地规划物理环境是良好课堂管理不可或缺的组成部分。当你开始设计自己的教室时，应考虑到教室要容纳哪些活动，考虑是否有特殊需要的儿童，还要考虑教室中其他成年人的需要。邀请你的学生参与设计过程，尝试新设计、评估，如有必要可以重新设计。

技巧培养活动与反思

课上活动

1. 思考下面的座位安排，想出每种安排适合与不适合的授课策略类型。第一种安排已经填好，可作为示例。

座位安排	适合此安排的授课策略	不适合此安排的授课策略
竖排排列	教师或学生演示；视听演示；测试	以学生为中心的讨论；小组学习
横排排列		
马蹄形排列		
小组排列		
圆形排列		

2. 仔细观察图 2—7，该图是一个一年级教室的平面图，该班级教师在课堂管理方面遇到了一些困难，据他所说，共有五个主要问题：(1) 在小组用桌边学习的孩子经常不能集中注意力；(2) 两个活动之间的清扫用时和过渡时间太长；(3) 在图书角的孩子总是与那些玩益智玩具、做游戏的孩子发生冲突；(4) 教师与小组一起学习时，不在这一组的孩子很难安心做自己的任务；(5) 一个患有注意力缺损多动障碍的学生（座位安排在教师用桌旁）感到自己被孤立和排斥了，即使他自己一桌，仍然很难安心完成自己的任务，但是如果让他和别的学生一起坐在小组里，他又会给别的学生捣乱。

想一想，环境可能在哪些方面引起了前四个问题？你要怎样重新安排这间教室？再想一想应如何安排注意力缺损多动障碍学生的座位？

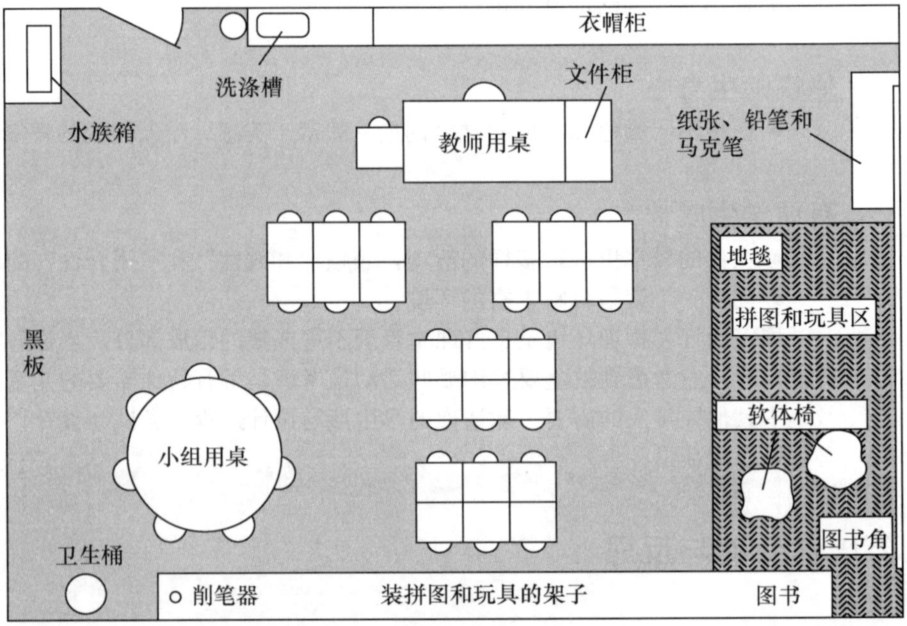

图 2—7　一年级教室平面图

独立活动

1. 参观一间小学教室，绘制教室布局图，以斯蒂尔的环境六功能来评估教室的物理布局。如本章小结所示，在斯蒂尔总结的每一个功能下面用黑圆点标注作为检查清单。例如，为了评估是否给学生带来安全感，问问自己：这间教室里包含柔软元素吗？孩子们有没有不被打搅的区域？有没有让学生静心的区域？检视这六个功能之后，判断是否需要改变布局，决定好你可以做的改变。

2. 让你的学生或者你观摩的教室里的学生写一首“愿望诗”（Sanoff，1979），以“我希望我的教室……”开头，完成句子。一位实习教师尝试过这个活动，下面就节选一些他的幼儿园小朋友写出的回答：

我希望我的教室里有一条金鱼。

我希望我的教室不热，还希望它安静。

我希望我的教室漂亮。

我希望我的教室有电脑。

载入档案袋

设计一间你理想中的教室。画一幅教室布局图，简要写下你对这些设计决策的评价性解释。

第三章

建立互敬互爱的师生关系

几年前，我们指导了一名叫安妮的实习教师，她被分在一个四年级课堂里。我们中的一个人在大学里教过安妮一门课程，对她的组织能力有些担心。即使如此，对于她第一次进课堂时所发生的事，我们还是没有预料到。安妮在上一堂有关引号的课，虽然并不十分引人入胜，却也不太糟糕，但是学生的表现却糟透了。他们聊天，乱翻课桌，完全不理会课堂内容。另外，在整堂课上，接连不断地有学生走到安妮跟前，要求去洗手间，然后走出教室。我们看到一个学生差不多每三分钟就离开教室一次，简直让人不敢相信；有一次，竟有五六个学生一同走出教室。然而，安妮从没有让学生等老师讲授完毕或等前一个人回来后再出去。

那堂课结束后我们与安妮进行了讨论，请她讲一讲学生的行为。我们想听她分析为什么学生对她的课没有兴趣，因为他们显然非常希望离开教室。我们也想知道为什么学生请求离开教室的时候她从来不说“不”。我们清楚地记得她的回答：“我想对孩子们表现出我关心他们，我不想像一个独裁者那样统治这间教室。如果有人想去洗手间，而我说不行，那就是向他们说明我不尊重他们。”

安妮从来都没能创造出她渴望的相互尊重的氛围。事实上，她都没有完成教学实习。她对“关爱”（她把关爱定义为“从不说不”）的执着使形势混乱，使学生无所适从，使她自己根本无法进行授课，或者向学生表示关爱。

表示关爱的重要性

多年以来，我们对安妮的事情思考了很多，特别是她想建立互敬互爱环境的努力。虽然安妮肯定是不成功的，但是我们理解并赞成她把建立积极的师生关系放在首要位置。生活常识和科学研究都告诉我们，学生更有可能与他们认为关心他们、值得信任和尊敬的老师合作（Cornelius-White，2007；Gregory & Ripski，2008；Osterman，2000；Hoy & Weinstein，2006）。这一点在黑人学生和西班牙裔学生中尤为明显，他们经常感觉老师（一般是欧裔美国人）不能理解他们看问题的角度，没有把他们作为个体来接受，没有对他们的文化背景表示敬意，也没有显示出尊重（Katz，1999；Nieto & Bode，2008；Sheets，1996）。事实上，安杰拉·巴伦苏埃拉（Valenzuela，1999）论断，她在休斯敦研究的墨西哥移民以及墨西哥裔高中学生通常需要先感觉到被关心，之后才能喜欢上学校。

但是获得学生的合作并不是与学生发展相互尊重、相互支持的关系的唯一原因。如果我们想让儿童认真地进行学习、与别人分享他们的思想感情、进行冒险、发展自身的社会责任感，那么我们就需要把课堂组织好，让学生在感情、思想和身体等各方面感到安全、有人关爱。如果我们想让学生有一种信任感，那么就要努力建设班集体，让学生知道在那里自己被需要，是有价值的成员。如果我们想让学生接受和欣赏民族、种族、性别、阶级，以及无残障/残障方面的多样性，那么我们必须向他们示范这些行为。

回想起来，安妮的问题并不是她把建立积极的师生关系放在了首要位置。她对关爱的理解方式才是问题所在。显然，从来不说“不”是行不通的。那么，什么才是行得通的？你怎样才能向学生表示你关心他们？

本章以思考对学生表示关爱和尊重的真正含义开始，然后转向研究学生之间的关系，讨论创建爱心班集体的策略，在这样的氛围中，学生可以感觉到相互之间的尊重、信任和支持。在阅读本章时，要记住第一章讨论过的课堂群体的特点。回忆一下这些特点：与其他社会群体不同，学生并不是自愿聚集到一起的。他们是非自愿型听众，经常被要求完成的是那些并非出自个人选择的、对他们来说兴趣有限的任务。还要记住，课堂群体的组成带有一些任意性，学生通常不能选择同伴和教师，但是我们仍然要求他们彼此合作。记住这些特点，就能更容易地看到为什么教师应该努力创造出凝聚力、合作性，以及一种班集体的感觉。

> **暂停与思考**
>
> 阅读下文之前，回想一下你遇到过的、能向学生表示关爱和尊重的小学老师。用具体的行为描述说明，这位老师做了什么来向你传达他或她对你的关爱？

表示关心和尊重学生的方法

对学生表示欢迎

新教师常常被告诫等到圣诞节再笑，这样学生就会认为他们严肃、厉害。我们不同意这种观点。微笑是表示欢迎最简单、有效的方法。你还可以在每天开始上课之前站在教室门口迎接学生。这不仅能保证学生井然有序地进入教室，还能给你一个说“你好”、夸奖新书包和询问学生情况的机会。如果有讲非英语语言的学生，那么你就要学几句他们的语言，这样你就能每天用来自他们祖国的话语欢迎这些学生来到你的课堂。肯讲到他们班的一个女孩，她刚从墨西哥来，在新环境中感到不快乐，也很不安。

有一天她走进来，我说“Buenas dias”，她脸上立刻露出灿烂的笑容。看见她的反应后，我又努力学了一些常用的西班牙语。每当我使用这些话语时——我的口音很难听，她就微笑起来，给我纠正。这件事真是神奇，彻底改变了我们的关系。

更重要的是，要尽快记住学生的名字（还有任何他们喜欢的昵称），还要掌握正确的发音，特别是那些不熟悉的名字。例如，在我们五位教师的班里，有些孩子的名字真是一大挑战：Isatu，Iaesi，Wei Hou，Hiji，Daniel，Ayesha 和 Aisha（这两个名字发音一样）①。

了解学生的生活状况

除了向学生表示欢迎，另一种表达关心和尊重的方法是了解他们的生活和兴趣。例如，你可以让学生填写一个信息表，询问他们最喜欢的物品、在学校最想学什么、在家里喜欢做什么，以及家里有什么人。和每个学生约定一对一的午餐也是一种了解学生的方式。你还可以布置每周的写作作业（年龄较小的学生可以留画画作业），让学生写下特别的事情，比如“这一周我在班级里最喜欢的事情是……”或者“我这个周末最好的部分是……”（Cartledge & Lo，2006）。

佐治亚州一位教师学习小组的成员乔贝兹·艾伦（Allen，2008）想出了另一个办法，利用照片了解学生的家庭。这个学习小组的教师使用少量科研基金为每个班级购买了三台照相机，邀请学生把家中及邻里间发生的重要事件拍下来。学生们轮流把相机带回家，然后他们和家人一起在照片上写下关于自己的故事、回忆、诗歌或者信件。

对学生关心的事要敏感

从根本上讲，对学生关心的事要敏感意味着从学生的角度思考课堂事件和活动。例如，跟你不喜欢的人坐在一起会使在校生活很不愉快。由于这个缘故，每当换座位的时候，芭芭拉都允许学生提出意见。

我让学生列出三个他们想与之坐在一起的同学，告诉他们我会尽量保证他们与三个候选人之一坐在一起。但是我解释说，我可是指望他们能作出明智的选择——选一个可以做搭档的人、一个可以坐在一起但不会引起骚乱或影响他人的同学……我确定座位排列时，努力尊重他们的要求，但是也要把两个过于擅长社交的孩子或者不太容易相处的孩子分开。通过这种方法，我就能预防问题的发生。孩子们也非常喜欢这个制度。他们认识到，我在努力照顾他们的感觉，而我又能保证他们的学习机会。

对学生关心的事情表示出敏感性的另一种方法是，记住课堂环境的公开性特点，尽可能保持分数隐私。大多数学生得了低分都不想让同伴知道，而公开宣读分数不太可能增强学习动机，倒有可能产生怨恨。即使你只宣布那些成绩为 A 的，也会使学生尴尬。我们认识的一个五年级学生感到很苦恼，就因为老师把她的试卷

① 上述名字都是不常见的、非英语国家名字，其读音规则与英语有很大不同，因此美国教师读起来比较困难。——译者注

举到全班同学面前，宣称“显然劳拉是唯一一个学习的学生”。这样对那些经常得D，但很用功得到了C的学生又传递了什么信息？

敏感还意味着要在私下里平静地讨论学生的不当行为。下面描述了加内塔怎样以感性的态度对待一个精力过于丰富的孩子。

加内塔的班级在学习如何计算钱币。加内塔让坐成一桌的小组成员一起用10美分、25美分和1美分组合成35美分，找到尽可能多的方法。学生们非常兴奋，利昂兴奋得都要爆发了。他站起来，挥舞着胳膊大喊：“我们有6个（组合方法）!”接着又喊：“我们有7个啦!”加内塔走到他跟前，弯下腰，轻声对他说了些什么。利昂坐了下来，跟小组继续学习；他还是那么投入、那么兴奋，但是再也不喊了。而看起来其他同学丝毫没有注意到他们的交流。

像加内塔一样，我们的五位教师都尽可能地避免公开训斥。公开训斥意味着羞辱，而羞辱肯定会破坏你和学生的关系。此外，语言伤害会带来长期的负面效果。最近，一项加拿大的研究（Brendgen，Wanner，Vitaro，Bukowski，& Tremblay，2007）发现，从幼儿园到四年级的学生，如果总被老师“挑刺儿”（定义为诸如斥责、批评或喊叫等行为），更可能在成年早期出现行为问题。

确立实施清晰的行为规范

确立实施清晰的行为规范可以使课堂成为一个更加安全、更具预测性的环境，可以传递出你关心学生状况的信息。有了清晰的规则和常规，无所适从感、误解和矛盾发生的可能性就会减少，这样师生进行温馨、轻松交流的机会就增加了。明确的规范也能确立你在课堂的领导地位。如果你有非裔美国学生，这一点就更为重要了，因为他们通常尊重有权威的教师，即说话语气坚定、讲究师道尊严、要求被尊重、对学生要求高的老师（Brown，2004；Gordon，1998；Irvine，2002；Milner，2006；Obidah & Teel，2001）。

研究还证明了规范清晰、组织有序的课堂从长远角度给学生带来的益处。在一项研究中（Catalano，Haggerty，Oesterle，Fleming，& Hawkins，2004），一些来自高风险生活区的小学教师接受了如何使用预防性课堂管理技巧的培训（例如：学年之初即确立一致性的课堂规范和常规，给出清晰明确的行为指令，对符合期望的学生行为给予表扬）。这些教师的学生比对照组的学生显示出了更高水平的学校亲和度，行为问题也较少。更加值得注意的是，当追踪调查这些学生升入高中后的情况时，他们对学校的亲和度、投入水平，以及课业成绩均高于对照组学生，而就学问题、暴力、酒精滥用，以及危险的性行为等均有减少。（第四章将更为详细地阐述确立行为规范的问题。）

讲求公平

显而易见，有爱心的教师必须努力做到公平，但这并不总是那么简单的事。一般来说，公平会涉及“判断学生的行为和课业表现时不存偏见和偏袒”（M. S. Katz，1999，p. 61）。从课堂管理角度来讲，这可以解释为，不论怎样都要保证班规适用于所有学生。另一方面，公平还意味着承认人们需要不同的、个性化的对待，而关爱当然是要求我们承认学生的个体性。从这个角度看，对每个人都一样是不公平的。那么，教师应该怎样做呢？

这个难题对芭芭拉来讲最为突出，因为她的班级里有患自闭症的斯图尔特，还有马克，那个被诊断为患有情绪障碍的孩子。芭芭拉清醒地意识到她需要为斯图尔特和马克两个人提供特殊的便利安排，但是她又要确保他们的同伴理解这种特别对待的原因。为了给那些非残障学生一个讨论班级里有斯图尔特和马克应该怎么办的机会，芭芭拉在两个孩子都没有来上学的一天，组织了一次"分享圈"活动。讨论显示，学生们非常理解，也能忍受斯图尔特。当他随意在教室里走动，或者在安静阅读的时间发出噪声时，学生们把他的行为归结于自闭症。相反，他们认为马克其实"基本正常"，认为他应该能控制自己的行为。这使他偶尔拒绝工作或者爆发攻击性行为的举动令人不解，而且学生们也表达了对马克有时享有特权（例如，别人写作业时他可以用电脑）的不满。了解到这些后，芭芭拉极力地解释"不同的学生有不同的需要，因此以同样方法对待所有人是不公平的"。她还解释了"看得见"和"看不见"的残障，强调隐性残障需要同学们多一些体贴和理解。她的努力看来有了回报：此后与学生的讨论表明大家更多地接受了马克的爆发和对他的优待。

研究表明，学生们通常能理解提供便利的需要。一个专项研究就学生能否接受教师为了满足有学习和行为问题学生的不同需要而区别调整课业内容、规则和奖励对一年级到六年级的98位学生的感想进行了调查（Fulk & Smith，1995）。学生们是单独接受访问的，被问及两个有关管理的"是"与"否"型问题："假如你们班有个学生总是因为不遵守校规而惹麻烦，那么如果这个同学因为表现好一点就得到特殊奖励，而其他学生都没有获奖，你是否觉得这样可以？""如果教师在这个学生学习或者表现更好时，给予他额外的机会或不同的规则，你是否觉得这样可以？"总体上讲，大多数学生赞成特别奖励（72%）、额外的机会或不同的规则（67%）；只有一年级的学生，在区别对待的可接受性方面53%的人回答为"否"。有趣的是，学生们不仅从对有行为问题的学生的影响这个角度谈了他们的看法（"因为他比其他的孩子更需要帮助。如果他努力学习，得到特殊的东西，可能有一天他会像我们一样"），还谈到了不适当行为对全班作为一个整体的影响（"他的坏行为影响了其他人，所以特别奖励可能对大家来说都能更好一些"）。研究者得出结论："教师可能比学生更担心平等对待学生的问题。"（我们将在第十二章讨论"规则一致性的问题"时回到这个话题上来。）

做教师的同时做个有血有肉的人

要在多大程度上与学生分享有关自己个人生活的信息，新教师往往对此感到无所适从。我们记得有些老师仅告诉学生自己的姓氏——好像透漏他们的名就会模糊教师与学生的界限、削弱他们的权威似的。另一方面，也有教师极端公开。俄勒冈州波特兰市的高中教师琳达·克里斯滕森（Linda Christensen）在一篇名叫《从混乱中建立班集体》（Building Community from Chaos，1994）的文章中写道：

> 学生曾告诉我，我乐于与他们分享有关自己生活的故事（我父亲酗酒、家庭缺乏教育、考试分数低，还有其他许多事），开辟了他们讲述自己故事的道路……通过分享故事，他们对彼此也敞开了心扉。有时是一个小突破口，有时是一条小缝，有时是一个世界向另一个世界的通道。这些都使班级成为一个集体。

作为一名新教师，明智的做法也许是在两个极端之间找到一个令人满意的中间路线，有限地分享一些信息（可以说说家庭、度假、文体活动、爱好、宠物等）。在开始你的第一份教书工作之前，一定要先检查一下自己可能会有的任何网上个人档案，比如聚友网或脸谱网，确保这些档案不会透露你不想让学生得知的个人信息。

经过一番深思熟虑，考特妮决定告诉学生她有一位名叫戴维的未婚夫。

我在办公桌上摆了一张我们两个人的照片，女孩们特别喜欢。戴维在感恩节和年末活动的时候也会来给学生们读故事。你甚至会觉得学校来了摇滚明星似的，孩子们太兴奋了。我告诉他们，我夏天就要结婚了，这成了轰动一时的大事。那年年末，两位参加班级工作的家长制作了一本书，叫作《戴维是个幸运的人，因为……》，每个孩子都写了一页。太不可思议了，真是一个大惊喜！

当你有了经验和自信的时候，就可以决定是否想分享更多的个人生活信息。但是加内塔建议你想想披露个人故事的原因。

你为什么想分享这些信息？是为了引起学生的注意吗？为了增加课堂效果？为了在分享时间示范如何分享？还是为了与孩子们建立良好关系？应该有明确的目的，别仅仅为了讲述你的生活而讲述你的故事。

表现你是一个有血有肉的人的另一种方法是承认自己有不知道的东西。有时候，教师觉得他们必须成为“讲台上的圣人”，但是让学生看到即使是“专家”也并不总知道答案也是很有益处的。鼓励学生在学习过程中冒险的最佳方式就是自己也冒险。

如果犯了错误，道歉也是很重要的。下面的两段内容来自一位在中学实习的师范生。

> 全班同学正在写作业（做原创写作作业，制作海报），我听见一个同学，也就是加利，坐在戴维课桌旁边的地板上，对戴维说：“请别踢我行吗？”戴维回答说：“我没踢你呀。”接下来的几分钟，我观察了他们两个人的行为。加利继续坐在地板上画海报，而这时戴维在桌边写字。然后我看明白了，当戴维把腿往前悠荡的时候就踢到了加利的后背……我站起来告诉戴维，要跟他私下里谈谈，把他叫到了教室的另一角，轻声对他说：“你要马上停止那样做。”他说：“我真的不知道我做了什么！”然后我就说：“我认为你知道，我希望你能停止。”（后来）我找机会和另外一位教师谈到这事，她前几年曾经教过戴维。她说：“他跟你说的有可能是实话，他有抽动秽语综合征，有时候会有不自觉的身体活动。”
>
> 我以前也知道戴维有抽动秽语综合征……看过他的档案。但是我只注意到他偶尔有痉挛的情况，还会有话语的突然爆发。我到他下一节课的教室找到了他，等他走出教室时，我向他解释，我当时认为他是故意踢的，我那么想是不对的。然后又说，希望我们能更多地谈话、保持开放的交流，这样就能更好地彼此理解。他同意这样做。

要记住，在学生面前表现得有血有肉并不意味着你的穿着也要像他们一样休闲。学生甚至家长，倾向于尊重着装职业化的教师。如果你从大学毕业就直接做了教师，你的服装对于课堂来讲可能过于随意了。把其他教师当作样板吧，或者向校长咨询职业着装要求。你可能还要了解一下学校有关身体穿洞或者纹身的规定。

分担责任，促进自律

给学生积极参与课堂决策、计划和目标设置的机会，会使他们感到跟大家紧密相连，得到了支持（Osterman，2000）。让学生在课堂过程中有发言权的方法多种多样。例如，肯有时让学生自行选择他们小组要阅读的小说。

我把大约 12 部小说拿到班级，让孩子们有时间的时候仔细翻看。他们知道要分成 3～4 个阅读小组。当他们互相讨论起这些书时，我听见他们说："这本书看起来挺好，你想跟我一起看吗?"你知道，这很有意思。有的老师说："你不能这样，孩子们会只选他们的好朋友选的那些书。"我说："没什么，那也行。实际上大人们也正是这样做的。"要是一个朋友说某书好，你就也想读，孩子们也一样。不管怎么说，大家都有机会把书细读之后，我们选一天用 30～40 分钟把组分好。总体上讲，孩子们非常合作。例如，一个男孩说："我真的很想读《金银岛》(*Treasure Island*)，但是没有别人选它，所以我改选《古屋疑云》(*Dies Drear*) 了。"

肯还让他的学生参加每天的日程计划。他会告诉大家："现在是 1 点 45 分，而我们有三件事要做。我们以什么顺序做这几件事?"有时候，学生可以选择两种作业在课堂上做，一种作业回家做。

像肯一样，芭芭拉努力把这种选择带进课程中。在一个学年后期我们去学校访问时，看到芭芭拉正在介绍一项新任务——根据学生们刚刚读完的小说编一份报纸。在下面的一段话中，芭芭拉不但允许每个人选择自己的写作题目，还允许他们自行决定自己是单独完成还是参加小组。

芭芭拉：我们分不分组学习?（学生举手准备回答问题。）爱德华?

爱德华：我个人不想参加小组学习。做什么和怎么做，我自己已经有了想法，如果能自己学习更好一些。

芭芭拉：有没有不同意见? 詹姆斯，你怎么想的?

詹姆斯：我希望两个人一组。

芭芭拉：为什么?

詹姆斯：因为那样更容易，可以很快地干很多事。

爱德华：我也不介意两人一组，只要不是大组就行。

艾萨图：我要去辅导课，如果能有个搭档，等我回来我就知道该做什么了，这很有帮助。

芭芭拉：很有道理。吉尔?

吉尔：有时候我更喜欢一个人学习，我得认真思考一些东西。

芭芭拉：好，这就是我们要做的。你们改变了我的想法。原来我想让你们三个人一组，但是你们说服了我，单独完成或两个人一组很好……现在大家自己组织起来，然后到圆桌那里告诉我你想写什么，单独写还是两人一组。

虽然跟高年级学生共同制定决策更容易一些，但考特妮、维维安娜和加内塔也会为学生创造练习独立判断的机会。例如，加内塔不布置课堂任务，而是把清单列在黑板上，让学生去选择两项他们愿意完成的，并尽力把学生的第一选择安排给他们。维维安娜的一年级学生练习拼写单词的时候，他们可以在句子中写出单词、画图显示并标注单词，或者把单词组成句子描述杂志插图。考特妮介绍新的数学活动时，通常先给全组授课，这样大家就都对活动熟悉了。然后，在“数学自选时间”中，这个活动就和其他已经介绍过的四五个活动一道，变成了其中一个选项。几个选项都被列在插卡袋上，并写明可选此项活动的学生数量。学生们仔细研究这些选项，然后把他们的照片卡放在自己的选项旁边。

和学生共同制定决策对教师而言是很困难的。当你感觉有必须讲完规定课程的压力而想把学习时间最大化时，自己作决策要方便一些。让学生参与可能会“乱糟糟的”或耗时过长，而让学生决定自己的行为意味着有时候他们会作出错误的决策。然而，“时间上的短期投资”能获得“决策能力和自尊方面的长期收益”（Dowd，1997）。

减少外在约束

增加学生自律经验的另一种方法是减少外部奖惩的使用。我们没有人喜欢被控制和操纵的感觉，而我们往往感觉外部的条例是异化的（Reeve，2006b；Ryan & Deci，2000）。实际上，研究已经发现使用外部控制和学生参与程度之间成负相关关系（Kim，Solomon，& Roberts，1995）。这很关键，因为反过来学生的参与程度和集体感高度相关。清楚的是，学生感觉受到越多的外部控制，就会显示出越少的兴趣和努力，并且越倾向于对负面结果推卸责任（Ryan & Connell，1989）。这就不可能形成相互关爱的班集体。

我们的五位教师没有给学生强加很多的奖励和处罚，而是尽力帮助学生思考和理解把教室变为美好的地方的重要性。当问题出现的时候，他们多数采用“教学”或问题解决型方法，而不是以惩罚为基础的方法。当维维安娜的学生被万圣节期间流行的橡胶蜘蛛戒指分散了注意力时，她并没有命令学生把戒指放在一边，而是说：“如果你戴着戒指还能注意听讲，很好。如果你觉得没法做到，就把戒指摘下来放到书桌里。”

同样，肯会召开班会来讨论一直出现的行为问题，而不是简单地采用惩罚措施。

每天，学生在外面玩过之后回来都要抱怨同学是多么有侵略性——推人、抢球、打架。最后，我们开了个班会。我对他们说：“根据‘权利法案’，班级里所有人都有权每天到外面玩（见第四章）。但是每个人也有被他人友善对待、不受打扰的权利。那么我们该怎么办？”

我自己也可以不经商议，直接把后果强加给大家，这要容易得多。把学生召集在一起讨论该怎么做真是要花很长时间，但是我认为这是培养孩子们对自己行为负责的方式。如果我真的惩罚了谁，那也不是因为我刻薄或者讨厌，而是因为班级是这样决定的。

9 月和 10 月的时候必须频繁地召开班会，因为以后大家就会为标准化考试歇斯底里了。但是学年刚开始时你在班会上花很多时间也不会有人反对，因为那是你定准基调的时候。而从长远角度讲，学生决策可以节约时间。在学生帮助决策的情况下，不当行为会更少。

实施全纳课堂

近年来，人们用全纳教育来指把残障学生安置在普通教育课堂，而不把他们隔离到特殊教育课堂或学校的做法。但是这个术语可以在更广泛的意义上使用，指那些不仅对学习能力，而且对种族、阶级、民族、性别、文化和语言背景、宗教和性取向的差异都予以承认、理解和尊重的班级。

当然，这说起来容易做起来难。在我们能够承认和尊重差异之前，需要承认我们常常害怕和怀疑这些差异。正如我们在第一章中提到的，有时候我们甚至会否认看到过差异。例如，在我们的一些欧裔美国教师和教育专业的学生中有一个普遍现象，他们为自己不在意肤色差别而骄傲，认为不在意肤色差别就是“判断人的种族时公平、无偏见”（Nieto & Bode，2008，p. 75）。然而，否认文化或种族差异就是否定人们身份中一个基本的方面，而认识到这些差异并不会使我们变成种族主义者。

除了要承认差异，创建全纳课堂还意味着去了解我们从未遇见过的有关残障、不同文化、种族和宗教信仰的信息。例如，如果你不知道某种行为是根植于文化的，那么你就不可能承认、理解和尊重这些带有文化渊源的行为。当一位东南亚的学生受到责备时微笑了，教师会感到非常震惊，因为他们可能意识不到这种微笑并不意味着不尊重教师，而是意味着学生承认自己有过失，并努力表示自己没有怨恨（Trueba，Cheng，& Ima，1993）。同样，不知道太平洋各岛居民崇尚人际和谐与组群幸福这一事实的教师会认定不愿意参加竞争性活动的学生很懒惰（Sileo & Prater，1998）。没有意识到多数美洲印第安人的文化重视深思熟虑的教师在那些学生花较长时间才回答问题时，也许会变得很不耐烦（Nieto & Bode，2008）。

曾有一场对学生使用埃伯尼语，即黑人英语的激烈争论，这证明了教师如果不了解语言的文化渊源就会发生问题。非裔美国语言学家厄尼·史密斯（Smith，2002）指出，教师常常将使用埃伯尼语和语言缺陷等同起来。

> 教师和其他一些学校领导经常使用“说话平淡”、“语言含混”、“言语破损”、“英语支离破碎”、“语言贫乏”、“语言障碍”以及“语言贫困”等一些词语来描述我和我的黑人同学的语言行为。他们在暗示，我们的语言差异其实是某种缺陷，是与身体上、智力上或两者都有关的非正常现象。在家长—教师会或者开学大会上，我的老师毫不犹豫地向我的父母，还有其他孩子的家长建议，我们应该到学校的语言矫正诊所接受语言治疗，或者到学校心理医生那里进行诊断性检查，或者对可能的先天性精神障碍进行治疗。

毫不奇怪，这种对儿童母语的负面反应经常会导致学生对学校的疏离。正如莉萨·戴尔皮特（Delpit，2002，p. 47）在《我们所讲的肤色》（*The Skin That We Speak*）中提出的观点，“语言是身份最详尽的体现”，因此，“拒绝一个人的语言感觉上就像我们在拒绝这个人”。这种拒绝在全纳课堂中没有一席之地。相反，全纳型教师对学生的母语表示敬意，同时也教他们认识到讲标准英语的重要性，标准英语即戴尔皮特（Delpit，1995）所说的“权力文化的语言”。换句话说，我们的目标是使学生能够根据不同的背景模式进行“语码转换”。

期望新教师（甚至有经验的教师）对有可能出现在他们极端多样化的班级里的所有文化都很熟悉是不现实的。当然，培养这种“文化素养”需要时间和精力。本节的“实用贴士”列出了一些具体建议。

实用贴士

文化素养的培养

● 检视你自己想当然的信念、价值观和论断，思考你的文化、种族和社会经济身份是如何影响这些想法的。我们在第一章提到，很多欧裔美国教师认为他们自己的信念和价值观是放之四海皆准的，却没有意识到这些信念和价值观是他们特定的文化背景的产物。文化素养的培养始于检视自身的文化模式。例如，中产阶级白人的世界观强调个人成就、独立和竞争。这与较为集体主义的文化（例如：亚洲、拉美和美洲土著）的世界观形成了鲜明的对比，后者倾向于避免展示个人成就，而强调合作、和谐，以及为群体利益工作。一种世界观并不一定优于另一种世界观，但是它们肯定是有差异的。不能理解和尊重这些差异就会导致误解产生，沟通不畅。

● 调查学生的家庭背景。学生从哪里来？来自城市还是农村？为什么他们要搬家？学生到本国多久了？家里有几口人？家中的权威是谁？学生在家庭中承担什么责任？家长就上学和他们孩子的教育方面有什么信条？他们是否把教师当作专家，因此克制自己，不表达不同意见？学习英语被置于首要地位吗？

● 调查学生的受教育背景。如果学生刚到本国，那么他们从前的受教育程度是多少？他们习惯于什么样的授课策略？在他们以前的学校，是否强调大组授课、记忆和背诵？在他们以前的学校，对适当行为的期望是什么？学生应该积极主动还是消极接受？他们倾向于个体独立还是依赖别人？是以同伴为导向还是以教师为导向？学生间的关系是合作型还是竞争型？

● 对文化差异及其引起的沟通误解要敏感。学生对时间的理解是什么？准时是一种要求还是认为时间很灵活？学生点头表示礼貌还是表示理解？学生对权威人物是质疑还是服从？学生把自己的需要和愿望置于团体之上，还是正好相反？他们强调感情和感觉的表达还是隐藏？

● 利用照片开展文字沟通。学生参加各种活动时给他们拍照，让他们带回家给家长看；在教室里陈列照片；邀请学生把自己和家人的照片带来；利用照片开展相互介绍的活动。

● 给每个孩子建立档案袋。把孩子们可以不使用语言就进行的活动全部列出来（搭建、筛选、搭配、分类、排序、抄写、画画、模仿、做鬼脸、表演哑剧）。注意学生与别人的交流。确定学生最喜欢哪些授课活动，以及他们不想参加哪些活动。想一想这些偏好是否反映出文化价值观。看看学生课后进行哪些活动。确保档案袋中有学生的照片和作业样品。

资料来源：Kottler，1994；Sileo & Prater，1998。

创建全纳课堂还意味着要避免排斥他人的做法（Sapon-Shevin，2003）。当学生做出这样的评论时——“你不能在我们组”，或者“走开！我们不想跟你一起学习”，告诉他们排斥他人是不能被接受的（“你说的话很伤人，在这个课堂里，我们要和善地对待每一个人”），这一点非常重要。此外，在课堂讨论时明确针对排斥他人的问题也非常有用："我们来谈谈今天马克想跟女同学一起加入戏剧区时的事情吧。""你们中的一些人认为自己能选择和谁一起学习，但是这时另一些同学感到被忽略了，很难过，我们对这样的事情该怎么办?""你看到有人被忽略的时候能做些什么?"玛拉·萨蓬-谢文（Mara Sapon-Shevin）指出，教师有时候会对发起排斥他人的讨论犹豫不决，担心会使事情更加严重。她评论说，如果我们要一直等到大家都准备好应对这样的事情时再进行讨论，"我们可能要等上很久，不能及时应对学生们都已观察到的事件传递出一种信息——排斥他人是不可避免的"。

> **暂停与思考**
>
> 在《你不能说，你不能玩》（*You Can't Say You Can't Play*）一书中，维维安·加森·佩里（Paley，1992）描述了她是如何引导幼儿园学生学习这一规则的。换言之，把某位同学排除在小组之外是不被允许的。你认为这条规则如何？这公平吗？行得通吗？你曾经想过在你的课堂实施这条规则吗？

努力发现学生的优点

在《文化回应型教师》（*The Culturally Responsive Teacher*）一书中，安娜·玛丽亚·威利加斯和塔玛拉·卢卡斯（Villegas & Lucas，2007）讲述了一位来自多米尼加的八岁小女孩贝尔琪·阿尔瓦雷斯的故事。贝尔琪是家中的长女，负责让弟弟妹妹做好上学准备，并在父母下班回家前照顾他们。周末，她要和母亲一起到社区街道集市上去卖家里制作的东西、和顾客讨价还价、处理财务交易，而且她还是父母的英语翻译。但是贝尔琪的老师并没有看出这是一个有能力、负责任的孩子。他们看到的仅仅是一个缺乏语言和数学技能、不能努力吸取生活经验的儿童。换句话说，他们专注于她的不足，却没能看到她的优点。

寻找不足也非常有道理。毕竟，如果能找出学生不知道或者不能做的事情，我们就能努力解决这些问题。但是，负责任的教学也涉及寻找优点。在《教书改变世界》（*Teaching to Change the World*）一书中，珍妮·奥克斯和马丁·利普顿（Oakes & Lipton，1999，p. 252）认为，当教师和学生形成相互关爱的关系后，他们会一起努力发现学生的能力："学生的探求是他发现自己知道什么以及如何知道的。教师的探求是一种关爱和尊重的行为，也是去发现学生知道什么以及他们是如何知道的。"

肯坚信找出学生优点的重要性：

非常重要的一点是，教师要做好计划、设计可以引导学生成功的活动，而不只是重申某个孩子经常失败。教师必须在学生的强项和兴趣方面下功夫，而不能只针对弱点。很多时候，教师会说："这些是学生有问题的地方，所以我必须把所有的时间都用在补救这些问题上。"但是，各种技能都是相互依存的，这些技能可以在学生觉得有趣、有吸引力的活动中教授，也可以在那些学生能取得成功的活动中教授。孩子们需要学会知道什么是希望和成功，就像他们需要学会课业技能一样。

培养沟通技巧

向学生表示你关心他们的另一种方式是认真地倾听。这意味着要专注地听学生说话，要表现出感同身受，问适当的问题，并帮助学生解决他们的问题。在下面的几个小节中，我们将逐一检视上述每一方面。阅读的时候要记住，作为一名教师，法律规定你必须上报虐待儿童和照管不良的情况，因此有时你要做的就不只是倾听了。还有一点很重要，就是要让你的学生知道，如果你得知任何形式的虐待，就一定会把该信息上报给适当的儿童福利机构。

专注和搭理

把你的全部注意力毫不分散地给予学生，这是帮助学生的首要的也是最基本的任务（Kottler & Kottler，1993）。个体之间完全专注于对方的情况是很少见的。你是否曾经试图和一个人讲话，而他同时还要整理卷子、往告示板上贴文章，或者摆齐课桌？这样分散了的注意力表明，那个人并没有真正给你时间，也没有给你全部的注意力。

专注和搭理涉及语言和非语言行为两方面。通过把身体转向学生、建立目光交流、点头、身体前倾、微笑或者皱眉，你即使不说一句话，也能传达出你已完全投入的信息。此外，还可以使用语言暗示。托马斯·戈登（Gordon，2003）推荐使用“搭理式回应”或“感同身受式的嘟哝”，即低声的“嗯哼”或其他词语（例如，“哦”、“我明白”、“嗯”）来表示“我真的在听”。有时，当一个学生需要额外的鼓励才能多说些时，你可以进行明确的邀请，也就是戈登所说的“开门钥匙”——“再告诉我一点儿。”“那件事你能再多说点吗？”“你想说说吗？”“想继续说吗？”

积极倾听

专注和搭理传递的信息是你在全神贯注地听，但是并不能传达你是否真正理解了谈话的内容。积极倾听要求你反馈你认为自己听到的事情，从而使交流更进一步。这种反馈使你得以检查自己的理解是对是错。如果你对了，那么学生就会知道你已经真正理解了；如果你偏离了目标，那么学生就会纠正你，交流就能继续。积极倾听的范例列在表3—1中。

表 3—1　　积极倾听的范例

学生：	等着吧，我妈看见这个考试分数，非疯了不可。
教师：	你认为她真的会跟你生气吗？
学生：	嗯，她指望我都得A回家呢。
教师：	听起来你的压力很大呀。
学生：	嗯，是啊。她觉得得B就是不及格了。我妈妈就是不理解这对我有多难。
教师：	你的意思是这科很难，得了B就可以，但是她认为你应该得更高的分，是吗？
学生：	是啊，她的想法是，我要是得个B回家，就是没用功。
教师：	这真够受的。我明白了，这会使你认为她并不理解你付出的努力。
学生：	我真不敢相信我必须10点前回家！真是疯了！我所有的朋友宵禁时间都比我晚——或者他们根本没有宵禁！
教师：	所以你觉得你的家长比其他孩子的家长都严格。
学生：	嗯，他们就是！我的意思是，我知道这是因为他们关心我，但是必须比其他人都早回家真是种痛苦。我觉得自己像个傻瓜！还有，我觉得自己挺有责任感的，宵禁时间可以再晚点了。
教师：	这么说，因为父母没有意识到你有责任感，你不但很难堪，还觉得生气。
学生：	她一直跟我说我们永远都是最好的朋友，可是却从米拉那里要了一个“最好朋友”的手环。

教师：发生了这样的事，你觉得自己遭到了遗弃。
学生：我不想去学校基地（接受精神健康咨询），有精神病的孩子才到学校基地去呢。
教师：去学校基地是有点让人难堪……
学生：就是啊，我的朋友会让我难受的。
教师：你觉得他们会说你有精神病。
学生：嗯，我倒想去，就是不想让别人取笑我。
教师：我能理解，让别人取笑可真难受啊。
学生：昨天晚上我做了个最可怕的噩梦！我的意思是，我知道那只是个梦，但是它总在我的脑海里出现。有个血淋淋的家伙拿着刀在胡同儿里追我，我跑不掉。
教师：噩梦有时候挺吓人。
学生：对啊，我知道这太孩子气了，但就是甩不掉这个感觉。
教师：有时候噩梦里的可怕感觉会跟着你很长时间……

如果你对积极倾听还不熟悉，你会发现在反馈所听见的事情时，使用“你觉得……”这个句子很有帮助。有时候，新手使用这个技巧时会觉得自己很蠢，好像他们仅仅在鹦鹉学舌般模仿别人刚说的话。但是，当你掌握了更多的技巧之后，你就能用其他的话来解释你所听到的内容了，如此一来，交流就会细致得多了。

你也可以应用积极倾听的策略来回应学生的面部表情和肢体语言中含有的非语言信息。例如，如果你看见一个学生进教室的时候显得非常气愤，并能因此发觉事情不对劲，那么你可能避免了很多问题。这有一篇实习教师新近写的日记，她在甚至不知道积极倾听的情况下就这样做了：

我正在白板上写“马上就去做的事情”，忽然间听到背后咕咚一声巨响，那是装满了书的背包重重扔在地板上的声音。我转过身，看见约翰坐在我正后方的座位上生闷气呢。显然，我不能不管这事。于是，我快速写完“马上就去做的事情”，让全班开始做，然后就去照管约翰。我走近他，蹲下来和他视线齐平，问道：“怎么啦？你好像非常生气哦？”——当时我还不知道这就是一种叫作“积极倾听”的沟通策略。他立刻回答“没事”，我暂时没说话，努力想找点“教师该说的话”，但就在那停顿的10秒中，约翰说话了！原来，问题是他和父母生气了。前一天他把背包带弄断了，而由于第二天还要用这个包，他感到十分难堪。我们谈了谈他的怒气，他消气之后马上就开始学习了。第二天，他背着另一个书包来到班级，虽然是旧的但是好用。我注意到，虽然他对用一个旧书包还是感到生气，但是很高兴我能注意到他和他的问题。

积极倾听并非易事。跟我们一起工作的实习教师经常想弃之不用；他们觉得不自然又尴尬，他们更愿意给学生提出建议，而不只是告诉他们自己理解了。但是知道别人真正理解你具有深刻的意义，特别是对于经常感到被误解的儿童。此外，积极倾听给学生提供了表达自己感情、澄清个人问题的机会。积极倾听还能在不解除学生解决问题的责任的情况下，帮助教师缓解过激的情绪。

询　问

人们向我们诉说自己的问题时，我们经常想通过问问题以获得更多信息。作为教师，你对这一做法要谨慎。

> 问问题的想法会很自然地出现在脑海里，但是它的问题在于经常把儿童置于“在人之下”的境地，你变成了质询者和问题解决专家。“告诉我什么情况吧，我搞定。”由于这个原因，只有在你不能用其他方式让学生说出情况的时候，才能使用询问的方法。(Kottler & Kottler，1993，p. 42)

如果你必须询问，问题应该是自由回答式的——要求回答多于一个词。像积极倾听一样，自由回答式问题会引出进一步的解释和交流，而限制性问题会中断交流。比较下列问题：

比较：“你现在感觉怎样”与“你感觉生气吗”。

比较：“你想做什么”与“你想讲讲关于你父亲的事吗”。

应当注意，尽可能避免问问题这一规则有一个例外：在具有潜在危险的情况下，获得某些具体信息就变得非常重要，这时本规则就不适用。例如，当学生谈到自杀的时候（Kottler & Kottler，1993）。这种情况下，询问具体问题就是适当的、明智的：“你曾经试图这样做吗？”“你能不能答应，在我们给你寻求帮助之前不要做任何事情？”

解决问题

不要试图解决学生的问题，你可以引导他们进入一个能帮助解决其自身问题的过程。在解决问题的过程中，由学生来定义自己的问题、明确自己的目标、找到多种建设性的解决方法，再把范围缩小到最实际的几个选择上，最后执行计划（Kottler & Kottler，1993）。

在下面的例子中，我们会看到芭芭拉是如何使用这种方法解决学生每天休息结束时所遇到的问题的。注意她是如何确定大家对问题有相同认识的；注意她并没有在集体讨论的阶段就让大家评价建议，而是自己说出不喜欢哪一条；还要注意她没有让学生投票产生解决办法，而是努力让大家达成一致。

芭芭拉：几周前，你们对午休后进教室时所发生的事情感到很不高兴。开始一段时间我们没有管它，看看事情是否会自己过去，但是最近有人告诉我事情还是那么糟糕。（学生开始小声附和，评论所发生的事情。）你们能确切地告诉我发生了什么吗？

学生：学校的助工吹哨子让我们进教室时，大家在门旁边的过道上挤到一块儿了，互相推推搡搡的，有人还开始打架，助工就生气了，有人就被送到了办公室……

芭芭拉：等一下。（她在黑板上画了一幅操场和学校的地图。）现在看我明白没有。大家在这里挤成一团吗？嗯，这是个问题。大家都同意问题在这儿吧？（有一些同意的迹象。）现在大家集体讨论一下解决办法吧。记住，集体讨论的时候，我们每个人都有发言权，但不作评价，最后再由大家一起评价这些建议。

学生：进楼的门只有等我们排好队之后才能开，而大家都往里挤。如果门一直都开着，我们进来就容易了。（芭芭拉在黑板上写：“第一条，让门一直敞开着。”）

芭芭拉：其他主意？（她继续让大家想办法，并在黑板上把每条建议标好序号记下来。这些主意包括在吹哨前开门，让各班走不同的门，让各班在不同的地点排好队，请更多的助工。在整个过程中，当一个孩子表示同意某项建议时，芭芭拉会提醒大家先不要评价，因为解决办法仍在产生中。）

芭芭拉：还有其他想法吗？（建议好像结束了。）好，下一个任务是静静地阅读这些建议，仔细思考。用两三分钟时间和你们的小组成员讨论这些建议……（学生小组讨论各条建议。）好，现在我们要做的是逐条讨论，说说我们对每条建议的想法。（学生陈述了正面或负面的反应，芭芭拉用正号或负号标出每条被提到的建议。）

学生：我喜欢使用更多大门的建议，因为那样孩子们就会分开，就不会总是推推搡搡的了。

学生：我喜欢请更多助工那条，要是有更多的助工，他们就会防止孩子们推人。

学生：我可不认为那是好主意，因为那要花钱，而学校没有那个钱。

芭芭拉：我要在这一条旁边加上一个美元标记，这样你们会考虑钱的问题。

学生：我喜欢让老师来接我们这条，但是我想老师不会喜欢。

芭芭拉：我来告诉你我的看法吧……虽然我很喜欢你们，但午餐时间对我来说十分宝贵，我不愿意放弃其中一部分时间来接你们。

学生：我们小组喜欢让两个班在砖墙那里排队、两个班在篱笆那里的主意。

学生：我们为什么不投票呢?

芭芭拉：我不想投票是因为这要分出赢家和输家。但是大家可以看看能不能去掉一些建议。我们仔细审查，把认为行不通的建议删掉。例如，我告诉过你们让老师来接自己的班级就行不通，因为老师们不想放弃午餐时间。我们看一看那些旁边没有标记或者有负号标记的建议。（她指着每一条问道："你们认为这条可行吗?"学生说"不可行"，她就删去。）好啦，现在只剩下三条。有人对这三条持反对意见吗?（一个女孩对其中之一持保留意见，并解释了原因。）你觉得能忍受这一条吗?（女孩表示愿意听从班级决定。）好，我认为这三条会成为（向校长）提交的很好的建议。明天大家一起讨论怎样提交这些建议吧。

身体接触方面须谨慎

近年来，由于害怕被控告性骚扰和躯体虐待，教师都很警惕，不以任何肢体语言向学生表示情感。这一问题对男性教师来讲更为突出（King，1998）。事实上，我们的一位男实习教师最近就在日记中写道：

> 我偶然和学生交谈时听说她家中有人去世，非常悲伤。在向她解释不需要担心当天的功课后，我尽量安慰她。在任何其他情况下，我都会用一只手臂搂住处在那种情形下的人，但是面对学生的时候，我不敢确定那么做对不对，感觉有点怪怪的。

并不止我们的这位学生担忧，一项对即将开始教学生涯的男实习教师的研究显示，男实习教师普遍有种矛盾，他们本身对学生有热情、关心和倾注感情的自然倾向，但是又害怕他们的行为被误解为与性有关（Hansen & Mulholland，2005）。幸运的是，这种害怕对孩子们表现肢体情感的焦虑会随着教师获得更多经验而减少。例如，一位教师报告说："要是有个孩子来握手，我不会感到困扰。这不算问题……孩子们就是这样的。"年轻的男性教师也找到了表达感情的其他途径，例如，感同身受地谈话和倾听。

虽然我们的五位教师被告知要避免触碰学生，但他们不想放弃所有的身体接触。肯在表扬学生作业特别突出时，仍然会拍拍学生的后背。当孩子们伸出手拥抱芭芭拉和维维安娜的时候，她们也拥抱这些孩子。加内塔告诉我们：

有一段时间，由于那些负面的宣传，我基本上不再拥抱学生或者与他们有任何方式的身体接触。但是我现在不能再继续那种状态了，因为我觉得和班级同学联系不那么紧密了。我们班的孩子还小，他们需要爱。但是你也必须小心。

记住下面一点非常重要：肯、芭芭拉、维维安娜和加内塔已经在当地工作多年，威望很高。而另一方面，考特妮是新教师，因此她必须和自己的指导教师谈谈这种情况。和考特妮一样，你要和你的同事谈谈你们学校正在执行的方针政策；有些学校基本上直接规定教师“教书但不要触碰学生”。即使没有明确的规定禁止触碰儿童，你也需要小心，保证自己的行为不被误解。例如，学生放学留校期间，你要打开教室的门，确保周围有其他学生或教师。在人前拥抱学生，或是用击掌代替拥抱（Jones & Jones，2010）。

询问学生对教室环境的感受

在《超越训诫：从被迫顺服到建立团体观念》（*Beyond Discipline*：*From Compliance to Community*）一书中，阿尔菲·科恩（Kohn，1996）建议，教师应在学年开始的时候询问学生如何建立安全感。

教师可能会说：“你们能自由表达意见对我真的很重要，你们想的主意古怪也好、犯错误也好，就是不要害怕别人会嘲笑你。实际上，我希望班级的每个同学都有这样的感受。你们认为我们怎样才能做到这一点？”

还有一个好办法，就是让学生给你提供反馈意见，看他们对课堂环境的感受如何。《班级状况小调查》（Fraser，McRobbie，& Fisher，1996）是一份用于评价多种课堂维度的调查问卷，包括学生凝聚力、教师支持、参与度、合作程度，以及公平度等。问卷中的一些项目列在表 3—2 中。如果你定期管理其中一些项目，你就会对学生如何感觉你的课堂有所了解。

表 3—2　　问卷《班级状况小调查》的部分项目

学生凝聚力
我认识本班同学。
班级成员是我的好朋友。
我和班级成员合作愉快。
在这个班级中，我可以从其他同学处获得帮助。
教师支持
教师对我这个个体感兴趣。
教师能考虑到我的感受。
当我学习有困难时教师能够帮助我。
教师会与我谈话。
教师对我遇到的问题感兴趣。
参与度
我的想法和建议在课堂讨论中被采纳。
我会问老师问题。
我向其他同学解释我的观点。
我被要求解释自己是怎样解决问题的。
合作程度
做作业的时候我会和其他同学合作。
课堂上我在小组学习时有团队合作。

在本班，我能从其他同学那里学到东西。
同学和我一起合作，达成班级目标。
公平度
老师对我提出的问题和对其他同学提出的问题一样关注。
我在班级里拥有和其他同学相当的发言权。
在本班，我和其他同学得到同等对待。
我从教师那里得到的鼓励和其他同学得到的一样多。

注：根据“几乎从不”、“很少”、“有时”、“经常”、“几乎总是”不同回答，每个项目评分分别为1、2、3、4、5。
资料来源：Adapted from Fraser，McRobbie，& Fisher，1996。

建立互爱的生生关系

最近有很多关于培养学生间相互支持、相互信任关系的文章。正如玛拉·萨蓬-谢文（Sapon-Shevin，1995，p.111）提醒我们的：

> 集体不是自动形成的。不管一位教师如何有技巧，或出于何种好意，他都不可能一走进新教室就宣布：“我们就是一个集体。”集体要经过一段时间才能建立起来。通过共享经历，通过为学生提供各种认识自己、认识他人的机会，通过积极的、相互支持的交流，集体随之建立起来。

很清楚，我们的五位教师努力给学生提供了相互认识和交流的机会。下面是他们的一些建议，以及一些对学生社交和情感学习感兴趣的教育问题撰稿人提出的建议。

以身作则，表扬学生的亲社会行为

教师经常劝告学生要相互尊重，然而除非教师本身就能尊重别人，否则劝告是无效的。玛丽·威廉斯（Williams，1993，p.22）告诉我们：“‘照我说的做，别照我做的做’，这显然行不通”。威廉斯对研究中学课堂中（六年级至八年级）如何教授和学习尊重十分感兴趣。她发现教授尊重最好的方法是以身作则。学生们认为，教师“本身必须遵循这一价值观”。学生们很不满那些告诉他们对别人要友善、尊重而自己却有偏袒行为、对待学生“像对待婴儿”、从不倾听、“为了让学生忙起来而留作业”的教师。

除了以身作则，促进和承认学生的亲社会行为也很重要。例如，教师可以通过建立“友善信箱”来鼓励友善的感情。学生可以把自己所做的和见到的友善行为写成便条投进信箱中（Beane，1999）。教师定期拿出纸条，大声朗读。其他的策略还包括给学生指定“友善伙伴”，为他们随便做一些友善的举动；指定“友善记者”，负责观察友善的举动，在笔记本中简要描述，在每周结束的时候汇报；还可以师生一起合作编写《我们的友善行为大全》。

创造机会，让学生互相熟悉

为了建设班集体，我们的五位教师为学生创造机会认识彼此，发现他们之间有哪些异同。例如，在开学第一天，肯让他的学生创作一个个性化的CD封面，想好名称、画上插图、选出12首能代表个人重要信息的歌名。在那节课结束时，他已经非常了解学生的自我认识情况了，学生也有了更多的彼此了解。

同样，加内塔在学年开始时让学生两人一组，用她和全班学生一起设定的问题互相采访。孩子们采访同伴之后，向全班相互介绍。然后他们要把采访写下来，附在加内塔给每个人拍的照片后面，再张贴在告示板上。

维维安娜给学生读玛格丽特·怀斯·布朗（Brown，1949）的作品《重要的书》（*The Important Book*）。然后每个孩子制作一面小旗，说明对他或她重要的事情，还要写出最重要的一件事（例如，“有关朱厄妮塔的重要信息是她很聪明、她会说西班牙语、她喜欢滑冰、她喜爱比萨饼等等。但是最重要的事情是她很聪明”）。“找出那个人”是芭芭拉喜欢用来让学生相互介绍的一项活动。学生必须在班级里找出符合每一条描述的人（例如，找出一个“最喜欢的电视节目跟你相同的人”、“今年夏天去过迪士尼乐园的人”）。芭芭拉写这些描述时，总是试着包括多元智能：“喜欢画卡通画的人”、“喜欢远足的人”、“今年夏天读过六本以上图书的人”。过一段时间后，学生们产生了信任感，你就可以增加与种族、文化和语言背景，以及残障有关的项目，然后让学生从同伴那里征集信息并签名（Sapon-Shevin，1995）。例如，“找出一个家庭成员中有残疾的人，那人在与残疾人交流的过程中学到了什么”或者“找出一个父母来自其他国家的人，你能写出一项那个人从父母那里学来的传统或习俗吗”（Sapon-Shevin，1995）。还有一些让彼此熟悉的活动，列在本节的“实用贴士”中。

实用贴士

帮助学生互相熟识

● 猜猜我是谁？让学生写一个简单的自传性陈述（家庭背景、爱好、课外活动等），不要签名。把这些陈述收上来，逐条朗读，并让学生把他们认为写了这份描述的学生名字写出来。（你也可以参与。）把所有描述读完之后，再读一遍，让学生自己辨认。让学生说出自己正确辨认了多少个同学（Jones & Jones，2010）。

● 两句真话和一句假话（或两个事实和一个虚构）。让学生写下并分享有关自己的三条陈述，其中两条是真实情况，一条是谎话。例如，莫莉可能会写：“我曾经在初中的音乐剧中独唱”、“我在高中时打水球”，以及“我有两条狗”。学生要猜出哪一条是谎话，然后她说出真实情况（她没有两条狗）。这个活动可以在全班做，也可以组成小组做。由于学生可以选择自己想透露的东西，所以不论哪种情况，都不会造成尴尬。这给学生提供了一次发现共同兴趣和经历的机会，还可以测试学生的性格类型（Sapon-Shevin，1999）。

● 鲜为人知的故事。这是上一个活动的翻版。学生写一个他认为别人不知道的关于自己的陈述。把纸折叠好收上来，放进一个箱子里，摇一摇。学生们轮流抽出一张纸，大声朗读上面的陈述。大家来猜是谁写了那些鲜为人知的事（Sapon-Shevin，1999）。

● 生命线。每个学生在一张纸上画出一条线，在线上标出6～10个点，代表他们想分享的生命中的重要事件（例如，弟弟或妹妹的诞生，亲近的家族成员的死亡，领衔主演学校戏剧以及转到本校的时间）。学生分成两人一组，分享他们的生活经历。每组的成员也可以参照生命线上的各点，向全班互相介绍对方（Sapon-Shevin，1999）。

● 你受到的启发。让学生带来鼓舞、启发他们的人或事情的照片，并附带引文。把这些物品张贴在告示板上（Schmollinger et al.，2002）。

● 你最自豪的是什么？让学生把他们自己对这个问题的回答写在纸上，并把纸张做成脚印的形状。把这些“足迹”张贴在告示板上，排列成小路的形状，并将小路命名为“成功之路”（Schmollinger et al.，2002）。

召开班会

今年，由于参加了“回应型课堂”的学会，肯决定以“早会”开始每一天(Kriete，2002，2003)。他和学生在地板上围坐成一圈，以名相称来互相问候；他们要在圈中接力式地握手、击掌或者把一个球抛向他们问候的同学。接下来是分享时间，在早会的这个阶段，一些同学会带来他们想分享的新闻，其他的同学进行提问和评论。肯的目的是确保每周每人要分享一次，虽然他也承认并不总是这样。分享过后，班级进行群体活动——做游戏、唱歌、咏唱或读诗，旨在建设班集体、创建群体身份。最后是新闻和公告的时间，肯和学生讨论他们当天要做的事情。肯认为，早会对创造关爱和归属感有巨大的帮助。

考特妮也以早会开始每一天，早会把课业学习和社会—情感培养活动紧密联系在一起。例如，9 月下旬，我们观察了考特妮的幼儿园学生：他们进门后，把背包放进自己的小柜里，然后在地板上围圈就座。考特妮发给每个孩子一个“接接小方块”，解释说他们要把这些小方块接在一起做成一个出席棒。每个孩子把自己的方块接到不断加高的出席棒上时，全班一起有节奏地读出出席学生的数字。然后，考特妮带领大家讨论班级里有多少个孩子，有多少出席，又有多少缺席。早会接下去是群体问候。今天是咏唱一首以孩子们的名字乱编的儿歌：

> 哩哩比，啦啦比，唱唱，大象站在侯普身上。
> 哩哩比，啦啦比，唱唱，大象站在肖恩身上。
> 哩哩比，啦啦比，唱唱，大象站在亚力克身上。

问候之后是唱一首歌（“这是你的学校，这是我的学校……”)，然后考特妮从一个箱子里抽取名卡，随机选出“今日之星”。接下来是日历活动和“晨间消息”：“同学们，早上好！今天是____年____月____日，星期____，____是‘今日之星’”。考特妮会要求学生来帮助自己填空。

简·内尔森、林恩·洛特和斯蒂芬·格伦（Nelsen，Lott & Glenn，2000）推荐了一种不同类型的班会，一种要遵循既定的议程（见图 3—1）的班会。班会的目标是给大家提供一个安全的时间和地点，培养关爱和关心他人的态度，学习合作和解决问题所必需的技巧。更多关于纳尔森等人方法的信息参看专栏 3—1。

(1) 表达赞扬和感谢。
(2) 对先前解决某一问题的方法的后续报道。
(3) 执行师生记在特殊笔记本上的议程项目。
讨论所提到的问题的解决方法。
  a. 分享情感，其他人倾听。
  b. 不固定讨论。
  c. 寻找有助于解决问题的方法。
(4) 为将来的班级活动制定计划（例如实地考察、联欢会、活动项目）。

图 3—1 班会版式

资料来源：Nelsen，Lott，& Glenn，2000。

专栏 3—1　　会见教育家

会见简·内尔森和林恩·洛特

简·内尔森和林恩·洛特既是治疗师也是教育家，他们为家长和教师撰写有关"积极训诫"的文章，并就这一主题做讲座、开展研讨会。他们的工作是建立在艾尔弗雷德·阿德勒（Alfred Adler，1870—1937）和鲁道夫·德雷克尔斯（Rudolf Dreikurs，1897—1972）的理念上的，这两位维也纳心理学家提倡尊重、友善地对待儿童，但同时态度要坚决。内尔森和洛特的合作始于 1988 年，他们一同撰写了现名为《青少年的积极训诫》（*Positive Discipline for Teenagers*）的著作。从那之后，"积极训诫"系列不断增加，包括了针对不同的年龄群体、环境（例如：家庭、学校和托儿所）和家庭类型（例如：单亲家庭、混合家庭）的内容。

一些有关课堂管理的主要观念

（1）课堂管理方法必须以互敬互爱为基础，以创建培养自尊和促进课业成绩为目的。

（2）为了表达关爱，教师必须注意五对影响师生关系的行为。在每对行为中，第一种行为是良好关系的障碍，而第二种则是良好关系的缔造者：1）假定，而不是核实；2）援助、解释，而不是探索；3）指导，而不是邀请、鼓励；4）要求，而不是庆贺；5）运用"成人主义"（也就是你忘了孩子们不是成年人的时候），而不是尊敬。

（3）班会不仅有助于把纪律问题降至最低，还能帮助学生培养社交、学习和生活技能。

（4）为了确保班会的效果，教师需要花时间教会学生"八大构件"：1）围坐成圈；2）练习赞扬和感谢；3）创建日程；4）培养沟通技巧；5）了解什么是脱离真实；6）发现人们做他们想做之事的四个理由；7）练习角色扮演和集体讨论；8）把重点放在非惩戒方式上。

网址：www. positivediscipline. com。

启用合作学习小组

研究显示，在校时，学生之间几乎没有相互交流的机会（Osterman，2000）。这些发现令人不安，因为根据无数研究证实，合作学习可以有力地促进积极的同伴关系发展。说得具体些，合作学习可以促进学业成就、性别、文化和语言背景以及种族不同的学生之间的交流和友谊，培养学生对残障同学的接受能力，促进对班级的积极态度（Good & Brophy，2008）。

戴维·约翰逊和罗杰·约翰逊（Johnson & Johnson，1999）是合作学习领域中两位杰出的研究人员，他们区别了三种类型的合作学习。在正式合作学习中，教师指定学生在不同的小组中共同完成仔细设计的任务，小组成员一起学习的时间可能从一节课到几周不等。在非正式合作学习中，学生在"临时小组"中学习，时间持续几分钟或一节课。例如，在对全班讲解演示的时候，加内塔频繁地告诉她的学生"转身面向你的邻桌，讨论怎样解决这个问题"。最后一种是合作基础小组，这是长期性的、由各种类型的学生组成的小组，组内学生在学业进展和感情健康方面相互支持。小组成员可以为没有到校的同学收作业，在其返校时为其提供帮助，辅导那些对教材有问题的同学，检查家庭作业，为准备考试组成学习小组。基础小组每周进行几次 5～15 分钟的会面是很有益处的。（有关合作学习的细节讨论见第十章“小组学习管理”。）

讲授社交情感技巧

在一次访问中，我们观摩了维维安娜给她的一年级学生讲授感情和愤怒情绪管理的一节课。

维维安娜：（她先给学生看人们不同感情的照片：快乐、兴奋、生气和爱。之后她出示了一张照片，照片上一个小男孩拿着球和球棒站在篱笆旁边。）你们认为这个男孩有什么感觉？

学生：悲伤。

学生：孤独。

维维安娜：为什么你们认为他悲伤、孤独？

学生：因为其他的孩子不让他一起玩球。

维维安娜：你们怎么解决这件事？

学生：邀请他一起玩。

维维安娜：（之后，维维安娜拿起了另一张照片，照片上一个女孩正在抢另一个女孩的布娃娃。）你们认为这个小女孩有什么感觉？（她指着布娃娃被抢的女孩。）

学生：她气坏了。

学生：她不想让她那么做。

维维安娜：这个小女孩能做什么？

学生：她可以数到 10。

维维安娜：对了，我们刚刚讲过怎样处理我们的感觉。有时候我也很生气，但是我会数到 10，或者做些别的事情，直到我冷静下来。你们可以单脚跳、双脚跳、骑自行车……

学生：然后你再跟她谈谈，告诉她你不想让她那么做。

维维安娜：对，然后你再跟让你生气的那个人谈谈，这时也就不太可能说让自己后悔的话了。

维维安娜的这节课旨在提高学生的“情感能力”——理解并管理社交—情感情境的能力（Hoy，2007）。具有情感能力的个体能够识别和规范自己的感情，能够通过形成不同的解决办法并选择最佳行动来解决问题，对其他人能够尊重和感同身受，并能够与别人有效沟通。现在各个学校都设计了大量的课程来培养诸如此类的技巧，事实上，我们五位教师工作的地区都开设了正式的课程，重点讲授社交情感技巧。即使你的学校还没有开设这一课程，在你自己的班级里向学生讲授并强化他们的社交情感技巧也是非常重要的。

社交情感技巧的讲授方法多种多样，但是一般来说，课程分为两种：训练全体学生社交情感技巧和解决冲突策略的课程，以及培训特定学生干部来协调同伴间争端的课程（Johnson & Johnson，1995）。有一个面对全体学生开设的课程的实例，该课程名为“第二步——暴力防范课程”，是儿童委员会（www. cfchildren. org）为学龄前到九年级儿童创设的，加内塔和维维安娜的学区都已应用该课程。教师每周进行一到两次授课，内容明晰易懂，包括共情①、愤怒情绪管理、冲动控制，以及问题解决法。授课后，教师在每天日常的课程中，利用课堂上自然发生的事件对授课内容进行强化。对该课程的研究表明，“第二步”课程在一定程度上降低了学校中的侵犯行为，增加了学生中立的、亲社会的行为（Grossman et al.，1997）。

芭芭拉所在学校的学生也参加了一项面向全体学生的课程。该课程由心理学家莫里斯·伊莱亚斯和约翰·克拉比设计，主要讲授社交决策制定和社交问题解决（SDM/SPS；Elias & Clabby，1988，1989）。课程基于两个前提：第一，技巧的层级安排突出强调人际行为能力，尤其是社会认知型问题解决技巧；第二，这些技巧可以讲授给儿童，这样他们就能分析、理解并准备好应对日常涉及的问题、决策和矛盾冲突。社交决策制定的传统方法通常是围绕一个特定问题组织的（药品和酒精使用、暴力、营养等），而这里的社交决策制定和社交问题解决反映的是这样的信念：儿童需要学习可以应用在一系列决策制定情境下的社会认知技巧。图3—2列出了教授儿童使用的技巧及教授的次序。

（1）寻找不同感觉的迹象。

辨认自己有关压力、焦虑、或者不确定的感觉，以此为开始解决问题的信号，而不要把它们当作应该消除或者忽视的感觉，同时也要辨认他人感觉的迹象。

（2）告诉自己问题是什么。

“我感到紧张，这是因为明天有考试。”

“我有点担心，因为那些孩子看起来好厉害。”

（3）决定你的目标。

“我想考好。”

“我要离那些孩子远点。”

（4）停下来思考，想出尽可能多的问题解决办法。

“今晚我不在家里学习，要去图书馆学，这样我就不会打电话聊天了。”

（5）想想采取每一种解决办法后可能发生的事情。

“当然，要是我在图书馆遇见我的朋友，我也许会浪费时间跟他们聊天。”

（6）选择最好的解决办法。

（7）计划好这个解决办法，进行最后核对。

（8）尝试并重新思考这个办法。

图3—2 教授儿童在SDM/SPS中使用的技巧

资料来源：Elias & Clabby，1988。

芭芭拉所在学校的健康教育课教师将SDM/SPS纳入了健康教育课程，面向三年级和四年级的全体学生。课堂上教授学生处理矛盾冲突时要用到“四条妙法”：监控自己的身体姿态、建立目光交流、说好听的话、运用尊敬的语调。课堂上，教

① 共情（empathy）也称移情，是指设身处地、认同和理解别人的处境、感情，即平时大家所说的对他人的境况感同身受。——译者注

师通过让学生在遇到问题的时候完成“麻烦日志”来强化 SDM/SPS 课程。（图 3—3 是一个三年级的女孩在同学开始“烦”她后完成的麻烦日志。图 3—4 给出了麻烦日志的另一种不同格式。）

麻烦日志

姓名：玛德琳　　　　日期：11月28日
时间：12:00

(1) 我感觉：
生气了！

我的感觉像这样：

(2) 把问题说出来。
你说了什么，做了什么：
莉娜开始烦我。

画出来。

(3) 你想要让事情怎样：
我想让她别这样！

画出来。

(4) 你可能会做什么！
我可能会打她，但我想她会哭，所以我写了麻烦日志。

画出来。

图 3—3　三年级女孩的麻烦日志

麻烦日志

姓名 ________　　　　指导教师 ________
年级 ________　　　　日期 ________
时间：（画圈）　　早　　午　　晚
事情发生时你在哪里？________
涉及谁？________
问题是什么？________
你做了什么？________
你这样做之前感觉怎样？________
你的目标是什么？（你想要做的是什么？）________
你对自己尝试解决问题的方法满意吗？
（选择其一画圈）　根本不　有一点　一般　比较满意　非常满意
保持平静，控制自己，这对你来说容易还是困难？
（选择其一画圈）　非常容易　比较容易　一般　比较困难　非常困难
* * * * * * * * * * 你还能尽力做到什么？ * * * * * * * * * *
想出尽可能多的解决办法。
解决办法（我可能会做的事）　　　　后果（可能会发生的事）

图 3—4　另一种类型的麻烦日志

与上述面向全体学生的课程不同，同伴调解课程则是选出一些学生，让他们引导争执双方解决问题的过程。用同伴而不用成年人作为调解人的优势在于，学生可以以一种符合他们年龄特点的方式来限制争端。调解人一般是两人一组工作，解释调解的基本原则，为争执双方提供机会，让他们从不同角度认识问题，解释他们的感受，集体讨论解决办法，选择行动方案。这些步骤可以在图 3—5 所示的同伴调解实例中看到。

暂停与思考

思考一下你会怎样向学生介绍社交情感技巧。你会强调哪些技巧？你会在每周设定具体的时间明确讲授社交情感技巧，还是会尽量利用“可教学时刻”？

同伴调解课程在全国的各个学校越来越受欢迎，而且迄今为止，各种证据间接表明，这些课程极大地降低了暴力性事件的发生率。一些研究者认为，实际上，同伴调解对调节者的影响比对争端双方影响更大，因为前者获得了有价值的冲突解决技巧、赢得了同伴的尊重（Bodine & Crawford，1998；Miller，1994）。如果情况确实如此，这就意味着不仅是要选择“好孩子”作为调解者，高风险的学生也必须受到培训，在冲突发生时，被启用为调解者。

显然，在涉及毒品、酒精、偷窃、暴力或者其他犯罪行为时，同伴调解就不能作为一种选择方法。但是，调解可以帮助解决下列行为争端：传播谣言、骂人、种族羞辱、欺凌，以及涉及财产的矛盾冲突（例如：向别人借的书丢了）。即使如此，调解必须是自愿和保密的。在违反校规的情况中，不能以调解代替惩戒行动，而只能把调解作为一种解决问题、“清除误会”的机会。

矛盾冲突：比利和胡安在数学课上座位相邻。在做数学题的独立作业时，比利想出等式后就习惯性地哼歌，这让胡安很难集中精力完成作业。

胡安：你能不能闭嘴不唱了？
比利：（唱得更响了）哦，谁说什么话了吗？
胡安：老实点，我要过去让你安静安静。
比利：我在这儿呢，你来试试。

教师听到这场对话后，问男孩们是否想进行调解，他们同意了。

调解步骤 1：采纳和解释规则。
1 号调解员：（介绍自己和其他调解员）我们将成为你们的调解员。你们叫什么名字？（两个男孩应答，调解员把名字写在表格上。）
2 号调解员：我们在这里不是对你们进行评判或者惩罚，只是帮助你们解决矛盾。我们在这里所说的所有事情都是保密的，除非所讨论的事情违法、有害或者有虐待的迹象。
1 号调解员：在我们开始之前，你们都需要同意一些规则。这些规则是：
1）允许别人讲话，不要打断别人。
2）尊重他人，避免羞辱别人。
3）敢于承担责任，愿意解决问题。
2 号调解员：你们双方都同意这些规则吗？（如果双方同意，进行步骤 2。）

调解步骤 2：倾听和理解问题。
1 号调解员：胡安，请从你的角度讲讲这件事。
胡安：我在努力地学习，这个窝囊废大声哼哼，我都没法想问题了！
1 号调解员：请尊重对方，不要羞辱他或者骂人。
胡安：对不起。我在学习，而他很大声地哼歌。

1号调解员：他哼歌打扰你的学习了，你有什么感觉？
胡安：我太生气了，因为每天都这样。
1号调解员：你生气是因为感觉他是故意大声哼歌的。
2号调解员：比利，讲讲你的事情吧。
比利：我在学习，做我自己的事情，没错，我是在哼歌。
2号调解员：你对这种情况怎么看？
比利：我感到很失望，胡安太敏感了。
2号调解员：你想继续哼歌，你认为胡安反应过度了。对吗？（比利同意这个观点。）你们两个还有其他要说的吗？（如果还有说的，继续轮流发言。如果没有补充，进行步骤3。）

调解步骤3：集体讨论解决方法。
1号调解员：你们两个都听到对方的说法了。想想可以做什么来解决现在或者将来的问题。我们要把你们所有的主意写下来，然后决定以后可以做什么。（胡安建议说，他可以用好点的态度让比利停止哼歌；比利建议换座；胡安建议说，可以戴上耳塞；比利说可以在自己的脑海里哼歌。）
1号调解员：还有其他主意吗？（如果没有，进行步骤4。）

调解步骤4：达成协议。
2号调解员：让我们一起看看你们两个提出的建议。哪些建议可以帮助解决矛盾？（两个男孩认为移动座位不现实，让胡安戴耳塞也不公平。胡安建议，而比利也同意，比利应该在脑海里哼歌，当比利的声音变大到分散注意力时，胡安可以进行提醒。）
2号调解员：矛盾解决了吗？（如果两个男孩同意已经解决，他们就在同伴调解表格上签署协议。如果他们不同意，就回到步骤3，想出更多的解决办法。）感谢你们愿意解决矛盾。我们过几天将和你们一起核查，看看你们的解决办法是否有效。

图3—5 同伴调解文字稿

制止同伴骚扰与欺凌

促进亲社会行为的努力必须伴随着对可能威胁班集体安全与减少班集体关心的反社会行为的零容忍。每天，学生都痛苦地经历着骂人、戏弄、嘲讽、侮辱、社交排外、排斥，甚至经受着同伴之手造成的身体伤害。当这种同伴骚扰长时间（而不是偶尔或意外）地重复进行时，它就是故意要引起伤害、不适，或者恐惧，并涉及力量或者权力的不平衡，最终变成欺凌（Hyman et al.，2006；Olweus，2003）。男孩比女孩更能欺凌其他同学，而且他们的欺凌倾向于身体方面。女孩们经常使用更微妙的“关系型”欺凌，比如把某人排除在群体之外，以及传播谣言。

同伴骚扰和欺凌并不局限于小学高年级。一项对25个幼儿园至三年级班级的研究发现（Froschl & Gropper，1999），戏弄和欺凌是儿童觉察同伴间差异后的常见反应。这项研究也记录了一个令人苦恼的事实——教师对这些行为罕有干预。实际上，教师和其他成人对他们所见的71%的戏弄和欺凌都选择不干预或者视而不见。

这种缺乏干预的状况有一个可能的原因，即欺凌在传统上被认为是“可被社会接受的”（Crothers & Kolbert，2008）。欺凌者可能很受欢迎，他们的行为被认为是正常的。例如，如果欺凌者是男性，成年人就会评论说“男孩就是这样”，这种情况并非罕见。事实上，美国几乎1/3的教师都认为欺凌是一种“惯常行为”，受害者必须自己学会解决（Hyman et al.，2006）。另外一个不干预的原因可能是很多同伴骚扰和欺凌都发生在走廊和午餐室，教师认为在那些地方自己没有管辖权。

认真对待同伴骚扰，无论它在何处发生都要进行干预和制止。如果教师要建设更加安全、更有爱心的课堂，这一点就至关重要。你要警惕对种族和民族、体型、残障、性取向、不时尚或古怪的装束、使用非英语的语言，以及社会经济地位的评论。你需要明确，不尊重他人的话语和诽谤，即使是以开玩笑的态度说出也是不能被接受的。南缅因大学憎恨型暴力预防中心主任斯蒂芬·韦斯勒（Wessler，2008，p. 47）敦促教师应立即应对同伴骚扰的事例。

> 无论是在走廊还是教室，当学生使用低级语言或者带有成见的语言时，教师必须出言制止。在繁忙的走廊中，这种干预要简短。教师要与学生建立目光交流，说："我听到那些话了"，"我们这里不能那样说话"，或者"那个词很伤人"。这就向学生传递了一种信息——带有偏见的诽谤和玩笑是不能被接受的。这种低调的干预打破了骚扰升级的模式，能阻止一些学生继续使用低级语言。这种干预还能作为学生自己中断使用有害语言的榜样。最后，当教师出言制止骚扰时，他们就对那些不断听到诽谤言辞却感到无人关心的学生传递出了希望的信息。

由于很多同伴骚扰和欺凌都发生在教师视听范围之外，教会学生如何在看到不能接受的行为时"挺身而出、明言制止"就显得非常重要了（Wessler，2008）。罗伯特·马尔扎诺及其同事（Marzano et al.，2005）给学生建议了三条简单的规则，用来预防学生间的欺凌：（1）我们不欺凌其他同学；（2）我们要通过出言制止和获取成人帮助来帮助被欺负的同学；（3）我们要付出更多努力，让所有的学生都参与到我们学校的这些活动中。实际上，有一些学校会让学生签署反欺凌保证书（见图3—6）。

我们是______________学区的学生，我们同意团结起来反对欺凌。

通过签署本保证书，我同意做到以下几点：

- 尊重地对待他人。
- 努力把那些被排斥的人囊括到我们中间来。
- 拒绝欺凌他人。
- 有人受到欺凌时，拒绝观看、嘲笑或加入。
- 告诉成年人。
- 帮助那些遭到欺凌的人。

保证人____________

日期______________

图 3—6　反欺凌保证书

资料来源：Harrison，2005。

帮助学生理解什么样的行为构成同伴骚扰和欺凌也很重要。例如，在所有的年龄段，戏弄都是最为频繁的欺凌行为，但是要划清玩笑似的交流与伤害性的骚扰之间的界限对学生来讲又是困难的。某种交流不论是代表戏弄还是代表友善的逗乐，都与参与行为的个体在社交方面受欢迎的程度有关（Hoover & Oliver，2008）。如果一个地位较高的学生嘲笑地位较低的学生，这种交流就可能被视为攻击行为。戏弄同等地位的人则更可能被理解为开玩笑。下面是一些关于戏弄的指导原则（Hoover & Oliver，2008），可以帮助你的学生理解什么是适当、什么是不适当的行为。

询问是否关于某个话题的玩笑是有伤害性的，如果是，就不要就那个话题戏弄人。

注意观察那些表示戏弄已经让人恼怒的肢体语言。
对遭到戏弄的学生出言相助。
如果你对某个话题的戏弄感到恼怒，要出言制止。
运用幽默的时候要小心，特别是使用讽刺时。
避免戏弄你不熟悉的人。
永远不要在性、性别、同学的身体或者家庭成员方面戏弄人。
避免戏弄那些看起来已经遇到糟糕事情的人。
接受以友好方式表达的戏弄。

为了提高对欺凌的认识，尽量在课程中加入反思性活动也很有用。在语言艺术课上，学生可以阅读以骚扰和欺凌为主题的小说；在数学课上，可以进行有关欺凌的调查和结果分析；在美术课上，学生们可以描绘出他们对骂人和羞辱的感受，或者画一些和平的、亲社会行为的图画（Bickley-Green，2007）。非常幼小的儿童可以通过绘制彼此之间的相同点和不同点的图表来探寻人类差别的概念。孩子们可以用积木搭建一堵墙，代表那些阻碍人们成为朋友的事情，然后讨论消除障碍的方法。

警惕网络欺凌

过去的几年中，同伴骚扰和欺凌已经从学校校园扩展到网络空间，“网络欺凌者”利用电子邮件、手机短信、即时通信、网络日志，以及在线“纪念册”等手段追踪他们的受害者。例如，弗吉尼亚州费尔法克斯县的一名学生决定对六年级“最受憎恨学生”的前五名进行调查，于是建立了一个供学生投票的网站（Lisante，2005）。幸运的是，一个网名为“获胜者”的家长将这份调查举报给了校长。这一事件促使该校开设了一门有关网络欺凌造成伤害的校内课程。

网上骚扰比“离线”骚扰更不易被成年人察觉，对新科技不熟悉或者不适应的成年人可能对这一问题的性质和严重性并不了解。同时，网络欺凌使受害者蒙受了更加巨大的羞辱。只要用鼠标点击几下，流言、嘲讽、令人尴尬的图片，以及伤害性的评论就会迅速在大量同伴间流传，而家庭也不可能再成为躲避嘲弄的安全港了。另外，青少年可能会在网上说一些面对面时绝对不会说出的话，这主要是由于他们用的是网名，并且距离受害人较远。正如一个学生所说：“在网上，你看不到他们的脸，他们也看不到你的脸，你就不必看到他们的眼神，不必看到他们受伤了”（Leishman，2002）。网络欺凌似乎也特别能吸引女孩，她们更喜欢“关系型”欺凌，而不是身体骚扰，而且经常努力避免发生正面冲突（Harmon，2004）。

本节的“实用贴士”列举了一些应对网络欺凌的策略。

实用贴士

网络欺凌的应对

- 制定明确的政策，规定可接受的校内互联网使用方式，并将此政策纳入学校手册（或你的班规）中。政策应阐明构成网络欺凌的行为，列出网络欺凌的后果，还要包括学生感觉自己成为受害者后可以与何人联系等信息。
- 你要自学学生所使用的高科技工具，不要给学生利用你的无知的机会。

- 确保孩子们或年轻人意识到欺凌别人是要被严肃处理的。
- 确保家长/监护人表达的有关网络欺凌的忧虑得到认真对待。
- 向学生解释，他们：
  - 不应该分享或者透露诸如家庭地址、学校或电话号码之类的个人信息。
  - 不应该在网上张贴透露个人身份的相片，或未经许可张贴朋友的照片。
- 应该设置网上个人简介（脸谱网或者聚友网）的进入权限，仅允许朋友进入；接受加好友请求时应谨慎，特别是请求来自不认识的人时。
- 不应该删除信息；可以不读这些信息，但是应该把它们拿给信任的成年人看；这些信息可以用来对网络欺凌采取行动。
- 不应该打开来自不认识的人的信息。
- 绝对不要回复欺凌性信息。
- 如通过电子邮件或者即时信息遭到欺凌，应拦截发送人的信息。
- 可以将信息转发给他们的网络服务供应商。
- 应该告知成年人。
- 应将包含身体威胁的信息出示给警方。
- 应出言制止网络欺凌。
- 生气时不应发送信息。
- 不应发送不想让他人看到的信息。
- 让家长意识到，所有的主要网络服务提供商都会提供某种形式的家长控制。例如，美国在线服务公司（AOL）开发出了“AOL监护者”，它可以向家长报告青少年与何人交换信息、浏览哪些网站，并且监控13岁及以下的儿童聊天室。
- 鼓励家长把电脑放置在家中的公共房间。
- 邀请当地警务人员来校向家长和学生宣讲正确的网络使用方法。
- 确保你所在的学校讲授的任何电脑课程都包括道德规范内容。
- 参考下列资源：*Surfswell Island：Adventures in Internet Safety*（www. disney. go. com/surfswell），*NetSmartz*（www. netsmartz. org），*CyberSmart！Education Company*（www. cybersmart. org），and *i-SAFE*（www. isafe. org）。

资料来源：Adapted from Franek，2005/6；Keith & Martin，2005；Lisante，2005；and the National Crime Prevention Council，2003，at www. mcgruff. org。

警惕学生对学生的性骚扰

1999年5月24日，在一起名为“奥利莉亚·戴维斯诉门罗县教育委员会”的案件中，高级法院以五票同意、四票反对的结果裁决，任何接受联邦资助的校区如果“故意漠视”学生之间的“严重的、普遍的，以及客观上造成侵犯的”骚扰报告，可能面临性别歧视起诉（Walsh，1999）。

戴维斯一案开始作为诉讼案，是由乔治亚州的一位五年级女生的母亲提出的。据其家人描述，该女同学经历了同桌男同学对她进行的五个月的性骚扰。根据原告向法庭提出的诉状，那个男同学“不断企图摸（该女同学的）胸部和私处……用粗俗的语言告诉她自己的需要……想与她上床……做出性骚扰的动作”（Gorney，1999）。在此期间，该女生及其家人一再向学校官员请求帮助，这些官员也因无视他们的请求而被起诉。戴维斯一案证明了一个事实，对学生间的性骚扰的担心并不应局限于高中。

性骚扰一般的定义是，不希望获得的和不受欢迎的性注意，包括多种行为：

> 抛媚眼、捏掐、抓、暗示性语言评论、强迫性性行为、传播性谣言、开性玩笑或者性别玩笑、拉扯其他同学的衣服、以性的方式堵截同学、对同学的性取向进行侮辱性评论、约会时强奸、以某同学为题材的性涂鸦，或者进行其他以性的方式导致充满敌意的学习环境的行为。（Hyman，1997，p. 318）

有时候，对你以及你的学生来说，区别无害的戏弄和性骚扰是很困难的。当你面临这种情况的时候，记住这样一个事实很有帮助：骚扰是否发生实际上是由“承受者的眼光”决定的。换句话说：决定因素是“行为的承受一端受到了怎样的影响，而不取决于动作发出者的意图”（Strauss & Espeland，1992，p. 15）。承受者喜欢和希望的亲吻、抚摸和调情不是性骚扰（虽然这些行为肯定不适当，可能显示了两个孩子都是性虐待的受害者，见第五章）。

近年来，越来越多的地区都为学生和学校员工编写和分发了有关性骚扰的政策文件，其内容主要包括定义性骚扰、规定你听说性骚扰事件后应遵循的程序，并阐明其后果。获得这样的政策并执行规定的程序十分重要。记住：在戴维斯一案中，高院的裁决意味着教师必须认真对待投诉，对学生的行为加以干涉。如果你不这样做，就可能因“故意漠视”而遭到起诉（Gorney，1999）。

总结评论

阿尔菲·科恩（Kohn，1996，p. 114）指出，如果我们都来反思“那些有时候使学校变得可怕的事情”，将会十分有帮助。最近，我们听从了他的建议，和我们的学生一起回想自己曾经经历过的可怕时光。下面是一些学生的回忆：

> 四年级的时候，我们被告知每个星期五要上时政课——摘要叙述一篇文章，带到班级给大家朗读。第一个星期五，我忘了写这个作业，还有其他八个同学也忘了。老师让我们这些没有完成作业的同学都站起来，当着全班的面严厉地斥责了我们。然后她走到我们面前，我们就必须说出为什么会忘记。后来她又让我们每个人给家长写一封信，说明我们怎样才能不会再忘记写时政作业……

> 一年级的时候，因为我念不好字母组合“th”的发音，所以必须去参加语言治疗。一到该去的时间，老师就会说：“好了，那些不知道怎么把话说好的孩子，到门口排队。”

> 回首往事，一年级到六年级对我来说并不是好时光……我总是那个被人遗忘的男孩。老师很少提问我，因为我非常不爱说话，也因为我从来不举手，我害怕说错、害怕引人注目、害怕被搞得很窘迫。我的同伴也是这种状况。我的意见或想法总是被忽视……

> **暂停与思考**
>
> 思考一下你最深刻的学校记忆。那种记忆是一个你感觉被羞辱、被威胁而毫无办法的事例吗？如果是，你会做什么来确保这些不会发生在你的学生身上？如果你非常幸运，想不起学校的负面经历，那么就思考一下是什么使学校成为你的安全港湾？你怎样做才能同样为学生创建一个这样的环境？

二年级的时候，我的老师把我名下积攒的两颗金星拿掉了。（此处提供一些背景信息：在告示板上有一大张海报，写着每个人的名字。学生的目标就是通过取得不同的成就积攒不同颜色的星，金星是最高奖。）她当着全班的面拿下了我的金星，这羞辱了我。我究竟做了什么而受到了这么严厉的惩罚？唉，就因为我挖鼻孔……

对于很多儿童而言，学校是让他们感到被羞辱、被威胁、被嘲笑、被折磨、被戏弄、被出卖而无能为力的地方。但是，“能记住学校可怕的时候”的教师更倾向于创建一个更加安全、更有爱心的班集体。当然，当今时代充满高风险测试和优秀课业表现的压力，你可能不愿意花时间去建设班集体，而这也确实要花费时间。但是请记住：建设班集体不仅最终会产生一个更加和谐的课堂，还会让学生产生更大的学习动机、学习兴趣和更好的课业成绩（Watson & Battistich，2006）。

小　结

本章伊始讨论了积极的师生关系在课堂管理中的重要作用，接下来考量了几种向学生表示关心的方法，以及在学生中建立关爱关系的方法。

表示关心和尊重学生的方法

- 对学生表示欢迎
- 了解学生的生活状况
- 对学生关心的事要敏感
- 确立实施清晰的行为规范
- 讲求公平
- 做教师的同时做个有血有肉的人
- 分担责任，促进自律
- 减少外在约束
- 实施全纳课堂
- 努力发现学生的优点
- 培养沟通技巧

  专注和搭理

  积极倾听

  询问

  解决问题
- 身体接触方面须谨慎
- 询问学生对教室环境的感受

建立互爱的生生关系

- 以身作则，表扬学生的亲社会行为
- 创造机会，让学生互相熟悉
- 召开班会
- 启用合作学习小组
- 讲授社交情感技巧
- 制止同伴骚扰与欺凌
- 警惕网络欺凌
- 警惕学生对学生的性骚扰

对于许多儿童而言，学校是他们感到被羞辱、被威胁、被嘲笑、被折磨、被戏弄、被出卖而无能为力的地方。还能记得学校多么可怕的教师更能为他的学生创建一个安全的、有爱心的集体。

技巧培养活动与反思

课上活动

1. 回想一下你的小学老师。选出一位向学生表示关爱的老师和一位没有那样做的老师。就每位老师写一个段落，给出细节和例子来说明每位老师所做的事情。在小组中分享这些事迹。

2. 在下面的几段对话中，学生向老师倾诉他们遇到的问题，而老师的反应方式不是本章所建议的。运用本章提出的沟通技巧对每一种情况作出新的反应：搭理、积极倾听、问自由回答式问题，以及解决问题。

学生：我的父母不允许我像其他孩子一样周末出去。他们说他们信任我，但是却没有表现出信任来！

教师：哦，我相信在他们心里总是想着怎样对你才是最好的，你不应该抱怨。你还小，毕竟很多小孩的家长还不关心他们呢。我看见很多家长允许孩子随心所欲。也许你认为你也想那样，但是我相信你不会。

学生：我真受不了我的继母。她老是批评我，让我一放学就回家照看我妹妹，让我觉得自己像个傻瓜。

教师：哦，别说了，灰姑娘。我相信事情没那么糟糕。

学生：我姐姐告诉我她好像怀孕了。她让我答应不告诉爸妈，但是我真的很害怕。我觉得他们应该知道，我怕她自己试着打掉孩子。你说我该怎么办呢？

教师：我觉得你应该告诉家长。

独立活动

1. 采访一些小学生，问问他们怎样定义有爱心的教师。请他们识别教师对学生表示关爱的方法。

2. 为开学第一周做一些计划。第一，想想你会怎样向学生介绍自己，你会告诉学生关于自己的哪些方面。第二，计划一个了解学生生活的方法。（你会让学生给你写信吗？会让他们回答特定的问题吗？）第三，计划一个旨在帮助学生相互认识的介绍性活动。

3. 参观一所你从来没有去过的小学。记下你一走进教室就产生的想法，思考一下学生在这间教室会有什么感受和想法。观察这个班级一段时间，写下教师建立安全、有爱心的班集体的种种方法，也写下你不断产生的关于课堂气氛的印象。

载入档案袋

把你创建安全、有爱心的班集体所用（将要用）的方法记录下来。在档案袋中装入各种文件：给学生写的欢迎信、社交情感技巧授课计划，以及各种“逐渐了解你”的活动。

第四章

确立班级行为规范

新学年的第一天可能会很恐怖，即使对上了好几年学的学生也是如此。未知的事情太多了：老师会是什么样？谁会跟我一个班呢？我能不能找到教室啊？当然，还有诸多“要是……怎么办”这样的问题：我要是想去厕所怎么办？我的铅笔尖要是断了怎么办？老师提问，我要是不知道答案怎么办？

为了理解学生的感受，试着回想一下：由于你不熟悉文化规范和习俗，曾经感到多么不舒服、不安全。也许你在国外走进一家商店，但不知道与店家讨价还价是不是合适；又或许你到一家极其高档的餐厅用餐，但不确定合适的餐桌礼仪是什么。

在上述每种情况中，不知道应该做什么引起了不安全感、不舒适感和自我意识。当我们知道适当行为的规范时，我们所有的人都会感到胸有成竹，小学生也不例外。事实上，一项关于课堂动机的研究发现（Skinner & Belmont，1993），如果三、四、五年级的学生觉得教师明确了对他们的期望，他们就会更加努力地学习，更能持之以恒。显而易见：清晰明确的行为规范可以帮助消除那些“要是……怎么办”引起的疑虑，增强学生的安全感，提高学生的能力。

明确对行为的期望还有另外一个重大裨益。正如我们在前几章中强调的，班级是拥挤、复杂的环境，个体在其中要进行各种各样的活动。明确的规范会降低课堂的复杂性。这些规范能最大限度地减少混乱，防止授课时间的损失。这些规范也会使你和学生得以顺利、高效地完成“持家”的任务（例如：检查出勤情况、分发材料、收家庭作业）。这样，用于教学的时间就达到了最大化。

本章我们将描述证明课堂规范重要性的研究，然后讨论一些指导你确立课堂规范的原则。我们也将学习考特妮、维维安娜、加内塔、芭芭拉和肯如何引导学生认识班级规范，以及他们对这一课堂管理中心任务的看法。

关于有效课堂管理的研究

1970 年以前，教师预备计划能够给新教师提供的课堂管理建议十分有限。教师教育者共享几个有用的“职业诀窍”（如：通过让灯闪灭要求学生安静），他们强调严格和言出必行的重要性，告诫新教师等到圣诞节再笑。但是，他们根本不了解有效管理者行为方面的研究成果，也不清楚为什么一些课堂能顺利进行而另外一些却十分混乱。

1970 年，随着雅各布·库宁（Jacob Kounin）对有序和无序课堂的研究结果的发表，形势转变了。库宁着手比较了教师对不当行为作出反应的方式。令他惊奇的是，他发现成功的课堂管理者的反应和不成功的课堂管理者的反应并无重大区别。重大区别在于教师采取的预防不当行为的策略。有效的课堂管理者不断地监督学生的行为。他们展现了库宁称之为“明察秋毫”的东西：他们知道教室里各个部分发生的事，而且能够把这一信息传递给学生。他们也表现出了“一心多用”的能力，即同一时间可以做不只一件事。在多个事件同时发生的环境中，这当然是最需要的能力！此外，有效的管理者可以让课堂节奏十分轻快，这样，学生就很少有机会分散注意力或打断课堂进程。

库宁的工作使研究者不禁要问：有效的管理者如何开始新的学年？一系列的研究对此论题进行了调查。其中一个项目（Emmer，Evertson，& Anderson，1980）对 27 所位于城区内、设备齐全的三年级课堂进行了观察。在开学的前 3 个星期里，研究者广泛地观察了各个课堂，把所发生的事情做了详细的记录。接着观察暂停了，然后又在 11 月恢复，并一直持续到学年末。在 11 月到次年 5 月的观察数据基础上，研究人员对高效管理者和低效管理者进行了区分。然后，他们拿出学年开始时记录的信息，把教师在开学前 3 周所做的事情加以比对。不同点非常明显——甚至在开学第一天就显现出来！

在所记录的主要不同点中，教师处理规章制度的方式就是其一。有效的管理者有明确的一般行为规则（例如：“课前要做好准备”），也有进行具体任务的程序或常规（例如：去洗手间）。此外，有效的管理者在开学的头几天会花上很多时间把这些规则和常规教给学生，就像讲授课业内容那样认真，而且他们会在开学的前 3 周内不断重复这些规则。

与此相反，管理不太有效的教师没有明确定义的规则或程序。例如，一名新教师没有规定去洗手间、使用削笔器或喝水的规则。结果是，孩子们四处走动、任意来去。虽然低效管理者也有规则，但是这些规则往往很模糊（例如，“在正确的时间正确就位”），也没有清晰的解释。低效管理者经常很随意地提出规则，却没有把这些规则认真仔细地教给学生。

一项研究回访了有效管理者如何开始新学年的问题（Bohn，Roehrig，& Pressley，2004）。研究者观察了小学的 2 个“高效”班级和 4 个“低效”班级开学之初的几天。虽然此项研究与先前的研究时隔 20 多年，其研究结果却惊人相似。例如，虽然 6 位小学教师都对学生介绍了程序，但是只有 2 位更有效的教师会确保学生练习这些程序，直到他们能够很好地执行。这项研究也报告了一些新发现，反映出了课堂管理观念上的变化。特别值得一提的是，研究者发现，管理高效的教师在开学之初就下大功夫来培养学生自律、强调班集体的重要性、传达出对学生们成为“班集体中的优秀成员”的期望。

总之，对开学之初的课堂管理的研究帮助我们更清楚地了解了有效管理者创建课堂秩序的方法。这项工作强调了以下两点的重要性：(1) 决定你想让学生如何表现；(2) 把这些期望绝对明确地传达给学生。下面我们分别看看这些步骤。

明确你对学生行为的要求

> **暂停与思考**
>
> 我们区分了一般行为的规范（规则）和学生在特定情况下遵循的程序（常规）。为了确保你掌握两者的区别，思考下列行为要求：(1) 每天放学时，学生应将自己的座椅倒扣在书桌上。(2) 学生要讲礼貌。(3) 别人说话时，要认真地倾听。(4) 进行写作时，名字要写在纸张的右上角。(5) 小组学习时，学生可以轻声与同组成员谈话。稍后，我们将在本章中回顾此清单。

在第一个孩子进教室前，你需要考虑自己希望学生们有怎样的行为。你不但要确定学生的一般行为规范（通常叫作班级守则），还需要明确特定情况下你和学生要遵循的行为常规和程序。例如，学生早晨到教室后，是不是要挂好外衣并立即到自己的座位上把书拿出来？还是他们可以和邻桌同学轻声交谈、削铅笔、做游戏？当学生需要纸张写作业时，是他们自己去拿，还是你指定了“作业纸负责人”，或者是你亲自分发？学生想去洗手间的时候，他们要得到许可，还是可以直接去？学生在桌旁学习的时候，他们可以互相帮助，还是必须独立学习？

因为这些看起来都是琐碎小事、不足挂齿，我们很容易低估它们对课堂秩序的影响。但是，当你试图决定如何分发纸张的时候，一堂课有可能就散了。而如果学生不确定写课堂作业时回答同学的问题是帮助还是作弊，他们就会感到焦虑。正如我们将要看到的，每个班的行为规范可能都不同，但是没有行为规范，任何班级也不可能顺利运转。

规划一般行为规范

有效的管理者一般会制定四五条一般行为规则（Akin-Little，Little，& Laniti，2007）。这些规则对那些使教室成为学习和生活的好地方的必要行为作出规定。例如，“尊重他人财产”、“把手放好”以及“听从指挥”。在加内塔的课堂上，她和学生一起商讨，确定了下列规则：

尊重他人。
举手发言。
和平解决分歧，不打架。
别人讲话要注意听。
三思而后行。

当你思考自己的课堂规则时，要记住四条原则，表 4—1 对其进行了概括说明。第一条，规则应该是有道理、有必要的。考虑一下你教的孩子的年龄和特点，问问自己：什么样的规则适合他们？例如，要求幼儿园小朋友“在任何时候都要安静地坐在课桌旁”就不合理。由于幼儿有不可抑制的活动需要，设立这样规则的唯一结果就是导致孩子们乱动、烦躁、有挫折感。

还要问自己，每项规则是否必要。制定这项规则有没有压倒一切的理由？它会不会使教室成为一个更令人愉快的地方？会不会增加儿童学习的机会？我们认识的一位二年级教师制定了课间餐时间“禁止交谈”的严格规定（而那时孩子们是四人一桌坐着的）。孩子们很难理解（我们也是）为什么要禁止在吃东西的时候安静地交谈。虽然那位教师切实地执行了该规定，但是她班级的学生认为那是武断的、不公平的。

表 4—1　　制定课堂规则的四条原则

原则	需要思考的问题
(1) 规则应该是有道理、有必要的。	什么样的规则适合这个年级水平？ 制定这条规则的理由充分吗？
(2) 规则必须明确、容易让人理解。	规则对于学生来讲是否太抽象，不易理解？ 我想在多大程度上让学生参与规则的决策过程？
(3) 规则必须与授课目标一致，与我们所知的学习规律一致。	这条规则是会促进还是会妨碍学生的学习？
(4) 课堂规则要与校规一致。	学校的校规是什么？ 在礼堂中、自助餐厅里、集会时有没有特别的行为要求？

第二条，规则必须明确、容易让人理解。因为规则经常以概括性的词语陈述（“讲礼貌”），这就可能太抽象，使儿童难以理解。计划规则的时候，你要想出一些具体的例子与学生讨论。例如，芭芭拉最基本的行为规则是“讲礼貌”。她通过描述真实的行为来确保“礼貌”一词得到清晰的解释：“你跟那些被人忽略的同学玩就是讲礼貌”、“别人讲话时你注意听就是讲礼貌”、“不讥笑别人就是讲礼貌”、“不骂人就是讲礼貌”、“说话的时候使用‘请’和‘谢谢’就是讲礼貌”。

很多教师（包括考特妮、加内塔和肯）认为，学生和教师共同努力下制定的规则更容易被学生理解。他们希望参与使学生更好地遵守规则，因而明确指出学生是课堂决策的积极参与者。但目前，还没有明显的证据说明和学生共同制定规则优于直接拿出规则并讨论。最重要的是要确保所有学生理解班规是什么以及应怎样执行（Carter & Doyle，2006）。

要记住的第三条原则是规则必须与授课目标一致，与我们所知的学习规律一致。第一章讨论了统领本书的几项原则，其中之一就是对秩序的需求不应超过对有意义的授课的需求。在你为课堂制定规则的时候，想一想这些规则是会促进还是会妨碍学习过程。例如，我们认识的一位二年级教师有一条写课堂作业“不能用橡皮擦”的规则。她的理由很清楚：学生用橡皮擦的时候，很容易在纸上弄出小洞，结果作业就会很乱、难以辨认。不幸的是，不允许用橡皮的规则引起了很多的焦虑。一些学生最后变得更注重不犯错误，而不注重他们在写什么。虽然规则的本意是好的，但是它却干扰了学生学习。

在追求秩序的过程中，有时候教师会在学生独立做作业期间禁止他们讲话，或者由于害怕学生吵闹而避免进行合作学习活动。显然，有些时候限制是必要的，但是当限制变为普遍做法时就相当可悲了。研究儿童学习方式的教育心理学家强调了儿童间交流的重要性。这种想法很大程度上是基于苏联心理学家利维·维果茨基的研究工作而产生的，他认为儿童的智力成长是通过与作为教练或辅导者的成人、与更有能力的伙伴合作得到促进的（Wertsch，1985）。有趣的是，对利用小组学习的研究显示，交流对辅导者和被辅导者都有利。例如，研究者发现那些给他们的同伴解释问题的儿童学习成绩也有所提高（Webb，1985）。考虑到交流在儿童学习和认知发展方面的重要作用，教师不但不能减少交流，还应花大量时间教会儿童在各种情境下应采取何种行为。这是十分明智的。（我们将在第十章更充分地讨论这一话题）

最后一条原则，课堂规则要与校规一致。例如，一些学校要求学生离开课堂时应持有通行证。如果是这样，你也要制定这样的规则。你的学校也许会给新教师召开岗前会议，解释校规和办事程序。如果不开会，你可以看看有没有学校手册，或是咨询办公人员和其他教师。特别是要找到集会时、自助餐厅和图书馆里以及操场上的行为要求。你还要知道你所负责的事情的管理程序（例如：考勤、收午餐费、监督火灾演习、与家长沟通）。

规划特定情况下的常规

由于教室里会发生如此多不同的事件，明确特定情况下的行为就会令人感到为难。莱因哈特和她的同事观察了有效课堂管理者的行为，并把他们使用的一些常规做法进行了分类（Leinhardt，Weidman，& Hammond，1987）。我们采用了他们的三类系统，为你考虑自己课堂的常规提供一个思路。

班级运转常规

这是一些非学习常规，可以使你的班级顺利运转。这类常规包括管理责任（考勤、记录每天购买午餐的学生人数、下发学校通知），学生行动程序（早晨进教室；放学离开教室；离开教室去洗手间、看护室、图书馆、更衣室；排队去上特别课程，如美术课、音乐课、体育课；火灾演习；在教室里削铅笔、使用学习中心，或拿材料），以及班务常规（擦黑板，给植物浇水，存放书包、外衣之类的个人物品，清理课桌，保证大家有充足的使用材料）。

没有明确、细致的班级运转常规，上述那些活动可能会占去每天在校时间的很大一部分。一项关于二年级课堂时间使用方式的研究表明，非授课活动（活动之间的过渡、等待、班务）占学生在教室总时间的20%，比用在数学授课上的时间还要多（Rosenshine，1980）。无疑，在管理不好的课堂中这一数字会更高。

通过明确儿童在具体情况下的行为，你可以为授课节约出宝贵的分分秒秒；还能使儿童不必得到你的直接指导就能执行那些常规，这样你就可以集中精力授课。例如，只要班级不是在上课，芭芭拉就允许学生持塑封卡通行证去洗手间，不必请求允许。只有一张通行证，意味着一次只有一名学生可以走出教室，而且芭芭拉也确保了一名学生不会离开教室次数过多。这些保证很到位，日常活动顺利进行，芭芭拉的工作也就不会无数次地被打断。

另外一个重要的班级运转常规应该规定学生如何使用他们带到学校的电子设备，包括手机和MP3播放器。虽然这些设备在高年级学生中更为流行，但是年龄小一些的学生也开始把它们带到学校使用了。如果你的学校没有关于使用这些设备的政策，你就必须为自己的课堂制定合适的政策。例如，芭芭拉的学校允许带手机到校，但是必须存放在学生的衣柜或者背包里。如果电子设备被带入教室，就会被没收，必须由学生家长到办公室去领取。即使你的年龄较小的学生不太可能带手机或者 MP3，制定一个适当的常规以备这种情况发生也是一个很好的预防措施。

课堂运转常规

课堂运转常规能通过明确规定保证教学进行的行为，直接支持授课。它们可以使课堂节奏变得轻快，消除学生询问某些问题的必要，例如“我必须用铅笔吗？”“我们要给 1～20 题标题号吗？”“我写完作业做什么？”

课堂运转常规描述上课开始时学生手头应该准备什么用品，或者应该如何处理作业纸（把纸张折叠成 8 栏，在左边空白处标出 1～10 的序号，标题处写好姓名、日期和科目）。此外，课堂运转常规可具体规定学生在每堂课开始前的准备行为（例如：把书打开到相关页数，安静地坐好等待教师授课），以及如果学生提前完成课堂作业，或者到规定时间没有完成作业应该怎么做。

作业程序也可以被视为课堂运转常规，因为一堂课的节奏和内容常常取决于学生是否完成了家庭作业。你需要制定常规，以便迅速确定哪些学生写了作业，哪些学生没写，并且制定收取和检查作业的常规。

还要考虑学生缺席时应遵循哪种常规。你将如何掌握缺席学生的作业情况？学生怎样才能知道当天的作业是什么？作业如何才能被送到缺席同学家中？学生需要多少天才能补上落下的功课？

交流常规

这些常规指关于交谈的规则——师生之间的交谈以及学生间的交谈。交流常规要明确规定何时可以交谈以及如何进行交谈。例如，在全班课堂讨论中，学生应该知道如果他们想回答问题或发表评论时该怎么做。像很多教师一样，我们的五位教师通常要求学生举手、等待被叫，而不能直接喊出答案。这样，教师可以在全班范围内分配参与机会，确保对话不被少数几个过于热切的学生占据。教师也可以叫那些不举手的学生，以检验学生对这堂课的理解程度。

要记住哪些学生发过言是很困难的。为了避免这个问题，肯有时使用“咖啡杯制度”，即用一个咖啡杯装上冰棍杆儿，上面写着学生姓名。他摇一摇杯子，抽出一个名字，学生参与后就把那根冰棍杆儿放在一边。

在某些课上（例如：数 5 的倍数），你可能想让学生齐声回答问题，而不想单独提问。可以用一个简单的信号表示交谈规则已经改变了。例如，维维安娜利用手势。想让学生举手时，她问问题时就把手举起来；想让学生齐声回答时，就把双手手掌向上伸出，这是一个明显的邀请大家回答的信号。

芭芭拉有时还会暂时叫停正常的交谈规则。例如，在“好书大讨论”中，她鼓励学生直接作出相互间的应答。让人惊奇的是，学生觉得这样很难，至少开始时是如此。虽然她频繁地提醒，可以不被叫到就开始评论，学生仍然一再请求她的许可。

交流常规还可以包括师生用来引起对方注意的程序。例如，如果学生忙着写作业，而你还需要给出一些额外授课，你怎样发出信号，说你需要他们的注意？你会不会像加内塔一样说“打搅一下”，还是拍一下掌，或关一下灯、敲一下铃？相反，如果你正忙于和一个小组或单个学生交谈，而别的学生需要你的帮助，他们应如何与你沟通？你会允许他们直呼你的名字，离开座位来找你吗？他们会不会把书桌上的“帮助”标志翻开，或举起小红旗？

最后，你需要考虑管理学生间交谈的规则。当二三十个学生很靠近地坐在一起时，他们要交谈是再自然不过的事。你必须决定学生何时可以谈论他们昨晚看的电视节目（例如：休息时间、自由时间），何时必须讨论功课（例如：在合作学习活动中，或者同伴互相讲解时）。你也需要思考学生何时可以安静地交谈（例如：独立作业时间或写作工作坊期间），何时必须保持绝对安静（例如：当你授课时，或者考试期间）。表 4—2 摘要总结了我们刚刚讨论过的三种类型的常规。

表 4—2　　　　课堂常规小结

班级运转常规：非学习型的常规，可以使你的班级运转顺利

- 管理常规
  - 考勤
  - 记录午餐订购情况
  - 下发学校通知
- 学生行动常规
  - 早晨进教室
  - 放学离开教室
  - 离开教室去洗手间
  - 去看护室
  - 去图书馆
  - 去更衣室
  - 去上特别课程（美术课、音乐课、体育课）
  - 火灾演习
  - 削铅笔
  - 使用学习中心
  - 拿材料
- 班务常规
  - 擦黑板
  - 给植物浇水
  - 存放个人物品（书包、外衣）
  - 清理课桌
  - 管理公共储存区

课堂运转常规：通过明确规定保证教学进行的行为，直接支持授课的常规

  - 上课要带什么
  - 收取作业
  - 记录谁写了作业
  - 发还作业
  - 进出各中心
  - 写作工作坊责任分工
  - 分发材料
  - 准备作业用纸（标题、空白、书写工具）
  - 收取课堂作业
  - 作业写完后要做的事

交流常规：明确规定何时可以交谈以及如何进行交谈的常规

- 师生间交谈
  - 全班授课期间
  - 教师与小组工作期间
  - 教师需要小组注意时
  - 学生需要教师注意时
- 学生间交谈
  - 独立作业期间
  - 在各活动中心期间
  - 同伴互相讲解期间
  - 合作学习活动期间
  - 小组学习期间
  - 自由时间
  - 过渡期间
  - 扬声器宣讲期间
  - 访客与教师谈话期间

在即将圆满完成关于如何计划规范和常规的讨论时，让我们回到本章第一个“暂停与思考”栏，栏目中请你指出每种要求是规则还是常规。第一例，学生放学时把椅子放在课桌上属于班级运转常规。这种做法有助于班务管理，本例中的做法使打扫地板变得容易，因为椅子不会成为障碍了。第二例，“学生要讲礼貌”是一条规则。正如先前所讨论的那样，芭芭拉启用了这一规则，并向学生解释了可以表示他们在课堂上遵守了这条规则的具体方式。第三例，“别人说话时要认真地倾听”是一条规则，可以使学生和教师相互间听得更真切。在写作中心，让学生把名字写在纸张上，即第四例，是一项课堂运转常规，可以让学生对自己的作业负责。最

后，第五例，小组学习时轻声交谈，是一项交流常规，规定了学生之间可以交谈的时刻。

开学之初：教会学生行为规范

学会在学校如何举止并不总是很容易。通常学生们不得不从教师间接的陈述中猜测有关适当行为的规则，如“我看见有的同学双手没放在一起”（理解为：学生的双手现在应该放在一起了）（Shuy，1988），或“我没看见手啊”（理解为：如果学生要发言，应该举手）（Gumperz，1981）。学生还必须对非语言行为提供的暗示非常敏感，比如语调和音高、体态、话语韵律和节奏，以及面部表情。有时候学生“行为不当”，只不过是因为错误地理解了这些细微的暗示！你要明确地讲授规则和常规，这样学生就会对他们应该做什么和你达成共识。

此外，如果教师和学生具有不同的文化背景，误解会更容易发生。正如我们在第一章指出的，适当行为的定义和要求是受文化影响的。多数学校奉行欧裔美国文化中中产阶级的价值观和准则；换言之，这些价值观和准则在文化上并不中立（Levin & Nolan，2003），而且事实上，还可能与其他文化群体的价值观和准则存在冲突。

为了把迷惑和混乱降到最低限度，你要像讲授课业内容一样，尽可能认真、全面地教会学生规则和常规。事实上，开学的第 1～4 天，教师和学生在管理问题上所用的时间会多于课业内容时间（Leinhardt，Weidman，& Hammond，1987）。投入在规则和常规上的时间看起来似乎不合理，但当后来你的课堂顺利运转的时候，你的投入就得到了回报（Cameron，Connor，& Morrison，2005）。

专栏 4—1 提供了哈里·王和罗斯玛丽·王的相关信息，这两位教育家都曾撰文论述开学之初讲授规则和常规的重要性。

专栏 4—1　　会见教育家

会见哈里·王和罗斯玛丽·王

哈里·王是一位受欢迎的教育演说家和顾问，曾在初中和高中教授科学课，陆续获得了多项教学奖。罗斯玛丽曾担任过幼儿园到八年级的教师。夫妇二人现在开设了自己的出版公司（Harry K. Wong 出版公司），罗斯玛丽任首席执行官。他们共同撰写了《开学之初》（*The First Days of School*）一书，销量高达 300 万册，成为最畅销的教育类图书。王氏夫妇还出品了 DVD 系列《高效教师》（*The Effective Teacher*），获得 20 年来最佳教育录像泰利奖，在国际电影和录像节中获得一等金奖。

有关课堂管理的主要思想

- 开学第一天所做之事决定这一学年的成败。
- 高效教师在开学第一天就会引导学生学会规则（即对学生适当行为的要求）、程序和常规，并在开学初的一周内继续讲授。
- 课堂上的首要问题不是纪律，而是缺乏程序和常规。
- 程序就是关于班级中如何行事的方法或过程，当程序成为学生的自动行为时，它就变为了一条常规。

- 高效的教师在各方面都有程序，包括点名、交换试卷、削铅笔、进教室、开始上课、离开教室等等。
- 讲授程序的三个步骤是：(1) 解释清楚；(2) 反复演练（直到班级程序成为班级常规）；(3) 如有必要，再次教授并实施（给予具体表扬）。

网址：www.effectiveteaching.com。

讲授一般行为规范

仅仅对一般行为规范进行了陈述，就期望学生能够理解、记牢它们，这是不够的。你还需要尽可能清楚地定义各个条款、讨论其基本原理，并举例说明。让我们看看这在行动上是如何体现的。我们从芭芭拉开始。

开学第一天的上午，芭芭拉要把她最基本的规范教给学生："讲礼貌。"请注意她如何运用例子，解释为什么某条规则是必要的，评论学生是否专注，以及通过检验确保学生理解。

芭芭拉：我想这是该讨论四年级生活的时候了。这对你们是一大步啊。人们对四年级的学生抱有很多期望，那么就让我们来讨论一下这些期望吧。我希望你们讲礼貌。这是什么意思呢？讲礼貌的例子有哪些？

学生：不粗鲁。

芭芭拉：对了，给我举一个不粗鲁的例子。

学生：不对别人摔门。

芭芭拉：好的。还有其他例子吗？

学生：别人说话时注意听。

芭芭拉：对。我看出来了，你们对这个是没有问题的，因为我们讲话的时候大家都注意听了。还有讲礼貌的例子吗？（学生想不出来。）比方说，我们上课时，有人走进来跟我谈话，你们怎样做才是讲礼貌？

学生：安静地坐好。

学生：安静地交谈。

芭芭拉：很好。你们安静地交谈我是允许的，知道这一点对你们很重要。但我需要知道你们认为的"安静地交谈"是什么意思。大家做一做。（学生低语。）好了，这样就可以了，这很好。嗯，也就是说你们可以安静地坐好，也可以安静地交谈。还有吗？

学生：可以读书。

芭芭拉：对，这是个好主意。你们认为可以起身四处走走吗？（学生小声说不行，并摇头。）对，因为那人一走，我们要继续上课，如果你们在教室各处，我们就会浪费时间。我和那个人谈话时，你们还有什么可以做的？

学生：继续学习功课。

芭芭拉：完全正确！你们知道，我们要整天生活在一起、要成为朋友、要像一个家庭，所以我们必须礼貌地对待别人、学会关心别人。

正如上述事例证明的，给学生讲授一般行为规范并不一定会令人不快或者压抑。有趣的是，芭芭拉在讨论对学生的行为期望时甚至没有使用规则一词，也没有把规则张贴在告示板上，虽然很多有效的管理者都这样做。当我们问起此事时，她解释了自己的想法。

即使正面地陈述规则，规则一词本身也带有负面含义。从孩子的眼光看，规则是成人制定的，用来告诉孩子“这些事你不能做，这些事你必须做，要是你不遵守规则，就会受到惩罚”。我还认为，孩子们会认为规则专门为他们而设，教师不用遵守。我特别想谈的是我们都需要的对待彼此的方式。当我谈论讲礼貌的需要时，我努力地说明不只是孩子需要，我也需要讲礼貌。我也想告诉他们，在我心目中，我们无疑都会讲礼貌，因此我并没有谈到惩处办法，或者不讲礼貌会发生什么。

加内塔采取的方法却迥然不同。在下面的一段场景中，我们看到了加内塔是如何把制定规则的必要性生动地展现给她的三年级学生的。请注意她的学生提出课堂规则、后果和奖励的建议时多么快速、容易。事实上，加内塔在讨论过程中几乎不用给学生提示。学生的响应反映出他们在该校的经历——那里的老师学习过《明确训导法》。这是由李·坎特和马林·坎特（Canter & Canter，2001）研发的一个项目。在运用《明确训导法》的课堂上，一套张贴出来的规则、奖励和惩罚体系是很常见的。

加内塔：我们将要踏上想象之旅，在一条船上。（她描述了船的样子。）但是刮起了风暴，船翻了，我们跌到船外。幸运的是，我们发现了一个救生船，于是我们上了小船，来到了一个小岛上。开始几天一切都很好，但是过了一阵事情乱了套。（她详细描述了孩子们如何开始拿其他孩子的衣服、食物，人们又是怎样为所欲为的。）所以我们现在有了一个问题，我们缺少一样使岛上生活对我们大家都更美好的东西。缺少了什么呢？

学生：规则。

加内塔：对。我们需要制定一些规则。在我们的岛上，什么规则是好的呢？

学生：不要抢别人的东西。

学生：不要抢别人的食物。

学生：不要拿别人的衣服。

学生：不要打别人。

加内塔：这些在岛上真是好规则……但是如果有人不遵守这些规则呢，要是有人做了错事呢？

学生：让他们做15个俯卧撑。

加内塔：我们把这叫作什么？

学生：后果。

加内塔：对。什么是后果？

学生：如果你违反规则，就得付出代价。

加内塔：假设每个人做的都是正确的事，那我们怎么办？

学生：我们可以得到奖励。（学生们开始小声议论：对，我们可以得到奖赏，得到糖果，还有爆米花联欢会。）

加内塔：是的，我们会得到很多奖赏，岛上的生活也会改善很多。但是，你们知道，我们必须离开小岛回家，因为就要开学了。我们造了一艘新船，回到了学校。现在想想，我们班需要什么。怎样才能使这里的一切美好？

学生：我们在这儿也得有规则和后果，还有奖励。

加内塔：好，你想提出一条规则吗?

学生：在座位上坐好。(加内塔把学生说的规则写在黑板上。)

学生：举手等待被叫。

加内塔：很棒的规则。

学生：做事之前要想想。

加内塔：哦，我喜欢这一条，真的喜欢。

学生继续建议规则。然后，加内塔征集学生建议的后果（给家长打电话、放学后留堂、不给奖赏或者不允许做特别游戏）和奖励（给家长带回一份喜报、发贴纸或者其他奖品、看电影)。学生们提完建议后，加内塔讲话，结束这项活动。

加内塔：我们一起检查这些清单吧，然后我会把清单写在海报上。过些天我们还要再讨论。（全班同学和她一起朗读清单。一个男孩想在规则清单上加“不骂人”，加内塔同意了。)

那天的晚些时候，加内塔和我们谈了她制定规则的方法。

关于为什么我们需要规则，我跟他们谈了很多。我认为他们需要一个非常清晰的框架来遵循，特别是因为他们中的一些人来自没有什么框架可遵循的家庭。规则需要明确，而且他们需要知道如果遵守规则会发生什么，不遵守规则又会发生什么。你们可以看到，他们非常习惯于讨论规则、后果和奖励，因为在学校里每个人都使用同样的制度。他们知道在这里应该有什么样的行为，也知道如果行为不当会发生什么。

现在让我们把视线转向考特妮。作为一名新教师，考特妮在开学之前就进行了长时间的努力，思考怎样在她的幼儿园课堂进行规则的制定。她决定遵循自己在教学实习期间所看到的基于回应型课堂的范例（Denton & Kriete，2000)。

开学第三天，我们就将谈到我们对孩子的希望与梦想。我想以谈论自己的希望和梦想开始，想让大家都学习、交朋友、成为一个班集体，然后我会画一张我生活在这些希望和梦想当中的画。接着，让孩子们也这样做。他们要思考自己想从幼儿园学到什么（学会读书、学会写字、学会坐公共汽车)，然后也画一幅画。第二天，我们要一起分享对幼儿园的希望和梦想。

开学的第二周，我们将要重新回到梦想和希望的主题上来，然后谈谈我们作为一个班级需要做什么才能实现这些梦想。我们要以这种方式产生规则。例如，因为有人想学会读书，所以我们就要认真听讲。他们也可能会想出许多其他事情，比如“不能撞人”、“不能打人”。当晚，我会看看他们想出的这些事情，思考怎样才能把这些规则归类。第二天，我会走近孩子们，说：“我们有‘不打人’、‘不能用拳头打人’、‘不能骂人’这样的规则，应该怎样归类呢?”我希望最后能列出大约五条一般规则。孩子们以桌为单位，为每条规则进行插图说明。

我真的希望这个计划行得通；去年就执行得非常漂亮，但这是因为我的合作教师这样做已经几年了。我们只能拭目以待了。

考特妮按计划去做了。第一天活动进行顺利，学生们形成了一份关于他们在校的希望和梦想的清单（玩、学数学、交新朋友等等)，随后考特妮把这些词张贴在画板架上。但是，当涉及考虑为实现这些梦想所需要的规则时，学生们的建议就只局限于他们所知道的不适当的身体活动了。相关建议不断涌来："不能跑"，"不能爬上滑梯"，"不能摇自己的椅子"，"不能打人"，"不能跳"，"不能咬人"，"不能在走廊上跑"，"不能做侧手翻"，"不能倒立行走"，"不能打跆拳道"。考特妮尽力引导他们在提建议时去思考应该做什么，而不是去想体育方面的事情，但是当她询问学生是否有其他建议时，他们仍然用的是同样的思维套路："不能扔东西"，"不能扔棒球"。

第二天，考特妮领导班级讨论了这些建议怎样才能归类成为五条正面陈述的规则。最后，他们终于得出了一份清单："听讲"，"手要放好"，"尽最大努力"，"尊重别人"，"校内不能跑"。但是，考特妮发现，在实际操作中她必须给出比自己预期的要多的指令。

他们一直关注着不打人、不咬人、不踢人、不做侧手翻（大家最喜欢的活动），不管我怎么努力让他们关注正面的东西，即我们该做什么，也无法使他们超越那些"不能"。最后我说："好吧，如果我们不能去做那些事情，那我们就要把手放好。"于是我就制定了"手要放好"那条规则。我还建议要"尽最大努力"和"尊重别人"，并把它们的定义告诉了学生。尊重就是做一个好朋友，用说话的方式解决矛盾，不骂别的孩子，一起分享教材和玩具。从他们画的插图来看，他们理解了这项规则。

第二天，我想强化一下这些规则，于是就问："我们商定的一条重要规则是什么?"但我得到的回答是"不打人"、"不做侧手翻"、"不在椅子上靠着"。这些好像是在他们头脑里根深蒂固的。事情跟我希望的不太一样，他们没有从希望和梦想跃进到规则这一步。我还是很喜欢这种方法，明年还要再做，但是我要想想怎样设计一个不同的构架，这样学生就不会只关注动作了！

最后，我们来考虑一下肯讲授规则的方法。肯更愿意从学生权利的角度以及保卫这些权利必要的法律的角度来谈论，而不去谈规则。在下面的场景中，肯和学生讨论了学生有什么样的权利。注意肯允许学生写出所有建议（只要是严肃提出的），但是他也说明，如有需要将做进一步修订。

肯：我想花一些时间思考一下你们在学校应有的权利。我要进行一个集体讨论，写下你们认为在学校应有的权利。好，你们认为自己应该有什么样的权利？（肯走到黑板前，提问学生。在他们陈述权利的时候，肯就把他们说的写下来，经学生允许，他还要改变一下措辞。）

学生：教师不讲话时，学生有低声说话的权利。

学生：受到友好的、礼貌的对待的权利。

学生：别人不拿你东西的权利。

学生：在每段学习之间有休息两分钟的权利。

学生：学习和工作时不被打搅的权利。

学生：每天可以吃点心的权利。

学生：想跟谁坐一起就跟谁坐一起的权利。（肯写道："选择座位的权利。"）

学生：课桌要放在一起的权利，除非小组要解散。

肯：这是对上一条权利的详细阐述，那我就不写了，可以吗？

学生：隐私权——这样别人就不会拿你的东西，不经允许就不会碰你的东西。

学生：在地上靠着椅子的权利。

肯：我能这样写吗，“创造舒适的权利”？（男孩同意了。）

学生：嚼口香糖，但不吹泡泡的权利。（大家都开始小声说：“对呀……”）

肯：我们把这条写下来，但是得好好想想。你们把不吹泡泡这一点加上，我很喜欢。

学生：有选择每天日程的权利。

学生：有自由安排学习时间的权利。

建议好像结束了。一些孩子好像在咕哝着“一定还有我们没想到的事儿可以写上”。肯静静地站着，等待着。孩子们再也想不出更多的建议了。

肯：我认为这还不完整。我要把这个抄好，张贴起来。我们要继续思考这些权利，更详细地下定义，特别是关于嚼口香糖的那一条。

过了几天，肯和他的学生继续修改学生制定的“权利法案”。当大家都对最后的清单满意后，肯写出“权利法案”的最终稿并把它张贴在教室里。之后，肯转而开始讨论保护那些权利所必要的“法律”。肯是这样说的：“当孩子们说‘你应该按照老师说的做’时，他们就是期待我去保护他们的权利。我的确要承担这个责任，但是我也告诉他们，这需要大家共同努力。”肯和学生商讨了保卫他们权利的“法律”之后，把清单打印了出来，并使之尽量保持与学生的原话一致（见图4—1）。

保护我们权利的法律

（1）指令下达一次就要立即执行。

（2）好好说话，讲礼貌，尊重别人，尊重别人的感情，爱护别人的东西，遵守“权利法案”。

（3）在适当的时候发笑，持续适当的时间。

（4）尊重别人学习的权利，不分散别人的注意力，不乱管闲事，不大喊大叫，记住倒计时后要保持安静。

（5）在适当的时候用适当的语调和音量讲话。

（6）活动过渡期间和移动时要从容安静、认真优雅。

（7）遵守一切课堂规定和学校规程，如有关洗手间、铅笔、午饭和休息、放学的规定。

图4—1　保护我们权利的法律

后来，肯把整个过程中他的想法告诉了我们。

我认为每位教师每年都要这样做。学生的“权利法案”能让你更加了解自己班的孩子，权利清单能反映出他们所关心的事和他们对课堂的见解。你可以看出他们的家乡在哪里，他们过去发生过什么事，他们的期望是什么。制定“权利法案”能让他们敞开心扉……去思考他们真正想让课堂变成什么样。那几乎变成了一个愿望清单——我们希望能拥有那些东西。当然，它也促使我问自己，为什么不可以呢？为什么他们不能拥有那些事物？毕竟，如果他们愿意承担责任，那为什么不能享受权利呢？

清单上的一些项目看起来远比它们本身更“特别”。以课间的两分钟休息为例。实际上，每次变换科目都需要很长的时间，所以你把它定义为课间休息。你承认这要花两分钟，并告诉学生那段时间是可以交谈的。换句话说，“权利法案”的规定使必然要发生的事情合法化了。

还有一点——你读过相关文献吧，谈的是我们想让孩子们成为可以进行连贯思考的人，能做出选择、解决问题、具有批判思维。好，这有一个真实生活中的问题——你在课堂上应该有什么样的权利，我们又需要什么样的“法律”来保护这些权利？孩子们必须按照他们想出来的权利清单生活。清单每天都衡量着他们的行为，使课堂更加真实，也改变了孩子们对课堂行为的看法。我听见孩子们对其他孩子说：“这个地方不一样，我们在这儿有权利。”

暂停与思考

关于肯对待学生的办法，一些教师会有所怀疑地尝试，而另外一些教师则干脆告诫新教师全然远离这种方法。如果你想使用这种方法，你要记住什么？你会计划应对哪些错误？

注意到这一点很重要：当考特妮、加内塔和肯邀请学生一起列出规则或者权利清单时，他们已经长时间地努力思考了使他们的班级顺利运转应该需要的规范。五位教师清楚地说明他们要开始一个协商的过程，而不是简单地接受学生建议的任何事情。例如，肯对学生有权利在班级中嚼口香糖的提议就比较谨慎。根据以往的经验，他知道这会导致管理上的问题（例如：授课期间响亮的“啪啪”声以及粘在书桌底部黏糊糊的口香糖），于是就和学生一道想出了一个大家都能接受的解决办法。

讲授具体状况下的常规

教会学生如何执行行为常规就像教他们加减法一样。研究发现，有效的课堂管理者会解释并示范做事的程序，让学生练习这些程序，对学生的行为提供反馈，如有必要还要再次进行讲授（Emmer，Evertson，& Anderson，1980）。这种细致的做法在低年级尤为重要，因为孩子们对学校常规和新的授课策略还没有什么经验（例如写作工作坊、文学圈、中心）。

维维安娜会在需要时教会她的一年级学生如何做事。例如，在开学第一天，她教孩子们，在给全班授课时要把椅子转过来面对着她。虽然整个过程持续不到一分钟，但维维安娜成功地示范了这种行为，让学生练习、提供反馈，并解释了这种常规的道理。

好，孩子们，我想让你们把椅子转过来面对着我。我给大家演示一下怎么做。（她选出一名学生，让她站起来，把她的椅子转过去，进行演示。）你们看见了吗？乔斯，你会做吗？（那个孩子正确地转好了椅子）你真棒。现在让我看到大家的椅子都那样转。（她夸张地上下打量着，检查了每一排的椅子）非常好！你们做得太好了。把椅子这样转过来，你们就不用伸长脖子看我在做什么了（她扭着脖子给大家演示），而且我还能看见你们每个人漂亮的脸蛋！

一整天，维维安娜一再强化这个程序：“把椅子转过来面对着我。非常好，你们记住怎么做了。”

考特妮也认为应该在具体环境中教授常规。下面的一段话来自我们第一天进行的观察。

考特妮站在门口，学生们站在门外走廊上。在进入教室之前，她告诉他们要找到自己的座位，放下背包坐好。等大家都坐下后，她向学生解释了如何把东西放进各自的小柜。

考特妮：你们还记得自己的小柜在哪里吗（从“入园前指导”上学过）？你怎么知道哪一个是你的？

学生：小柜上有我们的名字。

考特妮：好的。史蒂文，你能给大家做做看怎样挂外衣吗？（他挂上了外衣。）好，大家都有外衣，站起来去把外衣挂好。（他们做到了。）做得好。现在把你们的背包打开，把你们的午餐或者点心袋拿出来。迈克尔，你来帮助我们，好吗？把你的午餐盒放在门边的宽口箱里，这样在午餐时我们就可以把它们拿到多功能室去。（迈克尔把餐盒放进了箱子。）好的，现在大家都站起来把餐盒放起来……现在，玛丽，让我们用你的背包给大家看看怎样把背包放起来。首先，拉好背包拉链，这样东西就不会掉出来。（玛丽做到了。）然后，把包放进小柜，挂在把手旁边。（她做到了。）她怎么把背包放进小柜的？如果知道，我想请你举手。

学生：她挂了起来。

考特妮：怎么挂的？

学生：挂在把手旁边。

考特妮：对了。现在大家都去把背包放好。

这一天，考特妮还教授了很多其他常规：当她吹响火车笛要大家注意时（这个信号是与他们的第一个主题单元“火车”相配合的），应该怎样保持“不动”；应该怎样起立，把椅子推入桌下，参加早会；早会应该在哪里、怎样坐（围成一圈，脚像“椒盐卷饼”一样盘好）；怎样参与讨论（举手）；怎样及何时去洗手间；结束一项活动时纸张应该放在哪里；午餐时怎样在门口排队。虽然每件事都进行得很顺利，但考特妮还是觉得不知所措。几天后，她评论说：

孩子们每件事都不知道怎么做，我对此根本就没有思想准备。就连走过来坐在地毯上这样最简单的行动，都需要上一堂微型课。我只感到非常慌乱……要教给他们的东西太多了！但是第二天，我们从头到尾复习了一遍，我看见至少有一些孩子开始掌握了。在这个年龄，他们不会一下子就掌握所有的常规。一上午，我一遍又一遍地讲同样的事情；“坐下，打开你们的背包，拿出你们的作业和信息文件夹，把午餐袋放进宽口箱，然后把文件夹和背包放进小柜里。你的文件夹要放在蜡笔下面。”而且我要努力做到每次都用同样的话说。现在我意识到多步骤的事情对孩子们有多困难了。

虽然考特妮觉得，在教孩子们常规上她花的时间过量了，但是到了 11 月，她觉得这些时间花得很值。

总体来讲，事情进展顺利。这个班级在常规方面已经走上了正轨。我感到非常惊奇，五岁的孩子就能把常规学得这么好。而且他们也不喜欢你改变常规，比如只上半天学的时候。在这个年龄他们就已经如此适应常规了，我对此惊讶不已。你会觉得他们可能喜欢来一些变化，但是规则的一致性非常重要，也十分必要。他们喜欢知道下一步会发生什么。

总结评论

考特妮、芭芭拉、加内塔、肯和维维安娜都对学生行为有明确的期望，并会绝对明确地把这些期望传达给学生。然而，这五位教师的期望有些许不同，而且他们明确规则和常规的方法也各不相同。这些不同点反映出他们对最适合自己学生和特定环境的方法有不同理解。考特妮想从学生的“希望和梦想”中形成规则，虽然如她所说，她的班级并没有在实现那个“跃进”方面取得完全成功。维维安娜更喜欢在情境中讲授她对行为的期望；加内塔使用规则、奖励和后果框架；芭芭拉的规范是从讲礼貌这一基本原则展开的；肯和他的学生则制定了“权利法案”和一套保护这些权利的“法律”。

作为新教师，明智的做法是采用一种认真细致的方法来讲授和复习规则与常规。一旦获得了经验以及一定的名望，你还可以试一试不太正式的方法。还要记住，规则与常规不是一年就能被制定、细化和完善的。相反，它们要经过一段时间才能发展起来，是你努力创造的结果。

> **暂停与思考**
>
> 你已经听到了五位教师在课堂上制定规则和程序时的心里话。哪位教师和你的观点最相似？哪一种风格引起了你的共鸣，或者你会不会借用芭芭拉的想法而且再从加内塔那里加上一条？在你发展自己的管理风格时，要记住几位教师处理课堂的方法，借用他们的思想来形成你自己的想法。

最后要记住的是：前一段时间，我们听到一位教育学教授讲述她的女儿在幼儿园第一个星期遇到的事（Delpit，1995）。在开学的前四天，母亲每一天都会问女儿学了什么。孩子的回答很简洁：第一天她学了“安静地坐好”；第二天学了“按直线行走”；第三天学了“举手”；第四天学了“保持安静”。第五天，母亲决定不再问了！

显然，这个故事中的教师在教授学生如何行为方面做了细致的工作，因此在此后的几周她不会遇到多少行为不当的问题。然而，我们也觉得这个故事令人感到悲哀和不安。虽然我们强调在学年初就确立行为期望的重要性，但是规则和常规不该是儿童学校教育最突出的方面。在你为开学的前几周制定计划时，要确保规则和常规的教授与其他各种学习活动之间的平衡，这些学习活动要让学生感觉到有意义、有趣、难以忘怀。我们想让学生理解，他们在课堂中学习的不只是如何行为。

小　结

本章讨论了课堂规范的两个重要作用：（1）为学生的课堂学习提供框架和可预见性，使他们获得更多的安全感；（2）降低课堂生活的复杂性，使你和学生得以集中精力授课和学习。我们概述了两种类型的行为要求，即一般行为规则和具体情境下的常规，还强调了明确讲授这些规则和常规的必要性。

决定一般行为规则，它们应该

- 有道理、有必要。
- 明白易懂。

- 与授课目标一致，与我们所知的学习规律一致。
- 与校规一致。

规划特定情况下的常规

- 班级运转常规。
  管理责任。
  学生行动程序。
  班务常规。
- 课堂运转常规。
  材料的使用和分发。
  作业纸标题、家庭作业程序、提前完成作业后做什么。
- 交流常规。
  何时允许交谈，以及如何进行交谈。
  学生和教师怎样引起对方注意。

明确地讲授规范

- 定义条款。
- 讨论基本原理。
- 举例说明。

仔细地讲授常规

- 解释。
- 示范。
- 练习。
- 提供反馈。
- 再次讲授。

要记住：制定良好的规则和常规只是第一步。为了使规则和常规更加有效，你必须积极地讲授它们，并经常性地复习。开学前几周花费在规则和常规上的时间会得到回报——一年中用于授课的时间会因此增长。但是，要确保讲授规则和常规与有意义、值得回忆的学习活动之间的平衡。

技巧培养活动与反思

课上活动

1. 进行小组合作，制定一套一般行为规则，大约五条就应该足够。想一想怎样使每条规则更能让学生理解（例如：示范应该采取的行为，举出例子，讨论假设的场景）。思考一下哪一条规则对你来说最为重要？为什么？

2. 利用表 4—2 来帮助思考你期望学生有怎样的行为。在小组中，思考你可能使用的不同常规，每种类别中至少说出一项（班级运转、课堂运转、交流）。然后，思考开学第一天要教给学生哪些常规。换言之，你需要决定其轻重缓急，这样就能在最适合的时候（和学生最可能记住的时候）讲授常规。

3. 你可以像肯一样，制定一个最适合你和你学生的“权利法案”。在集体讨论的时候，你可能会遇到学生提出的意想不到的建议。这可能会出问题：一方面，你不想因为过多否决他们的想法而压制学生的主动性；另一方面，你是负责的成年人，因此你需要了解你和校方对这些建议的容忍限度。

事先练习一下你对那些“非常”想法的回应，这会对你的工作有所帮助。下面列举了一些学生的建议。对于这些建议你的反应是什么？有没有一种可以合并和修正建议的方法，使这些建议变得可行？有没有一种既可以说“不”，又能让学生表示理解的方法？试一试！

a. 我们应该可以不穿鞋在教室里走动。

b. 我们每天交作业就应该得到小贴纸。

c. 我们应该可以带玩具来学校。

d. 我们每天午餐前应该有讲笑话的时间。

e. 我们应该可以每周选择一天不用写作业。

f. 我们应该可以互相传纸条。

g. 我们应该可以直呼你的名字。

h. 我们应该可以躺在地上写作业。

独立活动

如果你在教学、教学实习或者观摩其他教师的课堂，写下制定和讲授规则的反思日记。利用表 4—2 中列出的规则，注意看哪条常规引起的问题最多，问题的性质是什么，你会怎样应对这些问题。还要注意哪条常规实施起来特别有效。

载入档案袋

写一份简单的陈述，对那些将在你的课堂里引导学生行为的规则进行说明。你会自己制定和颁布这些规则吗？如果是这样，你会选择哪些规则？你会和学生一起制定规则吗？如果是这样，你会怎么做？描述一下你将要采取的具体做法。

第五章

了解学生，了解学生的特殊需求

发展中的小学儿童
如何满足第二语言学习者的需求
如何帮助残障、注意力缺损多动障碍儿童
帮助遇到家庭问题困扰的儿童
帮助生活在贫困中的儿童
总结评论
小结
技巧培养活动与反思

学年开始的时候得到班级的名册总会给人带来一份期待、一丝兴奋、一点好奇：这些孩子是什么样的？他们知道什么？他们怎么想？他们的长项是什么？他们面临什么样的困难？他们从哪里来？在开学的前几周或者几个月，你开始构想这些问题的答案。渐渐地，你越发了解这些孩子。这种理解使你调整教学来适应他们的特殊需要，寻找建立联系的方式。而且，如果你想创建一个全纳式、有爱心的学习环境，那么了解学生就是至关重要的。

了解你的学生意味着把每个学生当成一个独特的个体去识别和欣赏，也意味着理解儿童早期和中期的共同特点。毫无疑问，你的班级会由能力、社交技巧和感情成熟度各不相同的学生组成。此外，你们班还可能接纳有“特殊需要”的孩子。虽然这一术语一般用来指残障儿童，但将英语作为第二语言学习的儿童也会有特殊需要。同样，在不稳定或者遭受虐待的环境中长大的孩子也许会有身体上、心理上或者情感上的问题需要处理。

本章开篇将论述基础教育年龄段儿童的共同发展特点，思考这些特点对课堂管理意味着什么。之后，我们要想出一些策略来为需要专门学习英语的儿童提供帮助。然后，我们要检视帮助残障儿童、注意力缺损多动障碍儿童的方法，而多动障碍是美国儿童中被诊断出的最常见的行为障碍（Coles，2000）。接下来我们要讨论受到困扰的儿童的需要，特别是那些受到与物质滥用、儿童虐待和照管不良等有关的问题困扰的儿童。最后，我们将谈论对待贫困或无家可归儿童的方法。

发展中的小学儿童

随着进入学校，儿童从家庭环境中走出来，开始与更大的世界进行不断接触。这种转变为儿童提供了很多机会，他们得以在外貌、能力和行为方面和同龄人做出比较。因此，小学阶段是自我概念发展的关键期。社会比较引导儿童得出结论，他们在某些方面比较擅长，在某些方面还可以，在另外一些方面不太擅长（Berk，2009）。思考一下这位 11 岁的女孩对自己的描述。

> 我是一个诚实的人。我不漂亮。我学习一般。我大提琴拉得非常好，也擅长弹钢琴。对于我的年龄来说，我有点偏高……我游泳非常好。我努力帮助别人……大多数时候我挺好的，但是有时会发脾气……我不知道男孩子们喜不喜欢我。（Montemayor & Eisen，1997，p. 318）

基础教育阶段也经常以迅速获得调节情感的能力为标志。在 6～8 岁，儿童越来越能反思自己的感情，能把经历一种情感和表达这种情感区别开来。他们学会了自身文化中情感展现的规则，明确了何时、何地以及怎样适当表达情感（Berk，2009）。这在以他人可接受的方式传递负面情绪方面特别有帮助。

低学龄儿童也开始理解更多种类的情感，不再局限于用“高兴”、“悲伤”和“生气”来表达他们的情感。此外，他们学会了利用多种线索观察他人的感觉，这种能力使共情能力得到增强。在语言和认知能力方面大踏步地前进，也使儿童能够理解别人看问题的视角，能进行“处在别人的位置上”的换位思考。

从家庭到学校的转变还有一个标志，儿童越来越独立于父母或看护人，更加强调同伴间的关系。友谊变得更加重要，儿童越来越渴望被他人接受和喜欢。随着儿童变得更加具有社会性，游戏也会变得更具有合作性，但是这也带来更多的矛盾冲突（Carter & Doyle，2006）。幸运的是，在入学后的头几年，儿童越来越会解决社交问题，也就是以双方都能接受的方式解决分歧，他们也学会了用劝说和折中的方式替代抢夺、打人和咬人的行为（Berk，2009）。

基础教育阶段也带来了儿童道德推理方面的转变。他们的是非感更加强烈了，他们对分配公平，也就是如何分配商品和资源的概念也改变了（Berk，2009；Nucci，2006）。例如，在幼儿园和小学一年级，“那不公平！他得到的比我多”这样的叫喊并非罕见。在这个年龄段，儿童以严格平等的角度来看待公平：不论是点心、游戏轮次，还是“展示与讲述”活动中与人分享的机会，每个人都应该得到完全均等的量。在 6～7 岁，儿童开始将功劳纳入考虑范围。因此，他们现在可能会建议，特别努力做事的人要得到额外的一些东西。在 8～9 岁，儿童开始能够辨别不同的情况，因此他们就能理解，在某方面不足的孩子应该被给予特殊考虑。

道德范畴内部的发展也带来了课堂实际中公平概念的转变。例如：三年级之前，儿童倾向于认为考试中允许同伴合作是公平的，而公平的考试会产生同等的考试分数；与此相反，年龄大一点的孩子认为，小组测试不公平，因为那会隐藏个体差别（Nucci，2006）。

儿童对道德（是与非）的理解必须与他们对社会习俗（规范、时尚、礼仪规则等等）的理解区别开来。如果说打上课铃时要在自己的座位上坐好是班规的话，在喷泉旁边聊天的学生就是违反了一种规则（社会习俗），但他们并非不道德。在习俗的范畴内，儿童以相信规范是“真实和正确的”开始（Hoy，2007），并认为规范不可违反。后来，他们认识到习俗具有任意性，因此可以变化：一些教师要求学生打铃就坐好，一些教师不这样要求。再后来，儿童理解到，规则具有社会价值；它们虽然是任意的，但有助于维持秩序。这一理解导致他们更愿意遵守规则（至少直至青少年时代）。

课堂管理的做法不但必须与学生的发展水平相匹配，还要对学生的社会、情感和道德成长起作用（Nucci，2006）。课堂必须对行为有明确的要求，反映基本的道德规范。正如拉里·努奇（Nucci，2006，p. 717）所写，儿童“期待学校制定规则管理打人、伤害，以及偷窃私人财产的行为”。另外，教师必须值得信任、可以依靠、能够控制自己的情感。

> 年幼的儿童尤其易受成人所显示的温暖情感的正面影响，也易受到成人显示的愤怒的负面影响……因此，为年幼儿童建设一个具有情感关怀的环境就意味着教师必须性格平静，避免情感的爆发。（Nucci，2006，p. 716）

埃里克森的心理发展理论

根据埃里克森的观点（Erikson，1963），个体的心理发展会经历 8 个阶段，每一阶段都有各自的目标和关心的问题。在每一阶段，个体会面临一个发展“危机”或矛盾冲突。危机的成功解决导致积极的结果，而不能成功地解决会对后面阶段的通过、对个体自我感觉的出现以及与他人的关系造成负面影响。

第一阶段（出生至 6～18 个月），基本的发展矛盾产生于信任和不信任之间。如果婴儿对食物和抚育的需要得到了抚育者充满敏感性、一致性和回应性的满足，那么这名儿童就会产生信任感，认为世界是一个安全的地方。与之相反，照管不良或者被虐待的儿童会产生一种不信任感。第二阶段（18 个月到 3 岁），矛盾产生于自主与羞愧/怀疑之间。在这个阶段中，儿童努力掌握各种基本的肌肉运动技巧，并开始承担一些自我照料的责任（例如：吃饭、穿衣）。随着能力的提高，他们产生了自主和自信的感觉；如果他们的努力没有得到支持和强化，他们就会经历一种羞愧的感觉，怀疑自己与世界沟通的能力。埃里克森的第三阶段（3～6 岁）集中关注主动性与内疚的对抗。现在，孩子们总是“在活动中”——他们积极参与各种新活动，很多活动是独立进行的或者和同伴一起进行的。如果成年人支持这些新活动，儿童的目的感和抱负感就会旺盛；如果成年人总是进行干预或者过度保护，儿童就会得出结论，他们想做的每件事都是“错误的”，于是产生了一种内疚感。

当儿童从家庭转移到学校后，他们必须在制度化的环境下重新建构前三个心理阶段（Hoy，2007）：他们必须学会信任不熟悉的抚育者（教师），在更加复杂的环境中自主地活动，在学校任务中显示主动性，并遵守一套新的规则。此外，基础教育阶段的儿童还面临着埃里克森第四阶段（6～12 岁）的心理挑战——勤奋对抗自卑感。在这一阶段，儿童必须应对学会新技能、完成新目标的需要。他们应展示多种能力：能够集中精力完成手头任务、能够坚持完成有挑战性的任务、能够和他人合作。成功满足这些新要求的结果是儿童的能力感和自信心不断增强，而失败或困难（以及与他们进行消极的比较）则会导致自卑感的产生。

依恋理论

和埃里克森的心理发展理论一样，依恋理论的假设是儿童与主要抚育者的早期关系能影响其生命中各种关系的性质（Ainsworth，1964，1967；Bowlby，1969，1973）。一方面，如果抚育者以敏感性和一致性回应儿童的要求，儿童就会产生对自己、对抚育者和对世界的信任。他们更有可能变成有顺应力、自信、易于合作并且独立的个体。另一方面，如果抚育者对儿童要求的回应缺乏一致性、不回应或者拒绝回应儿童的要求，儿童就会产生一种缺乏安全感的、焦虑的依恋关系。他们会逐渐相信，世界是一个不安全的地方，不能信任抚育者。当孩子们长大后，他们可能会缺乏顺应性，形成负面的自我概念，无法信任他人，在形成积极关系方面能力有限。他们可能会易怒、具有挑衅性，也可能消极和孤僻。

对主要抚育者带有不安全和焦虑依恋的儿童进入学校后，对他们而言，与一位值得信任、具有一致性、擅长抚育的成年人建立关系是最为关键的（Watson，2003）。不幸的是，这些正是儿童觉得很难做到的。他们可能基本没有社交技巧、自信不足、无法相信成年人会喜欢他们，但却“相信生存依赖于他们摆布和强制别人的能力”（Watson，2003，p. 281）。他们可能易怒、充满挑衅性，对他人缺乏或少有同情。教师必须付出更多的努力来帮助他们控制自己的有害行为，教会他们在成长早期没有学到的社交情感技巧。

在《学会信任：通过发展性训诫改造困难的小学课堂》（*Learning to Trust*：*Transforming Difficult Elementary Classrooms through Developmental Discipline*）一书中，玛丽莲·华生（Watson，2003，p. 8）提出，掌握依恋理论的知识可以帮助教师相信“长期行为不当”的儿童有“内心深处的善意”。依恋理论鼓励我们不要把这样的儿童看作自私的、需要以奖惩来控制的个体，而应把他们看作焦虑的、缺乏安全感的儿童，他们需要（和渴望）和抚育者建立回应型、抚育型关系。华生承认，在教师与儿童建立这种关系的时候，他们必须找到非惩罚性的方式来防止儿童扰乱课堂、伤害他人。基本目标是建立一个人人感觉有爱心、有安全感的集体。

如何满足第二语言学习者的需求

在过去的 20 年中，在家中讲非英语语言的学龄儿童数量有了极大的增加。根据 2005—2007 年进行的社区调查，5 岁及以上人口中近 20%，即 5 400 万人在家庭中讲非英语语言（U. S. Census Bureau，2008）。这一数字是从 1980 年的 11%及 1990 年的 14%增长上来的。加利福尼亚州的非英语语言者占比最大（42%），紧随其后的是新墨西哥州（36%）、得克萨斯州（34%）、纽约州（29%）、亚利桑那州和新泽西州（均为 28%）、内华达州（27%）以及夏威夷州（24%）。2000 年的美国人口普查显示，西班牙语是在家中最经常讲的非英语语言，其次是汉语、法语、德语、塔加洛语、越南语、意大利语、韩语、俄语、波兰语和阿拉伯语（Shin with Bruno，2003）。

小语种人口的增长从公立学校的招生情况中反映出来。曾经有人估算，2005—2006 学年，有超过 500 万名英语学习者在公立学校（学龄前至 12 年级）注册。这超过了学校招生总数的 10%，比 1995 —1996 学年增长了 56%（NCELA，2007）。

暂停与思考

双语教育计划极具争议性。在有些州，已经通过了法律限制双语教育，强调使用英语。甚至一些英语学习者的家长也反对双语教育，声称双语教育阻碍了儿童学习英语。同时，双语教育学者则强调儿童接受用第一语言讲授的课程从而加强儿童现有的读写技能的重要性。你对这个问题怎么看？

联邦立法对帮助这些儿童的项目提供了资金和鼓励，但是却没有提供像给残障儿童那样的联邦强制执行的项目。事实上，各州的法律也有较大的差异。你所任教的州可能强制进行这样的服务，也可能只是允许进行，甚至有些州禁止这样的服务！虽然有所差别，但各州法律一般都要求辨认和评估第二语言学习者，并对特殊服务的选择加以描述。选择之一就是双语教育计划，像维维安娜的教学一样，这个计划用学生的母语和英语一起教学，这样就可以让他们在学习各门科目的同时也学习英语。在有些州，如果一个学区内有一定数量的第二语言学习者基本上在同一个年级学习、讲一种共同的母语，那么政府会要求这个学区提供双语教学计划。

当第二语言学习者是来自以多种不同的语言为背景的国家时，双语教学计划就不适用了。这种情况下，学校通常把这些学生安置到正常的只用英语教学的课堂中，再把他们抽调出来由一位在英语作为第二语言教学方面经过特殊培训的教师给他们授课。由于主要是学习英语，所以不同母语的学生就可以坐在一个教室中学习。例如，几年以前，肯有六名学生，分别来自墨西哥、韩国、印度、斯里兰卡和土耳其，他们定期离开他的教室去接受英语作为第二语言的课程，在那里他们同讲俄语、希伯来语和汉语的孩子一起学习。

在普通教育、只用英语授课的课堂上，如果要求第二语言学习者“听任沉浮”，如果教师不愿意做适当改变，第二语言学习者在理解上无疑就会有困难。然而，如果你实施一些在“掩蔽教学”[①] 或“特别设计的以英语讲授的学科课程”（SDAIE）中常用的环境支持，英语学习者们就可以顺利地进行学习了。SDAIE 的一个综合性模式包括五个组成部分（Diaz-Rico & Weed，2009）。第一部分，也是最关键的部分，是教师的态度——只有教师持开放态度，愿意向学生学习，SDAIE 才能成功。第二个部分是内容，课程必须兼具学业主题和语言目标，而课程的计划和实施都必须将语言考虑进去。第三部分强调综合性，课程必须包括能够加强儿童理解的明确的策略（例如：示范、经常性的理解程度检验、语言使用的调整）。第四部分是联结，反映把课程设置和学生背景与经历联结起来的重要性。第五个组成部分是互动，学生在掩蔽教学的英语课堂中需要很多的合作机会，以便用母语澄清概念，用各种方法表现所学到的东西。（关于这五个部分的更多信息可见 Diaz-Rico & Weed，2009。）

你的班级里有一些英语学习者会增加班级文化的丰富性以及学生对世界的理解，但这也可能成为压力的来源，特别是对于新教师而言。教师不免会问怎样才能

① 掩蔽教学（sheltered instruction）是一种在美国广泛采用的、用于非母语英语教学的模式。这种模式的特征是，将具有不同语言背景的非母语英语学生组织在同一个班里，教师使用特殊策略用英语讲授某一门学科课程，在传授课程知识的同时，改进学生的英语语言水平。掩蔽教学兼顾英语语言和学科内容，教师有时候用手势和可视手段帮助学生明白课程内容。参见 http://blog.sina.com.cn/s/blog_505efa4d010086vz.html。——译者注

满足第二语言学习者的需要而又不至于亏欠班上其他的学生等问题。但是，在教学中加入一些掩蔽英语教学策略，遵循本节的“实用贴士”中所列举的建议，这对每个人都是大有裨益的。

实用贴士

帮助英语学习者

- 为学生的语言冒险提供一个安全友好的环境。要注意你自己对不同于自己的文化的偏见。
- 花一些时间去了解和你不同的文化中的语言模式，这样你就不会误读学生的用词、手势和行为。
- 向学生传递你的期望——他们都能成功，并向学生表示你渴望帮助他们这样做。
- 增加有意义的谈话的时间和机会。
- 找到让所有学生都能参与小组活动的方法，给他们分配不特别依靠语言使用的角色（例如：让他们画画或者担任计时员）。
- 在对学生的第一语言和文化表示敬意的同时，鼓励他们说英语，在适当的时候允许学生说母语（例如：当他们需要和另一个讲同样语言的人处理新材料时，或者当他们需要在选文阅读中建构意义的时候）。
- 鼓励孩子们讲述他们的文化，认真倾听并提问。把课堂中的民族和语言差异看作一种能使教师和学生都获益的资源，而不是问题。
- 依靠和利用学生的背景知识与个人兴趣。
- 鼓励学生自选题目，为解决真实世界的问题而进行写作。
- 鼓励家长在家庭中发展和维系他们的基础语言。
- 向学生学习一些第二语言，和他们一起使用这种语言。
- 强调合作活动，不强调独立活动。
- 强调做事，不强调讲述。
- 讲话稍微慢一些，发音清楚，让学生看到你的口型。
- 通过简单的日常语言解释课文，使课文语言变得容易理解。
- 提供定期的总结。
- 用简单的话语解释问题和进行陈述，让语言熟练程度不同的同学都能理解；用同义词来解释生词的含义。
- 控制词汇和句子结构（例如，如果你使用像“倾盆大雨”这样的习语，就要解释其含义）。
- 提出让英语熟练程度不同的同学都能回答的问题（例如：用非语言信号来表示同意或者不同意，要求回答“是”或“否”的问题，要求用一个词或者简短回答的问题）。
- 学生回答你的问题时，重点关注回答的内容，不要过于关注形式。
- 利用实物、视频、图片或者/和动作来提高理解程度，为学习提供语境。
- 在整个课程中运用 SDAIE 策略。SDAIE 经常被称为“掩蔽教学”，就是聚焦核心课程内容，利用丰富的手段和材料教学，如手工艺品、视觉资料、视频、故事情节串联板、活动、角色扮演，以及合作学习。

- 思考和制定各种各样的阅读理解策略（例如：建立关联、预测和推断）。
- 利用各种阅读辅助，如课文旅行、图片散步（用来预览材料）、组织图（故事地图、人物分析），以及课文路标（章节标题、粗体字）。
- 利用各种写作辅助，如小组作文、组织图和以图画为主的课文。

资料来源：Cary，2007；Henning，2008；Romero，Mercado，& Vazquez-Faria，1987。

如何帮助残障、注意力缺损多动障碍儿童

斯图尔特是芭芭拉班上一个患有自闭症的孩子。他能发出的声音非常有限，而且让人很难听懂，但是他能够通过独立地打字来进行交流。对于简单的交流，斯图尔特使用电子记事簿；对于更详细的交流、文学写作，以及记笔记等，他就使用笔记本电脑。在数学课上，他使用计算器。斯图尔特的个别化教育计划规定，除了上述安排之外，他每天要有一个全职的男性辅助人员（“教学助理”，或者“教理”）来帮助他。教理要在斯图尔特走神的时候让他集中精力，在他感到沮丧、忧伤以及激动的时候让他平静下来，斯图尔特在普通教育课堂上看起来很活跃。2 月我们问他感觉怎样的时候，斯图尔特打出了这样的信息：“学校是最棒的。”

马丽卡是加内塔三年级班上的学生。她的阅读和数学能力要比她的同学差很多，而且，马丽卡非常不成熟，她经常哭叫，很容易沮丧，并经常从椅子上掉下来。有时加内塔发现马丽卡坐在书桌下。她经常处于自我保护的状态，而且总是否认自己参与过任何不当行为（“我没那样做呀！”）。由于被列为“学习障碍”学生，马丽卡有一个个别化教育计划，这个计划特别详细地规划了学年目标以及怎样改进教育计划以满足她的需要，而且还规定马丽卡每天都要到资料室去，在那里有一位特殊教育教师指导她阅读和数学的学习。

斯图尔特和马丽卡进入普通教育课堂、接受补充服务，以及他们有个别化教育计划，都是《残障个体教育法案》（Individuals with Disabilities Education Act）[2004 年被重新授权为 IDEA，或者称为《残障个体教育改进法案》（IDEIA）] 直接作用的结果，联邦立法要求为一切残障儿童提供一个“自由的适宜的公共教育”环境。根据《残障个体教育法案》，残障被分为：头脑迟钝；听力损伤，包括耳聋；话语或语言障碍；视觉损伤，包括失明；严重的情绪障碍；肢体受损；自闭症；创伤性脑损伤；其他的健康损伤（例如：由于哮喘或者糖尿病等慢性或急性的健康问题而引起的力量或活力受限）、特定的学习障碍；耳聋目盲；多种残障；等等。

有时，《残障个体教育法案》也被称作“主流化法律”，它要求残障学生在尽可能的范围内适当地与正常的伙伴们一起接受教育，在所需的辅助和服务帮助下完成教育。主流阶层的普通教育需要被看作一个“限制最少的环境”。然而，这项法律也要求学校提供一套备选安置连续体（比如：一个特殊的教室或者学校、医院，以及寄宿机构），以防孩子的残障使其无法在普通教育环境下获得令人满意的教育。

暂停与思考

你对将残障儿童纳入普通教育课堂这个问题怎么看？你的观点是否取决于残障的种类（例如：身体方面的、情绪方面的、认知方面的）？如果你认为在全纳课堂授课有问题的话，你特别关心的问题是什么？

对于《残障个体教育法案》指导原则如何实施，各个学校的做法有很大差异。例如，芭芭拉所在的学校，没有设备齐全的特殊教育课堂。有特殊需要的学生在常规的课堂上被给予帮助，只在一天中的部分时间被抽调出课堂以接受额外的资源帮助。与此不同的是，考特妮的学校每一个年级都有一个“充分全纳课堂”，由一位普通教育教师和一位特殊教育教师共同执教。

在下面的内容中，我们将总结患有学习障碍、情绪障碍和行为障碍、自闭症和阿斯伯格综合征以及注意力缺损多动障碍学生的特点，并就如何更有效地开展针对这些学生的工作提出了建议。之后，我们将探讨各种有助于你实现真正的全纳课堂的一般性策略。

学习障碍

相对其他类型的残障，更多的学生被诊断为患有“特定的学习障碍”。10%的学龄儿童被诊断为有残障，这类人群中超过50%（或者占学龄儿童总数5%的学生）的人被诊断出患有学习障碍（LD），而这一数字还在急剧增加（Vaughn，Bos，& Schumm，2003）。据估计，每一个公立学校课堂都至少包括一名学习残障儿童，甚至可能会更多（Henley，Ramsey，& Algozzine，2002）。

很难给学习障碍下一个令人满意的定义，因为学习障碍的类型较多，而且被诊断出学习障碍的儿童也是一个多样化的群体。《残障个体教育法案》将学习障碍定义为“涉及理解或者语言运用（包括说或者写）的1～2项基本心理过程失调”而导致的不能为其他残障所解释的学习问题（比如，头脑迟钝）。很多学校在学生智力能力和课业表现方面具有“严重差异”时才进行学习障碍诊断。这一“差异”的标准也成为广大家长和教育者关注的对象，因为儿童要艰难地度过几年，这种成绩和能力之间的差异才会严重到允许诊断的程度。这意味着大多数有学习障碍的学生直到二年级后期或三年级都不具备得到服务的资格，这样的做法看起来就好像把这些学生推到失败的境地（Vaughn，Bos，& Schumm，2003）。

2004年对《残障个体教育法案》的重新授权，允许学校运用教学介入成效模式（RTI）来鉴别具有学习障碍的学生。RTI包括两个部分：（1）密集教学介入的实施。（2）用来监控学生进展或者学习成效的持续评估（Richards，Pavri，Golez，& Murphy，2007）。如果早期干预不能使儿童获益，那么她或他就可能成为带有特定学习障碍的儿童。（若需更多信息，见Pietrangelo & Giuliani，2008。）

虽然很难列举出足以描述带有学习障碍的儿童的一整套特征，但表5—1呈现了一些表明儿童可能有学习障碍的迹象。如果一名儿童表现出这些问题中的某几种，那么教师就应该考虑儿童患有学习障碍的可能性，并征求特别服务人员的意见。

表 5—1　　学习障碍的可能迹象

当一名儿童有学习障碍时，他或她

- 可能会感觉学习字母表、押韵的词比较困难，或者很难将字母与其发音结合起来。
- 可能很难将声音与单词协调起来。
- 在朗读时可能会犯很多错误，经常重复或者停顿。
- 可能无法理解他或她在读什么。
- 可能会混淆相似的字母或者单词，例如 b 和 d，was 和 saw。
- 可能觉得拼写异常困难。
- 可能会书写得特别凌乱。
- 可能在精细肌肉群运动方面存在困难。
- 可能很难记住字母的发音，很难听清单词之间细微的读音差别。
- 可能很难理解和遵从指令。
- 可能很难组织起他或她想要说的语言，在书写和对话时很难想出要用的词。
- 可能会混淆数学符号，或者读错数字。
- 可能难以用正确的顺序复述一个故事。
- 可能不知道如何开始一项学习任务，或者开始后不知道如何继续。

资料来源：Adapted from Fact Sheet 7 of the National Dissemination Center for Children with Disabilities（2004）。

肯在开学之前——会见他的学生及其家人时得知他的一个学生有学习障碍，这样的早期发现给了肯充足的时间与学生家长讨论他们对孩子的期望、仔细研究该生的个别化教育计划，并就该生的需要在特定领域做一些文献阅读。肯跟我们谈起了这一过程。

我形成了一个想法，那就是这名学生能够和我课堂中的所有其他人一样成长起来、学到很多东西。这是这名学生和我共同承担的任务。我打出了一份清单，列出了我能帮助这名学生的方法，而这名学生也答应帮忙，做到可靠、负责。努力是没有借口的，这是一个需要我们努力的计划。我们达成协议，尽我们所能，通力合作。

研究回顾表明，在促进有学习障碍的学生的学业进步方面，三种教学策略特别有效（Gersten & Chard，2000）。首先，教师需要布置与学生能力和技能相匹配的学习任务，范例和问题都要由浅入深，以便学生取得高水平的成功。其次，不超过六名学生的小组授课十分有用。最后，患有学习障碍的学生需要学会自我提问的策略（例如，在阅读和解数学题时问自己问题）。教师可以通过大声说出自己对正在阅读的课文或者正在做的数学题的思考过程来给儿童做示范。这些教学实践并不是什么革新，但遗憾的是，在课堂中很少有教师这么做（Vaughn，Gersten，& Chard，2000）。

情绪障碍和行为障碍

情绪障碍和行为障碍这两个术语经常被互换使用。虽然《残障个体教育法案》使用的是情绪障碍这一术语，但是很多教授更愿意使用行为障碍一词，因为他们认为这个术语给人打上某种烙印的可能性小一些（Vaughn，Bos，& Schumm，2003）。

《残障个体教育法案》把情绪障碍定义为具有一种或多种下列特征的情况：不能进行学习，且无法用智力、感官或者健康因素解释其原因；无法与教师和同伴建立或保持令人满意的人际关系；在正常情况下出现不适当的行为和感情；弥漫着不高兴或沮丧情绪；谈到与个人或者学校有关的话题就可能出现身体的不适或者恐惧情绪。正如你能看到的，像学习障碍这个术语一样，情绪障碍实际上包含从举止紊乱到情绪抑郁等很多种情况。

当要求教师谈谈“问题儿童”的时候，他们倾向于谈到那些喜欢捣乱、有攻击性或者挑衅性、行为干扰到其他人的孩子，这就是儿童行为障碍的外化（Vaughn，Bos，& Schumm，2003）。请听芭芭拉如何谈论马克——她班上被诊断出患有情绪障碍的孩子。

马克经常闷闷不乐，还认为自己遭到了不公平的对待。马克的“沸点很低”，一点点小事（比如别的孩子告诉他该做什么）就会引起他的爆发——尖叫、扔东西、乱推乱撞。他很难集中精力，因此阅读对于他来说比较困难，他的精细运动能力也很差。这一切都导致了挫败感，挫败感又引起了他的爆发。马克的情绪完全控制着他，或者当他正在风暴般发泄的时候，马克根本不能对我说的话进行信息处理。在那种状态下，他的身体变得僵硬，根本不让别人碰他。但是，他会对一种单一的、强烈的要求做出反应，比如“停”或者“不要”。然后，他需要一些时间平静下来，这时他会去他选择的“降温空间”待着。对于马克来说，那就是静静地坐在沙鼠旁边，但是我也让其他的孩子们拿着靠枕蜷缩在地毯上，或者低下头坐在自己的椅子上。不管怎样，这是我们事先讲好的用于平静下来的常规，以便让他“度过那种时刻”。我要让马克知道我喜欢他、关心他，这比任何事情都重要。他需要信任我，需要知道我不会做任何伤害他的事。

像马克这样的学生存在着“举止紊乱”（CD）的情况，其特点是“侵犯他人的基本权利或违反适龄的社会规范或规则的、具有重复性和持久性的行为模式”（American Psychiatric Association，2000）。我们很容易就能辨认表现出这类行为的学生，但问题是你该对此做些什么呢？第一，重要的是先发制人。教师经常仅对学生的负面行为作出反应，但是举止紊乱的学生必须学会怎样才能使行为更加得当。这意味着要密切监控学生的行为，这样你就能促成、认出和奖励可接受的行为，预测并阻止不可接受的行为。第二，直接讲授适当的社会行为，对于表现出这些行为的学生给予奖励，同时实行一种行为成本程序，当学生有不适当的行为时则会失去分数（或者加分卡），这样举止紊乱的学生就可以从中获益（Ostrander，2004）。第三，探寻不可接受行为的意图或者目的可能会揭示学生需要什么才能做得更好。比如，学生在做困难的或令人有挫折感的作业时需要得到帮助（相关问题在第十二章功能行为评估部分中有更详细的阐述）。“实用贴士”中列出了更多的建议，你也可以参考第十二章有关挑衅的内容，以及第十三章有关让潜在的爆炸性局面降级的内容。

实用贴士

帮助举止紊乱的儿童

- 确保你的课堂环境是井井有条的、可以预测的，以及结构化的。
- 计划和实施促进集体感的活动（见第三章）。
- 努力建立积极的关系；向学生提供持续的、积极的注意，减少对其进行负面评论。
- 密切监控学生的行为，认可和奖励积极行为。
- 直接讲授社交技巧（例如：愤怒管理技巧）。
- 向学生提供结构化的选择（“你想先做数学还是写作?”“你想独立完成这个任务还是在小组里做?”）。
- 做好计划。如果某个孩子突然发怒，你要能把他或她转移到别处。
- 学会预测问题及缓和局面（见第十三章）。
- 使用自我管理的方法（见第十二章）。例如，自我监控、自我评价和自我授课。
- 与学生签订并实施应对突发事件的条约（见第十二章）。
- 确保授课内容适合学生的能力水平，因为挫折感和学业失败可能会引起学生的情感/行为问题。

存在情感困扰的儿童也会表现出一种外化的行为模式，比如羞涩、孤僻、焦虑和抑郁（Vaughn，Bos，& Schumm，2003）。请思考一位实习教师的日记。

> 我真的很担心班上的一个孩子。她害羞、孤僻，情况之严重令人难以置信。我甚至花了很长的时间才注意到她。她从不参加课堂讨论，从不举手，从不自愿参与任何事情。当我提问到她的时候，她总是看着下方，也不回答，或者她的回答声太小，我根本就听不清。在餐厅的午饭时间我特意观察过她，她看起来似乎没有朋友。其他的孩子对她并没有恶意，他们只是表现得就像她根本不存在一样，而那也正是我的感受！

像这样的学生通常表现得悲伤、内向、孤僻或者易怒，实际上甚至可能经受着童年抑郁症的折磨。表 5—2 列出了一些儿童抑郁的迹象。

表 5—2　早期发作的忧郁症的迹象

优柔寡断、精神不集中，或者健忘
个性的变化，比如生气、急躁、闷闷不乐、激动，或者喜欢抱怨
睡眠和饮食方式的变化
失去活力
缺少热情和积极性
在个人的外貌和卫生方面缺乏兴趣
绝望、无助、悲伤
经常抱怨身体的问题，比如头痛、胃痛
想过自杀或者死亡
缺少自尊心，这经常通过自责和自我批评表现出来
离开曾经喜欢的朋友或者退出曾经喜欢的活动
在校表现较差

如果你担心某位儿童变得抑郁，那么向指导顾问或者学校的心理医生咨询就是非常重要的（Schlozman，2001）。当然，当出现自杀暗示或者杀人想法的日记、图画或文章时就可以正式地转诊了。此外，教师需要理解，抑郁的学生经常会感觉自己很没用。为了消除这种感觉，你要对学生的能力表示尊重和信心，把尴尬的可能性降到最低（例如：让抑郁的学生来回答没有明显正确答案的问题），还可以鼓励他们帮助低年级的或者能力差些的学生。最重要的是，你要建立同这些抑郁的学生的联系。那些在少年时代曾经患过抑郁症的大人经常回忆到，某位教师的努力是帮助他们恢复正常的重要因素（Schlozman，2001）。

广泛性发育障碍——自闭症与阿斯伯格综合征

自闭症与阿斯伯格综合征是两种“广泛性发育障碍”（PDDs）或者“自闭症谱系障碍”（ASDs），是以社会交往和沟通技巧方面发育明显受损为特征的一系列障碍。自闭症与阿斯伯格综合征的病因是生理或者神经方面的，一般在3～5岁时就会十分明显（Hagin，2004）。关于广泛性发育障碍到底是怎样出现的，并不完全清楚。但是，疾病预防和控制中心（Centers for Disease Control and Prevention，2007）的报告称，每150名儿童中就有1人受到自闭症谱系障碍困扰。另外，广泛性发育障碍的盛行还有显著增强的趋势。例如，1998—2003年，诊断出自闭症的个案就增加了244%（Vaughn，Bos，& Schumm，2003），而人们并不清楚为什么会这样。一些教育学者提出假设，这种增长是评估手段的改善、诊断标准的改变，以及家长和教授对广泛性发育障碍有了更多的意识的结果，而不是这种疾病发生率的实际增长（Hagin，2004）。

患有自闭症的儿童表现出缺乏回应和对社会环境的无意识。例如，他们可能很少或从不与别人进行目光交流，对社会环境基本没有意识，对与他人分享愉快的活动缺乏兴趣。此外，他们很少或者根本不会言语，而那些会言语的自闭症患者也可能是把语言当作某种异质使用（例如：不断重复别人对他说的句子，即所谓的模仿言语）。最后，患有自闭症的个体经常表现出受到限制的、反复的行为模式（例如：身体摇晃或者手上下拍打，固执地坚持常规和仪式），以及对某些特定主题的过度专注（例如：列车时刻表）。对诸如声音、光线和触摸等感官输入的高度敏感在自闭症儿童中也很常见。男孩患自闭症比女孩常见，概率高出4倍（National Dissemination Center for Children with Disabilities，2003）。

阿斯伯格综合征究竟是一种独立诊断的疾病类别，还是自闭症的一种轻微表现，这一直存在争议（Myles，Gagnon，Moyer，& Trautman，2004）。事实上，《残障个体教育法案》没有把阿斯伯格综合征界定为独立诊断的疾病类别，因此患有阿斯伯格综合征的儿童经常是在自闭症、行为障碍或者学习障碍的诊断标签下得到服务的。和自闭症一样，阿斯伯格综合征的特征也是社会交往的明显受损，但是患有阿斯伯格综合征的孩子渴望交流，他们只是缺乏社会情境下发起和回应交流所需要的技巧和知识。例如，他们经常显示出对其他人感觉的不能理解，也很难理解非语言的社交暗示。虽然患有阿斯伯格综合征的个体在临床表现方面没有显著的认知滞后，也没有滞后的语言发展，但是他们非常难以理解语言的细微之处，例如反讽和幽默（National Dissemination Center，2003），而且他们的发音质量较低、生硬得像“机器人”。他们的兴趣和痴迷的事物的范围极其有限，对单一主题的知识有全面彻底的掌握（例如：鬼怪、数字或者电影），一旦说起这些话题就会滔滔不绝。

此外，患有阿斯伯格综合征的儿童肌肉运动能力一般都较差，笨拙且不协调。和自闭症患儿一样，患有阿斯伯格综合征的儿童表现出一种“对某种特定的、非功能性的常规和仪式明显的固执坚持”（American Psychiatric Association，2000，p. 84）。

请听听考特妮对她班里的一名学生的描述，这名学生最终被诊断为阿斯伯格综合征患者。

布里塔妮很聪明，但是她既不喜欢学习也不喜欢写字。常规中的任何改变都会使她非常气恼。如果我必须结束一项活动，她就会尖叫着跑到门口去，吼道：“够了！我不上学了，我要离开这儿。”我们在戏剧区给她建造了一个安静区，这样她气恼的时候就可以去那里。她一生气就大喊大叫，这当然干扰了班里的其他学生。她会说：“今天我的大脑疯狂了”或者“午饭时我喝了魔鬼果汁”。如果一个学生从她身边走过，她不喜欢这样，就会大声尖叫。虽然她和其他孩子的交流有些不适当，也特别喜欢自己玩，但同时她又不可思议地十分体贴。学生们和她一起玩追拍游戏，她抓住他们的时候，就会拥抱他们。她的拥抱并不使孩子们气恼，反倒令他们很喜欢。

注意到下面一点很重要：自闭症和阿斯伯格综合征的表现轻重不等。因此，两名诊断结果相同的儿童可能会在行为上有很大差异，这也就要求教师给予他们不同形式和数量的帮助。虽然广泛性发育障碍没有治愈的办法，但是教育干预能产生一定效果，带来改善。患有自闭症的学生能够得益于扩容的、有选择的交流系统。例如，他们可以学会通过指出交流板上的图片来表示午饭、自由游戏或者学业功课方面的偏好选择（Vaughn，Bos，& Schumm，2003）。因为患有自闭症和阿斯伯格综合征的学生对常规有着严格的坚持，所以你创建和坚持一个始终如一的课堂时间表就非常重要。利用魔术贴板展示每天的活动，在活动旁边贴上钟表表示活动进行的时间，这种做法很有帮助。如果有必要改变活动时间表，你可以通过重新排列图片来传递这个信息。“实用贴士”中还列举了另外一些帮助阿斯伯格综合征患童的建议，也可以参考克兰和西尔弗（Kline & Silver，2004）作出的全面的讨论。

实用贴士

帮助阿斯伯格综合征儿童

- 建立一个“本垒”，即一个安全区域，一个可以让学生平静下来、远离课堂的过度刺激的地方（可以去辅导员办公室、资料室或者护士办公室）。“本垒”不应用于计时隔离[①]或惩罚。
- 用“打底”的办法让学生在上课之前熟悉学习材料。“打底”可以减少与新的学习任务相关的压力，增加学习成功的机会。典型的打底课一般为10～15分钟，在新材料使用之前的早晨或者前一天傍晚，选择安静空间进行。
- 调整环境：

安排这名儿童坐在没有干扰的地方。

① 计时隔离（time-out）是美国常用的一种训诫儿童的教育手段。当儿童出现不当行为时，暂时把这名儿童与当前环境隔离，以表示不鼓励此种行为，并让过于激动的儿童冷静下来。计时隔离时，儿童通常到角落或类似空间站立或静坐到规定时间，反省自己的行为。——译者注

清理这名儿童的空间，移走不必要的材料。
利用检查清单，帮助儿童学习条理性。
给学生提供可以走动的机会。

- 调整授课：

由于精细运动能力较差导致书写困难，可以让学生打字或者录音回答问题。
由于语言信息处理较为困难，因此尽可能地使用视觉支持。
用不同色彩标记作业。
给学生提供阅读材料主要思想的框架式提纲。
制定时间表，频繁而简短地会见学生，检查理解的情况。
将作业分成几个较短的任务。
允许学生使用电脑或计算器。

资料来源：Myles，Gagnon，Moyer，& Trautman，2004。

注意力缺损多动障碍

虽然教师们发现做那些注意力缺损多动障碍的孩子的工作特别有挑战性，但是在《残障个体教育法案》中关于残障儿童的定义并不包含这种状况。因此，除非他们还有别的残障（例如：学习障碍、严重的精神障碍，或者其他的健康问题），否则有注意力缺损多动障碍问题的学生不能享受《残障个体教育法案》中要求提供的服务。然而，他们可以接受1973年《复健法案》（Rehabilitation Act）504款规定的特殊服务。504款规定，在接受联邦基金时禁止歧视残障人，需要公立学校在接受联邦基金的时候说明残障孩子的需求。504款定义的残障人是：那些有生理上或者精神上的损伤、严重影响生命活动（例如学习）的人。因此患有注意力缺损多动障碍的孩子就在这一定义范围内。

现在还没有关于注意力缺损多动障碍的诊断测试，但是表5—3列出了一些暗示孩子可能患有注意力缺损多动障碍的症状。只有同时满足下列五种条件才能肯定某个儿童患有注意力缺损多动障碍：（1）要有六种或以上表5—3中所列的症状表现；（2）这些症状持续了至少六个月；（3）这些症状必须是在七岁以前就出现的；（4）这些症状必须在至少两种环境下引起了官能受损；（5）这些症状必须不是在其他广泛性发育障碍或心理失调发生的过程中发生的，并且一定不能是被另一种精神紊乱引起的。记住，其中的任何一种行为都可能是正常的，特别是对于年幼的儿童而言。只有当孩子在发育过程中经常表现出大量的与年龄阶段不适应的行为时，才有可能考虑其是否患有注意力缺损多动障碍。

表5—3　注意力缺损多动障碍的症状

（1）或者（2）： （1）存在六种（或以上）下列注意力缺损的症状，已持续至少六个月，并达到了适应不良以及与发育水平不一致的程度： 缺乏注意力 （a）在学习、写作业或者进行其他的活动时，经常不能注意到细节或者经常犯粗心的错误。 （b）在任务或者活动中经常很难保持注意力集中。 （c）与别人直接谈话时经常看起来没有在聆听他人说话。

(d) 在授课过程中经常跟不上，无法完成课业、家务杂事或者工作上的任务（不是因为对抗的行为或者没有听明白指令）。
(e) 在组织任务和进行活动的时候经常遇到困难。
(f) 经常避开、不喜欢或者不愿意从事需要持续进行脑力活动的任务（比如写课堂作业或者家庭作业）。
(g) 经常丢掉任务或者活动所必需的东西（例如：玩具、课外作业、铅笔、书、工具）。
(h) 经常轻易地被外来刺激分散注意力。
(i) 很容易忘记白天的活动内容。

(2) 存在六种（或以上）下列过度活跃的症状，已持续六个月以上，并达到了适应不良以及与发育水平不一致的程度：

过度活跃
(a) 经常玩弄手脚或者在座位上动来动去。
(b) 经常离开教室的座位或者在要求留在座位上的情况下离开座位。
(c) 经常在不适当的情况下过多地跑跳攀爬（当人进入青春期或成人阶段时会主动抑制这种欲望）。
(d) 经常无法安静地玩耍或者参与休闲活动。
(e) 经常处于“忙碌”状态或者表现得好像被“马达驱动”。
(f) 经常话多。

冲动
(g) 经常在问题还没有问完的时候就脱口说出答案。
(h) 经常等不及排到轮次。
(i) 经常打断别人说话或者打扰别人（例如：插入谈话或者游戏中）。

资料来源：Reprinted with permission from the *Diagnostic and statistical manual of mental disorders*，Text Revision，Fourth Edition.（Copyright 2000），American Psychiatric Association。

据估计，在美国有3%～5%的学龄儿童患有注意力缺损多动障碍，其中男孩的比例远远高于女孩（Wodrich，2000）。男女比例不等的原因还不明确。一些研究人员相信其原因是大脑的生物化学成分或结构的不同，也有人指出男孩社会化的方式可能使得他们更不容易安静地坐下来专心上课，还有人说是由于小学教师多数是女性而导致这种微妙的歧视（Wodrich，2000）。

暂停与思考

近年来，被当作患有注意力缺损多动障碍而进行诊断和治疗的儿童数量急剧增加，这不但引起了针对是否存在过度诊断的争论，甚至还引起了针对注意力缺损多动障碍这种疾病是否存在的争论。怀疑论者批评教师想要压制儿童与生俱来的热情和精力，批评家长未能提供适当的引导和训诫，批评医生过度用药。你对此有什么想法？

患有注意力缺损多动障碍的儿童在学校生活中有很大的困难。他们可能学习能力不足或者缺乏条理，无法完成作业，甚至会把作业弄丢。他们的记忆、语言、视觉感知，以及精细运动控制能力等可能都有问题，这些都会妨碍他们取得学业上的成绩。确实，大约有35%的患有注意力缺损多动障碍的孩子可能有学习障碍，而在所有的儿童中这一比例是3%（Wodrich，2000）。最后，毫不奇怪，患有注意力缺损多动障碍的孩子可能在达到行为要求和与其他孩子相处方面也有问题。

为了帮助患有注意力缺损多动障碍的儿童，你的课堂需要变得可以预测、安全和结构化。对孩子们的行为要求必须十分明确，不当行为的后果必须公正、始终如一。“实用贴士”中为你提供了一些更为具体的建议。

实用贴士

帮助注意力缺损多动障碍儿童

- 提供组织、常规、可预见性和一致性。
- 确保行为要求的明确性。
- 在他们的桌上贴一份活动时间表。
- 与他们坐得近些，让他们坐在精力集中的学生中间（第二排比第一排要好些）。
- 经常与他们进行目光接触。
- 确保他们的课桌上没有分散他们注意力的东西（例如，提供纸板隔断，阻挡分散注意力的事物）。
- 提供一个安静的学习区或者“私人办公区”，学生可以到那里更好地集中注意力。
- 在自己座位上写作业时或者在其他需要集中注意力的时间，为他们提供耳机屏蔽声音。
- 提供合理的活动机会（例如：练习间歇、派差事）。
- 利用身体接触来使其集中精力（例如：用手接触肩膀）。
- 编制私密信号来使其集中精力。
- 通过暗示和提醒来使活动间的过渡保持平稳。
- 运用正面强化和行为矫正技巧。
- 调整家庭作业：

  减少书写量。

  将任务分成易于完成的几个部分。
- 限制家庭作业的数量。
- 允许他们用更多的时间完成任务或者测验。
- 帮助他们建立条理性（例如：作业簿、检查清单、不同科目用不同彩色编码的笔记本、放散页纸用的折叠文件夹）。
- 尽量每天给学生们至少安排一项他们能顺利完成的任务。
- 尽量在学生们集中精力的时候让他们回答问题，叫他们回答问题时只叫他们的名。
- 提供几套额外的教材让学生在家备用，这样儿童缺课后再来上课时就不会太吃力，以及防止因为忘记带回教科书而引起的麻烦。
- 提供使用电脑的机会，同时提供键盘和文字处理指导，不要将不准上机作为惩罚措施。
- 不要惩罚学生；不要假定学生是懒惰的；不要放弃。

资料来源：Adapted from Rief，1993 and CHADD Facts，1993。

帮助残障、注意力缺损多动障碍儿童的总体策略

寻求帮助和服务

为了使有特殊需要的学生获得适当的帮助，你要熟悉你所在学校的教学程序和资源。最好的办法就是同能够提供咨询和指导的人员谈话，包括有经验的教师、校

长、学校的护士、特殊教育者、学校的心理医生、指导顾问等。肯强调：

重要的是你要同人们谈谈。同他们交流得越多，你就越不容易出问题，也会使问题变得更容易处理。也要记住，当你想向某种特殊服务人员请教，而又找错了地方的时候，他们会把你带到正确的人员那里。确保与特殊服务人员建立友善的关系，有了这种关系，你就可以得到帮助了。

当你同学校的特殊服务人员联系的时候，你究竟能得到什么样的帮助呢？通常，第一步他们会提供给你针对学生的特殊需要的额外建议。这些建议可能包括调整课程计划、找一个同伴或者辅助人员做辅导、实施行为矫正计划，甚至也可能只是改变学生的座位这样的简单措施。如果这些干预不起作用，特殊服务人员就会认为应该考虑让这名儿童接受特殊教育，任课教师要起草一个正式的评估请求。

详细的转介程序在每个学区都各有不同，但是通常都需要教师填写一个表格，描述这名儿童的学习成绩、课堂行为以及已经尝试过的干预方法。加内塔和维维安娜所在的学区使用表格询问以下信息。

- 家庭信息（父母的出生地、受教育情况、职业、居住地、婚姻状况，兄弟姐妹的情况）。
- 就该儿童的问题与家长进行联系的情况。
- 教师针对该问题已经采取的行动步骤。
- 对于该儿童的社交和情感调整的描述（例如：与其他儿童的关系、对待权威的态度、努力程度、特殊爱好和天资）。
- 先前就读的学校的情况。
- 最近两年的出席记录。
- 标准化测试的数据。
- 阅读和数学的成绩水平。
- 已接受过的矫正服务。
- 健康记录（由学校的护士完成）。

《残障个体教育法案》要求在学生接受评估之前取得家长的同意。只有家长同意，转介程序才能进行，该程序包括：该儿童要接受各种各样的测试、同家长开会、评估并讨论最终结果。如果可以确定学生的问题是由残障引起的，则要对其病症分类达成一致意见，并制定个别化教育计划（将在后文讨论）。图5—1概括了上述这种一般的转介程序。

寻求特殊服务时说明学生的详细信息和你已经尝试过的干预策略是很重要的。诸如“他让我快发疯了”、“她总是需要被特别注意”，或者“他就是完不成四年级的学习任务”这样的抱怨是没有用的。你提供的信息越详细，你就越可能得到帮助。下面是我们的教师建议提供的信息：

- 对于孩子的总体描述（既有优点又有缺点）。
- 对于孩子的不当行为的详细描述：

  学生是什么时候表现出这种行为的？

  学生表现这种行为的频率如何？

  引发这种事件的先前事件是什么？

  这种行为的持续时间有多长？

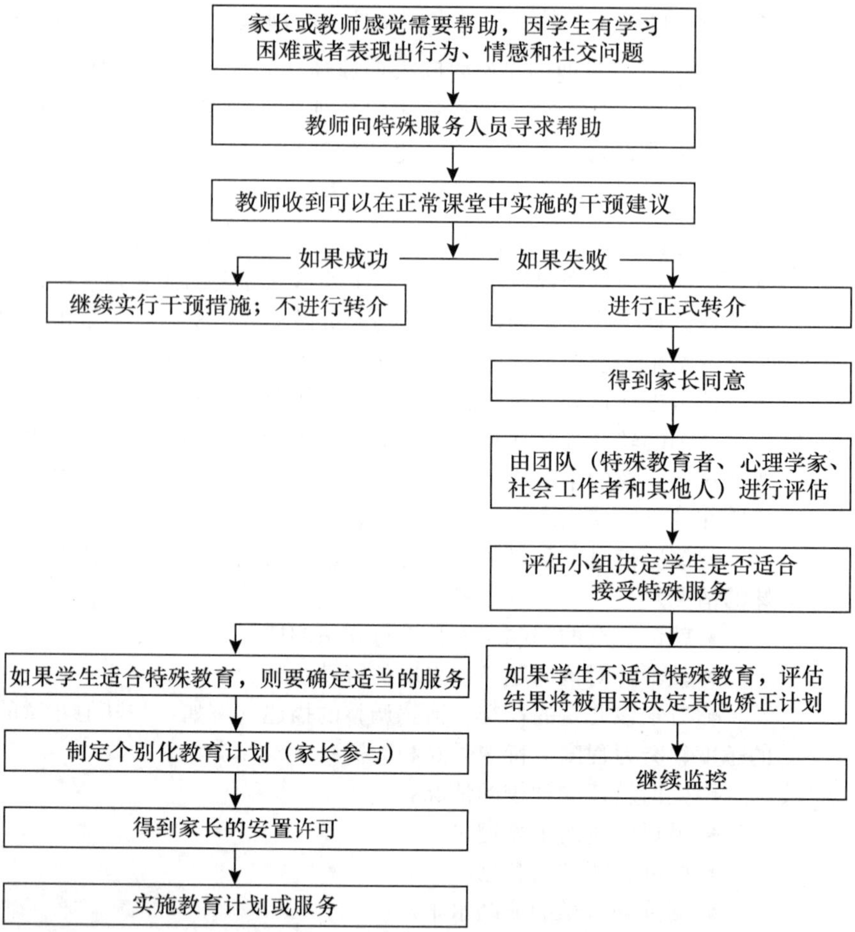

图 5—1　典型的转介程序

班上的其他学生有什么反应？

- 对学生在学习上的困难进行详细的描述（用他的作业样例来证明你的描述）。
- 学生的家庭背景信息（如果可能）。
- 你在改正或者处理问题时作出的努力。
- 你希望得到怎样的帮助或者你认为学生需要什么类型的帮助。

一旦你报告了问题，你就会希望别人能放下他们正在做的事来立即帮助你，这也是人之常情。但是，特殊服务部门可能有太多的工作要做或者人手不足，因此帮助并不总是那么及时。芭芭拉提醒我们：

你们每天都在处理问题，也会有挫折感。你希望立即解决问题，但是也要现实一些。特殊服务是一个很慢的过程。我的问题并不是他们唯一要处理的问题。他们为整幢楼里的教师服务，还有那些已经被分类安置的孩子。评估一个孩子要花很多的时间。但是特殊服务人员会来与我协商。他们会告诉我做这些孩子工作的方法，那些我忘记去用的策略。或者他们会告诉我学生的家族史。一定要记住，他们不是魔术师，也不是奇迹创造者。但是他们会确认我的问题，给我提供建议和支持，让我耐心等待、谅解学生。

积极参与“个别化教育计划”和“504 计划”

一旦学生得到了正式评估，确定有资格享受特殊服务，相关工作人员就会召开会议讨论对这名学生在多大程度上提供适应措施。《残障个体教育法案》要求，对每名残障学生都要制定一份个别化教育计划。个别化教育计划由一个团队制定，团队成员包括一个地方教育机构代表（例如：一位可以调拨学区资源的管理者）、该生的普通教育教师、一位对实施个别化教育计划负有主要责任的特殊教育教师、家长或监护人、一位可以解释评估结果在授课方面的含义的人士、该名学生（如果合适的话），以及由家长或者学校自行决定的其他个人。

同样，适合《复健法案》504 款中规定的特殊服务的学生会拥有一份“504 计划”，概述所需的调节措施和服务，以确保该生可以接受适当的教育。和个别化教育计划一样，504 计划也是由一个团队制定的，虽然法律并没有明确规定团队的构成。

基础教育课堂中的一些学生可能在入学的前几年（或一年）就已经拥有一份个别化教育计划或者 504 计划。你作为该生现在的教师，责任是遵循计划中规定的调节措施和指导方针，确保正确地记录进展。在极端的个案中，个别教师及其工作的学校和/或学区在遵守计划方面遭到了质疑。也就是说，据称，他们没有遵循学生的个别化教育计划或者 504 计划。例如，今年，肯所在的学区的一名学生家长提出诉讼，称他们的孩子的教师没有遵循该生的个别化教育计划。因此，关键的一点是，你要尽职尽责地处理每一名儿童的个别化教育计划，跟踪记录你为确保实现个别化教育计划或者 504 计划而采取的调节措施。

每年都要对每名学生的个别化教育计划或者 504 计划进行复查，而教师在为学生建议新目标和新调节措施方面起着重要作用。你可以积极参与这一过程，提供数据和学生作业样本，对你认为的、符合学生特殊需要的有效方法提出建议。理想的状况是教师、家长、学校管理者、特殊教育教师以及学生本人（在适当的时候）进行团队合作，为有特殊需要的全体学生提供最有效的教育经验。

创建接纳型环境

全纳课堂的成功在很大程度上取决于教师创建接受个体差异的积极氛围的能力和愿望。你可以促进积极的环境，明确表示所有的学生都是受到接纳、受到重视的班级成员，建立强调归属感和相互尊重的规范，实施促进残障学生和他们的非残障同伴交流的小组活动（Soodak & McCarthy，2006）。有特殊需要的学生可能会表现出社交不足，很难建立起友谊（Meadan & Monda-Amaya，2008）。在这种情况下，你可以帮助学生找到共同兴趣，而不要去想他们的能力或者特殊需要（Grandin，2007）。当社会交流通过这些共同性培养起来时，学生更有可能以平等的班集体成员的身份接受对方。更多做法见第三章。

与特殊教育教师、助手协调配合

随着全纳教育的普及，普通教育教师和特殊教育者联合教学的做法也普及起来。联合教学的定义是两人或两人以上分担计划、教学，以及评估指定课堂中的部分或所有学生的责任（Villa，Thousand，& Nevin，2008）。联合教学，也称协作教学或合作教学，其形式多种多样（Cook & Friend，1995）。例如，在“一教一辅”

模式中，一位教师承担授课任务，而另一位教师为个体或小组提供帮助和支持。在“平行教学”模式中，教师共同计划授课，但是每人针对由全班的一半学生组成的小组授课，各小组学生做到多样化。在“团队教学”中，两位教师共同计划，共同对全班学生授课。

虽然合作教学可能非常有效，但它也对教学双方提出了挑战。造成一些困难的原因是学校支持不足（例如，缺乏共同备课时间）、教师性格不合，以及在合作课堂上角色和责任的分工不明确。为了避免问题的发生，最为重要的是要讨论清楚每位教师在普通教育课堂里所扮演的角色。本节的“实用贴士”列出了一些可以提供合作教学成功率的策略。

实用贴士

提高合作教学成功率

- 步子迈得小一些。讨论你们各自对合作教学的见解。开始的时候，请特殊教育者作课上支持，这样你会对一起工作感到比较适应。仔细研究合作教学的各种模式。
- 评估学校环境。讨论一下所需要的行政管理方面的支持（特别是在共同备课时间方面），看看是否可以得到这种支持。
- 了解你的搭档。讨论你在角色和责任方面的期望，主要包括以下几方面：

  计划全班授课

  计划为个体学生所作的调整

  实施授课

  评分

  与家长的接触

  纪律
- 进行良好的沟通。了解他人的参考框架，运用良好的倾听技巧来确保沟通的顺畅。尊重各位教师的专业知识。讨论确保两位教师都能积极参与的方法，使双方都不会感到自己被过度使用或者使用不足。

资料来源：Adapted from Murawski，2005。

启用辅助人员或者教学助理已经成为另外一种在普通教育课堂中支持残障学生的方法，很受欢迎。（芭芭拉的课堂上使用了这种模式，斯图尔特和马克都有辅助人员，也就是教学助理。）事实上，在很多学校里，由一位辅助人员陪伴有残障的学生上课是全纳课堂得以实施的“最基本的或独有的”方式（Giangreco & Doyle，2002，p. 2）。辅助人员在全纳课堂中能够起到重要作用，但在许多情况下，他们变成了学生实际上的授课者，而教师则成了委派人（Giangreco & Doyle，2002）。当这种状况发生时，我们所处的情形就是，让没有教学资格的人去承担授课责任，而他的学生却是能带来最复杂挑战的人群。

即使你的课堂上有辅助人员，你也仍然要保持对残障学生的注意，而不能把他们的教育让给不熟悉或者完全不了解学科内容的人员接管。正如芭芭拉所言：

作为任课教师，你必须知道自己想要让课堂怎样进行。你是负责人，辅助教师可以对你的授课进行加工，但是领导授课是你的工作。

你还要和辅助教师清晰地讨论你们在授课和行为管理方面的角色与责任分配。辅助人员可以通过实施各种非授课活动来提供支持（例如：准备材料、点名），也可以完成一些教学任务（在独立作业期间帮助学生、为强化先前教授的材料而提供额外的练习机会），但是他们不对学生的学习承担最基本的责任。

检查教室环境中可能的不协调之处

问题不会总是专门发生在一个孩子身上的，记住这一点很重要。有时，问题是由于孩子的需求和教室环境之间的差异造成的。芭芭拉讲出了一个明显不协调的例子。

我的班上有一个男孩，他有 5 英尺 6 英寸高，体重大约 200 磅。他的膝盖经常把桌子撞翻到地板上。这会打扰和破坏课堂，可是我却不能责怪他。我申请换一张大一些的桌子，但是几个月过去了，到目前为止还是没有结果。同时，他总是摸索着前进，还撞到或者撞翻东西。他很容易感到沮丧，当然他也有很多其他的问题，但是显然，造成这些问题的其中一个因素就是物理环境对他来说太小了！

就像芭芭拉的故事中指出的那样，有时我们认为孩子是残障人，但实际上问题却是由环境的缺陷引起的（Gearheart，Weishahn，& Gearheart，1992）。在判定“这些都是孩子的问题”之前，检查一下你的教室环境，思考一下环境可能在以什么方式给孩子造成困难。下面是教师在思考教室的布局对增加学生的问题的影响时会自问的一些问题：

- 孩子坐在哪里？座位远离使孩子分心的东西吗？座位离教师是不是太远？
- 对于这个孩子来讲，坐在成群的孩子中有困难吗？我是应该将这名孩子安排到两个人中间还是应该将其安排在一个独立的座位上？
- 我安排的是什么样的学习任务？学习任务是不是太机械、太枯燥无味了？是不是用时太长？他们需要更多的自主时间吗？我给他提供选择了吗？
- 我是怎样同这个孩子讲话的？我是怎样称赞孩子的？我是不是表扬了他？
- 我制定的规则和惯例是什么？这些规则与孩子的遵守能力之间是否存在矛盾？是不是我期望的安静行为的时间过长？是不是我造成了孩子不能遵守规则？
- 我是不是给予足够的时间来让孩子完成任务？有足够的过渡时间吗？

思考你对学生的要求是否合适

有时，出于理解和同情，教师会降低要求，以至于也会让学生认为自己能力很低。我们让课程的难度打了折扣，我们原谅了不适当的行为，我们把孩子安置到安全的环境下，在那里他们从不会被要求去做那些“我们确定他们做不了的事”。事实上，当他们真的不能做的时候，当他们行为不当的时候，乃至他们不学习的时候，我们的信条看起来就有了理由。

另一方面，不要设置孩子们不能达到的过高的行为要求也很重要。你的要求应该是能够达到的、适当的、灵活的。维维安娜讲述了下面的事件：

去年，我的班上有一个一年级的转校生。第一天学到的东西，第二天他就会忘得一干二净，我不知道是怎么回事。我觉得非常沮丧，我对他说："你昨天还学会了呢！"当然，这个男孩也很沮丧。最后，我同他的家长谈起了这个问题。他的妈妈告诉我男孩因为铅中毒去看过医生，在还是婴儿的时候，他在公寓里吃了墙漆碎片。我说："你们为什么不早告诉我呢？那样我就不会对他感到泄气了！"一旦我了解了问题所在，我的整个态度就变了。那并不是说我把他扔到角落里不管了，而是知道了到底是什么原因使他的记忆力出现了问题。

运用小组学习和合作学习来鼓励真正的全纳

有时，教师们认为所有的支持和帮助都要他们自己来完成。其实学生们可以在学习任务中充当辅导教师，可以作为伙伴在困难的活动中互相帮助，或者作为代言人来"密切关注"那些有特殊需要的孩子的福利（Gearheart，Weishahn，& Gearheart，1992）。肯告诉我们他创建过二人小组，可以让两个学生都受益。

我有个学生叫珍妮，她是去资料室的学生；另一个孩子，苏珊娜，她被认为"天资聪慧"。当全班同学都在计算机上进行"咪咪航海记"的学习时[①]，她们两人在一组活动。假设她们的任务是找到被诱捕的鲸鱼。你们在海上的某个地方，你们有不同的航海仪器，并且你们应该能够找到鲸鱼。我知道，珍妮不能独立遵循那些复杂的指令，而且她也没有耐心完成必要的六个或七个步骤来接近鲸鱼。她总是不够精确。而且，在第一次的射击中总是一无所获。玩这个游戏需要面对挫折，而她却很容易产生挫折感。但是她也可以成为小组中有用的一员。比如，她可以用尺子在地图上标注地点，而苏珊娜可以实施计划和制定策略，并不受阻碍地做下去。两人在一起，很好地完成了任务。

研究表明，合作学习可以在残障孩子和他们的伙伴间提升积极的交际关系。尽管他们在生理上可以被正常的课堂所容纳，但有特殊需要的儿童们还是会面临在社交方面被孤立和拒绝的问题，运用合作学习有助于最大限度地减少问题的发生。例如，今年芭芭拉就同一个启智班的特殊教育教师编组在一起上科学课。每天上科学课的时候，特殊教育老师和她班上的学生就来到芭芭拉的教室，在这里，孩子们分成小组合作学习。

所有的学生都被编入合作学习小组。小组中的每个成员都有一项特殊的工作，比如收集材料、计时、阅读和录音。由于接受特殊教育的孩子有交流障碍，因此他们在阅读和写作方面会有问题，但是合作学习并没有让他们置身于阅读和写作的责任之外。相反，他们都有一个我班上的学生做"伙伴"，来帮助他们完成任务。从来没有出现过尴尬或者紧张的情况。他们知道自己在阅读和写作方面有问题，而我的学生也知道他们有问题，每个人都实事求是地对待这个问题。这真的是太好了。我和特殊教育教师在一起工作得很愉快，孩子们也很喜欢学习小组。

① "咪咪航海记"（Voyage of the Mimi）是著名的教育方案之一，把录像、软件、印刷材料和一条真实的船融入了中年级（四年级到八年级）的跨学科科学和数学课程。由银行街教育学院（Bank Street College of Education）在1984年开发的"咪咪航海记"，就像抛锚式教学一样，把学习抛锚在一系列录像冒险之中，可供学生开展开放式的多学科研究和科学探索。参见 http://lsc.ecnu.edu.cn/yjzy/xmal/001517.htm。——译者注

不幸的是，研究表明，并不是所有的合作学习都这么成功。在一项对三年级到六年级的合作学习的研究中（O'Connor & Jenkins，1996），研究者对 22 名有轻微残障的儿童和 12 名正常儿童进行了观察。其中只有 40％的残障儿童可以成功地参加合作学习小组。成功的参与依赖于成功地选择适合的搭档、仔细的监控、对合作行为的讲授，以及合作准则的建立。

帮助遇到家庭问题困扰的儿童

在一次会议中，我们四位有经验的老师伤心地提到，学生们面临的问题越来越多。他们谈到了六个孩子要睡在一张床上，离开家的父亲和吸毒的母亲；时常坐牢的家长。一个年幼的孩子发现他哥哥自杀后的尸体；一个孩子跟着母亲送报纸，就在车中睡觉、吃饭、做作业；一个一年级的孩子每天下午放学后要去酒吧把他的妈妈带回家。在讲到这些问题的时候，教师们很生气，他们的同情也显而易见。同时，他们也明确地意识到，在今天的社会里，老师们要处理的问题是前几个世纪里不可想象的，因为解决这些问题所需要的知识和技巧远远超过对一个有效的授课者的需求。

为了帮助你课堂中遇到困扰的孩子，你需要对潜在的问题的征兆有所警觉。作为浸没在青少年文化中的成年人，你非常了解一个典型的小学生的行为是什么样。这可以使你发现学生行为的偏离和变化，而这就可能是问题出现的信号。要学会在注意到非典型的行为时问自己一些问题（Kottler & Kottler，1993）。

- 这名学生的行为有什么不同寻常的？
- 我观察到的行为有某种模式吗？
- 要作出有见地的判断我还需要什么信息？
- 要得到这种背景信息我要同谁联系？
- 如果过些时间再来看到底怎么回事会有什么风险？
- 这名学生看起来有迫在眉睫的危险吗？
- 这个事件我能向谁咨询？

维维安娜告诉我们她是怎样提防她的学生可能会遇到的问题的。

即使在我上课的时候，我也总是从头到尾地巡视教室。你要让眼睛向四处看。如果要求孩子们集中精神，那么你就能很容易地发现有问题的行为——睡觉、把头放到课桌上、手淫，或者坐立不安。我也特别留心伤痕。比如有一天，卡丽塔进来的时候，眼睛下方有伤口。我说：“你是怎样受伤的？”她说她摔倒了。我没有特别担心，因为我已经了解她的家庭很长时间了。我的班上有卡丽塔的两个同胞，而他们看起来没有被虐待过的迹象。但是我还是决定问问学校的护士。她检查了伤口，结果和卡丽塔的说法一样。护士又问了卡丽塔的奶奶，她恰巧在学校的自助餐厅工作。护士说：“卡丽塔的眼睛下面有伤口。”卡丽塔的奶奶说她知道，因为卡丽塔摔倒了。由于这种说法得到了验证，我就决定不管了。但是我还是会持续进行观察。如果一个孩子看起来“摔倒”的次数太多，我就要向青少年和家庭服务部（DYFS）报告了。

物质滥用

物质滥用会影响小学课堂，表现在两个方面：依赖化学药品的家庭的儿童进入学校；这些儿童自己沦为滥用物质的人。让我们先看看来自依赖化学药品的家庭的儿童会有什么问题。

> 阿曼达的爸爸酗酒，他喝酒以后会变得好斗、有攻击性。在13岁的时候，阿曼达就是妈妈的主要依靠，她努力使她的家庭看起来很正常。她承担了很多成年人的责任，主要是家庭中父亲应该做的事。在学校，她是个好学生，老师对她的评价是特别值得信赖、学习目的明确。他们没有意识到她的心中充满着欠缺感和迷惑感，她的行为是受到对完美的强迫性需求促动的。他们也没有注意到，课间和午饭时间阿曼达几乎都是一个人度过的。阿曼达总是避免交朋友，因为她害怕家庭的秘密泄露出来。
>
> 里基是阿曼达10岁的弟弟，念四年级。里基的老师说他阴沉、无礼、妨碍别人。他经常与其他的孩子打架，经常被叫到校长办公室，因为一些反社会行为而遭到训斥。他的妈妈声称不能理解他的这种行为，她说里基在家的时候从来没有表现出这种行为，并且暗示是老师引起了他这种永久性的消极态度。然而，他经常在房子里跑来跑去、尖叫，还撕坏东西。里基的行为的核心是愤怒，他从醉酒的父亲那里感受到拒绝，因此感到暴怒，而他母亲总是沉迷于自怜，他又感到愤恨。他通过计划离家出走来减轻自己的痛苦。他自己也快要沦落为瘾君子了，他现在就站在那种生活的边缘。(Powell，Zehm，& Kottler，1995)

据估计，一个班级中有1/4的学生来自其父母有一方或者双方沉迷于毒品或者酒精的家庭（Powell，Zehm，& Kottler，1995）。当这些来自有酒瘾/毒瘾的家庭的儿童（children of alcoholics/addicts，COAs）就像里基一样易怒或者妨碍班级的时候，就比较容易发现问题的存在，而如果儿童像阿曼达一样顺从、优秀，就很难发现问题。肯所在学校的学生援助顾问（SAC）莱斯利·莉莲强调，COAs可能表现出多种多样的行为（见表5—4）。

表5—4　　COAs的性格特点

很难与别人建立和保持信任的关系，通常导致他们孤独
自尊水平较低
自我怀疑
因为需要有控制感，尽量降低受惊的风险，所以很难无拘无束和坦率地为人
由于需要同其他家庭成员之间协作保守“秘密”而变得否定和压抑
对于没有自己责任的领域一般也会有内疚感
由于与父母角色相互转换而不确定自己的情感和需要
看事情总是在一种“全有或全无”的环境下，这种心态有时会以对失败的完美主义者式的恐惧展现出来
控制冲动的能力较差，这可能导致过激行为，这可能与缺少父母的引导、关爱和规训有关
有消沉、病态的恐惧、惊恐反应和多动的倾向
专心于自己的家庭
滥用酒精和/或毒品

资料来源：Adapted from Towers，1989。

有些孩子变成了完美主义者。他们好像会对自己说："我不能弄乱任何东西，我不能做错事，这样就不会有人对我生气了。"有些孩子会成为班级里的小丑，或许他们认为让大家发笑可以缓解紧张。有些孩子变得非常愤怒，他们可能开始撒谎、偷盗，或者作弊。有些孩子会变得忧愁抑郁，他们的一切都在诉说："请关心我吧。"我们看到各种各样的反应——这些行为与我们观察到的来自有家庭暴力背景的孩子的行为是一样的。

COAs的生活是围绕着酒瘾/毒瘾进行的，理解这一点很重要。这些家庭的规则是任意的、不合理的，家长和孩子的界限模糊不清，生活的特点是不可预知性和矛盾性。莱斯利评论说："这些孩子从来不知道他们回家后会发生什么。某天，他们可能从学校带回家一个分数很低的成绩单，家长可能说：'好吧，重做一遍吧。'而另一天，他们可能因为一模一样的成绩单而挨打。"帮助那些COAs时，令人倍感挫折的是你会意识到你没有能力改变这个孩子的家庭生活。因此，你必须专注于每天孩子在校的六小时中你能做到的事情。很多对待他们的策略同我们主张的对待所有孩子的策略没有什么不同（见"实用贴士"）。例如，最重要的事情是建立明确一致的规则，创建充满信任感、关爱的氛围。

实用贴士

帮助COAs

● 善于观察。不仅要观察你学生的学习和行为问题，还要注意更微妙的有关成瘾和情感困扰的征兆。记住，COAs可能成绩优异、乐于协作、性格沉静，也可能妨碍课堂、易怒。

● 设定。如果家里的状况混乱，学校中的秩序感就变得格外重要。

● 灵活自由。尽管有必要设置界限，但过于严厉、不能变通的课堂规则会让学生做出过激行为。

● 以上瘾作为讨论焦点。找出一个处理这个主题的方法。将成瘾和读写教学（例如：通过学生文学课、写作课）、科学课以及社会研究结合起来。

● 清楚地向学生表明你可以帮忙。表达出你渴望同孩子们谈话的意愿。对于有麻烦的孩子要温柔地表达关爱。"我注意到你遇到了一些困难。我只想让你知道我是很关心你的。你准备好谈话的时候可以随时给我打电话。如果你更愿找其他的人倾诉的话，我可以帮你找到能信任的人。"

● 建立咨询网络。找出可以提供帮助的服务，把孩子送交给适当的专业人员照顾。

● 接受你所能做的十分有限这一现实。你不可能让别人戒酒或者戒毒。

资料来源：Adapted from Powell，Zehm，& Kottler，1995。

此外，你还要看看你的学校是否有学生援助顾问或者其他可以提供帮助的特殊服务人员。看看是否有为来自上瘾家庭的学生提供支援的团体。例如，在芭芭拉的学区就有一位叫作托妮亚·穆尔的学生援助顾问，有时她单独负责领导援助团体，有时是和学校的指导顾问一起。托妮亚谈到了加入这种团体可以带来的益处。

那是一种如释重负的感觉。孩子的评论一成不变："我以为只有我自己在忍受。""我不知道其他人也在经历这些事。"即使是在孩子还很小的时候，这种羞耻感也是很强烈的，而且要保守这所有的一切秘密是这么难。在这里他们会产生患难之情。我们通过做活动来帮助他们建立自尊，通过角色扮演的游戏来让他们体验感情—失望、不安全、尴尬、愤怒。

滥用物质对小学课堂产生影响的第二种情况是孩子们自己开始滥用毒品或者酒精。在小学阶段，有上瘾家庭背景的孩子就非常普遍，因此认为在中年级阶段的青少年中没有滥用物质的人的想法就太天真了。实际上，研究显示，饮酒行为通常在非常幼小的年龄段就开始了。最近的调查显示，在 9～10 岁的儿童中，有近 10%的儿童已经开始饮酒，近 1/3 的青少年在 13 岁之前就开始饮酒（National Institute on Alcohol Abuse and Alcoholism，2004/2005）。另外，12～18 岁的青少年饮酒者报告说，他们在两三年前就开始饮酒，那时他们分别为 9～15 岁（Substance Abuse and Mental Health Services Administration，2003）。

学生援助顾问在更大程度上依靠教师来指出哪个学生有关于酒精或者毒品的问题，或者谁比较可能有这类问题。但是教师或许特别犹豫是否该指出被怀疑的吸毒者，因为他们可能对于一些迹象并不确定。托尼娅·穆尔对这一问题就极其敏感。

老师们告诉我："我不知道滥用物质看起来是什么样的。我并没有接受过类似的训练，因此也不知道什么时候该送交这样的学生。"我告诉他们，这没什么，你不能只根据看到的来判断谁在滥用物质，因为那需要通过化学药品鉴别。但是你可以看到学生行为的变化。根据你对孩子们的了解可以知道他们行为的变化，或者他们的行为是否与别的孩子不同。你不必知道学生正在滥用物质，你只需要怀疑这可能是吸毒或者是与吸毒相关的问题。

什么样的行为可能使你怀疑某人正在吸毒并且提交报告呢？图 5—2 展示了在肯的学区所用的行为检查清单。很多学校都使用与此相似的表格。把你学校的这种行为检查清单放在手边，这样可以帮助你随时发现学生可能吸毒或者正生活在酒瘾/毒瘾家庭中。

重要的一点是区分出两种不同的情况：行为问题模式暗示学生可能在校外吸毒的情况；学生表现出在学校期间、在学校职能范围内或者学校属地内受毒品影响的情况。当你看到学生可能正在"受毒品影响"时，就不能只等着填报行为检查清单了，你要尽快地提醒适当的工作人员注意此事。托尼娅解释了要求立即应对的原因。

通常，教师们会在一天结束的时候到我这里来，说："今天我真的很担心 X，我想他肯定是有什么事。"这样就没有什么帮助了。我要当时就知道情况。毕竟，那名学生可能跌倒在楼梯上，可能离开教学楼……穿过马路的时候可能会遇到车祸。我们要立即处理问题，这可能是关乎生死的事情。

因为你不能只凭借观察就确定某个学生在使用毒品，所以要注意在与该生谈话时不要使用指控性语言。肯会这样问："你感觉怎么样？你看起来不像平时啊。你需要去护士那里看看吗？"然后，他会提醒护士注意，自己正在送一名学生过来，该生的行为暗示他可能在使用毒品或酒精。通过这种方式把学生送交给专业人员并不容易，但是要记住，置之不理或者保持沉默可能会传递一种信息：你能容忍这种行为，或者你对他们并不关心，不想对此做些什么。

课业表现	● 参与盗窃、人身侵犯
● 分数下降	● 故意毁坏
● 参与减少	● 谈论参与违法行为
● 作业时好时坏	● 随身携带器械
● 未发挥出学习潜力	● 不参加活动的次数增加
● 强迫性的高成绩	● 积极性降低
学校出席情况	● 中途退出/缺席练习活动
● 出席情况变化	● 不履行责任
● 缺勤	● 活动表现出现变化
● 迟到	**扰乱行为**
● 旷课	● 蔑视规则
● 经常去护士、顾问的办公室	● 不负责任、责怪他人、撒谎、打架、作弊
● 经常去卫生间	● 与职权人员发生矛盾
● 经常要求大厅通行证	● 突然发作、语言滥用
社交问题	● 使用亵渎的语言或手势
● 家庭问题	● 存在故意引人注目的行为
● 工作问题	● 经常出现在错误的地区
● 同伴问题	● 过于活跃、紧张
● 人际关系问题	● 缺乏积极性、冷漠
● 失控	● 极端消极
● 经常借钱	**非典型行为**
生理症状	● 难以接受错误
● 步履蹒跚/磕磕绊绊，协调性差	● 过于敏感、过度防御
● 语无伦次	● 反复无常的行为
● 目光呆滞、眼睛充血、眼周呈黑色	● 吹嘘自己使用酒精或毒品
● 身上有酒精/大麻的味道	● 朋友圈的改变
● 呕吐、恶心	● 抑郁
● 身体外观变差	● 迷茫
● 上课睡觉	● 不适当的回应
● 有身体创伤	● 孤僻、难以与人建立关系
● 经常抱怨身体不适	● 公共场所的性行为
● 肌肉组织的急剧变化	● 不切实际的目标
课外活动	● 没有特定问题也向成年人寻求建议
● 缺乏参与性	● 严格服从
● 持有毒品/酒精	● 不断寻求认可

图 5—2　肯的学区所用的行为检查清单

最后要注意的一点是：如果你怀疑某个学生在学校中携带毒品或者酒精（例如，在钱包或者背包里），最好把这个学生带到适当的学校官员那里去而不要自行搜查。在一个具有里程碑意义的案件（新泽西州诉 T. L. O. 案，1985）中，美国高等法院裁定，“如果有正当理由怀疑通过搜查可以找到学生违反法律或者校规的证据”，学校的官员可以适当地搜查学生（Fischer，Schimmel，& Kelly，1999）。也就是说，在校学生在更加严格的“可能的原因”标准下，得到的保护比正常提供给居民的保护更少（Stefkovich & Miller，1998）。尽管如此，搜查学生的物品最好还是留给管理者来做，他们能意识到法律的细微之处。（我们将在第十二章进一步讨论这个问题。）

虐待与照管不良

在同教师的会见中，他们讲述的那些伤心、可怕的故事都说明了教师在确定虐待受害者时所扮演的重要角色。听听加内塔的说法。

莉比同她的妈妈和兄弟姐妹从另一个国家搬到美国，她们住在奶奶的房子中。她的爸爸待在原来的国家，但是三四年后，他又重新回到了这个家庭中。很快，我发现莉比的胳膊和腿上有伤痕。我还看到她的哥哥也有伤痕。我们把这件事报告给了青少年和家庭服务部，他们派了一名社会工作者到莉比的家中调查。青少年和家庭服务部给我们的反馈是，她的爸爸承认，在他要求孩子们上床睡觉而孩子们不听的时候，他就打了他们。显然，这并不是第一次发生。孩子的母亲说，孩子们还很小的时候，他们的父亲就曾因为“伤害”孩子们而入狱。

并不只是莉比和她的哥哥碰到了这样的问题。根据国家儿童虐待和照管不良数据系统的报告，2006 年就有将近 90 万的孩子成为儿童虐待和照管不良的受害者（U. S. Department of Health and Human Services，2008）。为了保护这些孩子，多数州立法律都要求，如果怀疑儿童受到虐待，教育者应向州立“儿童保护服务中心”或者“儿童福利机构”报告。虽然对虐待的定义有所不同，但各州的法律所指的虐待通常都包括非意外伤害、照管不良、性虐待和情感虐待。重要的是，你要对显示出这些问题的身体、行为迹象十分熟悉(见表 5—5)。

表 5—5　　儿童虐待和照管不良的身体与行为迹象

虐待和照管不良类型	身体方面的迹象	行为方面的迹象
躯体虐待	不明原因的 ● 淤伤或肿痕 ● 烧伤 ● 骨折 ● 割痕与磨痕	同成人相处比较警觉 其他孩子哭时比较担忧 极端行为，好斗，孤僻 害怕家长，害怕回家，报告家长的伤害行为
身体照管不良	持续的饥饿，卫生状况差，着装不适当 缺乏一贯的监督，特别是在危险活动中或者较长的一段时间内 持续的疲惫或者倦怠 未得到处理的身体问题或者医疗方面的忽视 遗弃	乞讨、偷窃食物 延长在校时间（早到晚退） 经常在课堂上睡觉 喝酒或者吸毒 行为不良 声称没有看管人
性虐待	行走和坐下时有困难 内衣破损、有污迹或者血迹 生殖器官附近疼痛或者瘙痒 外生殖器、阴道或者肛门附近有伤或者流血 性病，特别是青春期前怀孕	体育课不愿换衣服或者不愿参加体育课 逃避、爱幻想或者有婴儿式的行为 怪异、老于世故，或者有不寻常的性行为或性知识 伙伴关系差 有不良行为或离家出走 报告看管人有性侵犯行为

续前表

虐待和照管不良类型	身体方面的迹象	行为方面的迹象
情感虐待	习惯障碍（吸吮东西、咬东西、摇晃身体） 行为障碍（反社会行为，破坏性行为） 神经特征（睡眠紊乱，语言障碍，对玩耍的抑制） 精神反应（歇斯底里、偏执、强迫、恐惧症）	极端行为，好斗或孤僻 不适当的成人或婴儿行为 成长滞后 试图自杀

资料来源：Adapted from Governor's Task Force on Child Abuse and Neglect，1988。

然而不幸的是，虐待的迹象很难被发现。如表 5—5 所示，老师们不仅要观察身体上的证据，还要警惕行为上的表现，比如孩子们心烦、放学后不愿意回家、小心地与成人相处等情况。那些无法对自己的伤痕作出解释、拒绝谈论这类问题，或者假装并没有受伤的学生，可能也是躯体虐待的受害者。

除非有很明确的证据证明学生被虐待和照管不良，老师们通常不愿意向上面报告。因为他们担心会侵犯家庭的隐私，也害怕会使相关的人感到不必要的尴尬。尽管如此，还是要记住：没有一个州需要汇报者在汇报以前就掌握绝对的证据。多数州的要求是"引起怀疑"或"相信"虐待存在的原因应该合理（Fischer，Schimmel，& Kelly，1999）。如果你不确定是否有虐待情况，但是确实有合理的怀疑原因，那么哪怕是冒着犯错的风险，你也应该做有利于保护青少年的事——向上面报告。等待确凿的证据会很危险，也可能是违法的。如果一个孩子后来受到了伤害，并查明你没有报告疑似虐待，你和你的学区可能会遭受民事和刑事处罚。还要记住，每个州都会有民事或刑事诉讼的豁免权，这种豁免权在教师报告怀疑虐待孩子或者照管不良时就会生效——只要你的行为是"诚信善意的"（Fischer，Schimmel，& Kelly，1999）。

在你遇到疑似儿童虐待的情况之前了解你所在的州的汇报程序，这是很重要的。一些州明确任命了必须向上面报告的学校工作人员。其他一些州的条款比较宽泛，规定"任何"从事与儿童相关工作的人员都可以上报，这显然包括教师、护士、临床医生，以及学生援助顾问（Fischer，Schimmel，& Kelly，1999）。每个州对于报告的形式和内容的要求也各有不同。多数州都需要口头汇报，并附一份更详细的书面报告，有些州还有 24 小时免费"热线"。通常，你需要准备提供以下材料：学生的姓名和家庭住址，观察到的伤害的性质或者程度，你自己的姓名和地址（Fischer，Schimmel，& Kelly，1999）。

各个州的情况不同，因此熟悉报告程序和你所在学校的资源格外重要。做这件事情最好的方法就是同可以提供指导的人交谈一下：有经验的教师、校长、学校护士、学校的心理医生，以及学生援助顾问等。

帮助生活在贫困中的儿童

在美国，每 6 名儿童中就有 1 名或者以上儿童（1 330 万）被看作贫困儿童，这意味着他们生活在联邦规定的贫困线以下，2008 年四口之家的贫困线是年收入 21 200 美元（Children's Defense Fund，2008）。目前究竟有多少无家可归的儿童还不清楚，因为在美国还没有针对无家可归儿童的定期调查。但是，一个被频繁引用的统计数字是，任意一年中都有130万无家可归儿童（National Law Center on Homelessness and Poverty，2008），始于2008年的经济危机又使这一数值急剧增加。甚至在我们撰写本书时，越来越多的报刊文章和电视新闻正在播报由于人们失去工作、无家可归而涌现出来的“帐篷城市”（McKinley，2009）。

生活在贫困中的儿童和青少年显然会面临巨大的挑战。与来自中产阶级背景的儿童相比，他们在身体、牙齿以及精神方面远远未能获得充足的卫生保健。他们可能经历着身体、情感和心理问题的痛苦，发育滞后，表现出学业和行为方面的困难，并处于学业失败的风险之中。对于无家可归的儿童而言，生活安排各不相同，条件远远不足：有的和其他家庭成员或朋友挤在一起，其他的住所包括收容所、紧急寄养机构、废弃的建筑物、车辆及汽车旅馆，更有一些人露宿街头（National Coalition of Homeless Children and Youth，2008）。

对于生活在贫困中的儿童来讲，学校可以成为避风港。但是，你能做些什么呢？第一，高效教师对“贫困文化”的观点会谨慎处理，因为这种观点认为贫困人口具有共同（经常是负面的）特征。从这个角度而言，贫困成员多样化，有着与中产阶级人群截然不同的特点。具体包括如下几方面：语言模式（随意而非正式）、价值观（钱是用来花的，不是用来攒的）、世界观（着眼于当下而不放眼未来）、与其他人交流的方式（身体上的而非语言上的），以及日常生活（喧嚣混乱而非安静有序）。贫困文化的概念在管理者和教师中间非常流行，在全国范围内有许多以此为主题的职业发展研讨会（例如：Payne，2005）。虽然这些研讨会的本意是帮助教师更好地教育贫困儿童，但是一些批评家驳斥了存在贫困文化的论调，认为并没有研究证据支持这一概念（例如：Bomer，Dworin，May，& Semingson，2008）。他们认为，上述列出的特征无疑会在某些贫困个体（或者非贫困个体）身上发现，但是这些特征并不能定义所有的贫困人口。此外，这些批评家提出警告，对贫困人口的这种特征界定可能导致教师形成思维缺陷，这种思维方式倾向于将学业失败归因于缺乏动机等内在的缺点，而不是归因于学校对贫困学生服务的经费不足等外在事实。陷入思维缺陷的教师很可能忽略或者忽视贫困学生的优点，反而“责备受害者”。

第二，对贫困或无家可归学生而言，高效教师应该是“托起希望的人”（Landsman，2006）。他们坚信所有的学生都有能力学习，即使这些学生穿着脏衣服、饿着肚子来上学。这样的教师会检视并监控自己的假设。一方面，他们会小心不去假定贫困学生不会达到班级要求；另一方面，他们也不会假定坐在舒适安静的房间里、桌上对着所有需要的材料的学生就一定能完成家庭作业。他们不以课堂参与和作业作为衡量标准来降低自己的要求，但是他们会显示出灵活性和同情心（例如：通过延长到期时间来让学生完成作业）。他们会努力给学生提供尽可能多的作业选择和自控空间，这样学生就会感觉自己在自己的教育中有发言权。

第三，教师会特别努力地与贫困或无家可归的青少年建立一种给予支持、值得信任的关系。他们会尊重地倾听，富于同情地回应，运用积极倾听的技巧让沟通的线路保持开放（详见第三章）。他们能机敏地把握提供帮助的机会。例如，维维安娜常规性地将救世军、天主教慈善院、家庭规划组织、牙科诊所以及食物分发中心的电话和地址送到学生家中。有时候，她还会直接向学生提供帮助。

这里的房租非常高，所以两三个家庭会合租一个公寓。三个家庭可能会租一个三居的公寓，每一家的所有成员都睡在一个卧室里。这意味着其中一些孩子必须睡在地板上。今年，我们班有个女孩每天上课时都打瞌睡。我问她："你为什么总这么困啊？"她告诉我她必须睡在地板上，她们家有八口人，都睡在一间只有两张床的房里。我有一张折叠床，是我侄子来看我时给他准备的。我到了她家，问她的母亲是否能接受这张床，说："你介意我送你一张折叠床吗？"她很高兴，而女孩从此也不再打瞌睡了。

这则事迹告诉我们，把维维安娜看作学生的"第二位母亲"很重要。"第二位母亲"在西班牙语中还专门有一种表达"*La maestra es la segunda mama*"（教师是第二位妈妈），而维维安娜就是用这种方式把自己介绍给学生家长的（见第六章）。她还和学生有着同样的第一语言。这些因素无疑增加了她的援助被视为帮助和尊重的概率，而不被认为是一种侵犯和批评。如果你在考虑提供直接帮助，但是不确定那些家庭会作何反应，那么就向家长代言人或联络员寻求建议吧。

本节的"实用贴士"中列出了一些帮助贫困或无家可归儿童的策略。

实用贴士

帮助生活在贫困中的儿童

提供基本的"生存"帮助：

- 手边常备麦片餐条或其他健康小食。
- 如果学生居住的地方经常失窃，那么可以允许他们把学习材料放在学校。
- 在你的教室为那些没有个人卫生用品的学生常备基本的卫生间用品。
- 手头备有额外的学校用品。

训诫学生时要对以下内容十分敏感：

- 思考一下学生是故意出现行为不当的，还是因为那种行为方式在他们的家庭文化中可以接受。向他们解释，那种行为在家可以，但是在学校不行，并解释清楚为什么。
- 如学生上课睡觉，不要在和他们谈话之前就惩罚他们，也许他们是因为没有床或者没有安静的地方睡觉。
- 如果学生在受到训诫的时候笑了，要能识别这可能是他们避免尴尬的一种方式，同时教会他们采取更合适的行为。
- 如果学生说出了不恰当的或粗俗的话语，让他们想出（或者教他们）其他可以用于同一件事物的、在学校更可接受的词语。
- 如果学生在身体方面有进攻性，告诉他们在学校里攻击并不是一种好的选择。让他们想出（或者教他们）其他更合适的选择。

鼓励取得课业成就：

- 检视自己在教什么、怎样教。你是否假定生活在贫困中的学生怎么也上不了大学，因此认为他们的课程缩水也无所谓？
- 尽可能地让学生在自己的作业方面有选择权、控制权，这样他们就会感觉在自己的教育中有发言权。

- 加入学生熟悉、与他们相关的话题。
- 讲授使材料井井有条的方法。
- 帮助学生建立目标，跟踪他们的进展。
- 采用评价量表体现成绩水平，这样学生就可以自己批改作业。
- 保持一个现实的高要求。

为经常转校的学生提供特殊的帮助：

- 指定一名伙伴给他们指点迷津。
- 对他们来到班级明确表示欢迎。
- 和他们一起吃一次特别的午餐。
- 如果你知道他们即将离开，准备一本“纪念册”让他们带走。
- 与你所在学校的无家可归者教育联络员协调工作。

资料来源：Grossman，2004；Landsman，2006；Payne，2005。

总结评论

我们坚信，教师对他们班级中所有的儿童都负有责任，包括那些有特殊需要的儿童。这可能意味着要与特殊支持人员进行沟通与合作，以便为儿童提供适当的教育体验。这也意味着当你的教室中出现有特殊需要的儿童之时，你要积极教学、实施全纳，而不要把他们放在后排置之不理，不要像我们的一个学生在日记中写到的教师那样。

> 我们教室里有一个男孩，每天都要去资料室学习阅读和数学。当他在教室的时候，就坐在后排的角落里，基本上什么也不做。我的合作教师给他一些练习册来做，但是甚至都不监督一下看他是否确实做了。这位老师什么班级活动也不让男孩参加。有时候男孩在教室里四处转转，看其他的孩子在做什么，那时我就会有一种感觉，他也想做功课，但是我的老师根本没做任何让他参与的努力。当我问起这个男孩的时候，老师告诉我，他对此无能为力，男孩的学习障碍太大了。他说自己没有所需的专门知识来帮助男孩，他不是特殊教育者，所以就让男孩在那里坐着。我听到这些真想哭。

当学生有特殊需要时，创建一个安全、有序、仁爱的课堂就比以往任何时候都更重要了。你可能无法消除一个孩子的残障，但是你能确保自己的课堂不给学生带来障碍。你可能改善不了青少年与他们的家人的关系，但是你可以努力建立积极的师生关系。你也许不能给学生提供控制贫困、动荡、混乱的家庭生活的能力，但是你可以给学生决策的机会，让他们对自己的在校时间有一些控制权。你也许不能改变学生的生活，但是你可以尽最大努力让他们的在校时光有成果、有意义。

小　结

创建有爱心的全纳课堂从你认识学生开始。当今的课堂容纳着来自各种各样文化和语言背景的学生，而且许多学生还是将英语作为第二语言的学习者。残障儿童经常和他们的非残障同伴一起接受教育。更多的孩子生长在可能使他们在身体、情感和心理方面出现问题的环境中。本章反思了我们的信条：教师对班级里的所有儿童都负有责任，并不只是对那些好教的孩子负有责任。

发展中的小学儿童

- 小学阶段的几年是下列几方面发展的重要时期：

  自我概念

  管理情绪的能力

  理解他人视角的能力

  解决社交问题的能力

  对道德和社会习俗的理解能力

● 6～12 岁，儿童处于埃里克森心理发展的第四阶段——勤奋对抗自卑感，在这个阶段，他们必须处理学习新技能的要求，或者面临产生自卑感和失败感的风险。

● 博尔比（Bowlby）和恩斯华斯（Ainsworth）认为，我们的早期依恋关系能影响我们生命中建立的各种关系。如果抚育者不回应儿童要求、回应缺乏一致性，或者经常拒绝儿童，儿童就会产生一种缺乏安全感的、焦虑的依恋关系。他们会逐渐相信，不能信任抚育者，他们可能变得焦虑、无法信任他人、在与他人建立关系方面能力有限。

如何满足第二语言学习者的需求

- 为语言冒险提供一个安全的环境。
- 避免使用习语和复杂的句子。
- 提出的问题要让英语熟练程度不同的同学都能回答。
- 在对学生的第一语言表示敬意的同时，鼓励他们说英语。
- 定期进行总结，并通过简单的语言向学生进行解释。
- 强调合作活动，不强调独立活动。
- 强调过程，不强调结果。
- 在整个课程中运用“特别设计的以英语讲授的学科课程”策略。
- 鼓励学生自选题目、为解决真实世界的问题而进行写作。

如何帮助残障、注意力缺损多动障碍儿童

● 当学生的智力能力和课业表现方面存在“严重差异”时，或者学生对早期的、密集的干预手段没有反应时，就应对其进行学习障碍诊断。

● 情绪障碍和行为障碍可能出现行为外化（例如：举止紊乱），也可能出现行为内化（例如：抑郁）。

● 自闭症与阿斯伯格综合征是两种广泛的发育障碍，是以社会交往和沟通技巧方面的发展明显受损为特征的一系列障碍。

● 注意力缺损多动障碍没有被《残障个体教育法案》作为残障纳入。但是，儿童可以接受 1973 年的《复健法案》504 款的规定下所提供的特殊服务。注意力缺损多动障碍的主要特点是注意力缺乏、过度活跃、较为冲动。

帮助残障、注意力缺损多动障碍儿童的总体策略

- 寻求帮助和服务。
- 积极参与“个别化教育计划”和“504 计划”。
- 创建接纳型环境。
- 与特殊教育教师、助手协调配合。
- 检查教室环境中可能的不协调之处。
- 思考你对学生的要求是否合适。
- 运用小组学习和合作学习来鼓励真正的全纳。

帮助遇到家庭问题困扰的儿童

- 物质滥用

学生可能来自有酒瘾/毒瘾的家庭或者他们本人就在使用酒精或毒品。

来自有酒瘾/毒瘾的家庭的学生可以从支持群体中获益。

教师要注意可能正在使用毒品或酒精的学生，并将其转交给学生辅导顾问或者其他合适的人员。

区分两种不同的情况：学生可能在校外吸毒的情况；学生在学校期间受毒品影响的情况。

- 虐待与照管不良

如怀疑有虐待与照管不良，教育者应向州立儿童保护服务中心报告。

没有一个州需要汇报者在汇报以前就掌握绝对的证据。

帮助生活在贫困中的儿童

- 谨慎处理与“贫困文化”的观点有关的问题，这种观点认为贫困人口具有共同（经常是负面的）特征。
- 努力成为“托起希望的人”。
- 努力与儿童建立一种给予支持、值得信任的关系。
- 寻找向儿童提供帮助的机会。

有时候，学生带到学校来的问题使人应接不暇，特别是对于还在学习基本教学技能的新教师而言。事实上，有些学生的问题可能很严重，你根本帮不上什么忙。但这不意味着要放弃。不管怎样，你仍然要努力创建安全、有序、仁爱的课堂环境。你可以努力使学生在学校的实践有意义、有成果，从而向学生表达你对他们的关心。

技巧培养活动与反思

课上活动

1. 以小组为单位，思考下面的情景：

在某某学校，特殊服务团队召开会议讨论两个有学习和情感问题的学生。每个学生的教师都应邀描述一下学生的情况。一位五年级的教师瑞安先生先做了描述。

瑞安先生开始介绍说，他以为奥利维娅的家庭有困难，这影响到她在校完成课业的能力。“奥利维娅在学年刚开始的时候，显然就有学习问题。她的阅读水平是三年级的而数学能力是四年级的。”他向委员会展示了阅读和数学成绩表。“然而最近，她的功课和学习习惯变得更糟了。我同奥利维娅以及她的妈妈谈过。自从她的母亲开始夜间工作，奥利维娅就开始对学习失去了兴趣。一般在一周里，她只有一两天做家庭作业，在课堂上也很少完成课业。她在遵守口头指令上有困难，动笔记下自己的想法也很缓慢。这里有两个典型的写作试卷：每次她在25分钟里只能写下两个句子，而且你们看，她的笔迹很不成熟。”他给委员会看了两张试卷。“我尽力控制给她的指令的数量，而且即使是口头指令，我也会在黑板上写下来。我曾经提出在放学后帮助她，但是她需要回家照看她的小妹妹。她还有社交上的问题：在此前两周里她就同班上的孩子打了5次架。”他查阅了带来的一个记事本：“例如，11月5日，她指责一个孩子从她的课桌上偷走了铅笔和橡皮，两人大声对骂。最后我们发现她的铅笔和橡皮在她书桌的最里面，在所有的卷子和书后面。没发现她家里的问题之前我就很为她担心，现在对于该怎样帮她，我真的很困惑。你们有什么办法吗?”他拿出笔，把记事本翻到新的一页。

瑞安先生陈述过后，团队开始讨论帮助奥利维娅的办法。离开时，瑞安先生感觉到他提出的问题受到了重视，而且得到了很好的建议。接下来是三年级的特勒老师讲述她担心的丹尼尔。

特勒女士开始就说，现在到了人们帮助丹尼尔做些什么的时候了。“他从9月开始就扰乱我的课堂。看看他的作业。”她给大家发了带有很多红圈和否定性评语的卷子。“他的课业很马虎，而且他从不完成任何事。放学后我把他留在学校，给他妈妈打电话，可他还是不能努力做得好点。他的阅读能力比应该达到的水平低一级，而且还不能辨认长元音。我对他真是无话可说。看起来他也不再听我的话了。在我教学的整整三年里，这个男孩是最差的！他总是浪费时间、打断课堂。最后我总要大声朝他吼叫，或者把他送到校长办公室。你们能帮帮我吗？我想他应该上特殊教育课堂。”

特殊服务团队中的成员告诉特勒老师，她需要提供更多的信息，这样他们才能够提供更有意义的帮助。他们请她参加下次的会议，那时会再次讨论丹尼尔的问题。基于本章讨论的指导方针以及由瑞安先生提供的范例，改写特勒女士的汇报陈述，使其更加有效。

2. 以小组为单位一起完成活动：想象你是一位普通教育教师，在合作教学安排下与一位特殊教育教师一道工作。制作一份清单，写出在一起教学之前你想要讨论的问题。特别要考虑在授课计划及实际授课方面、在课堂管理方面你有怎样的要求。然后，担任特殊教育教师的角色，重复一次上述过程。

3. 以小组为单位阅读下面的情节，然后讨论后面的问题。

> 乔安妮·威尔逊老师五年级的班里有23名学生。一名学生被视为有学习障碍，他读全班都在阅读的小说很吃力，写作业也是如此。另外，还有两名最近刚移民过来的学生，英语水平有限。一名学生有注意力缺损多动障碍。虽然这名学生应该服药治疗，但是有时他会自己少吃一剂，而少服药那天，他就会“兴奋过度”，几乎不能完成任何课业。威尔逊老师非常担心学生的课业进展，但是不知该从何入手。一位课上辅助教师每周两天提供一些帮助，但是他们没

有共同的计划时间，因此这位辅助教师好像是助手而不是真正的教师。威尔逊老师还痛苦地意识到，她的班级并不是一个团结的班集体，虽然其他学生并没有公然地表示不尊重，但是他们一般都会无视那些有特殊需要的学生，在合作学习小组中也不愿意和这些学生一起学习。

问题：

a. 威尔逊老师可以用什么策略来创造一个更加全纳型、接纳型的氛围？

b. 为每一位有特殊需要的儿童（也就是一名患有学习障碍的学生、两名英语学习者、一名患有注意力缺损多动障碍的学生）想出一种威尔逊老师可以应用的、用来促进课业进步的策略。

c. 威尔逊老师可以从课上辅助教师那里获得什么帮助？

独立活动

1. 在你观摩或者授课的学校，采访一下校长或者特殊服务主管，学习本学区关于支持残障学生的政策和程序。有严重残障的儿童是在正常的课堂中接受教育吗？如果是，有什么帮助残障儿童的特殊方法？采访一位教师，询问他对这种接纳有特殊需要的儿童（而先前这些儿童需要进入特殊教育课堂或者特殊学校）的态度。

2. 在你观摩或者授课的学校，对校长或者一位将英语作为第二语言的教师进行采访，问问学校有关支持英语学习者的政策和程序。在学校中有多少种授课语言？采访一位班上有英语学习者，但是又只用英语授课的教师。这名教师是怎样为英语学习者提供帮助的？

3. 在你观摩或者授课的学校，对学生援助顾问、咨询顾问或者特殊服务主管进行采访，了解对于来自滥用物质家庭的孩子应提供什么服务。

载入档案袋

各州有关报告怀疑虐待和照管不良的政策是不同的。找出你所在的州适用的政策，再找出你所在的学校是否有需要你遵守的特殊政策和程序，特别要找到下列问题的答案：

要求谁来报告虐待和照管不良？

应该何时汇报虐待儿童的情况？（何时你有合理的理由提出怀疑并让他人信服？）

你要向哪个州立机构报告？

报告中要包含什么样的信息？

报告中是否要求填上你的名字？

把你的发现编写成一套指导方针，保存在你的档案袋中。

第六章

与家长通力合作

“我一点也不知道他的母亲丢了工作，他父亲离家一个月了。怪不得他火气这么大!”

“她的祖母真是太好了，每天晚上检查她的作业本，确保她完成了作业。在这一点上她的祖母跟我配合得太好了。”

“他父亲一有休息日就来给全班读书，真是个难得的好榜样!”

像这样的评论在全国的教师办公室里随处可闻，反映了教师和家庭建立积极而有建设性的关系所带来的一些裨益。越来越多的证据表明，家庭参与学校教育与学生的课业成绩相关（Anderson & Minke，2007)。而且，家庭—学校关系在课堂管理方面也有明显的收益。

第一，了解儿童的家庭情况有助于理解他们的课堂行为。如果你知道约翰的母亲正在接受化疗，那么你就会更容易理解为什么他的情绪如此低落；如果你知道佳娜的父母为了让她成功给了她多大的压力，那么你就可以理解她想全部功课都得 A 的焦虑了。此外，了解这些有助于你在处理这些儿童的问题时决定采取哪种行动方案。如果你知道一位家长不识字，那么你就不会建议他给孩子读书；如果教师的便条会导致学生挨打，那么你就不会往学生家送信。

第二，如果学生家庭知道你的努力方向，他们会提供有价值的支持和帮助。大多数家长都想让孩子在学校取得成功，并尽其所能地帮助他们。但是他们不能在真空中工作，他们需要知道你在努力达成什么目标，你期望孩子在课堂上如何表现。让家长熟悉你的课程、常规和政策会把迷惑、误解和冲突降到最低点。

第三，家庭可以帮助教师制定和实施改善学生行为的策略。家长和教师一起努力，就会带来学生行为的改善，这种改善是双方独自努力所不可能实现的。加内塔跟大家分享了下面的例子：

我们班有个男孩非常能捣乱，他不愿意学习、总是“忘记”写作业、干扰其他孩子、在教室里到处乱走。你能说出来的事他都做过。我们三个——孩子母亲、男孩和我进行了一次谈话，看能做些什么，最后我们决定尝试一种家庭奖励制度。我们商定，我每天给他家写一张便条，汇报男孩的行为。如果每个星期他得到三张及以上表扬便条，那么他母亲就允许他租一个电子游戏卡。通过这种方法，孩子能否得到游戏卡与他的行为直接挂钩。这个制度真的带来了显著的变化！

暂停与思考

家长和教师之间密切的工作关系中会有哪些挑战？在阅读下文之前，为下列每个问题想出至少三个可能的答案：

- 为什么有的时候教师不愿意让家长参与孩子的学校教育？
- 为什么有时候家长不愿意参与？
- 家庭性质的变化对家长—教师合作有怎样的影响？

第四，通过家长志愿者在课堂上的帮助，课堂管理变得更加容易。家长可以充当学习中心管理人员，为孩子读书，在写作会议上帮忙，承担一些耗费教师时间的行政性工作和班务工作。在一个拥挤的、快节奏的、不可预知的小学课堂世界里，多一双手（还有眼睛）就能起到救急的作用。

虽然密切的交流和协作有很多裨益，但教师和家长经常也有争执。是什么导致了这种对抗关系？教师怎样做才能避免这种关系？在本章中，我们将讨论影响教师与家长之间密切工作关系的三个挑战——教师不愿意家长参与、家长不愿意参与，以及美国社会和家庭的变化。然后，我们再看看几位教师的做法以及家长参与方面的文献，以提出家庭和学校一道努力克服障碍的方法。

家长—教师合作所面临的挑战

教师不愿让家庭参与学校教育

教师不愿和家庭一道工作的基本原因是这要求付出额外的时间和精力。教学本身在体力和情感上都让人筋疲力尽，而与家长接触有时候被看成是一项更为繁重的任务。例如，如果给 30 位家长打电话，同每位讲 10 分钟，那就是 5 小时的工作量(Epstein & Becker，1982)。显然，打电话是计划教学和活动、批改卷子、组织合作学习小组以及设计告示板陈列这些工作后额外的活动，因此教师怀疑额外的时间付出是否值得，这也是可以理解的。

教师对学生家庭的理解无疑会导致他们不愿寻求更多的家长参与。很多教师都看到，时间对家长来说是稀缺商品，受到工作单位的责任、家庭琐事和照顾其他家庭成员时间的限制。这些教师也会质疑，请已经负担沉重的家长花时间和孩子一起进行学业活动或者来学校帮忙是否公平。正如肯告诉我们的：

有些家长的压力真是太大了。我想到了这么一家，他们自己做生意，工作时间长得让人难以置信。同时，我还让他们给孩子读书。看看吧，他们是要整理账目，还是要给孩子读书呢？他们要整理账目，这是可以理解的。

还有的教师则因遇到那些愤怒的、不负责任、反应冷淡的家长而火冒三丈。这些教师倾向于同意这一陈述："有太多的家长——不只是那些贫困的家长，根本就不在乎。对于他们来说，学校就是免费看孩子的地方。"（Walde & Baker，1990，p. 322）

教师不愿意让家长参与的另外一个原因是担心家长不理解他们在教室里的作用。一些家长志愿者在不应该干涉的时候进行干涉（例如，对不当行为实施自己的惩罚措施而不同教师商量），他们还可能用与教师的演示相矛盾的方法去教学生，或者违反保密规定而传看学生记录和传播敏感消息。这样的情况发生时，教师可能认为，家长志愿者是在帮倒忙而不是在帮忙。

最后一个教师不愿意让家长参与的原因可能是要维护自己在课堂上的权威与自治。教师经常面临批评。家长可能因为孩子的问题而指责教师，或者质疑教师的职业能力。毫不奇怪，有时候教师会小心提防，保护自己的"地盘"，尤其是当他们对自己的技能和专业知识还缺乏自信的时候。事实上，教学经验水平更高（即教师相信自己能够教好，学生也能学好）的教师更可能求助于家长（Hoover-Dempsey，Bassler，& Brissie，1987）。

家长不愿参与学校教育

虽然大多数家长高度重视对孩子学习的参与，但是实际的参与量远远达不到学校的要求（Drummond & Stipek，2004）。社会经济地位高低与家长参与学校事务有一定相关性。最为明显的一个原因就是工作的需求挤占了参与时间。这种情况在低收入家庭中尤为明显，低收入家庭中更可能出现单亲家庭或两位家长都有全职工作的情况。低收入的家长还可能有两份或以上的工作，必须在傍晚或夜间工作，或者工作时间不固定、不可预知。

除了工作带来的困难之外，家长不愿意参与学校教育还有更加微妙的原因。一些成年人对自己做学生时的经历有着不愉快甚至创伤性的记忆。萨拉·劳伦斯-莱特福特（Lawrence-Lightfoot，2003）认为，家长与学校的接触是由他们自己自传性的故事塑造的，即他们自己的童年往事、他们自己的不安全感，以及他们自己的原始恐惧。这些过去的"幽灵"可能会使家长对学校和教师产生敌意，并因此不想去参加家长会或者开学典礼。听听这位父亲描述他不愿意充分参与儿子学校教育的原因吧。

> 他们要求我去学校，这样他们就能告诉我，我的孩子很蠢或者疯了。3年了，他们就一直这样告诉我，所以为什么我要去再听一遍呢？他们什么也不干，就是告诉我，我儿子表现不好……你看，我也上过学，我知道怎么回事，我真的害怕了。他们管我叫惹麻烦的男孩，其实我是有麻烦的男孩。没有人帮助我，因为我不上学他们更高兴。如果一学期我都不去，对他们来说也挺好。我辍学了9次，他们也想让我走。（Finders & Lewis，1994，p. 51）

还有一些家长为孩子在学校有困难而感到内疚。当教师试着跟他们讨论孩子的问题时，他们会采取自卫的态度，或者不予配合，或者不好意思说出他们在家遇到的问题。这些家长可能不仅不会去处理孩子的问题，反而试图否认所发生的事，避免与教师沟通。

更有一些家长被学校吓住了，失去了勇气。如果家长很贫困、没受过教育或者英语水平有限，情况更是如此。有些家长可能觉得教师和行政管理人员会对他们的要求置之不理（Gutman & McLoyd，2000）；还有的家长害怕教师，把他们看作不可置疑的权威人物（Lindeman，2001）。移民过来的家长可能会对与他们原来不同的教育方法倍感迷惑，他们不知道那些能让他们进行有意义的交流的词（例如：标准、以学生为中心、优等生档案、年级当量）。

一项针对家长参与学校教育的研究对11个拉美裔家庭进行了访谈（Chrispeels & Rivero，2000）。11个家庭中有9个认为他们对学校所发生的事几乎不能施加影响，而把决策权交到老师手中。安德烈斯夫人的看法很典型。

> 我女儿的成绩报告卡从四年级以来都是B。在三年级的时候她得过优秀和一个A。我们等着看她的下一张卡，结果仍然都是B……她告诉我："我们老师说他不想给任何人A，因为那样会使得F的同学感觉不好。"我女儿说，那种情况下她也不想努力了，因为反正也得不了A。(p. 22)

虽然安德烈斯夫人觉得这不公平，但她也没有找老师讨个说法："在某种程度上，我觉得老师会说：'嗯？谁说你女儿应该得A?'我害怕这样的评价，也就不敢去问。"(p. 22)

最后，还有的家长不认为参与学校教育是家长责任的一部分（Hoover-Dempsey & Sandler，1997）。他们可能认为学校教育应该交给专职人员，或者认为不干涉就表示对教师的支持。移民家庭甚至没有意识到家长参与是受到期待和重视的："在美国以外的很多国家，有一条默认的准则是，教育学生是教师的工作，家长参与表现出对老师专业知识的不尊重。"（Sobel & Kugler，2007）例如，亚裔美国家庭一般都对自己子女的学业成就怀有高度期待，然而，他们倾向于把有关教育的事情看作学校的专属（Fuller & Olsen，1998）。同样，拉美裔家庭普遍把自己的任务看作确保孩子出勤，给孩子灌输对教师的尊敬，鼓励孩子在校好好表现，履行家长给孩子提供衣、食、住的义务，以及让孩子熟悉他们对家庭的责任（Chrispeels & Rivero，2000；Trumbull，Rothstein-Fisch，Greenfield，& Quiroz，2001）；而家长到学校（参加会议和返校之夜、当班级志愿者、筹款）并不是他们责任的关键组成部分。

关于工作要求和家长的参与概念如何影响参与，杰勒多·洛佩斯（Lopez，2001）提供了一个良好的例证，他研究了移民家庭帕迪拉一家，他们的孩子在学校都非常成功。但是，他们的家长参与采取的形式是让孩子看到他们在田里艰苦地工作，告诉他们不接受教育就也可能得到同样的结局。下面是访谈的节录：

> 采访者：现在我想知道您和您的妻子是否正以某种方式参与学校教育。比如，当志愿者或者参加家长委员会。
>
> 帕迪拉先生：没有，先生……
>
> 采访者：嗯。您没有参加过家长会议之类的吗？
>
> 帕迪拉先生：没有，没参加过。我们天天忙着干活，几乎不去学校。
>
> 采访者：甚至没有参加过教师—家长会？
>
> 帕迪拉先生：嗯，一两次吧。但是这很难，我们的活多。

采访者：那么您怎样参与孩子的教育呢？

帕迪拉先生：嗯，我给他们看过我干的活是什么，有多辛苦。这样他们就明白了，要是不专心学习，以后就得干这种工作。我让他们睁眼看清楚了这个现实。(p. 427)

正如洛佩斯指出的，如果帕迪拉夫妇的“参与”是指出现在焙烤义卖或者返校之夜活动中的话，他们就会显得没有参与自己孩子的教育。然而，他们却在培养孩子对学校的积极态度方面实现了高度参与。显然，我们在假定家长不来学校参加活动就是不关心、不爱护自己的孩子时需要谨慎些了。把家长参与和出现在学校等同起来的教师很可能忽视或者低估家长在家的参与（Anderson & Minke，2007；Lee & Bowen，2006）。

美国社会和家庭的变化

1955 年，60%的美国家庭是由一位有工作的父亲、一位操持家务的母亲，以及两个或更多学龄儿童构成的（Hodgkinson，1985）。教师往学生家里写信，称呼是“尊敬的家长”，并有理由相信两位家长都会读这封信，而学校的日程表上写着“家长会”，期望着家长是最关心他们子女的人。

时代变了。在当今的谈话中，20 世纪 50 年代的典型家庭还被看作“正常的”，但是现在只有不到 25%的家庭还遵循着这种模式（Heilman，2008）。今天，几乎一半的婚姻结局是离婚（Heuveline，2005），大约一半的儿童在他们童年的一段时光里都生活在单亲家庭中（Heilman，2008），并且没有生活在双亲家庭中的孩子能获得的那种人力和经济资源。在一些个案中，一些儿童生活中最重要的成年人甚至根本不是他们的父母，而是祖父母、姑婶、叔舅、兄弟姐妹或者邻居。“居家母亲”正在消失，事实上，65%的学龄前儿童的母亲在劳动力大军中（Coontz，2007）。800 万～1 000 万的儿童由男同性恋或者女同性恋家庭抚养（Child Welfare Information Gateway，2008）。由于来自中美洲、拉美、中东、东南亚和太平洋地区以及俄罗斯和东欧的移民大量涌入，很多学生都来自母语为非英语的家庭，而且这些家庭并不熟悉美国的学校。

美国社会的这些变化使沟通和协作变得比以往更加困难。然而，研究发现，家庭是否能富有成果地参与其子女的学校教育取决于教师的态度和做法，而不是家长的教育水平、婚姻状况或者工作单位（Epstein，2001；Griffith，1998）。换句话说，是教师使情况变得不同。因此，你不仅要了解家长参与的障碍，还要知道家庭和学校共同合作的方法。（注意，本章中我们谈到“家长”时，我们指的是你学生的生活中可能存在的各种类型的抚育者，而不只是亲生父母。）

如何应对挑战——促进家校合作

乔伊斯·埃泼斯坦（Joyce Epstein）和她在约翰霍普金斯大学的同事曾经研究过家长全面参与计划，区分了 6 种不同的家庭—学校合作类型，列在专栏 6—1 中。埃泼斯坦区分的合作类型的前 4 种给我们的讨论提供了框架（如想获得更多信息，以及了解后 2 种类型，可参见 Epstein et al.，2002）。

专栏 6—1　　会见教育家

会见乔伊斯·埃泼斯坦

乔伊斯·埃泼斯坦是约翰霍普金斯大学社会学教授，学校、家庭和社区合作关系中心主任。埃泼斯坦教授从1981年开始研究小学中的家长参与，之后将领域扩展到初中和高中。1996年，她和同事创建了全国合作学校网，帮助学校、学区和各州利用以科研为基础的方法开发家庭参与和社区联系计划，以便达到“不让一名儿童落后”的家长参与要求。现在，该网络已覆盖21个州的1200多所学校。

一些有关家庭、学校和社区合作关系的主要观念

1. 科学设计的学校、家庭和社区合作关系计划对学生、家庭和学校都有裨益。
2. 全面合作关系项目有六种类型：
   - 第一种类型：抚育——帮助所有家庭创建支持子女作为学生的家庭环境。
   - 第二种类型：沟通——设计出学校对家庭、家庭对学校的有效沟通形式，以便了解学校的计划和儿童的进展。
   - 第三种类型：志愿参与——招募和组织家长提供帮助和支持。
   - 第四种类型：在家学习——为家庭提供关于如何帮助学生在家完成作业和其他与课程相关的活动的信息与方法。
   - 第五种类型：决策——把家长纳入学校决策制定中，发展家长领袖和代表。
   - 第六种类型：与社区合作——找到并整合社区的资源和服务，以便促进学校项目的进行，改善家庭合作实践，促进学生学习和发展。
3. 为了创建一个持久的、全面的合作计划，每所学校都需要一个“合作行动小组”（ATP）来评估当前的做法和需要、为行动提供选择、实施已经选择的活动、评估此后的步骤、协调各方的实践。

网址：www.partnershipschools.org。

帮助家庭履行其基本义务

家庭的责任是保障儿童的健康和安全，为儿童就学做好准备，在各年龄水平监督和指导儿童，并创造积极的家庭条件来支持儿童的在校学习和行为。学校可以通过下列方法帮助家庭履行这些基本义务：提供儿童发展和养育技能方面的研讨会，建立家长支持小组，创建家长资源中心和可出借玩具的图书馆，家长参加学校会议时提供儿童看护，在必要的时候将家庭转介给社区和州立服务机构（Brown & Beckett，2007）。

除了教育儿童，还要让教师承担教育家庭的责任，这似乎是一项繁重的、不公平的任务。毫不奇怪，一些教师很犹豫，不想成为“社工”，他们也没有受过这方面的训练。还有的教师对没有为学生提供充足的家庭环境的家长感到生气和不满。虽然这些态度是可以理解的，但是需要记住，你学生的家庭环境决定了他们在学校的成功概率。随着贫困家庭数量的增多，协助这些家庭履行其基本义务变得日益重要。

作为一名教师，你怎样才能现实地做些事情来协助学生的家庭履行其基本义务呢？虽然你可能不会直接参与筹划家长教育研讨会或者领导支持小组，但是你可以起到重要的间接作用。你可以把期刊和杂志上的相关文章复印出来，跟家长一起阅读。你可以让学生家庭知道他们可以获得的材料，激发和鼓励他们参加课程，提请学校相关人员注意学生家庭的交通和儿童看护问题，帮助他们安排拼车事宜(Greenwood & Hickman，1991)。

你也可以帮助家庭了解学校的资源（例如：指导顾问、心理学家、社工和学校护士），以及社区和州立服务机构。请听维维安娜讲述来自尼加拉瓜的男孩圣地亚哥的故事：

我马上就注意到圣地亚哥很难安静地坐好并认真听讲，有时候他看起来像是在另一个世界里。开学后不久的一天，他的祖母来学校接他的时候我们谈了谈。她告诉我：圣地亚哥的父亲还在尼加拉瓜，现在他和祖母、母亲、一个姐姐和另外两个更小的孩子住在一起。圣地亚哥的睡眠问题很严重，他会哭喊着醒来，手臂乱扇，好像要把苍蝇赶走一样。圣地亚哥在尼加拉瓜时曾经看到很多人被杀，看到街道上躺着腐烂的尸体，上面落满了苍蝇。我告诉他的祖母，我们要给他寻找专家帮助，我保证做到这一点。

第二天，我在地区精神健康诊所找到一位会说西班牙语的医生，把他的电话号码给了祖母。我告诉她把电话给孩子的母亲，还督促她打电话。诊所立即给她们安排了预约，并告诉孩子的母亲把全家都带去。他们真是做了一件好事！他们发现圣地亚哥的姐姐正在考虑自杀！而圣地亚哥呢，在给他治疗了几次之后，医生确定需要药物治疗使他镇定下来。

圣地亚哥的变化令人难以置信。他能安静地坐着了，能注意听讲了，能完成作业了。那之后他表现很好。他的母亲来看我，说："洛夫老师，你救了我的全家。我的女儿要自杀，而我甚至都不知道。"但是她仍然担心圣地亚哥的药物治疗，我向她保证医生知道应该给孩子用多少药。我们谈起了她的家庭和工作——她要打三份工！后来，我发现这位母亲在两份工作中被解雇了，不知该怎么办好。于是我帮她申请了救济。

除了起到这种间接作用，有的时候直接做家长的工作也是非常合适的。你可以帮助他们与孩子更有效地沟通。例如，如果幼儿园小朋友担心离别，你可以跟家长或者抚育者分享积极倾听或共情倾听的信息（见第三章）；如果六年级的学生争论晚上回家的时间，你可以鼓励家长给予必要的时间限制。芭芭拉记得，一个孩子在家和在校都有很多行为问题。

他的母亲非常想让他在我们班里，我也同意接收他，但条件是她要按照我建议的办法在家管教孩子。她拿这个孩子毫无办法，所以只好同意了。我帮助这位母亲学会如何对儿子说不，怎样奖励他的良好表现。孩子的母亲、他的临床医师和我组成一个团队工作，最后终于看到了他对学校的态度的改善和与母亲的关系的改进。这个工作量很大，有时候还让人沮丧。但是我们能够影响一个难以应付的孩子，做到了使他在班级里能接受管理。这不仅使他感觉很棒，也让班级的其他学生不再受到干扰。一切辛苦都值得。

当你思考怎样帮助家庭履行抚育责任的时候要记住，抚养孩子的信条中有很多文化差异，这些差异可能会导致家庭和学校间的文化冲突。例如，来自集体主义文化背景的家长可能会强调尊重、服从、助人以及对家庭的责任，而来自个体主义文化背景的教师则可能强调个人成就、独立和自我表达（Trumbull，Rothstein-Fisch，Greenfield，& Quiroz，2001）。如果这些差异没有得到承认和尊重，那么教师和学校帮助家庭抚育儿童的努力就可能引起不满和怀疑。

与家庭沟通

这是新布伦瑞克开学的第一天。在维维安娜的教室里，19位家长站在教室四周。孩子们按照身高排列就座，男女同桌。维维安娜用西班牙语和家长交谈，她作了自我介绍，并解释了排座的方式。她还解释到，他们在家是家长，但在学校她是母亲。她说，大家都是一家人，一个大家庭，都是西班牙后裔，还说如果需要帮助，家长可以到学校来，他们并不孤单。

她讨论了家庭作业和出勤的重要性，解释说她对这两项都要求很严格。如果孩子们不把作业交上来，她可能给打零分。她告诉家长，她每天都要留作业，周末除外，这样孩子们就可以放松。她说，家长不应该被孩子骗了，说自己病了不能上课，学校有护士，可以给孩子做检查，如果真的病了，教师会把他们送回家。

维维安娜走到教室前面的一个圆桌旁，那里陈列着各种练习册。她拿起每本练习册，解释说今年有很多工作要做：拼写、社会研究、英语、数学、科学、健康。她又一次强调孩子们必须出勤，以便能掌握他们在一年级所需要的技能。

维维安娜询问家长是否有问题和建议。一位穿着粉色衣服的妇女对她所说的“大家都是一家人”表示了感谢。然后，维维安娜邀请家长作自我介绍，并让他们在教室里走一圈并指出自己的孩子。介绍完毕，家长离开，出教室时亲吻自己的孩子并说再见。

埃泼斯坦关于家庭—学校合作的第二种类型指的是，学校有义务向家长传达本校的课程安排和儿童的进展情况。这种沟通包括维维安娜在开学第一天、开学典礼以及家长—教师会上所做的面对面交流，还包括通过成绩报告卡、进展报告、备忘录、电子邮件、时事通讯以及电话联系进行的交流。这当然是最为普遍的与家长合作的方式，而且这些沟通无疑也是必要的。但是，关键的问题不仅是这些沟通是否发生，而且还涉及它们何时发生、是否能得到理解、是否会让双方产生信任和尊敬的感觉，而非疏远和不满。

所有的教师都强调在学年刚开始就与学生家庭沟通的重要性，也就是说，在出现严重情况之前就要沟通。正如肯提醒我们的：

教师与家长联系是要花精力的，所以他们总是等着出现了问题才沟通。正因为如此，“沟通”开始带有负面含义了。即使是在没有问题的时候，我们也应该与家长沟通，也就是说我们有好事可以汇报的时候也要沟通，而且越多越好。如果你及早地和家长建立起个人联系，当你真的有所担心时，和他们的交流就更容易些。

鉴于肯持有这种态度，他参加了今年学校在开学之前召开的家长会也就毫不奇怪了。会议的重点是听听“家长对孩子在即将到来的一年中的希望和梦想”，了解“一件他们希望孩子在本年中学到的最重要的事”。肯希望“这些提早召开的家长会能让家长和教师明白他们在教育孩子方面是搭档”。

显然，和我们一起工作的五位教师都能和学生家庭建立起富有建设性的伙伴关系，本章接下来的几节就将描述他们的一些做法。此外，本节的“实用贴士”列出了一些与某些特别难以接触的家长沟通时的建议。

实用贴士

接触“难以接触”的家长

第一步：试着想出有些家长难以接触的原因。问问自己（或者学校、社区中其他可能知道的人）：

- 那些家长讲英语吗？
- 那些家长是否来自其他文化背景，不认为需要优先考虑家长参与？他们是否来自认为学校教育应完全交给教育者的文化？
- 那些家长的工作时间是否与家长会时间冲突？
- 那些家长是否住得离学校很远？他们有交通工具吗？
- 那些家长是否知道学校地址？
- 那些家长是否无家可归（而因此没有可以从学校接收书面通知的可靠地址）？

第二步：针对这些潜在问题，制定接触战略。例如：

- 确保家长收到以他们的母语书写的信息。
- 确保书面沟通好读易懂、热情友好。
- 想出怎样才能把信息传递到无家可归的家长手中。
- 制定时间灵活的家长会时间表，适应那些工作时间和会议时间有冲突的家长。
- 会见家长、开家长会或者进行学校活动时提供儿童看护。
- 看看邻居或者朋友是否能担任联络员。
- 主动提出使用语言翻译机帮助沟通。
- 决定家长会是否能在一个大家都更方便、更熟悉的中立性地点举行。
- 安排家访（注意适当的安全性）。
- 明确表示你重视学生家长及家庭成员的语言、文化、知识和专业技能。

资料来源：Adapted from Swap，1993。

电子邮件、网站、时事通讯和便条

经常的情况是，家长对孩子每天在校的6个小时内所发生的事情一无所知。他们渴望得到信息，会很高兴收到一张便条——电子或纸质的都可以，来获知当前的课程、未来的活动，以及孩子的进展情况。在开学前的一两周，芭芭拉会给学生家里送一封写给学生和家长的信（见图6—1）。信中，她会谈到学校日程、课间餐、课程，以及家庭作业的规定。但是这封信传递的不只是这些基本信息，它还传递出芭芭拉渴望与学生家长建立开放、持久的关系的心情，为未来的沟通搭好了平台。

为了使便条和备忘录的书写更有积极意义，可以把每个学生的姓名写在一个信封上，放在方便拿取、显而易见的地方，这十分有帮助。你可以每周1～2次拿出一个信封，写一张便条给学生的家庭，略记些有关该生的好事。当所有的信封都用光时，你就知道自己已经和每个家庭都沟通过一次了（Gruber，1985）。为每个同学制作一个“沟通卡”也是个好主意，上面可以简单记下你和学生家庭成员通过电话、邮件或者见面所进行的额外联系。

欢迎！！！　　大家来过一个鲸鱼年吧！

8月20日

亲爱的__________和家长：

我希望你们全都度过了一个充满乐趣的夏天。我的夏天当然也很快乐，但是现在我已经为新的学年做好了准备。我有些信息要跟大家分享。

特别课程：10:28—11:08　　周一　体育
周二　体育
周三　音乐
周四　美术
周五　健康

午餐：11:57—12:37　我们要和隔壁的另一个四年级班级一起在自助餐厅就餐。

课间餐：我们每天上午有 15 分钟课间休息，可以吃点心或自由活动。我鼓励吃健康食品，可以在我们一起游戏或谈话的时候吃。

家庭作业：放学之后，你每天要阅读 20 分钟，书籍可以自选。你也可以和一位家长、兄弟或姐妹一起读。还会留其他的家庭作业，这是强化课堂学过的技能所必需的，可能是写作或者研究。大家都要对自己的作业负起责任，因此准备好作业本是很有帮助的。

H 先生和 T 先生要作为教学助理跟我们一起学习。他们会协助那些有特殊需要的同学，但是可以给我们大家都带来快乐。

我们的语言艺术课程是以文学作品为基础的。这意味着我们大多数的阅读都要通过小说和相关活动来进行。我们班还有一个重要活动项目，叫作“原创戏剧”。我们将在本年进一步讨论这项活动，我可以保证这很有意思，也很有挑战性。

好啦，要是我告诉你们太多，那 9 月 27 日的返校之夜上我可就不能给你们带去惊喜和新的消息了。

我盼望着这一年会很棒，真的！如果有什么问题，请往______给我发邮件或给我家打电话______。

图 6—1　芭芭拉致学生及其家长的一封信

每周一期的时事通讯能帮助家长随时了解学校里发生的事。在低年级，你可以在放学之前开班会，回顾和记录一天的事件。每周五，你可以在午餐之前填好时事通讯（见图 6—2 的式样）并复制多份，放学的时候送到学生家去（Gruber，1983）。在高年级，学生可以每天自己把通讯填好，或者在每周五给家长写一封信，

我们的每周时事通讯 第______________周	
识字	
数学	
社会研究	
科学	
健康	
备注	

图 6—2　时事通讯格式样例

描述本周发生的五个事件。有些教师还在每月发一个时事通讯，写出过去一个月的亮点，并预先展示未来几周的安排（见图 6—3）。

课堂时报

教师＿＿＿＿＿＿＿＿＿＿＿＿＿＿＿＿＿＿＿＿　日期＿＿＿＿＿＿＿＿＿＿＿＿＿＿＿＿

11月

特别事件

脱帽致敬！

* 五年级田径运动会获胜者：
  跳远：尼克　第一名
  　　　博比　第六名
  垒球：格洛丽亚　第一名
  铅球：贾森　第一名
  铅球：格洛丽亚　第一名
  200米赛跑：乔恩　第三名
  50米赛跑：乔恩　第一名
  100米赛跑：博比　第一名
  　　　　　尼克　第三名

*最有创意稻草人……
"70年代的菲比"和"精神病患者博比"
*最恐怖、最有趣、最有创意的南瓜装饰！
获胜者：
*最恐怖奖：乔，作品《小魔怪》
*最有趣奖：克里斯蒂娜，作品《科学怪人之妻》
*最有创意奖：博比，作品《疯狂玛丽》
*最佳材料利用奖：布里安娜，作品《女巫》

11月小寿星：埃里克斯 11月8日
　　　　　　杰森 11月17日

万圣节恐怖来临，就在406教室！

* 托马斯老师和一些家长为我们庆祝节日准备了美味食品。
* 我们的万圣节服装超棒！大家看起来好神气！
* 我们的万圣节MM豆猜数大赛获奖者是：
  * 数学组：乔（估计：360粒/实际：340粒）
  * 指导教师组：亚历克斯（估计：950粒/实际：990粒）
* 恭贺：克里斯蒂娜和马特在万圣节宾果游戏中运气超强！恭贺布莱尔尼、马特、克里斯蒂娜，以及龙尼破解万圣节双关语快乐字谜！
* 我们大家在班级的"不给糖就捣乱"活动中非常快乐！
* 我们都很高兴能在节日结束时为家长、员工和老师在学校进行游行表演。

*****征求帮助*****

我希望全班同学参加11月25日星期三的"感恩节甜点大宴"，同时也希望每组同学准备一道甜点，上午做好，午饭后可以享用。我们至少需要3或4位家长帮助准备，还需要一些家长送来做甜点用的材料、碗或者平底锅，以及纸杯、纸盘等。我一旦确定是否有足够的家长那天上午来帮忙(大约8: 00到10:00)实现这个计划，就会向你们的家里送去更具体的信息。请在本周一之前通知我您是否能来帮忙。十分感谢您！！！

本月亮点

拼写：因11月教学周不完整，我们将用2周时间讲完多数课程。测验可能不在周五进行。

阅读：《黎明踏浪号之旅》
　*我们将进行一个有关幻想世界的迷你项目。
　潜往珊瑚礁：
　我们不久将会阅读和讨论这部非小说选集。
　*根据学生的兴趣水平，我们也许会就相关主题进行阅读并完成一个项目。

朗读：每天课间餐时间我会给全班朗读"有漏洞的故事"。学生必须用提问的策略找出漏洞，大家做得很好!请问问他们这件事。

数学：
　第二章："整数和小数的加减法"
　　*估计值、整数和小数的不同点:四舍五入、小数点前面的数、相容数
　　*整数和小数的加减法
　　*加法性质
　　*等值小数
　　*问题解决：
　　　—编写应用题解题
　　　—解多步骤题
—每周测验
—写作业时要用上笔记本的记录和例题
—我们每天解一道难题(每日一题)，每一道题都要求进行逻辑分析和批判思维。请问问你们的孩子解题的事!

语言：
　—运用形容词、明喻和其他修辞性语言写描述文
　—名词

科学：*月相 *月蚀 *行星

不要忘记！

11月3日	不到校
11月11日	学校照相日(穿得漂亮些) 成绩报告卡发回家
11月12日	不到校
11月13日	不到校
11月18日	半天班/傍晚有会议
11月19日	半天班/傍晚有会议
11月20日	半天班/下午有会议 (提醒通知随后即到)
11月26日	不到校
11月27日	不到校

*半天班：12:00放学，没有午餐
*图书馆第二日开放
*请核对第二个评分阶段时间安排
　*第二日和第三日　健康
　*第五日和第六日　体操
* 每周三上交前W.E.B单。

图 6—3　每月时事通讯一例

近年来，肯和芭芭拉利用电子邮件和互联网促进与家长之间的沟通。芭芭拉为她的班级创建了一个网站，上面列出家庭作业内容和上交时间、对完成作业有帮助的相关资料的链接、网上公共图书馆的链接，还有每周日程表、当前或未来活动事件、请求家长提供物品和帮助，以及班级活动的照片。（注意：只有在家长的许可之下才能将儿童照片张贴在网站上。）

虽然肯没有创建班级网站，但是他每天放学时都要用五分钟时间利用互联网给所有家长发电子邮件信息。在信息中，他会列出家庭作业的内容、与家长分享当日的亮点、向他们建议晚餐时间讨论的话题。肯认为把电子邮件发到家长的工作地点很有道理："我想让家长下班回家之前收到信息。我的目的是让家长不需要再问这样的问题：'你们留作业了吗？''今天在学校做了什么？'"肯还利用电子邮件在发生特殊情况时与家长沟通。

我太爱交际了，一打电话时间就短不了。但是我却能发一个简短的电子邮件，让他们知道他们的儿子这一天很棒、他们的女儿今天哭了，或者他们的孩子今天没有作业。这很简单，也很有效。

一些教师和肯一样，认识到了利用电子邮件与家长沟通的价值，那是一种快捷、有效的工具。电子邮件能帮助你对谈话进行文本记录，能给家长群同时发信息而不需要一一与家长联系。电子邮件（或者蜗牛邮件）可以使你字斟句酌，这也是一种优势，因为这是你和家长"实时"交流时做不到的。

另一方面，我们还是要用几句话来提醒大家谨慎使用电子邮件。第一，在拥有电子邮箱和没有电子邮箱的家长之间存在着明显的"数字鸿沟"（Thompson，2008）。即使家长都可以有电子邮箱，他们也许不会像教师这样频繁地查收邮件，因此你无法确定他们都会及时查收你的邮件。第二，电子邮件似乎能鼓励粗心大意、用词不精确，因此要确保对邮件进行编辑，避免错误拼写或者语法错误。第三，通过电子邮件讨论敏感话题或者问题时要谨慎。电子邮件不能以安静平和的语调来传达你的信息，也不能通过微笑、手势或身体语言来"软化"信息，你也不可能看见或者听见家长的反应，因此，电子邮件比面对面的交流或者电话交谈更容易引起误解。此外，只要按动几个电脑按键（故意或者非故意的情况下），电子邮件就能被轻易地公之于众。你给家长编辑电子邮件的时候一定要记住这一点，把敏感的或者私人的话题留到电话交流或者面对面交流中进行。

我们请考特妮、芭芭拉、肯、加内塔和维维安娜跟大家分享了在为学生家庭起草备忘录、电子邮件和时事通讯时所要记住的一些指导原则。他们的回答在本节的"实用贴士"中列出。

实用贴士

起草备忘录、电子邮件和时事通讯

- 备忘录、电子邮件和时事通讯的语言应该清晰准确，避免拼写错误和语法错误。
- 在每天工作开始、中间和结束时查收邮件——不要让邮件堆积起来。
- 不要使用教育专业术语，这会使家长厌烦。记住，你并不能在家长身边解释那些话的含义。

● 给学生家长写便条的时候，要确保自己知道家长或者监护人的姓氏。家长和孩子的姓氏不一样是常见的情况。

● 告诉孩子们便条的内容。不背着他们做这件事是尊重他们的表现。

● 如果有的学生家长不说英语，那么应该用他们的母语写。（在芭芭拉的学校，家长志愿者作为“家长代言人”来帮助教师与来自中国、菲律宾、拉丁美洲、印度、以色列、日本、葡萄牙和俄罗斯的家庭沟通。）

● 多向学生家里送肯定性的便条，如“快乐电报”、奖状、有关学生成功的消息。家长乐于知道他们的孩子取得了成绩。

● 信的结尾可以发出邀请：如果家长对内容有疑问，欢迎来电或者来访。

● 不要在生气的时候写信或写便条。如果你想就某问题跟家长沟通，要等到心平气和的时候，仔细想好自己要说的话。

“实用贴士”中的最后一条指导原则值得再说几句。要做好准备，家长并不总是根据这一原则行事，他们可能会在为孩子告诉他们学校的事情而生气或者恼恨的情况下写信。尽量不要让信的语气影响你处理问题。如果事件得到解释，并且教师积极倾听，那么大多数的冲突都可以消除或者得到解决。

电话沟通

在学年开始的时候，我们的五位教师都会找出用电话和学生家长联系的恰当方式和时间。（他们也会很认真地翻阅学校的记录，看看要和哪一位家长联系，以防学生家长有离婚的情况。）有些单位有严格的雇员接收电话信息的规定，工作时间接电话会招致责备。在这种情况下，最好在傍晚打电话或者往家里送便条。加内塔说，有时候她为了联系有工作的家长，不得不在晚上10:30打电话。在进行电话联系时，你在谈话开始时需要询问家长是否方便。这可以帮助你避免在不适当的时间抓住家长谈话，还可以让他们知道自己可以选择在另一个更为适当的时间谈话。

五位教师也都让家长知道他们在学校期间何时可以接听电话。（芭芭拉和肯甚至还把自己家的电话号码告诉了家长，他们说没有一位家长滥用他们的联系信息。）如果家长给学校打电话，并留了言，我的几位教师都会及时回复，这样家长就会知道他们对此很关心。考特妮开始有一个顾虑，家长会打电话来询问一个问题而她却不知道怎样回答：“最后我意识到，说自己并不是百分之百的确定也没有问题，可以说我会确认后再打给他们，或者我们可以一起想出办法。”

同备忘录和便条一样，电话联系不应该留到有问题时才使用。家长喜欢听到孩子们的成功和进步。如果你这样进行联系，那么真的出现问题时打电话也会更容易。肯回忆了不久前发生的一个敏感状况。

全班正在讨论滥用药物的话题，我说到了由于同伴压力而吸食毒品。我注意到那个男孩没有认真听讲，还不断聊天，所以我就说：“有的孩子会努力劝说你使用毒品，就像我们进行课堂讨论时他们劝你聊天一样。”那个男孩停止了聊天，看着我，说：“你是不是在说我会使用毒品？”我们讨论了我说的话的意思，事情就过去了，但是我意识到自己必须给家长打个电话，以避免发生麻烦。我不想让孩子回家去说：“肯老师说我会使用毒品。”我一放学就打了电话。我真的很高兴以前给那位家长打过许多电话，并且我们的关系很好。开始的时候我告诉家长最近我很关心他的孩子的课堂表现（我真的很关心），感觉这孩子有点什么事。我们谈论一阵这事之后，我就说："顺便提一下，今天在学校发生了这样一件事……"对我来说，与家长谈这件事真的很重要，这样事实的情况就不会被误解。

家　访

到学生家拜访的做法并不是很普遍，但却是一种了解学生生活、接触不愿到学校来的家长的有益做法。到移民家庭去拜访特别有助于了解学生的家庭背景、经历、价值观、优点和他们面临的挑战。在家访中，你可以讨论家庭和学校共同努力会给孩子带来多大好处，邀请家长来教室参观，鼓励他们在有问题或担心的时候给你打电话。

一些学区鼓励教师在开学前走访所有的学生家庭，以便倾听和了解各个家庭。还有一些学区设置了家庭访问协调员或者家长教育者的职位，负责定期到学生家里拜访，讨论关于家庭生活的重要事件、孩子在学校的进步，以及家长支持和延续子女学习活动的方法（Olmsted，1991）。

加内塔和芭芭拉强调，在出发之前要先了解自己访问的社区。她们两个以前都定期进行家访，但是现在要谨慎得多。加内塔告诉我们：

一段时间以前，我到一个孩子家拜访，讨论她在学校的进步，和她的家庭建立联系。这次访问很友好。但是两三天后，我得知她的爸爸、妈妈、哥哥和姐姐因拥有与贩卖毒品被定罪。我在他们家的时候要是发生了毒品交易怎么办！这样的经历使我变得老练。现在，我进行家访之前都要了解一下我要去的环境。

维维安娜也有类似的经历。因此，现在她在家访的时候总是让另一个人（例如学校保安）陪着一起去。她也向该地区的双语社区联络协调员寻求协助，这位协调员负责儿童的家访。

如果你正在考虑进行家访，那么可以首先考虑下面的"实用贴士"中给出的建议。

实用贴士

如何进行家访

- 提前预约，后续还要进行提醒。尽量把家访时间定在关键的家庭成员在家的时候。
- 计划暂短的家访，但是在家访过程中要停留多长时间可以遵照该家庭的惯例而变化。
- 要为意外情况做好准备（例如：约定取消、不熟悉的情况或环境、分享引起情绪波动的或造成麻烦的信息等）。
- 如果有翻译或者口译员在场，要看着和你谈话的家庭成员，而不要看着翻译。
- 记住：家长和家庭成员是对待自己孩子的专家，因此要多观察、多倾听、多学习。
- 用适当的问题来引导讨论，特别是第一次家访时，问题包括：

你的孩子对什么感兴趣，最喜欢的活动是什么？
你的孩子有什么优点？
你认为你的孩子最需要在哪个方面努力？
你的孩子最希望学习什么？
你的孩子哪门课程学得最好？
你的孩子对哪些东西知道得较多？
你给孩子设定的今年的目标是什么？
你想参观孩子的教室或者到班级当志愿者吗？
放学后或者周末你和孩子一起做什么活动？
你和孩子怎样度过在一起的时光？
你们最喜欢的话题是什么？
你和孩子一起读什么书？写什么东西？
为了帮助你的孩子，有没有需要我注意的家庭或者家庭成员情况？
你的孩子谈起学校时说了哪些事情？
美国学校的哪些方面和你从前当学生时有所不同？
你在其他社区生活和在现在的社区生活有什么不同？
你最喜欢现在社区的哪些方面？
学校里有哪些事情让你的孩子觉得自己被接纳了？
你对自己的儿子或女儿的哪个方面最感到骄傲？
有没有你觉得可以参与到学校中来但却没有机会尝试的方法？

资料来源：Adapted from Ginsberg，2007；Kyle & McIntyre，2000。

成绩报告卡

成绩报告卡是向家长汇报他们的子女在校情况的传统方式。遗憾的是，报告卡提供的信息经常并不足够。学生的阅读得 C 到底意味着什么呢？他们是不是达到了本年级水平？他们的词汇量有问题？理解有问题？还是解码有问题？为了澄清或说明学生的分数，写出叙述性评价是一个好办法。要避免缺乏信息的概括性陈述，如“马娅的报告做得很好”。你在给成绩或行为评分的过程中，可以简要做些笔记，并使用下列句子主干：“杰茜卡本季度最好的作业是……”，“乔纳森在……方面取得了进步”，“本学期我很高兴地看到康纳……”，“让萨拉谈谈……”，“本学期梅莉莎在……方面向自己发起了挑战”（Power & Chandler，1998，p. 80）。确保在每张学生成绩报告卡上说出至少一个积极的方面是一个有效的方针。

另一个普遍问题是何时填写成绩报告卡。在与五位教师讨论的过程中，他们一再强调，家长需要知道孩子在整个评分期间的表现。换句话说，成绩报告卡不应该给家长带来震惊。

一些学校把让家长随时获得信息的过程规范化了。例如，加内塔和维维安娜受到本学区的要求，每四周就要写一次全部学生的进展报告。这些报告会总结学生拥有的优点，也会指出需要改进的地方。

除了给学生家庭送信和进展报告，你还可以在成绩报告卡后附上一张评价单，以便家长能很方便地给你回信。这样的评价单能反映成绩报告卡的清晰程度，以及家长可能关心的问题。多数家长会珍视这个沟通的机会，感觉到你很重视他们的参与。

返校之夜

对很多家长来说，开学式或返校之夜是他们第一次见到你、见到孩子的教室的机会。这也是你第一次向家长展示你做的那些很棒的事情，告诉他们你对未来的计划的机会。正如芭芭拉所说："我在教学中投入了大量的时间、精力和努力，我为此感到骄傲。我对自己做的事情充满热情，也想把这份热情和家长分享。还有啊，我就是喜欢炫耀嘛！"但是，尽管芭芭拉有工作热情，但返校之夜也会让人产生焦虑，特别是对于新教师而言。请听考特妮回想她第一次返校之夜的经历。

我是在幼儿园迎新会上第一次见到家长的，但是我真正关注的是孩子们。我和家长的见面非常简短，以至于到了返校之夜的时候，我甚至都记不清哪个孩子的家长是哪位。当然，我非常紧张，这倒不是因为不自信，而是因为意识到自己没有什么名气。我想给人留下一个好印象，毕竟，我想让他们认为我有能力，能为他们的孩子做正确的事情。我 24 岁，刚刚走出校门。我以权威人物的身份和他们交谈，而我是整个教室中最年轻的！我一直告诉自己，我比他们都了解课程，但同时我也害怕他们问我一些我回答不上来的问题！

虽然考特妮对返校之夜感到焦虑，但是当晚一切进展顺利——部分原因是她对如何进行这次活动有着精心的策划。但是，事后回想，她希望自己当时能够留出更多时间让家长谈谈他们的想法。

我从来也没有想过要问问家长对自己的孩子有什么重要目标。我想，明年我会问一问，而且我也要问问孩子们。然后，我会把这些信息收集起来，在家长会上讨论。我认为，这会帮助我了解家长的出发点，讨论他们的目标是否能够现实。这样做会帮助我们统一观点，而且这对明年春天家长会上检查目标进展情况也有好处。

考虑到很多家长的日程排得很满，吸引他们来参加返校之夜很需要独创性。在维维安娜的学校，今年的返校之夜安排了晚餐吸引家长到来，并以此表示对家长的欢迎。你也可以考虑为上夜班的家长，或者不能参加定于工作日夜晚的学校典礼的家长举行一个补充性的"返校之周六上午"活动。（提供咖啡和面包圈也会增加出席率！）另外一个办法是我们认识的一位实习教师想出的：她把班级活动制作成录像带，每个主要活动录制两三分钟，确保班级中的所有孩子都被拍摄下来。她和她的合作教师宣传说返校之夜活动中会播放录像带。他们的努力获得了回报，到会家长比往年要多得多。另外一个好处是，不能参加活动的家长可以把录像带借回去在家观看。（注意：给孩子录像要经过家长许可，因此要与学校管理人员核对这方面的协议。）

除了常规的返校之夜，肯还开始召开他自己的一系列"家长之夜"活动，每次都针对不同的科目。在"科学之夜"、"社会调查之夜"和"写作之夜"中，学生分组演示他们在学校学习每门功课的情况。他报告说，家长的热情高涨，但是要注意，同一座大楼的其他一些教师对他很不满。

我们的教师还建议了一些举办返校之夜的指导原则，列在本节的"实用贴士"中。

实用贴士

返校之夜

- 为了提高出勤率，不要只依靠学校发给家长的通知。给各位家长发出特别邀请，说明你是多么热切地期待着会见他们。你可以发一封电子邀请函，或者在你们班级的网站上醒目地贴出返校之夜的公告。你甚至可以让学生给自己的家长制作一封邀请函。
- 确保教室整洁、有吸引力。告示板上要展出所有孩子的作业，而不仅仅是几个孩子的作业。
- 如果你想让家长坐在他们孩子的座位上，则要保证课桌上有名签。让你的学生给家长写一张便条，留在各自的书桌上。
- 在门口欢迎家长，自我介绍，问清来人是谁，把他们引到孩子的座位上。
- 确保你的陈述简明扼要、条理分明。家长想听的是你的目标、计划和理念，还有课程的设置、时间安排以及对家庭作业和缺席的规定。制作一个 PPT 演示稿，里面加上孩子们的照片。
- 把这些材料放进一个文件袋或者制成复印材料（包括目标陈述、课程表、家庭作业规定等）以便让家长带回家。
- 把材料袋或者复印材料送到不能参加返校之夜的家长家里，并附上便条，说明因为他们错过了这个夜晚，你感到多么遗憾，又是多么盼望着会见他们。
- 把在课堂上工作的支持团队（教学助理、基本技能教练、特殊教育教师）的信息告诉家长，如果这些教师也在场，当面向家长介绍他们。
- 如果家长提出只在他们自己孩子身上出现的问题，要以感性的方式让他们知道，开学仪式的目的是描述所有学生的整体计划。要表现出你非常愿意在私人的会晤中讨论他们的问题。为达此目的，你可能需要制作一张签名预约表。
- 认真倾听家长的问题。提供机会让家长谈谈他们对孩子在未来一学年的目标和期望。这可以成为双向交流的开始，对于家庭—学校合作至关重要。
- 给那些能参加课堂活动（例如，做教学助理、客座讲演人或者野外考察伴护）的家长提供一张签名表。
- 如果班会后有点心饮料，可以在这时加入家长的谈话中。与其他教师站在一起会把你和家长分开，传达出一种职业障碍的感觉。

家长—教师会

学校一般会在一学年内规定 1～2 次家长—教师会。有趣的是，这些会议对教师和家长来说常常是挫折的根源。家长对整个会议的形式化感到不满，对有限的会议时间感到失望。一位母亲说："一个人 10 分钟也太荒谬了，特别是你谈话时其他家长还等在门外。我也需要时间来告诉老师孩子在家的情况啊。"（Lindle，1989，p. 14）

教师们有时也对这种正式的会议感到不高兴，很多教师觉得这种时间安排令人筋疲力尽。肯评论说："当你要会见每位家长 15 分钟，连续谈话 5～6 个小时的时候，很难高兴起来，也很难做到机敏、感性、有效率。"此外，教师们同意家长的看法，分配给每人的短暂时间会妨碍有意义的交流。最后一点，教师抱怨出勤的人太少："你不一定要见的家长都来了，而你极其渴望与之交谈的那些家长却没来。"

尽管存在这些问题，家长—教师会有时候是你唯一可以与学生的家庭成员进行面对面交流的机会，所以鼓励学生家长参与非常重要。令人惊奇的是，我们四位有经验的教师都报告说，他们的家长—教师会出勤率为100%。这绝非偶然。在开会之前，维维安娜、加内塔、芭芭拉和肯已经通过便条、电话和家访与学生家庭建立了密切的关系。他们把会议定在家长能来的时间，不管这个约定的时间是在开学之前还是在晚上。如有必要，他们会利用"激励机制"来鼓励家长出勤。例如，维维安娜会取得孩子们的帮助，答应他们谁的家人出勤就给这个孩子一份惊喜。她还在会上分发成绩报告卡，而不是让孩子们自己带回家去。

所有五位教师都强调要仔细地准备会议。芭芭拉告诉我们：

我所做的第一件事就是收集学生作业样本，把它们放在单独的文件夹里。我把成绩报告卡作为样本，为每个同学的学业进展和行为准备一个小档案。这使会议重点突出，保证能讨论到所有重要的内容。为了使教室看起来特别有魅力，我着实下了一番功夫。学生作业被展示出来，教室也比平时整洁。我通常会设置一张桌子和一些成人用座椅，这样大家坐下之后高度平等。桌子上会放一瓶鲜花，一碗水果或者糖果。会议期间很耗费体力，我需要些点心饮料，并且我给家长准备这些，以示好客。

家长—教师会也会让人紧张，尤其是你将第一次和学生的家庭成员见面的时候，因此五位教师开始开会的时候都尽量让家长感到放松。他们聊些家常，或者分享一些学校里发生的趣事。他们建议从一些积极的事情谈起："班级里能有你的儿子我很高兴"，或者"你的女儿看起来对我们学习的科目特别感兴趣"。在这方面，有一点需要谨慎：移民过来的拉丁裔家长（以及其他来自强调集体的文化背景的家长）可能会因为听到对其子女的表扬而不太舒服，因为表扬时要把孩子从群体中单列出来（Trumbull，Rothstein-Fisch，Greenfield，& Quiroz，2001）。如果这成为一种顾虑，教师也可以和家长一起看学生在学校参加活动时的照片，这特别有帮助，尤其是在学生家庭成员英语水平有限的情况下。

接下来，五位教师向家长通告孩子们的进展，同时也会指出他们的强项与弱点。考特妮对讨论学生弱点这部分内容最为担忧。

我对于发布他们不喜欢的信息感到最紧张，不管是学习方面还是社交方面的信息。但是我发现，在大多数情况下，家长非常了解自己的孩子。当我说"你的孩子经常闲聊"或者"你的孩子在这方面很吃力"时，他们其实已经知道了！我的感觉是"这是我的第一次课，我有什么资格来告诉他们孩子的情况呢？但是一切都很顺利。当然，如果他们不知道我在告诉他们什么，他们真的需要听听了！"

当教师向家长告知孩子在某方面需要改善的信息时，重要的是要谈得具体、语气平静、传递出一种问题可以解决的信心。此外，向家长展示你专门为此收集的学生作业来支持自己的报告也非常有帮助。我们的五位教师还会向家长解释为了改进学生的学习和行为状况所采用的所有策略，努力寻求家长的支持和协助。

虽然五位教师努力把最重要的信息都提供给家长，但是他们也强调倾听的必要性。他们总是留出时间让家长提问，征求家长的建议。记住，家长—教师会是一种双向的对话，不是个人独白。不要认为那些贫困的家长、没有受过教育的家长，或者是英语水平有限的家长就不能提出有价值的建议，这一点也至关重要。在一项研究中，一位母亲是这样表达她的挫折感的："我一到学校去，他们就想告诉我在家里应该怎么做。他们想告诉我怎么抚养我的孩子。他们从来不问我的想法，他们从来不问我任何事情。"（Finders & Lewis，1994，p. 53）

埃伦·考特勒（Kottler，1994）强调，鼓励来自非英语背景的家长帮助你了解他们子女的教育和文化背景，这一点十分重要。例如，你可能会问及他们过去的受教育经历，孩子是否在经历着文化冲突，家长对孩子的教育目标是什么，在家是否使用英语，以及是否有你需要注意的任何特殊需要或传统习俗。如果你会见的家长带着翻译，那么你要记住自己是在和家长谈话，而不是和翻译谈话。你应该面向着家长说话，建立目光交流。一次所讲的话不要超过 2 个或 3 个句子，然后停顿下来让翻译传达。

你还需要对沟通形式的文化差异十分敏感。文化塑造了语言交流的性质，为谁能够发起谈话、是否可以打断谈话、问题和回答之间的停顿需要多久提供了范式（Swap，1993）。如果这些范式不同，家长可能会感到不舒服。下面的阿萨巴斯坎印第安人和阿拉斯加白人间对话的例子证明了沟通形式不同可能会引起误解。

> （一位）白人说话者一般会提出一个问题，然后停顿，等待印第安人说话者回答；接下来，当那位印第安人说话者看起来无话可说以后，白人说话者再次讲话。那位希望作答的印第安人由于习惯两个说话者之间有更长的停顿时间，因而没有得到足够的说话机会。
>
> 在另一方面，当印第安人说话者获得了发言权时，他们也经常被打断，因为他们思路之间的停顿让白人说话者觉得"很长"。正如一位阿萨巴斯坎妇女告诉我们的："你正在想自己要说的话时，他们已经开始说话了。"因此，印第安人说话者通常说得很少，而白人说话者好像一直在说。（Nelson-Barber & Meier，1990，p. 3，引自 Swap，1993，p. 91）

另外，你需要知道不同的文化对适当的课堂行为的看法也不同。例如，欧裔美国教师可能会鼓励学生积极参与课堂讨论，发表意见并提出问题。与此相反，来自拉丁美洲的家长可能会希望他们的孩子上课安静、听话，不要反驳老师或者提问题（Scarcella，1990）。另外一件重要的事情是，要理解拉丁裔移民家长的首要兴趣可能是发展子女的社交和道德。例如：

> 这些家长在家长—教师会上提出的主要（虽然并不总是受欢迎）问题就是儿童的行为……（他们问）"Como se porta mi hijo/a?"（"我的女儿/儿子行为表现好吗?"）教师可能会尽力把对话引向儿童的学习成绩，但还是会被再次问到儿童的行为。教师可能会在越南裔或者日本裔美国家长那里遇到同样的提问。（Trumbull，Rothstein-Fisch，Greenfield，& Quiroz，2001，pp. 17－18）

肯强调，不管家庭文化背景如何，都要尽可能地作出回应。

有时候家长有特别的要求。例如，他们也许想马上知道某个孩子是否没写作业。教师有时候会拒绝这样的要求，说："这不是我做事的方式。我们班的规定是，孩子第一次没完成作业的话，我只是予以警告，第二次……"我告诉家长："如果你要那样做，我们就那样做。"我试着理解他们在家的情况是什么样子，努力适应。而且，你们知道，要是家长开完会时说谢谢你——谢谢你的理解、谢谢你对我作出了回应、谢谢你没有说我是一个不称职的家长，那种感觉是最棒的了。

如果家长因某一个做法或者因某一件事而生气或者烦恼，我们的五位教师也会尽量不以愤怒或自卫的态度作出反应。与此相反，他们运用本书第三章中概括说明的诸如搭理和积极倾听等沟通技巧。正如维维安娜指出的：

重要的是让家长以他们自己的机制去做事。不要为此抗争，随它去吧。大多数时候家长都是对孩子告诉他们的事情作出反应，而孩子说的并不总是很准确。等他们的情绪平稳了，你要找出引发这场愤激演说的缘由，收集信息，最后告诉家长你对这种情况怎么看。

我们的五位教师还强调，重要的是不能关闭未来沟通的大门。问题需要解决时，他们在可能的解决办法方面努力寻求一致，决定谁负责做什么，并定下后续会面的日期。如果一次家长—教师会进行得不顺利，他们可能建议再开一次，可能还会请校长或者指导顾问来调节他们的讨论。

每次会议结束的时候，这几位教师都会用几分钟时间总结一下已经作出的决策，感谢家长的光临。有时候，他们通过给学生家里送便条进行后续工作，如表达他们对家长出席会议的感谢以及汇报孩子们会后的进展。

一些学校还设有包括教师、家长或抚育者，以及学生本人在内的三向交流会议(Bailey & Guskey，2001)。例如，芭芭拉会给家长提供选择，是召开常规的双向会议还是三向会议，在三向会议中孩子们可以展示他们觉得能代表自己最大的努力、代表本学年今后努力方向的作业。芭芭拉限定春季学期必须召开三向会议，因为那时候孩子们在制定目标和评估自己的作业方面已经更加成熟。如果家长选择召开三向会议，学生就必须自行为会议做好准备，把图6—4所示的会议组织表填好。

姓名__________ 年级__________ 日期__________

1. 选出三份要分享的作业并解释选择这几份作业的原因。
   a ______________________________
   b ______________________________
   c ______________________________
2. 今年最让我骄傲的是：
3. 我认为下面所述是我的强项：
4. 需要改进的目标区域是：
5. 我要努力改进的事情是：
6. 总体上讲，我的四年级经历是：
7. 备注（如有需要）：

____
签名

图6—4 学生会议组织表

研究表明，三向会议与传统的家长—教师会相比有明显的优势。例如，一项研究（Minke & Anderson，2003）对传统的家长—教师会和包括学生作为参与者的会议（“家庭—学校会议”）进行了比较。研究项目选择的家庭中的儿童具有轻微的学习或者行为问题。关于传统会议方面的主要发现有两点：第一，教师和家长都同意，会议是交流信息的重要机会；第二，双方都怀着惶恐不安的心情参加会议，家长用担心、紧张、不知所措、生气、担忧等词汇来描述他们的心情，而教师则用筋疲力尽和解脱来描述他们会议结束后的感觉。与此相反，家长和教师都感觉家庭—学校会议模式增进了信任和交流，为相互了解、了解学生提供了更大的机会。成年人感到印象尤其深刻的是学生们“出乎意料的成熟行为”以及“他们对自己学习的诚实、富有见地的评论”（p. 60）。确实如此，“教师经常注意到，学生是第一个提起‘坏消息’的人，这减轻了教师忧心的负担，也极大地缓和了家长的自卫心理”（p. 60）。证据还显示，家庭—学校会议也可以执行 15～20 分钟的时间分配，与常规的双向会议相同。但是，应该注意到，这样的三向会议需要进行培训与精心的准备。（如需实用策略和建议，见 Bailey & Guskey，2001。）

暂停与思考

教师经常带着抱怨地谈到一个事实，你不需要会见的家长却是那些出席家长—教师会的人，而你确实需要见的人却不出席。评述一下家长不参加这个活动的可能的原因。然后想出三个你可能采取的鼓励家长参与家长—教师会的具体行动。还要思考，如果家长没有参加，你的后续行动是什么？

除了正式确定日期的家长—教师会，我们的五位教师还会寻找机会进行非正式的面对面会谈。如我们从前所看到的，维维安娜利用的是开学第一天很多家长送孩子的机会。其他的机会还出现在早晨家长陪孩子走到学校的时候，或者放学家长来接孩子的时候。

有趣的是，我们的五位教师一致认为，如果家长在教学日意外地出现，而他们又没有直接参与给学生授课（例如：如果家长在备课期间、午餐时间或者上学前、放学后来访），他们就会当场和家长会面。加内塔告诉我们：

> 如果一位家长觉得来学校有必要，也很重要，那么你就要照顾到这一点。他们不是来闲聊的，你不能不理会这位家长。如果你不理会，家长就会觉得受到伤害、感到生气。你要让家长感到你容易接近。

把作业送到学生家

很多教师会把作业送到学生家，这样家长在家里就能看见孩子在学校学习的情况，但是这些作业并不总是会被完好无损地送达，甚至有时候根本就没有送到！为了避免这一问题，一些教师会把一周的作业收上来，然后用特殊的信封（“周五档案”）装好，要求家长签字并送还。你如果担心写得很差的作业会在中途“丢失”，那么可以在信封上标明内装多少份作业。家长的回单也可以与作业一起送去，这样可以令家长写回执更方便。

你往学生家送作业和测验卷的时候，一定要仔细检查好书面评语，记住这一点很重要。学生作业后是否附有改进建议，做得好的作业是否得到了具体的表扬，作业是否是用红线、红圈和减号批改的。记住，你在作业上写的任何东西都是与孩子和家长的一种沟通。

你还需要仔细思考应该往学生家里送什么样的作业。填空练习册一般都不是学生引以为傲的共享作品，而且也不太可能触发学生与家长在晚餐时关于学校发生的事件的谈话。社会调查项目、科学实验报告和作文不但更加有趣，而且更能说明学生学到了什么。

肯坚信要给学生家送去以下这类有意义的作业。例如，当学生读完一本小说，他就让学生把他们写的关于这个故事的文章全都收集起来。他在每个孩子身边坐下，与该生一起总体评估其作业。他可能会用成绩报告卡上的条目来问学生：“你给自己的阅读理解、词汇、推理分析打多少分？”然后，作业包和评估单都要送到学生家。家长会查看作业和评估，在单子上写出自己的评论再送回来，这样肯就能看到大家的意见是否能达成一致。

家庭参与学校教育

埃泼斯坦的第三类家庭—学校合作指的是家庭成员到学校参加学生演出、体育赛事和其他项目，也指家长或其他志愿者到课堂或学校其他领域提供协助。

如果你工作的学区从来没有家长参与过学校教育，就需要你付出特别的努力，以使家长相信你真的希望他们参与到学校生活当中。在布鲁斯·戴维斯（Davis，1995）成为一所城市小学的校长前，该校从未有过家长参与史。他上任后马上设立了一周一次的奖励大会，定在周五早上 8:30，邀请家长参加。在大会上，44 名学生（即每班 2 名）分别被授予“本周最佳学生”和“本周读书大王”的称号。戴维斯把奖励大会当成欢迎家长到学校的机会，提醒家长学校将要进行的活动，宣告有趣的事件，鼓励家长参与。他报告说，有 50%的家长每周都参加大会，带着相机和录像机；有的家长每周都来，就是为了及时听到学校的新闻。

课堂志愿者计划所涉及的人数通常相对较少，但是即使是几位家长也能提供很大的支持。肯每天至少请一位家长用一小时在阅读时间内帮助学生。在加内塔的课堂上，一位母亲每周来一次，协助学习活动。根据当天需要，她可能帮助小组或个人学习、大声朗读、把故事在电脑上打出来、在某个学习中心当管理员，或者指导木偶演出的工作。她也会帮助教师完成案头工作或班级杂务，如准备告示板、组织游戏、分配玩具、把作业归档、收读书俱乐部费用。（注意：她并不负责教导成绩较差的学生，那些学生最需要持证教师进行专业指导。）

家长还能通过提供有关他们的工作、爱好和文化背景的信息来丰富课程内容。芭芭拉的班级在阅读小说《猪年和杰基·鲁宾逊》（*In the Year of the Boar and Jackie Robinson*，Lord，1984），讲的是一位从中国来到美国的小女孩的故事。这时候，芭芭拉就会请来自外国的家长讨论他们的移民经历。

如果你决定请家长参与你的课堂，那么就需要考虑如何招募他们。有时候家长不主动参与，只是因为他们不确定应该做什么，也不知道他们能作什么贡献。正如我们先前提到的，返校之夜为教师提供了一个很好的机会，可以直接地、面对面地寻求帮助，向家长解释他们能协助的各个方面，此外也可以发出邀请函和家庭调查，请求家长参与。我们认识的一位幼儿园教师定期往学生家里送“分类广告”，列出需要做的工作，寻求家长帮助。

让学生的家庭成员到课堂上当志愿者，要求你能评估家长的强项、兴趣以及是否能请到他们，然后决定适合他们扮演的角色。还需要计划和协调各项活动，布置有意义的任务，提供指导，如有可能还要进行培训。尽管增加了责任，益处也是极大的。你不仅会在课堂上获得急需的帮助，还能让家长更好地理解课堂，在学校环境中变得更加自如。

有特别需要的儿童的家长

根据《残障个体教育法案》，残障儿童家长可以依法要求参与制定其子女的个别化教育计划。由于全纳教育的普及，因此你有可能会接触到残障儿童的家长，条件理想的话，你还能参与个别化教育计划年度会议（会议必须有一位教师参与）。例如，芭芭拉参加了为斯图尔特（她班上患有自闭症的儿童）和马克（患有情绪障碍的儿童）召开的会议。就斯图尔特的情况，芭芭拉会见了斯图尔特的母亲、他的社工（学校的心理医生）、教学助理、数学老师、语言治疗师以及斯图尔特本人，大家共同复查他现在的个别化教育计划，讨论他的学习和社会发展目标，思考帮助他进步的策略。会议富有成果的一个原因是团队所有的成员已经在各种场合非正式交流过多次。事实上，在 8 月学校甚至没有开学的时候，芭芭拉就邀请斯图尔特和他的父母一起吃饭了。

我班级里有残障儿童的时候，我不会只坐等正式的、强制的会议，或者家长—教师会的开展。我知道，斯图尔特的母亲在他每换一次教师的时候都会很焦虑，因此我想给他们一个在非正式场合认识我的机会，我也想认识一下他们。很显然，斯图尔特和他的母亲有一种很特别的关系……我真诚地相信我和她的谈话非常重要，她对斯图尔特非常了解，能为我提供最大的帮助。

与此相反，马克的母亲由于工作时间（她上夜班，白天睡觉）和语言（她只能讲一点英语，因此不能帮助他阅读）的关系，对他的教育参与就没有这样积极。但是这并不意味着马克的母亲不关心他，她只是不能充分参与罢了。

家庭参与学生的家庭学习活动

埃泼斯坦的第四种参与类型指的是家长在家帮助儿童进行与课堂作业相协调的学习活动。有趣的是，很多家长说这种类型的参与是他们最想进行的（Brandt, 1989）。而另一方面，家长参与在家进行的学习活动可能会与一些家庭的信条相冲突，因为他们认为独立和自足非常重要。例如，在一项研究中，有一位母亲解释了为什么她不参与女儿的学校教育。

> 是她在受教育，不是我。我要教会她自己照顾自己。我要上夜班，所以她必须自己起床，准备好上学。我不会一直陪着她，她得自己做。她很坚强……她几乎是个成年人了，而我的感觉是他们要让我再从头到尾地帮着她学习。也不是我不关心她，我真的很关心。学习很重要，但是我觉得那不是我能做的。(Finders & Lewis, 1994, p. 52)

显然，这位母亲是关心孩子的，但是她认为自立是她女儿生存和成功的关键。

由于很多儿童来自单亲家庭，或者来自父母都在外工作的家庭，仔细思考家长在家参与学生学习活动的方式，这很重要。在一次会议中，我们让五位教师描述他们是如何努力让家长参与学习活动的，他们的回答可以归纳为三种类型。

涉及阅读和书籍的活动

家庭成员在家中可以创造一个支持儿童读写的环境，方法有很多种。我们的几位教师给家长们提供了各种各样的建议。如给孩子办一张借书证，腾出一个特别的地方给孩子保存书籍，订阅一份儿童杂志，走路、驾车或坐车的时候大声读出路牌或街牌，给孩子写便条，帮助孩子为亲朋制作生日卡，限制看电视和玩电子游戏的时间。

我们的五位教师鼓励家长给子女朗读，但是如果家长不会阅读英语（或者根本不识字），朗读也是一个问题。维维安娜改变了局面：她给学生发书，让他们读给家长听。她回忆起爱德华多的母亲第一次听孩子给她读书是多么兴奋。实际上，她第二天就到学校去告诉维维安娜爱德华多读得是多么美，又是怎样逐页地翻译，然后又用西班牙语和母亲讨论故事。维维安娜告诉我们："家长是在向孩子学习。"

涉及合作家庭作业的活动

为了和小说《猪年和杰基·鲁宾逊》衔接起来，芭芭拉让她的学生采访其家庭成员的民族背景。学生用照片、图画、地图，以及他们所做的采访记录制作了一个家庭剪贴簿。据芭芭拉讲："最过瘾的事情是家长找出他们自己也不知道的东西，他们不得不给自己的父母和众位亲戚打电话来询问信息。"

乔伊斯·埃泼斯坦及其同事和一些教师（Epstein et al.，1995）制定了一项名为"教师请家长参与学校作业"的项目，给教师提供互动式家庭作业，作业要求学生调动家庭成员参与。例如：数学作业中，中学生必须问清其家庭成员的鞋号或者身高，然后计算出平均数；科学作业中，学生可能要用不同密度的液体进行简单的实验，然后和一位家庭成员搭档讨论实验结果。

家庭作业的监督

一项对69位一年级到五年级学生家长的研究发现，家长大体上认为参与家庭作业是一种"既定的"家长职责（Hoover-Dempsey，Bassler，& Burow，1995）。但是，很多家长也表达了一种矛盾情绪：需要给孩子提供多大帮助，而孩子又需要多大程度上的独立呢？此外，家长担心由于不熟悉孩子所学习的题目（"你觉得我应该能做四年级的题目，可是有时候我也不会"）而不能提供足够的帮助。由于他们不理解各科目教学的新方法［"我的（数学）语言和孩子的不一样，因为那是30年前的语言了"］，或者因为对他们时间的要求使他们觉得应该提供的帮助很难做到（pp. 444－445）。尽管有各种顾虑，家长并不希望减少对孩子的家庭学习活动的参与，他们只是"想知道怎样才能更好地参与"（p. 447）。

对那些英语并不熟练、所受学校教育有限的家长而言，帮助孩子做作业更成问题。研究表明，这些家长对孩子带回家的那些"大叠大叠的练习册和卷子"感到特别困难（Delgado-Gaitan，1992，p. 510）。由于这些任务要依靠课堂上所讲的主题知识，因而它们经常会给家长带来很多迷惑和挫折。

通过提供有关作业要求的明确信息以及在家帮助孩子完成作业的具体建议，你可以支持家长参与的愿望。即使你的建议很简单，家长也会很感激，如"尽量每晚读书15分钟"、"跟孩子说'咱们一起复习吧'"，或者"每天晚上做5道数学题"（Hoover-Dempsey，Bassler，& Burow，1995）。

通过强调监督孩子完成作业、提供支持和鼓励、设定限制（"不能在电视机前完成作业"，或者"必须做完作业才能出去玩"）的重要性，我们的五位教师使家长安下心来。事实上，一项对最近家长参与家庭作业的研究回顾（Patall，Cooper，& Robinson，2008）得出结论，对家庭作业应在何时何地完成设定限制对学生的成绩可以产生最有利的影响。而这种参与并不要求家长具有多年的高等教育经历。一项对中学生家庭作业实践的调查（Xu & Corno，2003）发现，家庭成员对安排学习环境（例如：找到安静的地点、为儿童学习创造空间、关上电视）、帮助儿童控制情绪（例如：安抚受挫的儿童、为烦恼的儿童提供安慰）特别有帮助。帮助做家

> **暂停与思考**
>
> 家庭作业是一个备受争议的话题。例如，在《家庭作业的终结：家庭作业扰乱家庭、给儿童增负、限制学习》（*The End of Homework*：*How Homework Disrupts Families*，*Overburdens Children*，*and Limits Learning*）一书中，埃塔·克拉洛维奇（Etta Kralovec）和约翰·比尔（John Buell）认为，家庭作业实际上会促进歧视。能从家庭成员那里获得支持和帮助的儿童（“有助者”）会遥遥领先，而那些来自不能帮助他们的家庭的儿童（“无助者”）会越来越落后。你对这个问题有什么想法？

庭作业的人的受教育水平与协助做作业的效果并不相关。

仅仅只是通过要求看看孩子的卷子，家长就能提供帮助——这会防止考卷直接从书包进入垃圾桶。例如，在加内塔的班里，每名同学都有一个学校提供的记作业簿。每天放学的时候，孩子们把黑板上的作业抄下来。学校要求家长每天晚上检查记作业簿并签字。孩子们早上回到学校时，把作业和记作业簿放在桌子上让加内塔检查。加内塔记得一个孩子伪造父亲的签名。由于她教过那孩子的哥哥，知道他父亲的笔迹，就告诉那孩子“这样做没戏”。正如她所说：“呵斥那个孩子也没有什么用，但我一定要确保他承担了让家长在记作业簿上签字的责任。”

总结评论

本章描述了教师和学生家长进行接触的几种不同方法。在这些方法的普遍程度以及所要求的时间和精力方面，我们的建议也有极大的不同。随着你对学生及其家庭情况越来越了解，你就能判断出最适合、最可行的方式。当然，你要现实一点：作为新教师，你可能需要把促进沟通以及与家庭合作的重大努力推迟一些。但是，你要记住，家庭参与是儿童成功的关键因素；还要记住，无论在家在校，发出具体的参与邀请已被证明对家庭参与有着重大影响（Anderson & Minke，2007）。

小　结

本章伊始探讨了与家庭紧密合作的益处。接下来，我们考察了家庭—教师合作面临的挑战，强调了教师的态度和做法（而非家长的受教育程度、婚姻状况或者工作性质）可以决定家长是否会富有成果地参与到儿童的学校教育中来。最后，我们为克服合作中的困难以及促进家校合作提供了多种策略。

与家庭密切合作的益处

- 了解儿童的家庭情况有助于理解他们的课堂行为。
- 如果学生家庭知道你的努力方向，他们会提供有价值的支持和帮助。
- 家庭可以帮助教师制定和实施改善学生行为的策略。
- 通过家长志愿者在课堂上的帮助，课堂管理变得更加容易。

家长—教师合作所面临的挑战

- 教师有时不愿让家庭参与学校教育，因为这要求教师付出额外的时间和精力。

教师认为学生家长负担过重、漠不关心、不负责任，或者缺少所需能力。

教师很大程度上享有在自己课堂中的权威与自治。

- 家长不愿参与学校教育，因为他们的工作要求挤占了参与时间。
  他们对学校有着不愉快的记忆。
  他们认为学校教育应该交给专家。
  他们为孩子有问题而感到内疚。
  他们认为学校是可怕的、有威胁的地方。
  他们不认为参与学校教育是自己责任的一部分。
- 美国社会和家庭变化意味着
  单亲家庭数量增加。
  "居家母亲"正在消失。
  一些儿童生活中最重要的成年人不是他们的父母，而是祖父母、姑婶、叔舅或者其他人。
  很多儿童来自非英语家庭。

促进家校合作

- 学校可以通过下列方法帮助家长履行基本义务：家长教育；建立家长支持小组；将家庭转介给社区和州立服务机构。
- 教师需要通过备忘录、电子邮件、便条、电话、成绩报告卡以及面对面交流（例如：返校之夜、家长会）向家长告知本校的课程安排和儿童的进展情况。
- 家庭成员可以到课堂中当志愿者以提供帮助。
- 家长可以在家协助儿童的学习活动：
  涉及阅读和书籍的活动。
  涉及合作家庭作业的活动。
  家庭作业的监督。
  提供鼓励和支持。
  设定限制。

作为新教师，你必须判断你同家长的交流与合作中哪些方面是现实可行的。尽管如此，你还要记住，家庭参与对儿童的成功非常关键。这是一个单亲家庭的时代，一个母亲在家庭外工作的时代，一个儿童来自多元化家庭背景的时代，家校合作比以往任何时候都更加具有挑战性，也比任何时候都更加重要。

技巧培养活动与反思

课上活动

1. 以小组为单位，学生们一起阅读下列事例（每组一个），完成下面的活动：
   - 讨论事例中提供的信息。
   - 列出其他你想得到的信息的清单，并说明如何获得这些信息。
   - 除了与家长/监护人/家庭成员谈话外，列一个清单写出你在处理问题时的可能的方法。可能有什么潜在的问题？
   - 思考你要为家长会做什么准备？

- 你如何设计会面内容，以使自己能够建设性地陈述信息而不冒犯对方？
- 以角色扮演的形式表演你和家庭成员对该问题可能的对话。

事例 1

你让你的三年级学生分组而坐，小组由不同种族、民族、性别和学习水平的学生混合而成。你经常让学生以小组为单位进行合作学习，鼓励他们互相帮助完成学习任务。在家长会上，你班上一位巴基斯坦女孩的父亲要求你把他的女儿转到都是女孩的一组。他解释说，他的文化反对男孩和女孩坐在一起，当他听说你的课堂座位安排时特别不高兴。

事例 2

你在教四年级，一切看来进展顺利。时值 11 月，你觉得已经准备好自己的第一次家长—教师会了。罗纳德是一个好学生，能完成所有作业。他的阅读水平比年级水平高出很多，还能写出精彩的、充满想象力的故事。你盼望着和他的母亲分享他的作品。她看着他的作业、听着你讲述，然后却表示自己非常担心罗纳德的书法。她认为他的书法非常糟糕，表示不能理解为什么你没有说到这个问题。她对此十分不高兴，感到你忽视了她儿子教育中的这一重要的方面。

事例 3

这是你二年级班级的家长—教师会之夜。你很渴望与戴尔德丽的父母谈谈，因为其他的孩子都在告她的状。几乎每天都有两三个学生告诉你，戴尔德丽拧他们、打他们，或者骂人。当你问她时，她却保持沉默。她很顺从，但只是不回答你的问题。她在校时别的时间也讲话，但你一问起那些事件她就沉默了。你从来也没亲眼见过或亲耳听见她做其他学生指责她曾做过的那些事，但是数量众多的投诉使你相信那是真的。当她的父亲来开家长会时，你解释了这一状况。但他似乎更关心别的孩子对戴尔德丽做了什么才引起她那么做的。他并没有真正谈到她的沉默。他也谈到自己曾教她别人烦到她时如何自卫。

事例 4

你的四年级班上有一个学生总是不完成家庭作业。她在班上是一个学习能力较强的学生，课堂作业她基本都能完成，而且很友好、容易相处。你一再要求她完成家庭作业，但是她几乎每天都做得很少或者不做。当你问她为什么不写作业的时候，她回答说："我也不知道。"你给她家送过两封信，留过一个电话信息。有一天放学，她的母亲意外来访，要求和你谈话，并告诉你说，她的女儿抱怨你对她总挑刺、不喜欢她。

2. 为了努力让家长参与对他们子女的教育，你计划了一个项目，要求学生和他们的家人共同完成。这项活动涉及搜集 15 片不同的树叶，辨认出树种，制作一本小册子或者一张图表，以富有情趣的方式展示这些收藏品。在调查学生的进展状况时，你发现有 2 名学生没有得到家里的任何帮助。以小组为单位，讨论出 4 种可以帮助这 2 名学生的方法，可以试着让学生家庭参与，也可以尝试其他办法。

独立活动

1. 为做好新学年的准备，你决定给班级里每名同学的家里送一封信。信的主要内容是自我介绍、课程描述、重点介绍将要进行的活动项目，以及通知开学第一天对学生的要求。选择一个年级，写出这封信。写信的时候，思考需要怎样才能使语气令人感觉温暖，让内容清晰、有条理，避免使用教育专业术语，还要激发学生和家长对学校的兴趣，提升其兴奋点。

2. 安妮塔非常“健忘”，总是忘了做家庭作业。她得了无数的零分，经常放学后被留堂补作业。你曾给她的母亲打电话汇报这种情况并请求帮助，但是这位母亲不想参与。正如她所说：“我已经做了在家能为她做的一切，她做功课是你的责任!”采访两位有经验的教师，问问他们在这种情况下会怎么做，然后根据得到的信息制定自己的行动方案。

载入档案袋

选择 2～3 件物品装入档案袋（例如：一份时事通讯、交互式家庭作业、请家长帮助做家庭作业的请求、班级活动邀请函、学生奖状或者用于家长会的备忘清单），证明你和家长进行沟通的能力。

第三编　授课组织与管理

教育者有时好像会把课堂管理和授课当成两个截然不同的概念，把它们当作教学的两个方面去谈。从这个角度讲，管理与授课是按照时间顺序发生的。首先你要确定规则、常规以及违反规定的后果，和学生建立积极的关系，促进班集体团结。然后，你才能开始教学。

与上述观点相反，我们认为这两项任务是相互交织的，甚至是不可分割的。正如我们在第一章中指出的，为了避免出现混乱，教师不但要培养积极的师生关系、采取预防性策略，还必须步调轻快、条理清晰、引人入胜地授课。当学生认为学习任务有目的、有意思时，他们就不太可能注意力不集中或者扰乱课堂了。

在这一编中，我们将思考授课和授课时间管理的方法，以便促进学生参与和学习。第七章检视可获得的授课时间量，讨论确保不会浪费这一宝贵资源的方法。第八章提出，教师应负责刺激学生的学习动机，并根据相关研究、理论以及我们五位教师的实践提供了一系列的激励策略。第九章到第十一章考察了小学课堂中经常出现的四种授课情境：独立作业（也称课上自习）、小组学习（包括合作学习）、提问（提问—回答次序），以及讨论。针对每一种情境，我们描述了教师应注意的独特的管理挑战，或者“缺陷”，然后建议了规划授课情境、增加成功概率的方法。我们吸收了五位教师的经验和智慧来证明如何有效使用这些授课模式。

我们在第九章到第十一章的讨论的前提是，不同的授课类型中适当、有序的行为的构成元素也各不相同。例如，高声喊出答案在以学生为中心的讨论中完全可以被接受，但在以教师为主导的提问中就变得不恰当。同理，在合作学习活动中，教师可能会鼓励学生一起工作，但是在独立作业中就会禁止学生互相帮助。学生有权利知道在参与独立作业、小组学习、提问和讨论时你对他们有什么要求。因此，除了在开学之初介绍的一般行为规则以外，你还必须思考在每种教学情境下所要求的适当行为，并将你的行为要求讲清楚。

第七章

最大限度地利用课堂时间

课堂时间到底有多少
增加学习机会
总结评论
小结
技巧培养活动与反思

暂停与思考

记住，学生平均每年在校时间为1 080小时，据此估算一下学生用于能产学习（即参与有意义的、适当的学习任务）的小时数或者所占比重。然后继续阅读本章研究者的计算结果，看看你是否估算正确。

在开学的第一天，这一学年总是看起来漫无尽头。如果你是一位新教师，就会想知道自己怎样才能把今后在校的每一小时都填满（如果你还不确定明天要做什么，那就更会这么想了）。然而，日子一天天地过去，你又会开始觉得，总是没有足够的时间来完成你需要做的事情。集合、防火演习、学校广播通知、休息时间、行政性工作，还有假期，因为这些事情，用于授课的时间好像比当初看起来少得多。事实上，到了学年末，你也许会把时间看作珍贵的资源了——时间不再是一种需要填充（或者消磨）的东西，而是一种需要节约及合理使用的东西。（当然，你的学生可能并不同意这种观点。）

本章的重点是时间问题和时间管理。统领本章的前提是，合理使用时间会最大限度地增加学生的学习机会，把受干扰的概率降到最低。首先，我们将看一看在校时间中究竟有多少可以用于授课和学习。其次，我们将思考一些高效利用课堂时间的策略。我们将讨论四个相互补充的方法——保持活动流程、尽量减少过渡时间、让学生负起责任，以及限制由于部分学生离开教室而对授课引起的干扰。

课堂时间到底有多少

虽然这看上去是一个简单明了的问题，但答案却并不那样简单。事实上，答案取决于你所谈论的时间的种类（Karweit，1989）。美国大多数州都规定一个学年约为180天，每天6小时，每年的规定时间总计超过1 000小时。但是，流行感冒可能爆发，学校锅炉可能坏掉，暴风雪可能推迟开学，教师研讨会可能要求提前结课。像这样的因素直接减少了你能获得的教学时间，而所剩的小时数就叫作出勤时间。

甚至在学校上课、学生也都出勤的情况下，每天也只能留出大约5个小时进行授课和学习，其他时间要用于午餐、午休和课间休息。另外，不同的教师使用这5个小时的可用时间的方式也截然不同。理想状态下，可用时间的绝大部分应该成为授课时间。但是在有些班级，诸如检查出勤、收午餐费、分发材料以及批评有不当行为的学生这种非授课活动消耗掉了过多的时间。这种现象在一项针对某大型城市学区的研究中得到了生动的说明，该研究调查了二、五、八年级学生得到的授课量（Smith，2000）。在校一天的330分钟里，可以获得300分钟的授课时间。研究观摩的教师中有一半是高效率的管理者，在他们的课堂里，非授课时间仅占14%。在另一半的课堂上，非授课活动消耗了可用时间的30%。那些班级的学生每天仅仅接受到200分钟的授课——为该学区官方规定时间的2/3。一位观摩者日志的节选传达出了一些问题。

> 上午9:00学生从雨中散漫地来到学校。他们进教室时，教师指示他们脱掉外衣，到座位上坐好。孩子们在同学进教室的时候互相聊天。9:15，学生们站立进行忠诚宣誓①，之后教师开始点名并收取糖果义卖的钱，其间学生有点迷惑，哪些钱该交，哪些不该交。然后，教师下发练习册，让学生拿出语言艺术书，但是一些学生没有书。教师简短地责备了没有书的学生，一个学生不高兴了，很情绪化地解释了这件事。学生离座走动寻找伙伴，每个人都有书了。这时考勤官员来收文件。上午9:30，学生安定下来，开始做词汇作业。（Smith，1998，p.9）

即使教师在授课，学生也不一定在认真听讲。我们必须考虑另外一种时间——真正参与时间，或者用于任务的时间。我们假设一下，你正在授课，一些学生却开始传纸条、谈论万圣节服装、把玩最新的电影人物玩偶，或者盯着窗外。这种情况下，你用于授课的时间量就大于学生直接参与学习的时间用量。这并不是非典型情况。研究记录显示，学生一般用于任务的时间是授课时间的70%（Rosenshine，1980）。再有，班级与班级之间的差异也是很大的。一项对小学中学习用时的研究发现，一些班级只有50%的参与率，而其他班级的参与率则高达90%（Fisher et al.，1980）。

最后，我们需要考虑的是学生用于有意义的、适当的学习的时间量，也就是赫伯特·瓦尔伯格（Walberg，1988）所称的能产时间。教师有时候非常执着于确保学生处于任务状态，却没能选择出在教育方面有益的任务。一次，我们注意到一个二年级的班级在60分钟的语言艺术课上用去20分钟时间给词汇练习册上的动物涂颜色。这些学生完全参与了，但是这个活动增强学生的阅读能力了吗？遗憾的是，这个事例并非罕见。事实上，一位教育观察家得出结论，很多学生升入高年级却没有掌握阅读技巧的原因是他们把时间都用在了“蜡笔”上（Schmoker，Oct.24，2001）。

① 美国中小学学生在每天学习伊始必须将书放在心口向美国国旗宣誓以表示忠诚：“我宣誓忠诚于美利坚合众国国旗以及它所代表的共和国，忠诚于这个国家……”强调爱国主义的誓言，一直陪伴学生走过12年的中小学学习生活。——译者注

> **暂停与思考**
>
> 看到实际用于能产学习的时间如此之少，多数教师感到惊讶。哪些做法侵蚀了可用时间？你有哪些方法可以最大限度地增加用于能产学习的时间？一边思考这些问题，一边阅读本章下一节的内容。

本章开始时提了一个问题："到底有多少时间"，而图 7—1 描述了这个问题的答案。最左边的方柱显示了典型的、官方规定的学年总时数——1 080 小时。为了方便研究，我们假定学生缺席和学校关闭的时间是该数减去 10 天或者 60 个小时。于是，第二个方柱显示，出勤时间为 1 020 小时。由于一般每天有 1 小时用于午餐和休息，因此只有 850 小时可以实际用于授课（第三个方柱）。考虑到还需要完成一些行政性工作和管理任务，我们只有 680 小时的实际授课（第四个方柱）。如果学生在其中 80%的时间里是注意听讲的，那么真正参与时间就是 544 小时（第五个方柱）。再假设学生用于有意义的、适当的学习任务的时间是参与时间的 80%，那么我们可以看到能产学习时间仅为 435 小时——只达到了"规定"总时间的 40%。

显然，这些数字只是估计值。但是该图总结了我们最基本的观点：实际可用于学习的小时数远远低于最初看上去能获得的时间。

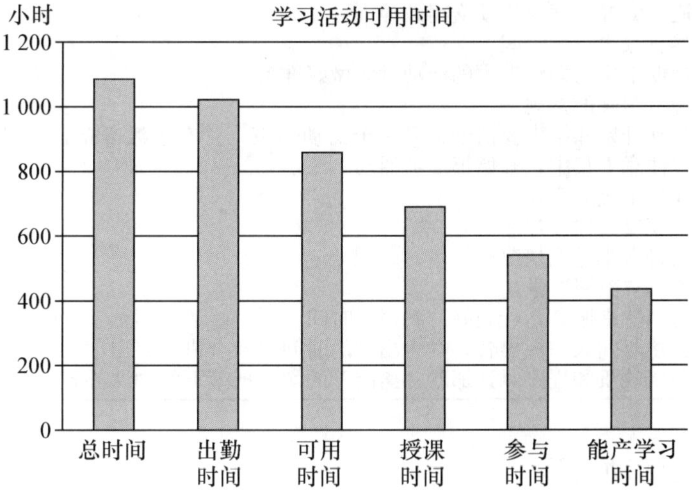

图 7—1　到底有多少时间

增加学习机会

多年以来，时间成为具有改革头脑的教育者的热门话题。例如，1983 年，美国国家教育质量委员会宣称，我们是一个"处于危险中的国家"，因为我们的教育系统中"平庸的浪潮不断高涨"。这份报告支持多项改革，包括推荐将每日在校时间延长到 7 个小时，把每学年延长为 200～220 天。10 年之后，国家时间和学习教育委员会（National Education Commission on Time and Learning，1994）也强调需要更多的时间，他们把教师和学生描述为"时间的囚徒"，并将奥利弗·哈泽德·佩里（Oliver Hazard Perry）1812 年的战争派遣词改为："我们已经遭遇到了敌人，这个敌人就是时间。"

近来，由"美国进步中心"以及"美国的未来研究所"联合组建的一支教育任务团也得出了同样的结论——需要更多教学时间。在一份名为《更加聪慧，更加公平》（“Getting Smarter，Becoming Fairer”）的报告中，教育任务团评价说：“时至今日，时间的分配和使用仍然被束缚在农业经济的水平……那时需要孩子们在放学后和暑假到田里去帮忙。”他们还断言，“在下午刚进行一半的时候就把美国儿童推出课堂是在浪费机会”。任务团的第一项建议就是通过延长到校日时间增加儿童在校时间量，对于成绩欠佳的学校，还要延长学年时间。

虽然众多报告很有说服力，但每天 6 小时、每学年 180 天仍是美国的规范。由于这个原因，在传统的在校时间内考虑增加学生能产学习时间的方法就至关重要了。为了达到这一目标，我们将要讨论 4 个策略：保持活动流程、尽量减少过渡时间、让学生负起责任，以及管理“离岗”学生（策略总结见表 7—1）。当然，这些策略不仅能使学习时间最大化，还能帮助教师创建和维持课堂秩序。

表 7—1　　增加学生的学习时间

- 保持活动流程
  避免“后滚翻”。
  避免“带有刺激因素的事件”（避免注意力从正在进行的活动中转移到并不真正需要注意的事件或者事物上）。
  避免解释过度或活动支离破碎。
- 尽量减少过渡时间
  帮助学生为即将发生的活动过渡做好准备。
  确立明确的常规。
  活动开始和结束要清晰：第一个活动结束，宣布过渡准备，监督过渡行为，确保大家注意力集中，开始第二项活动。
- 让学生负起责任
  作业要交代清楚。
  监督学生进展情况。
- 管理“离岗”学生
  协调特别服务，计划好“离岗”时间，使这些活动不至于过度干扰正常秩序。
  创建时间表，标出各类学生出席的时间以及全班都要出席的时间。
  制定政策和程序，让那些“离岗”的学生把落下的功课补齐。

保持活动流程

汤姆·古德和杰利·布罗菲（Good & Brophy，2008）评论说，学生无所事事地等待时，“可能会发生 4 件事，而其中 3 件都是坏事：（1）学生可能仍然保持兴趣和注意力；（2）他们可能觉得无聊、疲劳，失去了兴趣和集中精神的力量；（3）他们可能心烦意乱，或者开始做白日梦；（4）他们可能主动实施不当行为”（p. 79）。考虑到等待导致不期望行为出现的概率较高，会浪费宝贵的学习机会，教师学习如何保持课堂活动流程就是最为重要的了。

我们再一次回到雅各布·库宁（Kounin，1970）的经典作品的指导原则上来。库宁调查了课堂上教师在发起和保持活动流程上的能力差异，然后开始寻找活动流程和学生参与以及不当行为之间的关系。

库宁的研究发现了很多教师在组织课堂活动方法上的差异。在一些课堂上，活动流程顺畅、轻快，而在另一些课堂上活动流程“颠簸”、缓慢。库宁甚至想出了一套特殊的词汇来形容他观察到的问题。例如，他发现一些不讲效率的课堂管理者会结束一项活动，开始下一项活动，然后再跳回到第一项活动。库宁把这称为“后滚翻”。下面的情况可以说明什么是“后滚翻”：一位教师和全班一起复习完数学问题之后，告诉学生把阅读书拿出来。然后她又停下来说道：“现在大家看看，有多少同学的数学题目全都做对啦？很好……好了，现在开始看阅读书。”(p. 94)

库宁还观察到了带有刺激因素的事件，即教师被一个不需要去注意的刺激因素（一个事件或者一个事物）所“牵引”，脱离了正在进行的活动。库宁描述了这样一个事件：一位教师正在讲台上解释数学题，这时她注意到一名学生解题时斜倚着左胳膊肘。于是她离开了讲台，叫这位学生坐直，又对他改进后的坐姿进行了表扬，然后走回到黑板前。

有时候，教师的节奏缓慢还可能是因为解释过度，即不停地讲述学生已经理解的问题，或者表扬适当行为的时间过长。另一种类型的节奏缓慢发生的原因是教师把一项活动分成了几块进行，即使该活动用一个单元就可以完成——这就是库宁所说的“支离破碎”。

> 一位教师正在从拼写活动过渡到算术活动，他是这样做的：“好了，同学们，我想让大家合上拼写书，把红笔放起来。现在把拼写书合上。把拼写书放到书桌里。别让拼写书碍事。”（停顿一会儿。）“现在好了，把算术书拿出来，放在课桌上，放在你面前。这就对了，除了算术书，把其他所有的东西都从书桌上拿开。大家身体坐直。我们可不想当懒骨头，是吧？这样很好。现在拿出黑色铅笔，把书翻到第 16 页。”(p. 106)

“后滚翻”、带有刺激因素的事件、解释过度和“支离破碎”，这些都会对课堂活动流程造成威胁。它们不仅会导致学习时间的损失，还可能对儿童的行为产生严重的影响。活动顺畅、轻快地进行时，儿童更能参与到学习中，而不太可能出现不当行为。实际上，正如库宁多年前得出的结论，在保持课堂秩序方面，活动流程所起的作用比教师用来处理不当行为的特定技巧所起的作用更大。

在对加内塔课堂的一次观摩中，我们观察到她在数学课上保持活动流程顺畅的巧妙方法。学生们分小组学习，用颜色各异的“接接小方块”解除法题。不知什么原因，那天出现了无数次的干扰。教师办公室的通讯员想知道有多少孩子签名参加了周六的特别项目、一个孩子来给另外一位教师借投影仪、扬声器里又宣布放学后的活动。所有这些干扰都发生在 15 分钟的一段时间里。加内塔坚定地工作，一直保持着前进的势头。她告诉通讯员：“我在上课，过会儿我会统计出数字，报到办公室的。”她转身去拿高射投影仪的时候，先给全班同学布置了一项任务：“我要给你们出一道非常难的题目，在我办事的时候做。88 除以 2，看看你们能不能做出来！”这个大数（88）给加内塔留出了额外的时间，也是给孩子们的一个特殊挑战。学生们马上开始操作“接接小方块”计算题目，我们听到他们小声议论，“这不难啊”、“哦，很简单嘛”。

后来，我们和加内塔谈论了她保证活动顺利进行的方法。她兴致勃勃地告诉我们：

> 这一组有时很难管。如果有任何“停机时间”，事情就可能不受控制了。如果分发卷子的时候，学生只能坐着干等，那么就很可能出现麻烦。如果他们必须等我把问题都写在黑板上，就会变得焦躁不安。让他们一直保持积极参与的状态很重要。这就是为什么我总是把他们分成小组学习，而不是一次提问一个学生的原因。

尽量减少过渡时间

库宁认为“后滚翻”是可能发生在活动之间的过渡期的问题。但是从其他方面讲，过渡期也是很脆弱的。保罗·冈普（Gump，1982，1987）所做的一项分析可以帮助我们理解为什么过渡期间会出现问题。第一，冈普认为，让第一个活动“收场”会遇到一些困难——特别是在学生十分投入的情况下。（有点反讽意味吧，教师所努力追求的积极参与倒成了让学生转向下一个活动的困难！）第二，比起活动来，过渡期本身的组织更加松散（Ross，1985）。学生更有可能互相交流或者在教室里走来走去，受到干扰的概率也就更大。实际上，在一项对 50 个由实习教师教学的班级的研究中，阿林（Arlin，1979）发现，课堂在过渡期所受到的干扰（例如打人、喊叫、猥琐的手势）是非过渡期干扰的 2 倍。

第三，学生有时候会把问题或紧张情绪“攒到”过渡期处理。他们可能会向教师抱怨邻桌的同学、要求去橱柜取回一本书，或者把书包里的东西倒出来以寻找丢失的家庭作业。虽然这些活动都是合法的，也能避免相邻的活动受到干扰，但是它们也使得过渡期难以管理。第四，在让学生开始第二个活动时可能会出现延误。教师要处理个别孩子的问题，或者忙于组织所需的材料，因此很可能被耽搁。让学生安定下来可能会十分困难，尤其是上完体育课或者午休回来的时候。

冈普的分析说明，通过让学生为将要进行的过渡做好准备、确立高效的过渡期常规以及明确划分各节课的界限，教师就可以减少潜在的混乱（Ross，1985）。对于管理注意力缺损多动障碍儿童和患有自闭症的学生，这些指导原则尤为重要，因为他们在过渡期和常规改变的时候更加难以管理（McIntosh et al.，2004）。

预先准备

阿林（Arlin，1979）的研究表明，在实习教师没能预先告知学生马上就要更换活动的情况下，过渡期会更加混乱不堪。这种情况时有发生，因为甚至实习教师自己也没有意识到这一堂课即将结束。

> 下课铃就要响起来了，课还在继续进行。教师还没有讲完，就只好带着些许绝望说：“好吧，你们可以走了。”而学生会冲出教室，经常彼此碰撞。（有时候，小学生甚至等不及教师发出下课信号就往外冲）教师这时才想起还有事情没有宣布，于是只能在作鸟兽散的学生中喊道：“别忘了带旅游费啊！”（p. 50）

相反，阿林研究的其他一些实习教师就能让学生为将要进行的过渡做好准备。如果马上就要下课，学生们要去吃午餐，这些教师会确保学生们的桌椅摆放整齐，并让他们保持安静、准备离开。他们在学生仍然就座的时候宣布通知，然后让孩子整齐地排好队。

我们的五位教师非常善于“看表”。他们小心地监控时间，并且会在某个活动即将结束时告知学生。在下面的场景中，我们看到加内塔预先告知学生，两分钟后将要更换活动。我们还看到尽管她已经让自己计数的速率与学生的进度相一致，但仍然通过大声计数的方式来敦促他们。最后，她表扬了学生所做的配合。

10:15，女士们、先生们，你们大约有两分钟时间来完成现在正在写的句子，不管写到哪儿。写完之后把作文放进原创写作书里，身体坐直，向老师表示你已经准备进入基本技能课。

10:17，好，我现在开始计数。一。我们已经有一位同学准备好了，现在是两个，有四个了。二号桌非常优秀，一号桌也很优秀。我数二了。（她动起来，走近那些没有准备好的学生，并观察到越来越多的学生已经坐直了。）我数到三了。一号桌很好，二号桌漂亮。（在三号桌，罗伯特还在往书桌里放东西。）差不多所有人都准备好了。罗伯特，你准备好了吗？（他也坐直了）三号桌好棒。

10:18，（她用很低的声音说）好，大家都知道我们在走廊里的规则吧……我们在走廊里可以说话吗？（孩子们小声说："不能……"）二号桌排好队，三号桌，一号桌。（孩子们都把椅子推到课桌下，安静地排好队。）一号桌，你们排队排得很好，我真的很喜欢。

10:19，全班学生安静有序地排成一列纵队离开教室。

我们的教师不仅会预先告知学生即将进行过渡，而且还能让学生为午餐、午休或者特别课程之后的活动做好准备。这里，我们看到肯在午餐前 5 分钟把他班级的学生集中到了一起。他把下午要进行的活动检查了一遍，确保每个人都拿出了材料，做好了准备。

肯：伙计们，我想让大家回到自己的桌旁。（他停下来，等待正在教室各个部分学习的学生回到座位上。）现在，在你们去吃午餐之前，我想用 5 分钟的时间让大家为今天下午做好准备。你们下午都需要什么呢？

学生：第 39 页、第 40 页（这是学生要做的练习册），还有我们的报纸。

肯：好。用 1 分钟时间把这些材料放到一起，放在课桌上。还有吗？

学生：我们还需要个人日记，写着问题答案的。

肯：对。把你们的个人日记准备好，放在桌面上。

学生：我们还需要读书报告。

肯：好。你们的读书报告放在桌上了吗？

学生：我们还需要同伴辅导日志。

肯：对。把日志拿出来。我今天下午要看一看。如果有时间，我们还要观看健康录像。有问题吗？（几个学生告诉他下午他们要去的几个地方——去二年级教室做同伴辅导、乐队排练、参加年鉴会议。）好，伙计们。下午见。（学生起立，取出大衣，离开教室午休。）

由于过渡期存在的不可预知性对患有注意力缺损多动障碍和自闭症的孩子而言问题很大，因此使用计时器或者沙漏可以帮助他们知道自己还剩下多少时间。用胶带在他们的课桌上粘一个详细的时间表是很有帮助的，这样他们就能知道什么时候进行什么活动。在《教书时间，学习时间》（*Time to Teach*，*Time to Learn*，1999）一书中，伍德建议教师以钟表图解的形式来显示时间，这样在时间表和教室时钟之间就建立了一致性。伍德还建议，儿童可以戴一块走时与教室时钟一致的手表（指针式或者电子显示式都可以），这样他们在腕上和墙上都能看到相同的时间。

利用过渡期常规

在第四章我们讨论过教师需要确定明确的、具体的常规以使课堂顺利进行。没有任何其他时候比过渡期更能看出利用常规的重要性。明确制定的常规为过渡期提供了一种组织结构，帮助防止混乱状况和时间损失。还有，这对挣扎于过渡期的孩子尤为重要。这让他们有事可做，比如在过渡期的开始和结束时发布信号、收卷子，或者用秒表为过渡期计时（Wood，1999）。

芭芭拉曾经确定了一项让学生早晨进教室并安静下来的常规。这种常规可以帮助学生调节从家到学校的这种过渡。学生进教室的时候，要马上看黑板，获知自己要开始做的事情。有时候黑板上写着“静读”，学生就知道应该进入“持续的、安静的、不被打扰的阅读时间”；有时候黑板上写着“日记”。

时间是8:30。学生们进入教室，看黑板，走到座位上，拿出日记本。他们迅速开始写起来，这时芭芭拉在教室里来回巡视。学生写日记的时候，她就拿出考勤表，默默地检查出勤情况。不必说话，她把考勤表递给一个男孩，男孩就把考勤表拿去交到办公室。一分钟后男孩回来了。芭芭拉说：“戴维，谢谢你。”她继续巡视，偶尔对某个孩子予以表扬或批评。

维维安娜有一项常规，每逢她为准备下一个活动而擦黑板的时候就会使用。这项常规不仅为过渡期提供了组织结构、帮助孩子们保持参与状态，还能强化一年级学生的阅读技巧。

孩子们用写在黑板上的词重新排序造句。他们遇到了最后一组词：

能　玩　我们　和　你

一个孩子主动回答：“你能和我们玩吗?”维维安娜宣布句子是正确的，并问孩子们有没有其他的方法。没有。维维安娜表扬孩子们做得好，告诉他们过几天还要做组词成句。然后她说：“现在我们来擦黑板。”她每擦掉一个词的时候要停顿一下，孩子们把这个词念出来。所有的词都擦掉后，维维安娜就开始了课堂的下一部分内容：“好，孩子们，现在我们开始学习双元音。”

考特妮以给出提示或者发信号的方式告知学生，写作工作坊即将结束。在学年之初，她的提示异常清晰。在写作工作坊结束前五分钟，考特妮会提醒学生们注意：“小作家们，把手举起来（这是一个放下铅笔或马克笔，听老师讲的信号）。我们还有五分钟写作时间。”写作工作坊结束时，考特妮会说：“一、二、三，举手。小作家们，写作工作坊时间结束。给马克笔盖上笔帽，将印台合上，把纸放进文件夹里。各位组长，把桶和储物箱放起来。”学年晚些时候，当考特妮确定学生已经不再需要详细的指令时，她改变了常规。她告诉我们：

现在我会拿出CD播放一首歌曲，歌曲大约持续1分20秒，有2段歌词。这样，学生们就能知道，第一段歌词结束的时候，他们的过渡时间大约过了一半。孩子们一听到音乐，就知道要为写作工作坊做好准备。结束的时候也一样：音乐响起，他们就开始收拾整理，每桌的组长会把材料放回到架子上。

很多课堂上，过渡期的常规并不清晰，而学生只能靠偶然发现的细微暗示来猜想该做些什么。这对于大多数学生都还好，但是对于患有注意力缺损多动障碍、自闭症以及其他障碍的儿童就会很困难，结果往往会使他们遭到批评。如果你的班级里有这样的学生，那么你就应花些时间教会学生如何进行高效、有序的过渡，这种做法至关重要（也事关公平）。本节的“实用贴士”列出了一些建议。

实用贴士

教会学生过渡

- 想好本节课会出现哪些过渡，例如：
  进入和离开教室。
  将材料放好，准备下一个任务。
  清理工作区。
  从小组活动转移到独立作业。
  上交家庭作业。
  为小组活动选择搭档。
- 明确讲授过渡期的行为要求。
  用正反两方面的事例示范行为要求。
  给学生提供练习机会。
  提供反馈。
  如有需要，再次讲授。
- 提供预先矫正（在过渡开始之前提供行为要求提示）。
- 为高效、有序的过渡提供积极强化。
  给予特殊奖励或特殊权利和活动。
  如有需要，给予物质奖励。
- 积极监督过渡。
  扫视教室，找出适当行为和不当行为。
  在教室里巡视，利用距离的接近来鼓励学生参与适当行为。
  在过渡期与学生交流，给出提示和具体表扬。

资料来源：McIntosh et al.，2004。

活动开始和结束要清晰

如果教师停止第一项活动，宣布进入过渡期，并留出时间确保大家都集中了注意力，然后再开始第二项活动，那么过渡会非常平稳（Arlin，1979）。换言之，顺利过渡的特点是界限分明。

有时候，为了保持活动流程紧凑，教师可能会没有查看一下学生是否能“跟上他们”，就匆匆进入第二项活动。一位课堂观摩者写道：“有几次，我注意到有15名以上的儿童还在继续前一项活动，而教师已经开始介绍新活动的要求了。”（Arlin，1979，p. 50）不用说，如果学生再问要做什么的时候，这些教师就会怒气冲天。

我们的五位教师也会在开始活动之前确定学生在注意听讲。他们经常使用特别设计的语言引出课堂内容，“抓住”学生的注意力。例如，加内塔使用下列语言提示：

"现在大家把所有物品摆放整齐。我需要大家和我配合，百分百投入。这很重要。"

"把其他物品收好。现在我们要搞一个有趣的活动。"

"我们是第一次做这个，所以大家要保持安静，仔细听讲。"

考特妮发现，在幼儿园里咏唱十分有效。她会喊唱："一二三四五，大家都看我"或者"巧克力，冰激凌，刚才说话现在停，现在停"，然后学生也用咏唱来应答。让学生努力模仿的有节奏的拍掌方式也很有效。

虽然在开始新课之前确保学生注意力集中非常重要，但是冈普（Gump，1982）提示，等待时间过长会引起极大的动力损失。他提醒我们，一项新活动通常会把不注意听讲的学生"收进来"。冈普写道："等待全班都绝对集中注意力，有时候会引起不必要的过渡时间延长。"（p. 112）很显然，在学生没有集中精神就匆忙进行下一项活动与等待过长、动力消失之间，教师需要找到一个适当的中间点。这是一个十分微妙的平衡行动。

让学生负起责任

一次，在观摩肯的课堂的时候，我们看到贾尼斯劝说莫尼卡停止手中的作业，和她一起做别的事情。贾尼斯要做什么我们不太清楚，但是莫尼卡的反应很明确。她坚定地回答："不行，我现在想写作业。我不想休息时写，不想吃午饭的时候写，也不想留到家里写，我就是想现在写完。"

观察到这种交流，我们想起了沃尔特·多伊尔（Doyle，1983）的观点：只有让学生担负起责任，学生才会认真地完成作业。你自己的学校经历可能会证明这一陈述的正确性。甚至作为成年人，也需要极大程度的自律、成熟和内部动机，才能将最大的努力投入不会为人所知的工作中去。而小学生只是儿童，如果他们不知道自己要为自己的行为负责，就不能很好地利用课堂时间。

此外，如果学生不知道自己应该做什么，他们也不能很好地利用课堂时间。有时候，教师刚告诉学生"开始做功课"，就马上遭遇到问题轰炸："我能用钢笔写吗？""我必须抄写问题吗？直接写答案行不行？""我们必须约分吗？""我在地毯上写行吗？"这样的情况发生时，教师就必须花费宝贵的课堂时间澄清最初的指令。

为了帮助儿童合理使用时间，教师必须清楚地交代作业内容和要求，监督学生的进展情况（Evertson & Emmer，2009）。例如，学生开始做功课之前，你应该向学生解释他们要做的事情、做这件事情的原因、如何得到帮助、做好的作业要怎样处理、提前写完作业要做什么，以及需要用多长时间完成作业等。你也需要确保学生熟悉你的作业标准。例如，应该使用的纸张类型，是应该使用铅笔还是应该使用钢笔，如何标示页码，是否允许涂改。在给出指令后，让学生用自己的话复述一遍应该做什么，这也是一个好主意。只是问"大家都理解了吗"，很少会产生有用的信息。

一次，在观摩加内塔的课堂时，我们观察了她如何向学生解释将要做的内容——阅读马丁·路德·金的生平，然后写出总结。她强调，总结应简明扼要，只写最重要的事件。另外，她还强调了要用学生自己的语言去写。

我不想让你们简单地把故事里的信息抄下来。你们要自己……（她指了指头，孩子们就喊出来“动脑筋”。）对了，自己动脑。你和搭档要阅读故事，判断哪些是重要信息，并用自己的话写下来。我们要看看是不是每个人都理解了。我要把阅读书中的一个故事的开头读出来。（加内塔打开阅读书读了几段。很显然学生们熟悉这个故事。然后她把书合上。）用自己的话说，发生了什么样的故事，我刚才读了什么。（孩子们举起手来，加内塔单独提问了几个学生，让他们复述故事。）好，你们要简述故事。不能把整个故事都说出来——只能说最重要的事情。不能只把书上的信息抄下来，要把最重要的信息挑出来，和你的搭档讨论，然后再用自己的语言写下来。

在黑板上把每日的指令和作业内容都写出来，或者提供其他视觉提示，这些方法都很有用。一些有学习问题的学生无法记住长长的细目清单，因此，可以在图表上粘贴好纸张、钢笔、铅笔和书本的图片，用这种非语言形式来向孩子传达有关所需要的物品的信息。这种方法也同样适用于幼小的儿童。考特妮知道学生要记住多步骤任务指令（例如：需要书写、剪切、涂色和粘贴的活动）非常困难，特别是这些步骤还需要按照一定顺序进行时。所以，她不仅会在口头上重复指令，还会在步骤清单旁边贴好磁力卡片(见图 7—2)。

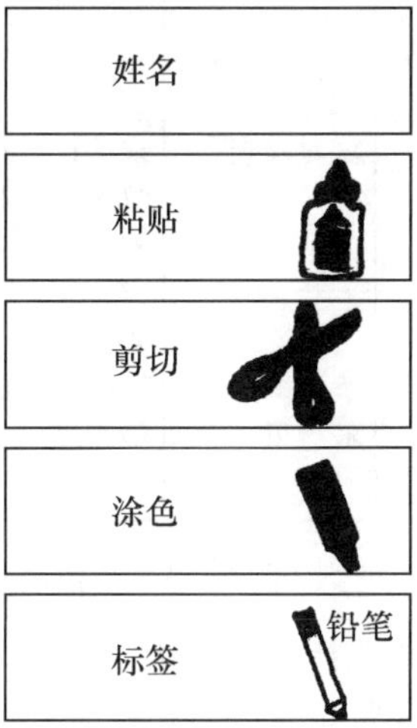

图 7—2　考特妮的磁力卡片

在肯的班级，学生早晨进教室时，当日的作业已经写在黑板上了。教室一头的小黑板上写出了上午的组织安排。每个阅读小组也列了出来（以要阅读的小说名为序），并写明了每组的作业、与肯进行讨论的时间。早会之后，肯和全班同学要核查一下作业内容，检查大家是否都知道当天上午要做的事情。在前面较大的黑板上，是当天下午的时间表，还有本周应该上交的特别作业的日期。

如果你教的是成绩较差或者有“遗忘”作业史的学生，那么清楚地交代作业显然更为重要。芭芭拉设计了一套作业程序，在她教的数学慢班里使用。在每月的月初，她给每位同学一个文件夹，里面夹着当月所有的作业内容。文件夹的封面上有一个日历，确切地记载着每晚学生应完成的作业。通过这种方式，学生就不能再声称他们“不知道要做什么”了。即使学生缺席（在成绩较差的学生中，缺席普遍发生），他们仍然会知道作业是什么。图 7—3 是芭芭拉的一份日历。

三月

日	一	二	三	四	五	六
			1	2	3	4
5	6	7	8	9 乘法　除法 第44页	10 应用题 第45页	11
12	13 分数 第48－49页	14 对称 第45页	15 减法 第57页	16 乘法　除法 第59页	17 钱币 第60页	18
19	20 应用题 第61页	21 复习检查 第64页	22 乘法：2位数×1位数 第67页	23 乘法 第68页	24	25
26	27 减法 第69页	28 条形图 第74页	29 加法　减法 第78页	30 乘法 第87页	31 复习检查 第84页	

图 7—3　芭芭拉的作业日历

一旦你已经给出作业指令，班级学生也开始工作，你就要在教室里巡视，监督学生在做什么，这是非常重要的（Fisher et al.，1980）。这种做法使你能追踪学生的进展情况，及时发现问题、提供帮助，以及检验作业难度与学生能力是否相匹配。对五位教师的观察表明，他们很少坐下，除非和小组一起工作的时候。在五间教室里，教师用桌都被放在一边，作储藏物品之用，而不是坐着的地方。

维维安娜的学生正在用六形六色积木学习。学生的任务是用四种同样颜色、同样形状的积木把画在练习册上的图形覆盖住。他们进行练习时，维维安娜巡视着，检查每个孩子的练习册：“只能用一种颜色，你用了两种。”“这些形状不一样啊，是吧？”“你做得好，你做对了！”

在以各种学习中心为主导的教室里，需要一些其他形式来监督学生表现，确保学生负起责任。例如，在每个学习中心设置签到表，可以使学生标明他们在某一中心学习过，甚至连幼儿园的小朋友也能学会核对或者签好自己的名字。然后，教师就能到各个中心收回表格，并很容易地判断出哪个孩子已经结束了在所有中心的学习。此外，很多教师还使用回应单，要求学生做与该学习中心相关的书面作业。回应单可以是一个简单的填空练习卷、一个小项目、一张复习卷，也可以是一份自己写的叙述。通过要求学生签到和做些书面作业可以向他们传达明确的信息：在各个中心的学习是很重要的，学生要对此负责。

为了监督学生是否按时完成作业，一种重要的做法是确立收取和检查课堂作业、家庭作业的常规。一些教师为每个孩子准备了文件夹，装着当天所有的练习卷和作业内容。孩子们完成之后把作业再放回文件夹，返还到教师用桌上以待检查。还有一些教师指定学生班长收作业。如果班长们能按字母顺序排列作业，就简化了查出谁没有交作业的任务。一些班级还会给学生指定一个号码，这样班长就能把作业按照序号排列，这又是另一种使检查作业更方便的办法。

每天写的所有作业都要检查和评分，这是艰苦的工作。最近一位实习教师在描述“一位教师必须永远攀登的越来越高的作业本大山”时这样说道：

> 有时候我不能确定自己是教师还是注册会计师！但是，我的实习经验……帮助我找到了认真对待这种重负的办法。有些很简单的事情，如彩色分类文件夹……或者在测验单上写出缺席学生的姓名来追踪后补的作业，这些都是实习以来别人教给我的“绝招”，我真的太感激了。

与这位实习教师一样，你也要找到“把大山变小山”的方法（Shalaway，1989）。我们向五位教师询问了他们是如何处理书面作业的，他们的想法列在本节“实用贴士”中。

实用贴士

处理书面作业的方法

- 以你使用的成绩报告卡为样板进行记录。这样，你就能确保成绩报告卡的各个条目都有充足的文件。例如，如果成绩报告卡上写着“能够抓住中心思想”，那么就要确保你讲到过这个技巧，有每个孩子在此项内容中取得的成绩作为例证，而你也记录了他们的进展情况。
- 让学生分担一部分做记录的责任。教会学生跟踪自己的进展情况。例如，他们可以制作一个条形图，记录每周拼写正确的单词数。甚至连幼儿园的小朋友也能给自己的作业加盖日期印章。
- 一旦可能，课堂作业就在学生做的时候批改，或者做完之后马上进行小组批阅。
- 把课堂练习卷收上来，再随机重发下去，小组批改。如果学生有学号，就让他们在卷面的上方写好，不写姓名，这样大家就不知道自己在给谁改卷了。
- 监督学生完成课堂练习卷（例如：一套数学题）和家庭作业，但是不要进行评分。只给小测验和考试评分。
- 不必对每天的家庭作业都进行批改或评分，定期进行小测验，检查学生的学习情况。
- 小测验时出 5 道题，不要出 25 道题。
- 如果你被书面作业所淹没，那就说明作业太多了。少留点吧！

高效管理“离岗”学生

伴随着全纳教育的逐步推进，有特殊需要的儿童越来越多，特殊服务人员被“吸引进”普通教育课堂。然而，“离岗”现象仍然普遍存在。例如，有学习障碍的孩子需要去资料室提高阅读和学习技巧、那些“天赋异禀”的学生可能要离开教室去参加提高课程、英语水平较低的学生可能要参加英语作为第二语言的课程。此外，全班同学还要去上一些“特别课程”，比如美术课、音乐课和体育课。因为需要处理这些情况，有时候你可能会觉得自己是一位空中交通管制员，而不是一名教师。此外，在这种情况下好像没有时间进行全班授课。最近一位实习教师在她的日志中写到了这个问题。

> 写今天的日志时，我感觉受到了极大的挫折!!! 一天到哪里去弄那么多时间呢?! 我们班的孩子不断因为各种各样的事情离开教室，我几乎没有一个小时是跟全班在一起的！需要全班一起上的课怎么教啊？3个孩子在一周3天的不同时间出去上补充教育课，一个女孩一周4次出去参加一小时的资料室课程，还有3个学生要在3天的不同时间参加高端思考技能项目……全班3/4的学生每周都要出去一次，参加合唱、乐队和艺术俱乐部（更不要说还有特别课程，音乐课、体育课、美术课，还有去图书馆）。全班24个学生中有14个在一周之内的各个分散时间去上音乐课。对孩子们来说，每天根本没有时间，学习也绝对没有连续性!!!

对这个问题也没有简单的解决办法。我们的五位教师都在一定程度上面临着这个问题，也都有挫折感。最好的办法是努力在时间表制定方面争取发言权。如果你可以与特殊服务人员密切合作，那么你就能制定出一个把时间分散降至最低的时间表，保证你拥有可以向全班授课，或者和全部小组成员一道工作的时间段。例如，把“G & T”课（为有天分、有潜能的孩子所开设的课程）、基本技能课以及ESL（英语作为第二语言）课全部安排在同一时间。这样，很多学生就在同一时间离开教室，而不是全天各个时段都有人离开。（在芭芭拉的学校，这些特殊服务都定在第一节课前进行，即8:00—8:40，这样孩子们就不必在正常的上课时间离开本班教室。）如果你有学生需要在阅读和数学方面得到最大限度的指导，就要确保不要在这些学生离开教室的时候安排这些内容板块的授课。另一方面，如果孩子们要去资料室，而不必接受这些方面的正常授课，那么就把你自己的读写、数学课安排在那个时间。

除了时间表，你还要找到学校的相关政策，查看对离开教室去补落下的功课的学生的要求。思考另一位实习教师的一篇日志。

> 在我看来，好像我们班的特殊教育学生不清楚他们应该做什么、应该在什么地方、属于哪个班级。我当然知道自己教他们很有挫折感。他们一天的在校时间中基本上有半天是不在教室的。当他们从资料室回到教室的时候，我真不知道拿他们怎么办……比如，让这些孩子为那些他们不在教室时的学习负责是否公平？不让他们参与又公平吗？我应不应该把他们叫到一旁，解释班上的同学所做的事情？最令我惊奇的是，关于他们是否要为落下的功课负责，我没有得到直接的答案。“学校政策”似乎每周都不一样。这种“放任主义”的态度有可能注定了学生们总是需要特别服务。看起来在正常课堂里的教师和特别服

务人员很少进行教学目标和教材方面的协调。

通常，当孩子们从资料室回来，走进教室时，我只是让他们加入班级中来（或者加入他们的合作小组），不管课程进行到了哪儿。但是，后来我意识到有些孩子根本不可能在已经讲到一半的时候弄明白那些概念，也意识到需要制定更有效的常规帮助他们。有特殊需要的孩子很容易不知所措！

暂停与思考

这位实习教师认为，最缺乏处理课程间过渡能力、最容易“不知所措”的孩子恰恰是那些每天在校日程中面临过渡最多的孩子。思考一下，想出可以帮助这些孩子轻松融入正在进行的课堂的办法。你会实施哪些制度和安排以便让学生回到你的课堂时知道该做什么？

如果你们学校对此问题也采取“放任主义”的态度，那么你就必须制定自己的方针政策。你还需要仔细考虑自己想要实施的步骤，让孩子们的离开和回归尽可能顺利。你可以给每个离开教室的学生指定一位特别的“伙伴”，让这些伙伴负责指导回到正常课堂的学生。给每个离开教室的孩子准备一个特殊的文件夹可能也有帮助，这样你就不会忘记给那些不在教室的孩子留出作业和材料。

总结评论

特蕾西·基德尔（Tracy Kidder）的著作《在学生中间》（*Among Schoolchildren*，1989）描述了克里斯·札雅克（Chris Zajac）生命中的一年。克里斯是一位活跃、严格、坦率、公正、有趣、勤奋的小学教师。书的结尾，基德尔描述了克里斯对学校最后一天的想法。虽然克里斯相信自己还“在学生中间”，但她还是对自己没能帮助所有的孩子，至少是没有提供足够的帮助而感到悲哀。

> 今年又是这样，一些学生需要的帮助超出了她的能力范围，她也有许多不能解决的问题。但是其中不乏她的努力，她从来不曾放弃，她只是没有时间了。

和克里斯一样，我们都没有时间了。学年结束得总是太快，一些孩子的需要也总是太多。希望本章提供的概念和指导会帮助你充分利用你有限的时间。

小　结

本章中我们将时间作为宝贵资源进行了讨论。首先，我们检视了在校期间可用于授课和学习的时间量。其次，我们讨论了增加学生能产学习时间的四个策略。我们回顾了库宁的研究，该研究证明了在保持课堂秩序方面，活动流程所起的作用比教师用来处理不当行为的特定技巧所起的作用更大。我们论述了让学生负起责任、帮助他们合理使用时间的方法。最后，我们谈到了如何应对由学生“离岗”引发的管理难题。

时间类型

- 总时间：各州规定的学校上课时间。
- 出勤时间：学生实际在校的时间。
- 可用时间：除去用于午餐、午休和课间休息等活动的时间后所剩下的时间。

- 授课时间：实际用于授课的时间。
- 参与时间：学生用于专注地完成学习任务的时间。
- 能产学习时间：参与时间内学生用于有意义的、适当的学习的时间量。

如何增加学习时间

- 保持活动流程，避免
  “后滚翻”；
  带有刺激因素的事件；
  解释过度；
  活动支离破碎。
- 尽量减少过渡时间，做到
  明确课程之间的界限；
  帮助学生为过渡做好准备；
  确立常规。
- 让学生负起责任，做到
  作业和要求交代清楚；
  监督学生的进展情况；
  确立收取和检查课堂作业、家庭作业的常规。
- 高效管理“离岗”学生
  争取时间表制定方面的发言权。
  创建时间表，标出各类学生出席的时间以及全班都要出席的时间。
  制定（或找到相关）政策和程序，明确责任，让那些“离岗”的学生把落下的功课补齐。
  确立帮助回到教室的学生平稳过渡的程序。

通过合理使用时间，你可以为学习提供尽可能多的机会，将你课堂上的干扰降至最低。仔细思考你的课堂上用于有意义的、适当的学习活动的时间有多少，而又有多少时间被商务或行政任务侵占？注意：用于授课的时间远远低于最初看上去能获得的时间。

技巧培养活动与反思

课上活动

1. 阅读下面的事例，指出威胁课堂活动流程的因素。发现问题之后，解释如果你是教师，应该如何避免这些问题。

P老师在等待着她的二年级学生拿出环形分数教具，以便开始上数学课。大多数学生都把环形教具放到书桌上之后，她开始给全班同学复习前一天所做的分数作业。在解释大家要做的活动时，她注意到杰克还没有教具。

“杰克，你的教具在哪里呢？”

“我也不知道。”

“这已经是你第三次没有教具了。你上周就没有，所以那天午休时你就必须留在教室，没有自由活动时间。那时候我是怎么告诉你的，要是你再丢一次教具，会有什么后果?”

“你会给我妈妈打电话。”

“对了，你到黑板上把自己的名字写下来，我要看看还有没有额外的一套给你用。”

P老师走到备品柜前，拿出一套环形教具给杰克。然后，她让全班同学把图形教具袋放到课桌的左边。

“拿出蓝色圈放到你的正前方。”她检查了一遍，确保所有学生都照做。

“现在把四个红木块中的一个放到蓝圈上。小心别掉在地上，做的时候不要和邻近的同学讲话。”

P老师开始巡视，看孩子们是否听从指示。

“现在拿出另一块红木块放在蓝圈上。”

孩子们照做了，然后P老师让他们把剩下的两个红木块放在蓝圈上，“一次放一块”。

“你们用了多少个红木块盖住蓝圈?”

全班回答：“四个。”

“那么其中一个是多少?”

“四分之一。”

“我想请大家再说一遍。”

“四分之一!”

“我怎么没听见后面的同学回答？我想让每个同学大声地重复!”

“四——分——之——一!”

“好极了。那么两个木块呢?”

“四分之二。”

“我还是没听见所有的同学说。我们听听朗达这桌。(朗达这桌的学生回答。)好，沙基亚这桌?(他们也回答了。)雷吉这桌。好的。”

当她经过罗布的课桌时，看到了一张粉红色的纸。“同学们，我差点忘了。已经得到去动物园许可表的同学现在把表交给我，我要把表交到办公室去。”

孩子们马上开始翻书桌，有几个学生请求去拿书包。在收齐了表格之后，P老师回到课堂内容上来，继续讨论三分之几的问题。她指导学生把红色木块放起来，拿出三个绿色木块，用它们把蓝色圈覆盖住。P老师开始检查学生是否知道每个绿色木块就是“三分之一”。这个活动结束后，P老师让学生把环形教具收起来，拿出拼写教材。

“好，孩子们，把拼写书翻到37页，我们复习一下本周的词汇。塔尼娅，请读第一个词并造句。”

塔尼娅刚开始读，P老师就打断她说：“对不起，塔尼娅。我刚想起来，忘告诉你们数学作业了。同学们，拿出记作业簿，把我在黑板上写的抄下来。”她拿了一支粉笔，写道：“数学——第25页，只做题号为偶数的题。”孩子们把作业抄了下来。P老师扫视全班以确保大家都记下了作业。所有的孩子都做完之后，她让大家回到拼写上来。“好，刚才我们到哪儿啦？塔尼娅，你做第一个。”塔尼娅做完之后，P老师让大家大声朗读那个单词，然后练习下一个词。全班做到第四个词时，下课铃响了，该去吃午饭了。

“哦，我的天。真不知道时间都到哪儿去了。好吧，孩子们，准备去吃午餐吧。你们回来的时候再继续做拼写。”

2. 你想让你的四年级学生做一份关于著名发明家的研究报告。他们还要自己做一个小发明。你在计划这个项目的时候，需要考虑如何让学生负起责任。以小组为单位，相互交换想法，谈谈你将如何 (a) 清楚、细致地说明要求，(b) 监督学生的进展情况。

独立活动

1. 观摩小学课堂中一节完整的课，密切注意这节课中有多少实际用于授课目的的时间。例如，我们假设你选择观摩一节 50 分钟的数学课。在你观摩的过程中，你注意到上课的前 5 分钟用来检查谁完成了作业、谁没有完成（行政工作）。在课堂进行中，教师让学生分成 4 个人一组，分组又用去了 5 分钟，其间没有授课。然后从扬声器里传来一个通知，全班又用了 3 分钟时间讨论通知。最后，教师使全班集中精力学习，在下课前 5 分钟结束，留给大家自由讨论的时间。结论：在 50 分钟的可用时间内，18 分钟用于非授课活动，而实际授课时间仅剩余 32 分钟。

2. 采访两位教师，询问他们在部分学生“离岗”时授课的政策和程序。他们是否要求离开教室的学生完成他们落下的作业？如果是这样，学生什么时候做作业？他们如何让回到教室的学生适应正在进行的活动？他们是否知道在学生离岗时授课的其他方法？

载入档案袋

针对下列情况制定一个过渡活动常规。记住，你的目标是合理使用时间。

a. 到校日开始。

b. 课间餐时间。

c. 从体育馆回到教室。

d. 小组活动结束，过渡到独立自习。

第八章

强化学生的学习动机

用什么方法激发学生的学习动机
五花八门的激励策略
提升学生对成功价值的认识
有效激励成绩差、有不满情绪的学生
总结评论
小结
技巧培养活动与反思

在教学实习期间，一位教五年级的年轻女教师不知所措地来到了研讨班，她告诉会议组："我打算放弃这些孩子。"

> 我和我的合作教师用得零分、找家长、休息时不准出去玩威胁这些孩子，但是毫无用处。他们根本就不在乎，而我也准备放弃了！我要求把我安排在幼儿园，那里的孩子还想学点东西！

当谈话更深入的时候，我们发现她似乎认为学习动机完全是学生的责任。为了在学校获得成功，学生必须在来到学校时就有明确的动机，就像他们到校要带着笔记本和铅笔一样。她似乎还认为动机像眼睛的颜色一样，是一种稳定的特征。从这个角度讲，一些人来到学校是想学东西，另一些人则不然。这种观点会让人欣慰吧：如果动机是先天的或者不变的特征，我们就不必花时间和精力去想激励学生的方法了。

一种与此相反的观点认为，动机是一种习得的性情，可随变化修正，也可以被看作一种特定的情况，随着特定活动的性质而变化。因此，学生们可能在阅读 J. K. 罗林的小说《哈利·波特》时热情高涨，但是在做拼写句子的时候就显得百无聊赖、不感兴趣。

根据上面的第二种观点，教师要负责致力于激励学生参与学习活动。如果学生到校时已经对学习感到兴奋，这当然令人满意（也就容易得多），但是如果情况不是这样，教师就必须加倍努力，创建一种培养学生动机和兴趣的课堂环境。不幸的是，研究表明事情并非总是如此。事实上，教师的行动实际上"放大"了学生最初的动机水平(Skinner & Belmont，1993)。如果孩子们来到课堂时已经具备了动机，教师则会倾向于作出积极反应，给予额外的支持、慈爱和鼓励。但是，如果孩子们在进

暂停与思考

回想一下你特别有学习积极性的时候，可能是你准备参加驾照考试的时候，或者是冬天学习滑雪的时候。你为什么有学习的动机？在学习中是什么支持了你？是什么使之成为成功的经验？努力把你的经验与每天在课堂上的行为联系到一起。

入课堂时显示出缺乏动机，那么教师也许会作出消极反应，变得具有强迫性，或者忽视这样的学生——因此使学生最初缺乏兴趣的情况更加恶化。

本章重点讨论强化学生动机的方法。开始我们要思考在激励学生方面什么是现实的做法，什么是适当的做法。接下来要分析能够引起动机的因素。最后，我们还要思考从研究、理论和五位教师的实践方面总结出来的各种激励策略。

用什么方法激发学生的学习动机

跟我们一起工作的很多师范教育专业的学生认为，教师是通过使学习变得有趣来激励学生的。实际上，他们在给“好教师”下定义时不断提到好老师应该能设计出趣味性、娱乐性强的活动。但是，杰利·布罗菲（Brophy，2004，p. xii）提醒我们：“学校不是露营地或者娱乐中心”，教师也不是娱乐顾问或者主管。学生的出勤是强制性的，课程是必修的，班级设置没有个性化可言，高风险的标准化考试也令人忧心忡忡，努力保证学习过程一直充满乐趣是不合理也不现实的。比尔·艾尔斯（Ayers，1993）是一位教育学教授，从学前班到研究生都教过，他的话甚至更坦率。艾尔斯认为，把好教师的特点视为使学习有趣，这是一种普遍存在的荒诞的说法。艾尔斯写道：

> 有趣的事情让人精力分散、感到好笑。小丑很有趣，笑话很有趣。学习也可能让人着迷、让人全神贯注、让人惊异、让人失去方向、让人投入其中，而且通常也让人深感愉悦。如果学的东西有趣，那很好，但是学习并不一定非要有趣。（p. 13）

也许我们所有的人都会记得这样的情形：我们被激励着完成一项学习任务，没有什么乐趣，但是却非常值得去做、非常有意义。我们马上能想到的例子就是学外语。大家都不怎么擅长语言，每当在语言课堂上必须发言时，我们就会变得很焦虑、很羞怯。我们觉得对话和口语练习令人痛苦，而角色扮演简直是酷刑。但是，我们每个人在高中和大学时至少学了四年外语，并决心有朝一日在出国的时候尽可能流利地交流。

布罗菲（Brophy，2004）把这种动力称为学习动机，即“认为学习活动有意义、值得从事，并努力从中得到预计获得的学习裨益的趋向”（p. 15）。他把学习动机和内部动机区分开来，后者指由于个体感觉学习有乐趣而进行学习活动。当然，有时候你也可以利用学生的内部兴趣，这样学习活动就会被视为有趣的事情。但情况不可能总是如此，因此，教师需要考虑激发和保持学生的学习动机的方法。

“期望×价值”框架

从期望值模型角度来思考激励学习动机是很有帮助的（Brophy，2004；Wigfield & Eccles，2000）。这一模型提出，动机取决于学生对成功的期望，以及他们赋予任务的价值（或者这项任务带来的回报——如，能流利地讲西班牙语）。这两个因素共同作用，就如同一个乘法公式（期望×价值）：如果其中一项缺失（也就是为零），那么就不会有动机。

“期望×价值”模型意味着，对于激发学生的动机，你有两项重要责任。第一，你要保证如果学生付出努力就能胜利完成当前的任务。这意味着要布置与学生成就水平高度匹配的作业。这也意味着帮助学生认识到他们有成功完成任务的能力。思考一下霍普利斯·汉娜[①]（Stipek，1993）的例子。数学课上，汉娜经常坐在课桌旁无所事事。如果老师督促汉娜试着做某一道她应该正在做的题目，她就说做不上来。当老师教她一步一步地做出一道题时，她就能把大多数问题都做对，但是却坚持说自己是猜出来的。汉娜认为自己没有能力，而且把老师的挫折感看作自己没有能力的证明。她就是有“失败综合征”问题的学生的经典实例（Brophy，2004）。

幸运的是，像汉娜这样的极端事例很少见（Stipek，1993）。但是我们可能都曾遭遇过这样的情形：对失败的预期导致我们逃避参与或者变得麻木不仁。一个较长的学期论文作业令人气馁，因此我们一推再推，直到剩下的时间不足以把论文做得很好。微积分令人望而生畏，因此我们不选它而改选普通数学。如果失败不能避免，那么就没有什么可努力的。而如果我们不努力，也就不会成功。

教师的第二项责任是帮助学生认识到当前任务的价值。例如，萨蒂斯凡·萨姆[②]（Stipek，1993）是班级的活宝。他的得分总是C+或者B-，虽然他明显能得很多A。他在学校里很受同伴欢迎，经常在放学后和他们在操场上闲逛。在家里，萨姆要用掉好几个小时对着电脑，所能找到的关于太空的书他都读过，他特别喜欢科幻小说，甚至还写过一个短篇小说。但是他对学校的功课没显示出什么兴趣。如果作业正好与他的个人爱好一致，他就会竭尽全力；如不然，他看不出有什么理由要做作业。

为了激励像萨姆这样的同学，你需要帮助他认识到课堂活动有价值或者令人愉快。萨姆喜欢与同伴交流，因此他可能很愿意参加小组活动。把课堂作业和他对科幻小说的兴趣结合起来也会很有帮助。至少你可以向他指出成功完成任务或者掌握技能将会带来的回报的价值。例如，萨姆可能认为学习历史没有价值，但是他也可能会认识到，升年级要求历史分数合格。

根据“期望×价值”模型，布罗菲（Brophy，2004）回顾了相关的理论和研究，得出一套教师可以用来强化学生动机的策略。本章接下来的部分就是基于布罗菲的研究成果来讨论的（见表8—1）。我们首先要讨论的策略聚焦于模型中的第一个变量——学生对成功的预期。

表8—1　　布罗菲强化学习动机的策略

增加成功期望的策略
● 提供成功的机会。
● 教会学生制定合理的目标、评价自身表现。
● 帮助学生认识努力和成果之间的关系。
● 提供有效的信息反馈。
● 为受挫的学生提供特殊的激励支持。
提高价值认识的策略
● 把课程和学生的生活联系起来。
● 提供选择的机会。
● 教师要表现出对学习和教材的兴趣。

① 霍普利斯·汉娜，英文为Hopeless Hannah，字面意思是“没有希望的汉娜”。——译者注

② 萨蒂斯凡·萨姆，英文为Satisfied Sam，字面意思是“满足的萨姆”。——译者注

- 引进新异/变化的元素。
- 给学生积极响应的机会。
- 允许学生创作成品。
- 给学生相互交流的机会。
- 提供外在奖励。

资料来源：Brophy，2004。

暂停与思考

现在，你已经阅读了有关动机的"期望×价值"模型，回想一下在你自己的生活中有没有对某项任务或者作业感觉到没有动机的事例。看看你是否可以把这一模型应用到你的事例中，帮助解释为什么缺乏动机。你当时期待失败吗？你是否认为该任务没有价值？

在阅读过程中，要记住如果你还没有努力创建出一个安全的、相互关爱的课堂环境（第三章），那么上述任何策略都不会有效。学生必须首先感到安全、不会受到羞辱，知道自己可以冒险、可以犯错误，知道自己被接纳为班级成员、受到尊重，然后才能获得动机（Urdan & Schoenfelder，2006）。事实上，布罗菲认为，支持性的环境是成功运用激励策略的"基本前提条件"（Good & Brophy，2008，p. 148）。

五花八门的激励策略

提供成功的机会

如果任务显得太过困难，学生就不敢接受任务。你要确保授课内容对每位学生来说都处于适当水平。你可能不得不针对不同学生调整作业内容，让作业具有开放性，这样各种答案都是可以接受的；你还要给出额外时间，或者为学生提供额外帮助。例如，考特妮的学生参与写作工作坊时，她会确保学生拥有成功所需的工具。虽然墙上就张贴着字母表，但考特妮还是会发给一些学生个性化的字母板以及个性化的单词表，以便让学生写作时使用。她还根据学生书写能力的不同，发给他们不同的练习册。例如，在一节课中，考特妮给学生们读了《噼噼、啪啪、哞哞——会打字的母牛》（Cronin，2000）一书。书中农夫布朗的几头母牛发现了一台打字机，并用打字机打出了它们的要求。然后，孩子们要思考，如果毛毛（他们教室里的绒毛玩具鼠）会写字，他会有什么要求。随后的作业就是写出一个字母，解释毛毛想要的东西。一些孩子画了一幅画，并在空白行中写出了句子。另外一些孩子可以按照一个"模板"来写，这样就简化了任务（见图 8—1）。差别化的作业增加了所有孩子成功的机会。

另一个差别化的作业来自卡罗尔·汤姆林森（Tomlinson，1999）：

> 今天，（坎宁安小姐所教的一年级）学生要到学习中心学习复合词。学生的姓名已经在学习中心列出，每个姓名旁边标有一种颜色，共分四色。每个学生都用一个和他/她姓名旁边颜色一致的文件夹来学习。例如，萨姆的名字旁边标有红色。他使用红色文件夹中的材料，必须判断出一对单词的正确组合顺序，然后合成一个常用的复合词。他还要制作一个招贴，写出每个简单词以及它们所组成的复合词。詹娜使用蓝色文件夹，她要在教室里和书里寻找出复合词的例子，还要把这些词在一本小册子里写出来并标明意思。提华用紫色文件夹，她要用自己所造的复合词写一首诗或者一个故事，这些复合词要使诗或

亲爱的贝尔老师：

毛毛＿＿＿＿累了＿＿＿＿

他想要＿＿＿＿沙发＿＿＿＿

学生＿＿＿＿＿＿

敬上

亲爱的贝尔老师：

＿＿＿＿毛毛需要一个朋友＿＿＿＿

＿＿＿＿他才能快乐＿＿＿＿

学生＿＿＿＿＿＿

敬上

图 8—1　考特妮的差别化作业

者故事更有趣……狄龙会在他的绿色文件夹里找到一个教师写出来的故事，里面的复合词有正确的，也有错误的。狄龙要当一名单词侦探，在复合词中找出“恶棍”和“好人”，再把这些词列在一张表上……把错误的词改过来。

另一种增大成功可能性的办法是使教学方式多样化，这样具有不同优点和特长的学生对授课就享有了同样的机会。为数众多的学校都已经根据霍华德·加德纳（Gardner，1995，1998）的“多元智能”理论开设了不同课程。加德纳认为，人们至少有八种类型的智力能力。（表 8—2 列出了这八种类型。）传统上，学校历来强调语言和逻辑—数理方面的智能发展（并偏爱在这两方面比较有优势的学生），而忽视、低估了其他类型的智能。虽然加德纳没有提出一种实施多元智能教育的“正确方法”，但是他建议教师用不同的方式讲授不同的主题，这样就能让更多的学生学会知识，更多的学生就能体验到“专家的感觉”（1995，p. 208）。芭芭拉把这个建议放在心上，为课程单元规划出了范围广泛的活动，包括写报告、木偶表演、壁画展、学生自己动手的展示和实验。正如芭芭拉所言：

我想让所有学生都有机会用他们最舒服的方式学习，但是我也想“拉长”他们，让他们用不那么舒服的方式学习。有艺术天分的孩子应该有机会做壁画展，但是他们也要进行写作！

表 8—2　　加德纳的多元智能类型*

智能类型	描述
语言智能	运用语言表达、欣赏复杂意义的能力，对词汇的声音、节奏或者意义的敏感性
逻辑—数理智能	推理和辨认逻辑和数字模式的能力，计算、量化、考虑命题和假设的能力
空间智能	精确感知视觉世界的能力，以三维方式思考的能力，为自己在空间中导航的能力，编辑和理解图形信息的能力
音乐智能	对音高、旋律、节奏和音调的敏感性，对不同音乐表达形式的创造和欣赏能力
身体—运动知觉智能	运用身体的能力，技巧性地运用物体的能力
人际智能	理解他人、与他人进行有效交流的能力，准确觉察他人不同情绪和感情的能力
内省智能	自我理解的能力，对自己的情绪、感情、欲望、动机等的感知能力
自然探索智能	理解自然、观察自然模式的能力，对自然世界特点的敏感性

* 除了表中列出的八种智能类型，加德纳后来又补充了一种类型，即生存智能（existential intelligence）。——译者注

资料来源：Arends，2008；Campbell，Campbell，& Dickinson，1999。

显然，把所有的智能类型都纳入每一个主题是不可能的，而且加德纳自己也表示，这样做是在浪费精力，也是多元智能理论的一种误用（Gardner，1998）。但是，多元智能理论在让学生以多种方式参与到课业内容方面仍然有提示作用。通过常规性地将涉及两三种不同智能的学习任务纳入你的教学计划，你可以为学生提供

更多的成功机会。

此处还要提出另一种重要的关于学生成功的考量标准。要记住，学习新事物的过程经常涉及暂时的失败，挫折也在所难免（Alfi，Assor，& Katz，2004）。你要允许学生在课堂这种安全的环境下体验暂时的失败，这一点很重要。

教会学生制定合理的目标、评价自身表现

一些孩子认为，考试少于 100 分就是失败，而另外一些孩子分数刚刚及格就感到满足。你要帮助学生制定合理的、可以达到的目标。在开学的第一天，加内塔就让学生写出他们在三年级的目标。这些目标要经过讨论，并张贴在前面的告示板上，每天提醒大家："我想学习怎样写连体字。""我想学会乘法表和除法。""我要努力一直得 A。""我要学乘法。"还有一个新来的学生的目标是"我要交几个新朋友"。肯也这样做，在开学第一天，他会把学生前一年的成绩报告卡和标准化考试分数复印件发下去，并让学生"坐下来仔细思考，然后开始制定目标"。他鼓励学生把目标写下来，然后发给学生一张空白成绩报告卡，告诉他们"想一想每个科目你要得到的分数"。他强调这个过程"刚刚开始"，他们还要继续制定本学年的真正目标。

帮助学生认识努力和成果之间的关系

和霍普利斯·汉娜一样，一些儿童甚至会在尝试一项任务之前就宣布自己已经失败。如果他们的某项作业没有做好，他们就会把失败归罪于自己没有能力，而无法意识到成绩其实与付出的努力成正比。还有的学生太过自信，甚至是自负，他们认为不用付出多少努力就能做得很好。无论哪种情况，你都要给他们讲明努力和成果之间的关系。一有机会就要指出学生的进步，帮助他们看到努力的作用："看，这个星期你把数学作业都完成了，真的很有效果，你这次测验考得多好啊！"

在一次对考特妮的课堂观摩中，我们观察到她教学生在写作工作坊期间如果"卡壳"了该怎么做。写作工作坊进行到这一阶段时，学生还主要依靠画画来帮助表达，考特妮强调这是表现自己想法的一种非常好的途径。但是，有时孩子们很担心自己画得不够好。考特妮把学生集中到画板架前的地毯上坐好，然后开始描述她上次在写作工作坊课上看到的情景。

小作家们，上周我看到了很多精彩的东西。我看见你们在思考，然后把想法写在纸上。我也看见一些人卡壳了，因为他们说："这个太难画了！"因此，今天我要给你们看看，卡壳时该怎么办。

上周，我的窗户开着，我想把它拉下来，但是窗户卡住了。比方说，我想把这件事画下来。窗户很简单。（她在画板纸上画了一扇窗户。）窗台上有一些花。（她画了花盆和花。）但是，哎呀，我不知道怎么画自己。也许我要多画一些花吗？不行，我要尽自己的努力。这就是作家要做的事情。（她在窗前画上了自己。）现在，戴维来帮助我了。（戴维是她的未婚夫。）我想画戴维，可是这很难。我是该画更多的花，还是该尽自己最大的努力呢？（孩子们告诉她要尽最大的努力。）好的，我要努力。（她画出了戴维。）咦，这很好嘛！（她转身面对学生。）你们看见我在尽力吗？这样做很聪明。作家就是这样做的。转身面向你旁边的同学，告诉他们你在卡壳时会怎么做。（孩子们告诉对方他们会尽最大的努力。）好的，小作家们，抬头看我。我听见很多人说："我要尽最大的努力。"太棒了。

提供有效的信息反馈

有时候，把作业交给老师就像把它投进一个黑洞里。作业本在教师用桌上堆成了小山，而学生们都清楚，那些作业再也不会回到他们手上了——不论打过分还是没打分。从学生的角度讲，努力地写好作业，交上去，却没有从教师那里得到任何反馈，这让人非常愤怒。但是，没有学习反馈还不只是令人愤怒的问题，这也不利于强化学生的动机和提高学生的成绩。《新教师评估研究》（Fisher et al.，1980）记录了给学生提供反馈的重要性。

> 一项特别重要的教学活动就是向学生提供反馈（让他们知道自己的答案是对是错，或者把正确答案给出来）。应该尽可能频繁地向学生提供学习反馈。如果提供了更加频繁的反馈，学生就会更加注意，学会的就更多。比起其他教学行为，学习反馈与成绩的联系更加密切、更加稳定。(p. 27)

如果你在学生做作业的时候来回巡视，就能给他们的表现提供即时的反馈。你可以抓住他们的错误，帮助他们解决问题，确认正确的、考虑周全的答案。正如维维安娜评论的：

我总是在我们班的孩子们做作业的时候进行批改，那是解释和改正错误的好时机。如果孩子们不理解第一个问题，那么其他的问题也会做错。这种做法也使学生可以把作业带回家，让家长看到他们的作业情况。在学生写的时候批改作业，也意味着我不必每天晚上把大叠的作业带回家去，而我就能用晚上的时间备课。

有时，学生做作业的同时你不能监督和改正。在这种情况下，你就要在学生交上作业之后立刻批改，并且尽快返还。你可能还要让学生自己检查作业，肯认为这种做法会带来很多教育上的裨益。

如果我批改作业，我就把所有重要的工作都做了——编辑、问题解决、错误分析。孩子们应该做这些事情，或者至少我应该在他们面前去做。他们通过改正自己的错误会学到最多的东西，不能只读别人的评价。而且最重要的事情是一定要经过讨论。我更愿意让学生一起讨论和改正作业，或者以阅读小组、数学小组为单位，或者全班一起。我告诉他们："今天 14：00 点要准备好分享你们的报刊文章。"我们讨论他们做的东西，这个反馈时段就变成了作业的延伸。

一些教师还鼓励同伴间的反馈，这种做法可以促进学生之间互相学习，并减少教师的工作量。即使是幼儿园学生，也能学会这种做法。例如，当考特妮的学生开始学习"为读者写作"（也就是指使用常规的字间距和拼写方法，以便让读者理解所写的是什么）的时候，考特妮教学生在读不懂自己同伴写的东西时该怎么说（例如："你的字都挤到一块儿了，我看不懂"，或者"你没有写出足够的读音，所以我不懂这个词的意思"）。考特妮相信，学生们从学校教育经历的开始就学会向同伴提供反馈是很重要的。

如果你决定利用同伴反馈，则要当心一些固有的问题（Latham，1997）。首先，学生没有经过适当培训，可能无法提供高质量的反馈。例如，在给书面作业提供反馈的时候，学生会对诸如句法错误等"低级问题"作出反应，而不关注中心思想的展开这样更实质性的问题（Ching，1991）。这就是为什么教师的示范至关重要。其次，虽然列夫·维果茨基（Vygotsky，1978）坚持认为，与更有能力的同伴的交流能帮助学生在他们的最近发展区学习，但是全班范围的同伴反馈制不可避免地要求一些同学从不如他有能力的同学那里接受反馈（DiPardo & Freedman，1988）。最后，一些学生并不珍视来自同伴的反馈。一项研究（Zhang，1995）发现，在母语不是英语的学生中，绝大多数人更愿意接受教师反馈，而不喜欢同伴反馈。

不管你在学生做作业时进行批改，还是在家边喝咖啡边改，或者和学生一起批改，重要的一点都是学生需要知道他们自己的进展情况。还有一点也很重要，应该根据绝对标准，或者该生过去的成绩对他进行反馈，而不能以同伴的成绩作为标准（Brophy，2004）。因此，你不能说“祝贺你！你的分数排在全班第6”，而要说“祝贺你！你从上次测验的79分上升到了本次测验的87分”。同理，你可以指出学生的强项和弱点，附一张便条鼓励他继续努力（“你已经牢固地掌握了奴隶主和废奴主义者这两个方面的主张，但是还未能了解奴隶本身。把这一章仔细读一遍，再加上一段话，使你的陈述更加全面。”）。

为受挫的学生提供特殊的激励支持

对于学习能力有限或者有学习障碍的学生来说，在校学习就是一种不断挣扎的过程，挣扎着跟上其他同学，挣扎着保持热情和动机。这样的学生不仅需要指导性的帮助（例如：个性化的活动、额外的学业帮助、解释清晰的作业、额外的时间），还需要特别的鼓励和动机支持。遗憾的是，教师有时候会采取反能产的行为模式，表达出对学生较低的期望，从而强化了学生认为自己必然失败的观念。表8—3列出了此类行为的一些具体表现。

表8—3　　教师可能表达较低期望的方式

1. 成绩差的学生回答问题时，教师等待时间较短，之后立即给出答案或者提问下一名同学。
2. 把答案直接告诉成绩较差的学生，或者提问下一个同学，而不是帮助他们理解问题。
3. 对不适当行为或者不正确答案给予奖励。
4. 更频繁地批评成绩差的学生的失败。
5. 不经常表扬成绩差的学生的成功。
6. 很少注意成绩差的学生。
7. 安排成绩差的学生坐在离教师较远的位置。
8. 对成绩差的学生的要求低于他们的实际能力。
9. 与成绩差的学生交流时不太友好，较少注意他们，较少对他们作出反应，目光交流较少。
10. 对他们的问题给出的回答较为简短，信息较少。
11. 较少采纳成绩差的学生的想法。
12. 把成绩差的学生限制在低水平、重复性的课程上，强调训练和练习任务。

资料来源：Brophy，2004。

正如布罗菲（Brophy，2004）指出的，有一些差异是由学生行为造成的。例如，如果学生参与讨论时意见不相关或者不正确，教师就很难采纳他们的观点。此外，适当的因材施教和不适当的区别对待的界限很模糊。用更容易的非分析性问题提问学习差的学生也许对授课有好处。然而，监控你施加这些行为的程度更加重要，你还要不断思考你向学习成绩差和有学习障碍的学生传达的信息。如果你发现自己正在实施的行为很多都出现在表 8—3 中，那么你可能“只是在形式上给成绩差的学生进行了指导，而没有认真地努力帮助他们发挥潜力”（Brophy，2004，p. 129）。

对课堂中性别偏见的研究揭示，教师也可能对女性学生传递较低的期望（Sadker，Sadker，& Zittleman，2009）。因此，要监督自己与女同学和男同学的交流，确保自己不对这两类人群发出某种无意的信息，这一点十分重要。

提升学生对成功价值的认识

回忆一下，五位教师班里的学生都强调“好老师”应该以激励的方式进行授课。一位学生写道：“并非所有的事情都有趣……但是老师总会有（使教材）更有趣、更有挑战性的办法”（见第一章）。这位学生本能地知道，学习动机不仅取决于对成功的期望，还取决于学生对任务的价值，或者成功完成任务、掌握技巧所带来的回报的认识。还记得萨蒂斯凡·萨姆吗？他看不到课程作业的价值，因此他虽然知道自己会成功，却很少投入努力。由于像萨姆这样的学生不太可能对教师要他努力学习的劝告作出反应，因此教师面临的挑战就是找到某种方法，让他们相信那些功课具有（1）内在价值（做好功课会带来乐趣），（2）实用价值（做好功课会提高他们的个人目标），（3）成就价值（做好功课会证实他们的自我信念或者满足他们对成就、理解、技巧掌握和名誉的需求）（Brophy，2004；Eccles & Wigfield，1985）。

我们来思考一下教师可以用来提高学生对成功价值的认识的一些策略。

把课程和学生的生活联系起来

一项对第一年从教的教师使用的动机策略的研究（Newby，1991）证实，如果教师提供了完成某项任务的理由、把课堂内容和学生的个人经历联系起来，那么学生们就会有更多的课堂参与。遗憾的是，研究也发现，第一年从教的教师只是偶尔才运用这些“相关策略”。

观察我们的五位教师就可以发现，他们提供了很多把学习任务和儿童生活联系在一起的例子。例如，在数学课上，芭芭拉经常用她学生的名字和兴趣爱好编一些应用题：“马克喜欢收集棒球卡。他的收藏品价值 57.85 美元。他新买的 5 张卡价值 6.35 美元……”肯的学生写作文的时候，题目都来自学生自己的生活。他让学生们写自己擅长什么、能教别人哪些东西、他们对学校有何感受。维维安娜和加内塔通过让学生制作教室和居住地周围的地图来讲授认识地图的技巧。加内塔的学生还会做游戏，写出自己家的位置，然后读出来，学生试着猜出那是谁的家。

对于考特妮的幼儿园学生来讲，“坐校车上学是一件大事”，因此，今年考特妮围绕着校车设计了一个主题单元。学生们会记“校车日记”，并且在其中记下有关校车的问题，然后把答案记录下来；他们数了校车座椅的数目，测量了轮胎的周长；他们用乐高和积木搭建汽车；他们使用真实的汽车零件创作戏剧演出的背景；他们还做了汽车拼图，并在艺术中心画了汽车图片。

如果学生不是来自主流文化背景，那么教师必须特别努力，把学习内容和来自学生自己的文化的指称物结合起来，也就是格洛丽亚·拉森-比林斯（Ladson-Billings，1994）所说的文化关联教学。这种做法不仅能帮助填补两种文化之间的沟壑，还能使这种文化指称物本身得到研究。卡特·福尔谢（Carter Forshay）是一位二十七八岁的非裔美国人，他的故事就是一个很好的范例（Ladson-Billings，2001）。作为第一年从教的老师，卡特的责任是培养他所教的三年级学生的读写技能，这些学生都是非裔美国人。令他沮丧的是，他发现学生“绝对讨厌写作”（p. 19）。

> 每次卡特想出一个令人兴奋、使人鼓舞的题目用来写作的时候，他的学生都畏缩不前……“嗯，唔——福尔谢老师，我不想写这个。”“作文太难了。”“我没什么可写的，你为什么要让我们写这玩意儿呢?”“为什么不让我们做练习册？我们会做练习册！”（p. 19）

得知学生喜欢音乐，卡特断定“把孩子们和音乐联系在一起也许是把他们和写作联系起来的办法”。于是他选了一张小号手温顿·马萨利斯（Wynton Marsalis）的CD，其中一首歌是《蓝调插曲：甘蔗和甜甜派的苦乐传奇》（Blue Interlude：The Bittersweet Saga of Sugar Cane and Sweetie Pie）。和《彼得与狼》一样，《蓝调插曲》中的各种旋律也能反映出特别的人物性格。

> 第一节课，卡特播放了那张CD，随后问学生曲子中人物的行为都是什么，他们对人物的行为和感情有什么看法。此后，卡特鼓励学生轮流扮演角色，相互交流。

虽然卡特的学生开始很不情愿做角色扮演，但他们最终还是越来越有热情，越表演越有戏剧性。卡特让学生记下这一段中人物的性格，并结束了第一节课。

在那之后的几天里，学生们把他们创作的故事大致讲述了出来，编出了对白，写出了稿子，还配了插图。正如拉森-比林斯评论的那样：“本来没有人认为这些学生会写东西，现在他们却成了作家。”（p. 21）

提供选择的机会

保证学习活动与个人兴趣相联系的一种最显而易见的方式是向学生提供选择的机会。此外，研究表明，当学生体验到享有自治权和自决权的感觉时，他们更有可能受到内部动机激励（Ryan & Deci，2000b），更有可能建立与学校的“纽带”（Roeser，Eccles，& Sameroff，2000）。

规定的课程以及高风险的标准化考试大大削减了选择的机会，但总可以为学生找到完成作业的替代方式。研究者询问了36位教师，看他们给学生提供了什么类型的授课选择（Flowerday & Schraw，2000）。虽然选择类型根据科目和年级水平而不同，但是教师们基本上都同意6种类型的选择：（1）研究的主题（用于研究论文、课上项目和演示）；（2）阅读材料（题材类型和作者选择）；（3）评价方式（是考试还是期末项目）；（4）活动（是读书报告还是微缩模型）；（5）社交安排（是两人一组活动还是小组活动，以及成员选择）；（6）程序选择（何时测验、以何种程序研究既定题目，以及家庭作业上交时间）。教师们还表示，他们相信让学生有选择权使他们有了主人翁和自主的感觉、有了兴趣和热情，从而对学生动机有积极的影响。但是，即使教师有这样的信条，他们还是会倾向于将选择权作为一种对努力学习和良好行为的奖励，而不是作为一种培养努力精神和良好行为的策略。因此，教师们更可能给已经自律的学生选择权。

很容易理解为什么教师会给已经表现出负责任、有动机、行为适当的学生选择权。（当然因为这更加安全！）但是我们坚信，教师对待萨蒂斯凡·萨姆这样的学生时需要更主动地向他提供选择机会。事实上，研究表明，给有情绪和行为障碍的学生提供选择机会是增加参与度和适当行为的有效方式（Jolivette，Wehby，Canale，& Massey，2001）。思考一个假设的个案（Jolivette，Stichter，& McCormick，2002）：艾萨克是一个七岁的一年级学生，有情绪和行为障碍。艾萨克的教师报告说，他的数学在学年水平之下，在独立作业时不听从安排、经常分心。他经常把数学练习册撕掉，扔在地板上，语言干扰坐在旁边的同学，在教室里走动，不写作业。鉴于这些问题，他的老师剥夺了他诸如自由时间等特权，并把他的课桌从同伴中搬离。结果，艾萨克的不当行为却不断升级。

虽然一些教师相信，艾萨克"不配"拥有选择的机会，但是如果我们把给出选择看作一种激励策略而不是一种奖励，那么我们就会看到选择可能起到的作用。选择有很多可能性（Jolivette，Stichter，& McCormick，2002），例如，可以允许艾萨克自己决定何时开始写数学练习册——是在完成自己每天的班务任务（整理作业本架和削铅笔）之前还是之后。还可以允许他在做数学题时选择进行 30 秒钟的"迷你间休"，这在他觉得作业困难时尤其有用。艾萨克还可以自己决定自己想要用的书写工具（铅笔、钢笔或者彩色铅笔）和橡皮，以及想在哪里就座。如果练习册作业超过一种，他还可以决定完成作业的顺序。这样的选择权可能会给艾萨克提供一种让他感到踏实的可预期性，让他觉得自己可以对环境有所掌控。

教师要表现出对学习和教材的兴趣

在芭芭拉把小说《波普先生的企鹅》（*Mr. Popper's Penguins*，Atwater，1966）介绍给学生之前，她曾公开表示"企鹅是我最喜爱的动物之一"。她对企鹅的热情显而易见——开学第一天，学生的名签上都醒目地印着企鹅图片，一只塑料企鹅"站"在图书角旁，填充玩具企鹅栖息在芭芭拉的书桌上。随着时间一天天过去，班级日历上的日期都被盖满了纸企鹅。

我们的五位老师都展示了这样的热情，这看起来是鼓励学生参与、努力和学习的教师的一个重要特点（Patrick et al.，2001）。经常会听到我们的五位教师这样做出评论，"这一定会非常有趣的"，"这是我最喜欢的部分"，"等一下你会看到下面发生了什么"，"我太喜欢这本书了，能和你们一起分享我感到十分兴奋。"

引进新异/变化的元素

加内塔的学生通过玩"幸运转轮"来做词汇练习。芭芭拉把从超市拿回的广告传单分发下去，并分给每个孩子一定数量的钱，让她的学生去"购物"。维维安娜教描述动作的动词时，她的学生就开始做双足跳、单足跳、拍手掌、齐步走等动作。肯的学生学习取样步骤时，他们利用 M&M 巧克力豆，根据小袋包装来推断一个半磅装的袋中每种颜色的巧克力豆有多少个。考特妮的学生使用盐、沙子、剃须乳液、手指画和蜡棒来练习大小写字母。

给学生积极响应的机会

教师经常能边讲课边踱步，而学生只能消极地坐着听课。肯正相反，他的班级在学习概率的时候，学生分成小组，轻轻地把大头针抛出去，然后用曲线图标出有多少头朝上落地的，又有多少头朝下落地（并不是 50∶50）。芭芭拉的学生调好吹泡泡用的水，到教室外面去吹泡泡，然后讨论他们看见了什么、泡泡的手感和样子如何。最后回到教室把这次经历写成诗、散文或者故事。考特妮的学生学习咏唱，并用手势代表字母表上的每一个字母［例如：唱字母 A 时，他们就模仿吃苹果（apple）的样子］。

允许学生创作成品

许多在校时间都用于做练习、操练和实践了。学生练习写作，却很少真正去写。他们练习阅读技巧，但是很少真正去读。他们练习数学解题过程，但是很少真正运用数学。然而，创造出成品能使作业具有真正的意义和目的，增加学生的学习动机。加内塔的学生完成有关太阳系的研究后，每个人都要制作一个八英尺长的行星壁画带回家去。维维安娜的学生学习种子的时候，他们为该地区的学术展览会设立了展台。芭芭拉的学生参加了“发明大会”：他们先发现一个问题（例如，在一个不适当的地方如何给后背抓痒），然后做一个小发明来解决问题。此外，学生还为他们的发明撰写广告，都编辑在一本像西尔斯百货商店的商品目录的书里。肯的学生有写作作业的时候，上交作品的日期叫作“出版日”。那一天，他们通过阅读和讨论自己的作品（当然，还要分享老师发的一些好吃的）来“庆祝自己当上了作者”。考特妮的学生仿照老师给他们读的故事为图书角制作班级纪念册。例如，听过《看起来像打翻的牛奶》（*It Looked Like Spilt Milk*，Shaw，1947）之后，学生要用白色颜料在蓝色的纸上画出图形，代表他们所选择的物品，图画的文字说明也要按照该书的模式编写（例如：“有时它看起来像球棒，但那不是球棒”）。

给学生相互交流的机会

五位教师全都允许学生分成两人或几人的小组来完成任务（这一话题在第十章还要深入探讨）。例如，考特妮的学生有写作工作坊的搭档，他们会相互提供同伴反馈。维维安娜的学生在数学课上两人一组学习，用“接接小方块”来表示两位数。肯的班级里，学生组成模拟小队，直接体验先驱者生活的艰辛。学习营养学时，加内塔的班级被分成几个“食物小组”。芭芭拉的学生因为“拼写可能会很烦”而拥有一位拼写搭档。

提供外在奖励

一些高效管理者发现，奖励学生参与支持学习和学业成就的行为（如注意听讲、积极参与）很有帮助。课堂内使用奖励是根据心理学的原理进行的，叫作积极强化——获得奖励的行为得到加强，因此该行为可能得到重复。虽然奖励并不能直接增加行为或任务的价值，但是可以把行为表现或成功完成任务与有吸引力的、令人渴望的结果联系起来。

奖励可以分为三种：社会奖励、活动奖励和有形奖励。社会奖励是用语言或非语言行为表示你认可和欣赏学生的行为或成就。轻拍一下后背、一个微笑、竖起大拇指，这些都是常用的社会奖励，成本较低且随时可用。

表扬也可以作为社会奖励。但是，为了有效起见，表扬必须具体而真诚。不要说“论文做得很好”，而要试着这么说：“论文显示出你已经牢固掌握了暗喻和明喻的区别。”不要说“你今天上午表现得太棒了”，而要试着说：“你一进教室就摘下棒球帽并马上拿出笔记本，这样的做法棒极了。”具体一些，会使你的表扬传递更多信息，还能帮助你避免日复一日地使用同一些让人生厌的、老套的言辞，这些言辞很快就会失去影响力（例如，“做得好”）。如果把表扬作为强化刺激，那么就要随附在你要强化的行为后。换句话说，行为一发生就要进行表扬，这样学生就会确切地知道何种行为引起了表扬。

维维安娜在门口和一位来访者谈话时，她的学生安静地坐着。她转身回到教室后，对他们说：“谢谢大家刚才这样安静，这很有帮助，这样我就能与约翰逊夫人谈话而不被打断。你们保持安静就是帮助了老师。”

除了轻拍后背和口头表扬，一些教师在认可成就、进步和合作行为方面，确立了更正式的方法。例如，他们会展示学生的作业、颁发奖励证书、在年末校级奖励时提名或者选出“本周最佳学生”。肯把这个项目做了一个有趣的改变。他自己不决定哪名学生当选，而是和学生一起制定当选标准（见图 8—2），然后让学生选举受奖者（这也是和学生分担责任、共同决策的一种方法）。我们问肯，他以什么方式来保证这种每周的选举不会蜕变为人气竞争。下面是他的回答：

“本周最佳学生”是这样一位学生：

1. 作业工整。
2. 完成了家庭作业。
3. 对所有的同学友好。
4. 值得大家信任，为人可靠。
5. 帮助他人。
6. 听从教师指导。
7. 尊重他人的财产。
8. 对人和蔼。
9. 有责任感。
10. 愿意和他人分享。
11. 平等对待他人。
12. 与同学和老师合作。
13. 有自控能力。
14. 不骂人，不顶嘴。
15. 不放弃，总是竭尽全力。
16. 不伤害他人感情。
17. 正确地使用天赋和潜能。

图 8—2 “本周最佳学生”标准

每个周五下午，我们围坐成一圈开始提名。提名必须有行为标准的支持。例如，“我提名保罗，这个星期他帮我做了数学题”，或者“我提名丽希，她跟我分享了她的点心”，或者“她帮助了一位新同学”。当候选人名单完成，每个孩子都会得到一张选票，然后投票。获胜者可以得到一个证书带回家去，而且我们大家都会给那位同学写一张便条，列出他应该获得证书的三点理由。

我们班创立了一条规则，一个人可以连着当选两周，但是直到全班每个同学都获胜过之后才能第三次赢得证书。有时候也许没有被选上的孩子开始感到不舒服了，我认为这也正常。也许他会思考为什么没有入选，并开始修正自己的行为。也许他会为其他孩子开门或者摆齐椅子。我会在私下里和那些没有当选的孩子谈话：你认为自己为什么没有当选？你认为自己要怎样做才能当选“本周最佳学生”？当我看到他开始改变自己的行为时，我一定会指出：“我想谢谢罗伯特，他为所有的人开门。”很好笑，我本想今年也许不再进行“本周最佳学生”选举了，但是全班学生都想进行……而且他们真的选得很合理。

除了社会奖励之外，教师有时还把特殊活动作为对良好行为或成就的奖励。（本节的“实用贴士”中列出了可能具有强化作用的活动。）事实上，弗莱德里克·琼斯等人（Jones et al.，2007）认为，学生喜爱的活动就是最有效的激励因素。他向教师推荐，如果学生表现得有责任感，可以允许学生拥有“偏好活动时间”（PAT）。学生们还可以通过节省过渡时间，以及“在适当的时间带上适当的物品出现在适当位置”获得“PAT奖励”（p. 273）。[有关制定PAT奖励计划的详细建议见琼斯的著作《教学的工具》（*Tools for Teaching*）]

最后，教师可以对良好行为进行有形的物质奖励——曲奇饼、贴纸、证书、糖果、棒球卡以及铅笔。例如，要让芭芭拉的数学班的学生记住交作业十分困难。为了鼓励交作业，芭芭拉会分发一些贴纸，累积之后可以兑换一些特权。加内塔的学生都有用硬纸板做的贴纸文件夹，各种大小、质地的贴纸，你能想到的，她都会分发。除了在班级里分发的奖励，还有一个全校规模的奖励活动，学生只要遵守既定的校规，就能获得点数，点数可以在学校的商店里购买新奇的商品。

实用贴士

作为奖励的活动选择

- 排队时可站在第一位。
- 可以选择一个游戏与朋友一起玩。
- 为全班选择游戏。
- 为教师选择一个给全班朗读的故事。
- 享有十分钟的自由时间。
- 照顾班级的宠物。
- 周末把班级的宠物带回家。

- 把最喜欢的填充玩具放在课桌上一天。
- 和教师一起吃早餐或午餐。
- 给低年级的学生读故事。
- 给校长读故事。
- 独自或和一位朋友一起使用电脑。
- 用耳机听音乐。
- 使用特殊的美术材料。
- 主持游戏。
- 可以有一次不做作业的机会。
- 在特定时间嚼口香糖。
- 在班级游戏时计分。
- 设计一次告示板。
- 与教师进行一次三分钟的私人谈话。

奖励带来的问题

提供外部奖励的做法一直是众多争论的焦点，特别是在物质或者有形奖励的合理性和终极价值方面，教育家们进行了辩论，甚至在五位教师之间也存在分歧。肯、加内塔和芭芭拉都在某种程度上使用物质奖励，而维维安娜和考特妮则不然，她们宁愿仅依靠表扬和赏识。

一种反对观点是，用给予学生物质奖励来换取良好行为等于行贿。这种立场的支持者认为，学生应该为了自身而从事适当的行为和活动。在自习期间学生就应该安静，因为那是应该履行的社会责任；他们应该做作业，这样才能练习课堂上所教授的技能；他们应该学习乘法表，因为他们需要知道。另外一些教育家承认这样的内部动机具有希求性，但是认为在人们不能完全独立地遵循自己的意向的情况下，使用奖励是不可避免的。甚至连两位强烈认同自决与自治的重要性的心理学家理查德·瑞安和爱德华·德西也承认，教师“不可能总是依赖内部动机去促进学习”，因为“教育者想让学生完成的很多任务本身就不令人感兴趣、不令人愉快”（Ryan & Deci，2000a，p. 55）。

另外一个反对使用奖励的观点是，奖励总是企图控制和操纵人们。我们在实施奖励的时候，总是会说：“做这个吧，你会得到那个”——这种方法和我们训练宠物不无类似。实际上，《以奖励来惩罚：金星、激励计划、A、表扬和其他贿赂的麻烦》（*Punished by Rewards: The Trouble with Gold Stars, Incentive Plans, A's, Praise, and Other Bribes*，1993）一书的作者阿尔菲·科恩说，奖励和惩罚是“一枚硬币的两面”（p. 50）。虽然奖励更加令人愉快，但是即使是通过诱惑来控制，它们的“每分每寸也都和惩罚一样要控制人”（p. 51）。科恩认为，如果我们希望青少年成为有自律性、有责任感、有爱心的人，就必须放弃对其进行外部控制的企图，并且应该在充满关爱的教室里给学生提供发展能力、联系、自治的机会。关于科恩著作的更多信息见专栏 8—1。

专栏 8—1　会见教育家

会见阿尔菲·科恩

阿尔菲·科恩著述广泛，涉及教育、父母抚育，以及人类行为等领域。他经常进行演讲，主题包括“更高标准的致命影响”、“用‘A、表扬、贴纸和竞赛’来‘贿赂’学生学习”、“反对竞争的个案”、“教会儿童关爱”、“家庭作业之谜”。《时代》(*Time*) 杂志这样描绘科恩：他“可能是这个国家最敢于直言反对教育只重视等级和考试分数的批评家”。

一些关于动机的主要观念

- “我怎样才能激励这些孩子?”这个问题反映出了一种“控制的范式”，外部控制“宣布了动机的死亡”(Kohn，1993，p. 199)。
- “奖赏能激励人吗？当然，它激励人们去得奖。”(Kohn，1993，p. 67)
- 努力去获得奖励的人们在很多任务中的表现一般要比不努力得奖的人们差。就像惩罚一样，奖励是一种控制，设计用来使学生顺从。
- 与此相反，“3C 策略”① 为“真正的动机”创造了条件：合作（一起学习）、内容（值得了解的知识），以及选择（课堂中的自主）。当学生有机会一起合作，进行以他们的兴趣、遇到的问题和生活中关心的事情为基础的学习活动时，当他们分担责任，决定该学什么、怎样学的时候，奖励就不再被需要了。

网址：www. alfiekohn. org。

还有一个主要的担忧是为使学生按特定方式行动而奖励学生实际上会破坏他们实施那些行为的内部动机。这个问题在莱珀、格林和尼斯比特（Lepper，Greene，and Nisbett，1973）进行的一个颇有影响的研究中得到了探讨。首先，研究者选出了一些在自由游戏中对一种特别绘画感兴趣的学龄前儿童。然后他们单独地和这些孩子见面。一些孩子只是被邀请用该材料来作画即（“无奖励”受试者），一些孩子则被告知他们会因为作画而获得“游戏高手”的奖励（即“预期奖励”的受试者），还有一些孩子得到邀请去作画、做完之后得到了一个意外的奖励（即“意外奖励”的受试者）。随后对自由游戏的观察显示，事先得到奖励允诺的孩子对美术活动的参与程度只有最初的一半，而其他两组的儿童没有显示出变化。

这项研究引发了很多对外部奖励潜在的有害影响的研究。虽然这些研究的结果不尽一致，但这项研究使教育家得出结论：对人们从事本身富于乐趣的活动予以奖励，会使人们继续该活动的兴趣降低。对这一效应的普遍解释是过度合理化假说。它的原理大致是这样的：得到奖励的人们推理认为，因为必须为这项任务设奖（即提供了额外的理由），所以它做起来一定无趣或者不吸引人。换言之，先前被认为是“玩耍”的东西现在被视为“工作”了（Reeve，2006a）。另外一个解释关注的焦点是外部奖励与人们对自主和自决权的需要相冲突。这种解释认为，当个体把奖励视为控制他们行为的企图时，任务中的乐趣就降低了。

外部奖励对内部动机的有害影响已经引发了激烈的辩论，而且辩论仍在进行

---

① 此处科恩提出的三条策略——合作（collaboration）、内容（content）和选择（choice）都是以字母 c 开头，因此称为 3C 策略。——译者注

中。事实上，一些对研究的回顾（Cameron，2001；Cameron，Banko，& Pierce，2001；Cameron & Pierce，1994；Deci，Koestner，& Ryan，1999，2001）就期望的有形奖励的影响得出了完全矛盾的结论。朱迪·卡梅伦（Cameron，2001）认为，可以这样说："如果你完成了作业，而且准确率至少为80%，那么你就能获得购物券，下课后可在学校商店使用。"（完成任务和特定表现水平附随的奖励。）但是下一种说法就不对了："做作业吧，你会获得购物券，下课后可在学校商店使用"（非附随奖励）。与此相反，其他人辩论说，预期的"对参与、完成活动或表现好给出的有形奖励"都对内部动机有害（Deci，Koestner，& Ryan，1999，p. 656）。对语言奖励和意外的有形奖励两方面的评论则比较一致：两组研究人员都得出结论，语言表扬可以加强内部动机，意外的有形奖励不会产生有害影响。此外，大多数研究者承认，当对任务的最初兴趣水平较低的时候，使用外部奖励可以帮助学生建立内部动机（Williams & Stockdale，2004）。例如，小学生可能不会自行发现读书的价值，特别是当书籍有挑战性或者高于他们现有的阅读水平时。你可以在学生初读这些书时提供奖励（如建立读书榜、读完书奖励贴纸），然后在学生开始喜欢阅读这些书籍且语言熟练度和理解能力提高之后逐渐撤销这一奖励。

暂停与思考

你观摩的课堂中是如何使用奖励的？既然你已经阅读了关于外部奖励使用的不同观点，你对自己的课堂上奖励会起何种作用有什么看法？

当今，在使用外部奖励方面，谨慎的态度显然是比较合适的。在你思考是否要在自己的课堂使用奖励的时候，要记住本节"实用贴士"中列出的建议。

实用贴士

奖励的使用

● 对学习任务使用语言奖励可以增加学生的内部动机。显然，表扬可以对内部动机产生积极影响，尤其当表扬比较具体、真诚，又能附随在你要强化的行为之后时。但是要记住，对个人的公开表扬有可能使年龄较大的学生或者来自认为集体成就高于个人的文化的学生感到不好意思。

● 把有形奖励留到学生认为没有吸引力的活动上。如果学生已经很乐于完成某项任务了，那么就不必提供有形奖励。把有形奖励留到学生多半会认为无聊或者讨厌的活动中。

● 如果你要使用有形奖励，那么就要在活动完成之后出其不意地提供这种奖励。这样，学生更可能把奖励视为反馈他们表现、表达教师满意程度的信息，而不是将其视为妄图控制他们的行为。

● 使用期望的有形奖励时要格外谨慎。如果你选择使用有形奖励，一定要确保奖励在任务完成，或达到某个特定的表现水平时给出。如果你只因为学生参与任务就进行奖励，而不管其表现如何，那么一旦撤销奖励，学生就可能在任务上付出更少的时间。

● 确保你选择的奖励是学生喜欢的。你可能会认为动物贴纸非常漂亮，但是如果你的六年级学生并不觉得那是种奖励，那么他们的行为不会因此得到强化。

● 让你的奖励机制简单易行。精密的奖励机制在复杂的教室世界中是不可能坚持实施的。你的机制越奇特，你放弃的可能性就越大。另外，如果奖励过于突出，它们会使更多的实施某种行为的内部原因消退。学生们会更专注于收集、清点、比较他们的奖品，而忽视了对行为原因和价值的理解。

● 思考怎样提供没有奖励的认可。虽然奖励和认可通常可以互换使用，但实际上两者非常不同。奖励是以教师制定的、用来控制学生行为和刺激学生学习的标准为基础的。而认可则涉及重视、批准、描述和承认。例如，你可以不对“优秀作业”给予贴纸或者点数的奖励，而是每天给学生提供时间，让他们思考、记录和分享他们的成就。(如何提供没有奖励的认可详见 Cameron，Tate，MacNaughton，& Politano，1997。)

有效激励成绩差、有不满情绪的学生

如果学生有不满情绪、对学习不感兴趣或者有抵触情绪，那么找到强化学生动机的方法则更令人望而生畏。正如布罗菲（Brophy，2004）评论的那样，这样的学生虽然也知道自己能成功，但是他们会认为学习任务相对没有意义而拒绝参加这样的活动。一些学生甚至害怕学校学习“会使他们变成自己不想成为的那种人”。这种忧虑在一些非裔美国学生中十分显著，也存在于其他有色人种学生中。他们把学业成就和“像白人那样做事”等同起来。多年前发表的一篇具有重大影响的论文（Fordham & Ogbu，1986）描述了一些聪明的黑人学生给学业进步“安装刹车”的情况，他们的做法是不学习、不做作业、逃课、迟到，以及不参与课堂活动。毫不奇怪，拒绝被认为“像白人那样做事”此后便成为激烈争论的焦点，但是近来的一份研究（Fryer，2006）为这一现象提供了经验证据。

鼓励有抵触情绪、成绩较差或者对学习不感兴趣的学生，需要使他们“再社会化”（Brophy，2004，p. 307）。这意味着更稳定持久地、更系统化地、更具个性化地运用本章描述的策略。在这方面，外部奖励可能特别有效（Hidi & Harackiewicz，2000）。当外部奖励吸引学生参与他们原先认为无聊、不相关的任务时，他们“至少有一丝可能”产生真正的兴趣。再社会化还意味着把对学生的高期望值和达成这种期望所需的鼓励和支持结合起来——简单来说，就是向学生表示你把他们作为学生，也作为人去关心。

芭芭拉记起一个“什么事也不想做”却对滑板很狂热的学生。她给我们讲述了她把这个学生和一个同样喜爱滑板的高中生组对后发生的事情。

我给那位高中生打电话，问他的英语老师是谁，这样我们就能通力合作。那个十年级学生和我的学生一起编写了一本名叫《怎样玩滑板》(*How to Skateboard*) 的书。我放学后和他们一起工作，帮助他们把书的内容整合起来。有三件事使这次干预活动获得了成功。第一，和一个十年级学生合作对我的学生来说是真正的推动力。第二，他们能运用科技，这本身就是真正的动机激发因素。第三，他知道我注意到了他并对他很关心才会这么做。在其他的工作中，他也开始表现出更多的自觉自愿。

芭芭拉叙述的事件证明，学生感觉到芭芭拉真正地关心他，这对该生用功学习的意愿是最为关键的，而研究也确实证明了两者之间的关系。正如我们在第一章提到的，有人进行了一项对学生所感受的“好老师”的重要研究（Hoy & Weistein，

2006)。这项研究清楚地证明了，如果教师向学生表示他们关心学生，学生就会作出积极反应，更加关心自己的学习。例如，研究证明，当中学生感到教师对他们的关心和支持时，他们在学习方面更有积极性，更可能参与课堂活动，更可能表现出亲社会的、负责任的行为（Wentzel，1997，1998，2006）。

感受到教师的关心对遭到孤立和排挤的学生以及学业有失败危险的学生尤其重要。例如，安·洛克·戴维森（Davidson，1999）对代表着不同社会经济、文化和学业背景的青少年进行了访谈。数据显示，学生不仅更喜欢和感激对他们表示关心的教师，而且乐于以注意听讲和努力勤奋来回报这些教师。这一点在“受到歧视”的学生的反应中表现得尤为明显，这些学生都面临着诸多“社交界限”，也就是因价值观、信仰和行为方式而引起的学业世界（他们的学校）与社交世界（家庭和社区）的差异。

一个学生描述了激励学生取得成绩的温迪·阿什顿（Wendy Ashton）老师，他评价说：“她不会训斥人，她会和你谈话，然后走开。‘是的，你知道我爱你，你也知道我希望你自己能有所成就，所以不要在班里胡闹了。’（p. 361）”戴维森推断，没有面临“社交界限”的学生更能接受比较疏远、不带个人色彩的教师，因为这样的学生基本上把学校当作一个值得信任的机构。但是，当学生面临可能导致孤立和排挤的社会分化时，教师注意、支持、尊敬他们就非常重要了。

正如学生对温迪·阿什顿的评价所给出的启示，这种关心并不只是制造一种“温馨融融”的气氛，而更意味着教师应当做一位“温暖的要求者”，即一位可以“为在心理和社交方面被遗弃的孩子提供讲求实际、严肃认真、结构有序、纪律严明的课堂环境的教师”（Irvine & Fraser，1998）。在一项历时三年的研究中，研究者对两个学生人口多样化的城市学区进行了观察，发现了一小组这样的教师（Corbett，Wilson，& Williams，2005）。两个学区都竭尽全力地寻找方法，努力消除低收入和高收入家庭的学生在学习成绩方面的差距。研究者对家长、学生、教师和管理者进行了访谈，并抽样观摩了每所学校各年级几位教师的课堂。他们的观察和访谈发现了一个教师群体，这些教师无论如何都不会让学生失败。其中一位就是富兰克林（Franklin）老师，一位非裔美国人，教六年级，所在学校主要为有色人种学生服务。富兰克林老师认为，很多教师放弃了自己的学生，对他们无所期望，如她所言：“孩子不是问题，只是成年人在找借口。”富兰克林老师没有给她的学生提供学习不好的借口。她的评分政策是，任何学生作业如果成绩低于C就要重做。有趣的是，对学生的访谈发现，他们不但不反感这种严格的评分政策，反而对此非常欣赏。一位学生报告说：“我的老师从来不让人满足于D或者E，她不让人就此罢手，她教育了我们。其他老师不在乎你做什么，他们为了让你考试通过而通过。在这个班，我超越了自己。”（p. 10）

总结评论

一段时间以前，一位教育心理学教授告诉我们，如果未来的教师知道怎样强化学生的动机，那么学习课堂管理就是不必要的了。虽然我们认为他的论点有些天真、不太现实，但是我们理解并也同意其潜在前提，也就是说，对当前学习任务感兴趣、乐于参与的学生不太可能做白日梦、捣乱或者不服从管理。换句话说，管理和动机是密不可分的。

在你思考增加学生对成功的期望以及他们赋予任务价值的方法时，要记住，鼓励学生并不是偶尔为之的事情。你要把动机主体当作每个课堂计划不可或缺的部分。所幸的是，本章所讨论的动机策略与当前有关成功授课的思潮一致，都强调学生的积极参与、小组合作学习和使用不同的评估策略（Brophy，2004）。

最后，要记住第三章提出的建议，创建一个更安全、更有爱心的课堂。正如我们曾经强调的，当学生感到教师关心他们的时候，他们更可能在学习上得到激励。用布罗菲（Brophy，2004）的话说："通过与每个学生建立有建设性的关系，你自己就可以成为自己最强大的动机工具。"（p. 380）

小　结

虽然教师应该为强化学生动机负责，但是本章伊始便对"好教师应该使学习有趣"这样的信条提出了质疑。我们认为，这样的目标既不现实也不适当，因为学校教育是有很多限制的——强制出席、指定课程、对个体化有束缚作用的班级规模，以及对高风险的标准化考试的忧虑。

"期望×价值"框架

- 动机取决于（1）学生对成功的期望；（2）他们赋予任务的价值（或者任务可能带来的回报）。
- 如果其中一项缺失，那么就不会有动机。

五花八门的激励策略

- 提供成功的机会。
- 教会学生制定合理的目标、评价自身表现。
- 帮助学生认识努力和成果之间的关系。
- 提供有效的信息反馈。
- 为受挫学生提供特殊的激励支持。

提升学生对成功价值的认识

- 把课程和学生的生活联系起来。
- 提供选择的机会。
- 教师要表现出对学习和教材的兴趣。
- 引进新异/变化的因素。
- 给学生积极响应的机会。
- 允许学生创作成品。
- 给学生相互交流的机会。
- 提供外在奖励。

记住不同的奖励形式：社会奖励、活动奖励和有形奖励。

注意：对人们本身已经喜欢的活动予以奖励，会使人们继续该活动的兴趣降低。

仔细考虑何时以及如何使用奖励。

有效激励成绩差、有不满情绪的学生

- 要敏感地发现一种可能性：有色人种学生可能害怕因努力学习而被指责"像

白人那样做事”。

● 要认识到，有抵触情绪、对学习漠不关心的学生需要知道你关心他们。对学生所感受的“好老师”的研究证明，学生需要能确保他们完成作业、维持秩序的老师，需要乐于帮助他们、清晰地解释作业、授课方法多样的老师，需要乐于花时间把他们作为个体去了解的老师。

● 用本章所描述的策略，以更加持久、系统的方式表现你对学生的关心。

通过努力确保学生积极参与学习活动，你可以避免很多管理方面的问题，这些问题往往在学生感到厌烦或受到挫折时产生。管理和动机是紧密相连的。

技巧培养活动与反思

课上活动

在下面的两段事例中，教师都指导了活动。以小组为单位讨论，他们如何才能让学生参与到计划、指导、创作或者评价中来。

1. 彼得斯老师认为她的四年级学生刚刚完成的民间故事单元可以变成班级学生上演的喜剧。她选择了保罗·班扬和皮格斯·比尔的故事来改编为戏剧。彼得斯老师分派角色和指定学生绘制背景的时候，大家兴奋极了。老师写出了剧本，发给学生带回家去背下来。她请求家长帮助制作道具服装。经过三周的练习，该剧为低年级学生和家长上演了。

2. 威金斯老师想让他的六年级学生了解一下古代文明。他布置了一个分为五部分的大作业。学生必须：研究四大文明（埃及文明、美索不达米亚文明、印度河流域文明和商代文明），写一份著名考古学家霍华德·卡特（Howard Carter）的传记，描述三座金字塔（阶梯金字塔、大金字塔和塞所斯特里斯二世的金字塔），简要介绍五大国王（汉谟拉比、图特摩斯三世、拉美西斯二世、大卫王和尼布甲尼撒）的统治，制作一个金字塔模型。他给全班四周时间完成作业，然后收上来计分，并在学校的图书馆里展览。

独立活动

采访一位有经验的、管理有效的教师，他或她认为哪些动机策略对有不满情绪和抵触情绪的学生特别有效。

载入档案袋

1. 设计一份作业，让处于各成绩水平的学生都能体验到成功的感觉。例如，任务可能在复杂程度和你提供的组成材料的用量上有所不同，任务可能是开放性的，允许各种不同的回答，也许要求学生使用不同的参考材料，或者允许学生选择不同形式来展示他们对材料的理解（例如：报告、海报或者角色扮演）。参看本章前面汤姆林森（Tomlinson，1999）提供的范例。

2. 自选一个科目的主题，设计一节课或者一个活动，至少用上一种提高学生对成功价值的认识的策略。例如，你可能会把材料和学生的生活联系在一起、向学生提供选择机会、允许学生和同伴一起工作，或者允许学生创造最终的产品。

第九章

独立作业的管理

课上自习：作业该留多少、留什么，为什么？
独立作业的缺陷
有效独立作业的设计和实施
总结评论
小结
技巧培养活动与反思

独立作业是小学里一种常见的教学活动。（一些人会说，独立作业过于平常，我们不久会讨论到这种观点。）在独立作业时，大多数孩子都独立地完成学习任务，其间教师可以会见单个学生或小组。我们将用整章的篇幅讨论这种教学环境里存在的问题，因为独立作业管理对新教师来说尤为困难，甚至对于有经验的教师而言，独立作业也因其一系列的缺陷而具有挑战性。要想避免这些缺陷，就必须很好地了解它们。

说实话，本章的内容几乎没有人写过。独立作业也被称为课上自习①，而这一术语本身就带有负面含义，尤其对于支持学生积极参与和合作的教育者来说。实际上，当我们和考特妮、维维安娜、加内塔、芭芭拉以及肯坐下来讨论他们对独立作业的看法时，我们发现他们的意见分歧很大。一方面，肯告诉我们他每天都有课上自习："我以小组为单位讲授数学和阅读，特别是考虑到我们班级构成的多样性特点，我觉得没有别的方法可用。这意味着班级的其他同学必须独立学习。如果你要实现个性化授课，课上自习不可避免。"肯认为关于这个话题的章节"对新教师来说是无价之宝，令人着迷"。

另一方面，平时轻声细语、非常温柔的芭芭拉对此则表示非常反感："我太讨厌课上自习了！我认为有理由尽量避免课上自习。我不知道你们为什么要在书中加上这么一章。"同样，加内塔和维维安娜称，她们从不使用课上自习的方式，因此不能为本章作出什么实际贡献。正如加内塔所说的："如果你写这样一章，这就不关我们的事了。"最后，考特妮告诉我们："我认为在幼儿园

① 课上自习在英语中叫作 seatwork，字面意思是"在座位上做的作业"。传统上，课上自习时学生被禁锢在自己的座位上，不能与同伴交流，这不利于合作学习，因此说该词具有负面含义。——译者注

里让学生长时间地坐在座位上进行课上自习就他们的发育程度来讲是不合适的。”对这四位教师而言，课上自习显然意味着“填空”。这个术语本身就构成了一幅图景：百无聊赖的孩子们孤独地坐在自己的书桌旁，消极地做着乏味的、重复性的练习册。

我们讨论着、解释着、分享着有关课上自习的无聊的或有用的事。最终，我们意识到，我们大家的意见并没有本质性的差异。我们都同意有时候教师需要布置独立作业，这样他们就能单独会见某个同学或某个小组（虽然五位教师关于独立作业时间的意见分歧很大）。我们也都认为，很多时候课上自习变成了写家庭作业，时间又往往过长，而且很多教师都把它当作积极教学的替代品。最后，我们一致认为，教师要提供能够促进有意义的学习的独立作业。

本章检视了肯、芭芭拉、考特妮、加内塔和维维安娜致力于使独立作业变得有价值、吸引人的方法。我们还将讨论课上自习给教师和学生带来的独特的挑战，并提供应对这些挑战的建议。为了给这些讨论打好基础，我们将从考虑三个问题入手：(1) 关于学生在课上自习中所用的时间量，科学研究有何说法？(2) 学生在自习期间通常做些什么？(3) 课上自习的目的是什么？在整个讨论中，独立作业和课上自习这两个术语是可以互换使用的。

暂停与思考

课上自习这一术语本带有负面含义，而是否要让学生课上自习的问题也引发了争论。你在学生时期的课上自习经历是怎样的？你观摩的课堂中课上自习的类型有哪些？有人曾经告诉我们，课上自习是一种必要之恶，你的想法是什么？

课上自习：作业该留多少、留什么，为什么？

小学生的独立作业时间量一直是教育者们最关注的问题。例如，一项跨文化研究（Stigler，Lee，& Stevenson，1987）发现，美国的一年级和五年级学生在数学课上51%的时间里通常是独立作业的；与之相比，中国台湾为9%，日本为26%。此外，美国学生的课堂时间仅有46%用于参加教师引导的活动，在中国台湾和日本，该数字为90%和74%。怀着一丝沮丧，调查者得出结论，美国的“课堂组织形式使美国儿童经常一个人留在座位上，独自学习他们理解得不是很透彻的数学材料……”(p. 70)。另一些研究者在考察了给存在学习障碍、情绪障碍或者行为障碍的学生提供的阅读课后，也表达了同样的沮丧之情（Vaughn，Levy，Coleman，& Bos，2002）。研究者综合了1975—2000年16项研究的结果，得出了以下结论：

> 独立的课上自习在阅读课中占主导地位。如果这种自习与加强先前学过的技巧紧密联系，那么它还是有价值的。但是，本研究的发现显示，有残障的学生在阅读课中大约有40%或者更多的授课时间用于独立的课上自习……学生不可能从如此大量的独立作业中获益。(p. 11)

这样的数字促使安德森（Anderson，1985）提出一个问题：“学生进行课上自习的时候到底都在做什么？”答案是，在许多课堂中，学生的课上自习时间通常用于完成练习册和练习卷。实际上，据估计，在一个学年的时间里，一个小学生仅阅读技巧一项中就能完成一千页的练习册和练习卷（Anderson，Hiebert，Scott，&

Wilkinson，1985）！练习卷的绝大部分内容都集中在个别的技能方面，学生仅在较低的认知水平上练习和强化学习。例如，一份典型的一年级阅读练习卷可能让儿童把所有以某个辅音开头的图片都用圆圈标示出来。一年级的数学练习卷则可能让学生做一些印在气球里的基础的加法练习题，然后根据某种提示把气球涂上颜色（例如：如果得数为6，就把气球涂成红色；如果得数是8，就把气球涂成蓝色）。图9—1比较了在德国、日本和美国三种课上自习所用的时间。正如你能看到的，美国学生几乎将所有的课上自习时间用于练习某种程序。显然，如果我们想让学生成为能够独立思考、解决问题的人，我们就要重新思考给学生所留的作业类型。

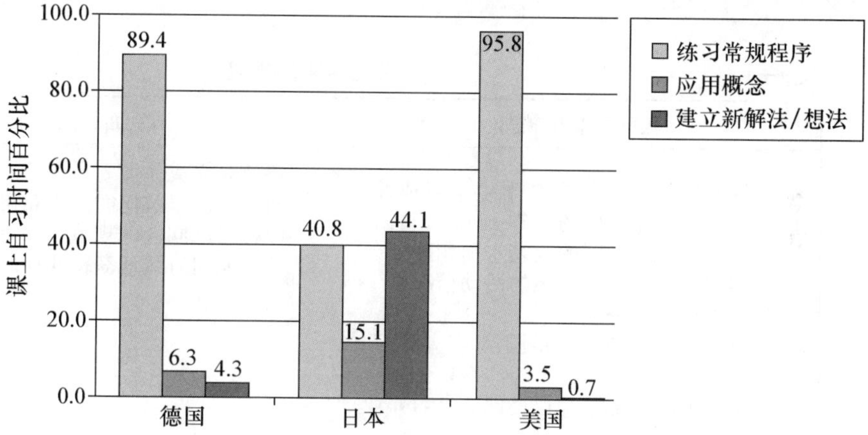

图9—1 用于三种任务的课上自习时间平均百分比

资料来源：U. S. Department of Education，National Center for Education Statistics，Third International Mathematics and Science Study，Videotape Classroom Study，1945－95。

为什么美国儿童要进行如此之多的课上自习？这样做的目的是什么？这些问题的答案取决于我们是以授课的视角还是以管理的视角去看待课上自习（Anderson，1985；Anderson，Brubaker，Alleman-Brooks，& Duffy，1985）。从授课的视角来看，课上自习的目的是给学生一个机会去实践技能、综合和运用新知识，以及培养独立学习的习惯（如学会给自己设定步调、检查自己的作业）。课上自习还能成为教师的诊断工具，帮助检验学生的理解程度（Chilcoat，1990）。从管理的视角来看，课上自习的目的是使学生在一段可以预期的时间内从事安静的任务，而不需要教师的严密监督。正如肯指出的那样，这种组织班级的形式使教师能够和单个学生或者小组一起工作，而且（至少在理论上）可以针对学生的不同需要来调整授课。换句话说，课上自习能帮助教师应对他们课堂中的多样性。

独立作业的缺陷

教师面临的挑战

独立作业给教师提出了独特的管理和授课问题。（表9—1总结了这些问题。）

暂停与思考

幼儿园和一年级教师有时认为很难留出时间进行小组辅导，特别是学年开始的时候，因为那时学生还不是特别独立，也不能阅读，需要持续性的教师支持。我们也知道一年级班级中，教师和小组碰头时，练习卷时常作为一种让学生忙碌起来的方法而占据主导地位。为了让教师能够把注意力转向小组，这些幼小的学生可以做哪些吸引人、有意义的独立作业？

第一个挑战是协调课上自习的授课目的和管理目的，也就是说，选择或创造既能提高学生学习成绩又能让学生独立完成的任务。这说起来容易做起来难。如果任务很简单，可以让学生独自完成（达到了管理目的），那么这些任务可能仅呈现最低的认知需求。如果任务在学业方面要求更高（达到了授课目的），那么学生就可能需要更多的教师支持。

表 9—1　　课上自习带来的挑战

教师面临的挑战	学生面临的挑战
1. 选择或者创造既能提高学生学习成绩又能让学生独立完成的任务 2. 作业应与学生不同的成绩水平相匹配 3. 密切注意班级其他学生的活动情况 4. 让学生保持任务状态 5. 应对学生学习的不同步调（“参差不齐的结尾”） 6. 收取、批改、记录和返还课上自习作业	1. 要独立完成作业 2. 知道如何以及何时可以获得教师帮助 3. 理解帮助同伴的规范 4. 学习如何有效地获得同伴的帮助

遗憾的是，研究表明，许多的学生用练习册在满足管理需求的同时却牺牲了授课功能（Anderson，1994）。国家教育学会下设的阅读教育委员会对阅读练习册进行了分析，得出的结论是很多练习册上让学生进行技巧训练的习题对学习阅读几乎没有价值。该委员会的报告《成为读书之国》（*Becoming a Nation of Readers*）（Anderson，Hiebert，Scott，& Wilkinson，1985）中引用了一个任务，可供思考。

> 阅读下列各句。判断哪个辅音字母使用次数最多。逐次在这个辅音下面画线。
>
> 1. My most important toy is a toy train.（我最重要的玩具是一辆玩具火车。——译者注）
>
> 2. Nancy，who lives in the next house，has nine cats.（住在隔壁的南希有九只猫。）
>
> 3. Will you bring your box of marbles to the party?（你能把你的大理石子带到聚会上来吗？）

正如报告指出的那样，如果儿童已经能读懂这些句子，那么想通过让他们在辅音下面画线的方法来提高阅读能力似乎不会奏效了。另外，如果儿童读不懂这些句子，那么也很难看出在辅音下面画线能对他们的阅读能力有什么帮助。

对教师的第二个挑战是要保证作业应与学生不同的成绩水平相匹配。研究者在六个一年级课堂中对两名成绩好的学生和两名成绩差的学生进行了观察（Anderson，Brubaker，Alleman-Brooks，& Duffy，1985）。他们还与学生谈话，询问自习期间他们在做什么、为什么那样做。他们发现孩子们经常无法成功完成老师交给他们的任务。

> 兰迪连黑板上写的统一标准作业里的字都认不全，而作业还要求抄写带有需要填空的句子，并从备选词汇表里选出适当的词填空。每次观察员看他做这个类型的作业时，兰迪都会“卡壳儿”（这是他的原话），因为不能对关键词进行解读，所以他无法进行选择和继续作业。
>
> 在一项带有九张季节活动的图片的类似任务中，肖恩要把图片剪切下来，粘贴在季节名称上面。他很快完成了任务之后，观察员对此向他进行了询问。他做了八张图片，但只做对了两张。他一个季节名称也不认识，也不太确定人们在哪个季节坐雪橇、放风筝、去露营，或者到户外去游泳。（Anderson，Brubaker，Alleman-Brooks，& Duffy，1985，p. 130）

第三，教师要在与单个学生或者小组一起工作的同时，密切注意班级其他学生的活动情况。认真的监控要求教师具有“一心多用”的能力（Kounin，1970），即一种处理同时发生的情况、不因投入其中一个事件而忽视其他事件的能力。即使是对于最有经验的教师，一心多用也具有挑战性。肯诚实地承认他自己对此事已经担忧多年了。

我曾经请人到我的班级来检验课上自习的学生是否真的在学习。他们通常都说，学生处于任务状态，我听到的学生交谈都是关于学习的。但是如果你和小组在教室的另一头工作，还鼓励学生们互相帮助，那你怎么能真的确定学生在学习？

第四，你要确保学生一直保持参与状态、不失去兴趣、不脱离活动，尤其是在课上自习时间较长的情况下。课上自习要求学生自己在做作业过程中定好步调。因为没有外部信号（比如，教师的问题）来推动学生前进（Gump，1982），所以孩子们会开始混时间、传纸条、梳头发以及削铅笔等等，直到教师提醒学生回到学习中。事实上，研究已经表明，对课上自习的参与遵循着一个可以预测的周期（deVoss，1979）：学生开始做作业、注意力减退、噪声水平升高、教师干预、孩子们继续做作业。这个周期会重复几次，直到一个最后冲刺阶段——学生在自习时间就要过去之前奋力完成作业。

教师面临的第五个挑战是要适应学生学习的不同步调。学生们可能同时开始做课上自习作业，但是他们绝不可能同时完成。维维安娜评论说：“一些学生刚做到第二题，而其他学生已经做到第十题了，这是很常见的。”加内塔告诉我们：“玛丽亚总是一分钟就会完成所有作业，而且如果没有事做她就会大肆捣乱。”肯把达娜和杰西卡作了对比。

达娜总是快速行动，把所有作业都做好，然后就欺负那些还在学习的学生。杰西卡老是因为自己最慢而随时准备大哭一场，但是即使你给她的时间是别人的十倍，她还是完不成作业。

最后，第六个挑战是课上自习的所有作业如何收取、批改、记录和返还——或者如何利用一些不太依靠练习册和技能练习卷的活动。我们曾经观察到，一个二年级的学生在 1.5 小时的课上自习时间内完成了 8 页语言艺术练习卷。由于这个班级有 27 名学生，我们快速计算了一下，这位教师当晚要给 216 张练习卷打分，而且是仅就这一门课程而言！这样大量的案头工作对教师和学生来说都是不堪忍受、冗长无聊的，而且我们禁不住要怀疑所有这些练习卷的教育价值。肯也从环保的角度思考了这些案头工作的问题："这很容易导致使用大量的纸张，如果这些作业并不真的有必要——如果那只是让学生忙起来的作业，而你最后通常也会把它们扔掉，那么你就会有负罪感。"

学生面临的挑战

我们有时候会执着于课上自习给教师带来的问题，而忽略了它给学生带来的问题。在本章的这一节，我们要思考学生在进行独立作业时遇到的四个特别的挑战。（再次参见表 9—1。）

第一，由于不能求助于教师，学生不得不独立完成作业。这样的陈述好像不言自明，但是它却带有几个不甚显而易见的含义。为了完成作业，学生必须保持一种内部动力，甚至在任务令人厌烦、与个人不相关的时候也须如此。在教室这样拥挤的环境中，他们必须让自己不分散注意力，必须对有时不甚明确的指令进行解码，必须监控自己的理解情况，辨别何时自己能理解、何时不能理解。

研究显示，孩子们经常会想出精巧的策略，使自己即使在不理解作业的情况下也能完成任务。例如，他们可能会通过把单词的长度和空格的长度相匹配的办法标出答案、把图片当作答案的提示，或者干脆问其他同学。

> 因为贝丝读不懂要用来回答问题的《每周阅读》（*Weekly Reader*）里的文章，所以她就只是把问题抄下来，然后写出她认为合乎逻辑的答案，也不参考文章内容。有一次她确实查看了文章，寻找一个数词来回答"蟋蟀有多少条腿"。她在文章中碰到了一个词组"五只眼睛"，于是她就把数字"五"抄了下来。（Anderson，Brubaker，Alleman-Brooks，& Duffy，1985，pp. 131-132）

像贝丝这样的学生把成功定义为写出答案、完成作业，即使他们根本不知道作业写得对不对。正如研究目标中的一个学生理查德说的那样："我不知道那是什么意思，但是我做完了。"（Anderson，Brubaker，Alleman-Brooks，& Duffy，1985，p. 132）

独立作业给孩子们带来的第二个挑战是要知道如何及何时可以获得教师的帮助。因为教师通常要与单个同学或者小组进行交流，获得教师的注意就像获得一个正忙于招待其他顾客的商店营业员的注意一样困难（Cazden，1988）。学生必须学会获得帮助的适当方式：他们就只是举起手来期待教师注意到吗？他们可以喊教师的名字吗？允许他们离开座位走到教师跟前吗？他们必须等到教师跟某个小组谈话完毕才能问问题吗？除非获得教师帮助的程序非常明确，否则在作业中遇到问题的学生就会有挫折感，就会脱离任务，或者打搅其他学生。

除了要学会获得教师帮助的适当方式，学生还必须面对第三个挑战——理解和接受帮助同伴的规范。在一些班级里，教师鼓励学生合作学习，而在另一些班级里，给予和接受帮助等同于作弊。后者的情况给学生呈现了真正的进退两难的处境。一方面，学生需要遵守教师的指令——要远离麻烦；另一方面，他们还要成功地完成作业，并帮助有困难的朋友（Bloome & Theodorou，1988）。

学生对帮助同伴的规范的理解和接受也可能受到文化的影响。带有集体主义社会文化根源（例如：非洲、亚洲、西班牙和美洲土著人文化）的孩子可能更重视提供同伴帮助。在集体主义文化中，人们对相互之间的利益负有责任，强调为了共同利益一起努力（Cartledge & Milburn，1996）。因此，来自这样的文化背景的孩子可能会抗拒教师独立完成作业的指令。与此相反的是，来自个人主义文化（例如英语国家）的孩子可能会重视个人努力和自给自足，他们可能会抗拒教师鼓励同伴帮助的努力。

最后，学生面临的第四个挑战是学习如何有效地获得同伴的帮助。即使在允许或鼓励同伴帮助的情况下，也不是所有的学生都能得到帮助，认识到这一点很重要。例如，社会地位较低的学生可能在寻求帮助的过程中遭到忽视，或者最终遭到拒绝。由伊丽莎白·科恩（Cohen，1984）进行的一项研究证实了这种现象。科恩对二年级到四年级的学生在学习中心的学习情况进行了观察。学生们被告知有权请求别人帮助，而他们也有责任帮助向他们求助的任何人。科恩发现，孩子们的社会地位与同伴交流量成正比。另外，学生们交谈和合作越多，他们能从课程中学到的就越多。她得出结论："那些社会地位高的孩子更能从和同伴的交流中得到帮助，进而促进他们的学习。换句话说，富者益富。"（p. 184）

孩子们获得同伴帮助的能力还取决于他们进行"有效发言"的能力。露易丝·威尔金森和她的同事（Wilkinson & Calculator，1982）进行的研究表明，如果学生的要求直接对具体的、指定的听者提出，而且让人听来很真诚（例如，听者认为讲话者真的需要信息而不是已经知道答案了），那么他们更可能从同伴那里得到适当的回答。此外，有效的发言者是灵活而执着的：如果开始的时候没有得到帮助，他们能修正言辞并重复自己的请求。即使是一年级的学生也可以做到具体而执着，下面一例即可证明。

> 埃米：哎，这个，这个词是什么？
> 乔：别问我。
> 埃米：我问问他。这个词是什么（向戴夫发问）？
> 乔：戴夫，你知道这里应该写什么吗？
> 埃米：就是这儿。（几秒钟过去了。）
> 　　　我想让你看看我的卷子。（过了几秒钟。）
> 　　　听听这个。
> 　　　我有这些词。
> 　　　戴夫，我一直没弄明白。
> 　　　戴夫，我一直……
> 最后，戴夫给出了埃米一直询问的词的意思。（Wilkinson & Calculator，1982，p. 87）

有效独立作业的设计和实施

有关课上自习的研究揭示了与独立作业相关的特殊挑战或缺陷。你如何才能规避这些缺陷，或者至少把缺陷降到最低？在本章的这一节，我们将提出七条指导方针，这些方针都是有关课上自习的研究结果以及五位教师的集体智慧的结晶，它们在本节的“实用贴士”中列出。

实用贴士

有效利用独立作业

- 布置清晰、有意义的作业。问自己下列问题：
  - 任务目的是什么？
  - 任务与当前的授课内容是否相关？学生有可能将两者联系起来吗？
  - 学生可能会认为该任务值得去做，还是会认为它很无聊、不值得去做？
  - 任务指令是否清晰且容易遵循？
  - 该任务是给学生提供了练习重要技能的机会，还是让他们能应用正在学习的知识？
  - 该任务是否给学生提供了批判思考或者解决问题的机会？
  - 该任务是否要求阅读和写作？还是仅要求学生填空、画线或画圈？
  - 该任务是要求高水平的回答，还是强调低水平的事实回忆以及“带有操练性和消磨性”的各个孤立的次要技巧？
  - 该任务是否有足够的理由在校完成（例如：是否需要教师的指导）而不应在家完成？
  - 学生能否不用帮助就完成该任务？如果不能，如何提供帮助？
- 作业应与不同的成绩水平相匹配。
- 确保口头指令清晰。
- 监督学生的行为表现，关注他们对作业的理解情况。
- 当学生有困难时，教会他们如何求助。
- 计划应对参差不齐的结尾。
- 找到替代练习册的作业方式（例如：真正的阅读和写作、听力活动、做正在从事的项目作业、学习中心的任务）。

布置清晰、有意义的作业

在一次对芭芭拉课堂的访问中，我们看到她给学生布置了一些查字典技巧的练习卷。后来，我们讨论了这项作业，芭芭拉把她筛选这些练习时的想法告诉了我们。

我想给学生布置他们没有我也能做出来的作业，这样我就能跟那些需要我帮助策划小发明广告（他们进行的一个特别的语言艺术/科学项目作业）的学生一起工作了。首先，我要看看这些练习卷上的技巧是否与四年级的课程目标相吻合，然后要确保图书管理员或者我自己以前曾演示过这份材料的相关内容，这样这份材料就是用于练习和强化，而不是授课。我们以前讲过查字典的技巧，在图书馆的拼写课上讲过，因此这些练习卷上没有新知识。其次，我要检查练习卷的格式，确保学生能熟悉和理解其含义，还要检查指令是否清晰。如果这些卷子令人迷惑不解，就会破坏整个练习的目的。

考特妮也努力确保学生自习用的材料或者进行的活动是学生熟悉并能够理解的。当她和规范阅读小组的学生碰头时，其他学生可以从几个“档案夹游戏”中选择其一，这些游戏都是简单、自制的活动，可以帮助他们复习各种识字技巧。例如，学生可以匹配大写、小写字母，匹配相同开头读音的图片或者押韵单词图片。但是，所有这些内容都必须是之前对全班介绍过的。

我不想在学年的最开始就做规范阅读，这样我就有机会把所有的独立活动介绍给全班。因为孩子们还不会阅读指令，所有的活动都需要事先解释、示范和练习。例如，我们可能会练习匹配押韵的图片。然后，我会用不同韵脚的图片创造新的游戏，但是他们已经知道怎样做了，因为步骤是一样的。我告诉他们："今天我要让你们玩另一个游戏，但是这个游戏和你们做过的其他游戏的步骤是一样的。"

正如芭芭拉和考特妮的评论证明的那样，他们在计划和评价课堂上给学生布置的任务时非常认真。本节的"实用贴士"列出了教师布置独立作业之前要问自己的一些问题。

作业应与不同的成绩水平相匹配

如果你班级里的学生在能力和成绩水平上有很大差异，那你就需要对独立作业进行区分。卡罗尔·汤姆林森（Tomlinson，1999）建议，教师可以从以下几个方面进行区分：作业内容（学生将要学会什么，以及反映这种知识的材料）、作业过程（学生要进行的活动）、作业成品（学生要如何展示自己能理解和能做到的东西），以及/或者学习环境（确定学习基调和期望的条件）。例如，为了讲授分类，你可以带你的一年级学生到大自然里走一下，收集他们将要分成有生命或者无生命的物品。然后他们要按照其他特征分类，如形状、大小、颜色和物品型号对这些物品进行再次分类。一些孩子需要区分实际物体，而其他的孩子——那些识字较早的孩子，可能用物体和标有物体名称的卡片来作区分。一些识字的孩子可能有1～2张卡片，而其他人可能会有很多卡片。由于学生使用的是不同的材料，这也就成为以作业内容区分的例子。

有时，唯一需要的区分就是将大作业分成一系列较小的作业，对那些注意力难以持续的孩子更要如此。思考一下杰伊的例子。杰伊10岁，轻微大脑迟钝，完成数学作业非常困难（Wallace，Cox，& Skinner，2003）。杰伊经常做作业很慢又很零散，频繁脱离任务，常常是练习卷上有30道题而他只能做出6道。为了尝试让杰伊做题的数量增加一些，他的老师把练习卷剪成了6张小卷子，每张小卷上有5道题。杰伊答完一张小卷后，他会受到老师的表扬，然后再发给他一张小卷。杰伊的完成率极大地提高了，而且他看起来还变得很喜欢做数学题了。事实上，有一天，研究者报告说，当老师告诉杰伊完成30道题就可以选择自由活动后，杰伊没有选择自由活动，反而要求做更多练习卷！

确保口头指令清晰

作业一经选择或创造，重要的就是把它解释清楚再放手让孩子们去做。遗憾的是，研究表明，这样的事情并不是总能发生（Davidson，2007；Emmer，Everson，& Anderson，1980）。管理不甚有效的教师经常模糊地给出指令，也不检查确保孩子已经理解了任务。毫不奇怪，其结果就是在孩子们试图猜想要做什么的时候，出现了脱离任务的行为和大量的攀谈情况，频繁打断教师的工作。

此外，琳达·安德森（Anderson，1985）对课上自习的研究显示，即使教师提供了介绍性的解释，他们也不会重点解释课上作业的目的或者应该使用的策略。相反，他们更强调程序性指令。安德森建议教师解释为什么学生应该做他们要做的事情，描述应使用的策略，并提供一些范例。事实上，有关有效指令的研究（Rosenshine，1980）表明，如果教师在允许学生独立作业之前提供一些“指导性实践”，学生就会在作业中少犯一些错误。正如维维安娜所说：“如果我能在学生做第一题时就抓住他们的错误，我就能防止他们在作业中把这个错误一路犯下去!”

在一次对加内塔的课堂访问中，我们观察了她介绍一个要作为独立作业进行的写信活动，届时加内塔要会见一些需要额外帮助的学生。开始，她让学生回忆了一位上周来过班级的访客。

> 加内塔：上周我们有一位访客，金茜小姐，她给我们大家带来了冰淇淋。我觉得应该用某种方式感谢她。想一想我们能为金茜小姐做些什么……我们可以给她寄一张感谢便条，还可以寄一张我们吃冰淇淋的图画。[学生们同意了，并热切地回忆起了冰淇淋（香草口味，上面有巧克力包着的杏仁）。之后，加内塔和学生一起复习了写信的格式。]
>
> 加内塔：好，信中最先写什么？
>
> 学生：信头。
>
> 加内塔：信头中写些什么？爱德温？
>
> 爱德温：先写亲爱的……
>
> 加内塔：不对，这是问候时用的。（停顿，没有人主动回答。）我给你们一个提示吧。（她在黑板上写了一个数字35。）
>
> 学生：要写地址！
>
> 加内塔：好。（她把学校的地址写在了黑板上）下面写什么？下面要写的很重要。
>
> 学生：日期！
>
> 加内塔：对。（她写上了日期）好，我们现在有信头了。下面写什么呢？
>
> 学生：问候语。

用这种方法，加内塔继续复习书信的格式。她把样板格式留在了黑板上，这样学生写信的时候就能参考了。接下来，她告知学生信里至少要有5个句子（不是5行），还解释说要独立完成这封信。她解释了如果学生不确定单词如何拼写该怎么办，回答了学生提出的问题，并告诉学生写完初稿之后让另外一个学生检查。之后，他们要把信的终稿写出来，并画出他们要寄送的图画。她把学生终稿要用的纸张展示给大家，还拿出了画图用的纸和记号笔。

这个事件有一个很有趣的后记。写信活动进行大约10分钟后，一个学生走到加内塔跟前给她看了自己的信。她快速阅读了那封信，把手一摊，并发出了遗憾的一笑，然后就开始低声地对他进行细致的辅导。之后，这名学生得到了一张新白纸，回到桌前重新开始写信。我们很好奇，指令是多么清晰呀，哪里会出错呢？在一个自由时间，加内塔来到我们跟前，告诉我们发生了什么。那个男孩根本没给金茜小姐写感谢信，而是给上周的代课教师写了信，为自己表现不好而道歉！我们得到了一个有益的教训：即使是最清晰、最细致的指令也不能保证所有人都会像你计划的那样完成作业！

监督学生的行为表现，关注他们对作业的理解情况

当孩子们必须自行学习、没有教师就近监督和交流的时候，他们的注意力会分散、失去完成作业需要的动因，这种情况并非罕见。基于这个原因，监督学生的行为对你来说尤为重要。

在下面的事例中，我们可以看到考特妮是如何做到“一心多用”（Kounin，1970）的，即一边监督正在进行独立作业的学生的行为，一边继续和单个学生或者小组一起工作。考特妮“好像背后长了眼睛似的”，能够处理同时发生的情况。

考特妮正在艺术组的桌边帮助两个孩子每人数出 6 块培珀莉金鱼饼干装进小塑料袋带回家去（这是要和他们在幼儿园前 12 天读的书一起带回去的）。其他的孩子正在做六形六色积木，用颜色鲜艳的六边形、梯形、正方形和三角形设计图案。她扫视了一下教室，注意到两个孩子好像在为积木而争论。当艺术组的两个孩子结束了他们的点数任务后，她告诉他们到自己的小柜去装好书包，然后回到座位上，再叫其他两个学生到艺术组来。在这个转换期间，考特妮来到两个争执者跟前，蹲下来轻声地进行干预，然后回到艺术组桌旁接待下面两个孩子。

除了要监督学生的行为，监督他们对作业的理解情况也很重要。回忆一下第七章谈到的参与时间和能产时间的区别。显然，学生只是一直在忙碌着完成作业任务是不够的，他们必须理解自己应该做的事情，并成功地完成任务。

如果你自己也忙于和小组学生的工作，那么监督理解情况就会特别困难。一个方法是在独立作业的前五分钟在教室里巡视一遍，一旦确定学生都理解了要做的事情，就可以召集第一个小组了。还有一个好主意，就是在小组进行讨论时，你可以在教室里巡视，检查学生的进展情况，并帮助他们解决问题。

芭芭拉站在教室前面，讲解着一项写作作业，并宣布她要和一些同学在教师桌边一起学习。她慢慢地走向教师桌，并在各个学生桌旁停一下，确保他们已经开始写作业。在拉里的桌旁，她俯下身子，说：“你应该开始写作业了，把那些东西（他刚才吃剩的点心和从家里带来的玩具）收起来。好，你要写有关什么的回忆呢？（她和拉里讨论了这项写作作业的各种思路。）对，这些都是很好的回忆，可以写出来。好，你已经有了一些想法。现在开始写吧。”她又继续巡视了一些地方，然后坐在教师桌旁，开始辅导两个需要在作业上得到帮助的学生。辅导完这两个学生，她走到一个正在低声说话的学生跟前。芭芭拉让她把课桌转过去，这样就不会对着其他学生。她检查了这个女孩的作业，低声和她讨论作业的进展情况。她绕着教室又走了一圈，看看学生的作文，回答了一些问题，提供了必要的帮助。最后她回到自己的桌旁，另外一个孩子正等着她讨论作业呢。

看着芭芭拉监督课上自习，我们为她们和每个孩子交流时那种安静、慎重的方法所打动。看来这种慎重对学生的成绩非常重要。研究者发现，课上自习期间与学生的接触，如果是私人的、慎重的，那么就会与学生成绩成正比（Helmke & Schrader，1988）。他们为这一研究发现推测出两点理由：第一，其他人可以听见的

评论会干扰每个人的注意力和作业的进展；第二，大声的、公开的评论令人尴尬，对学生的动机和回答问题的意愿都会产生负面影响。

在课上自习期间给学生提供帮助方面，弗雷德里克·琼斯及其同事（Jones et al.，2007）还提出了其他一些建议："表扬、提示、离开"。琼斯认为，教师帮助每位学生的时间不应超过 20 秒。不要质问学生（"我们刚才说第一件事是要做什么"），也不要提供单独辅导，教师应该表扬学生已经做对的事情（"迄今为止做得不错"），给出直接的提示（"照着黑板上的例子做"），之后马上离开。这样，教师就能快速、有效地进行巡视，把学生用于等待帮助的时间缩减到最低。

当学生有困难时，教会他们如何求助

当孩子们在课上自习作业中遇到问题时，他们需要知道该做什么，尤其需要理解怎样以及何时可以获得帮助。有效的管理者通常会确立规则，不允许教师在和小组一起工作的时候被打搅。但是，他们也会说明在接见两个小组之间的时间里，学生们可以获得教师的帮助。他们会告诉学生可以暂时跳过有问题的任务，先做其他的题。

有些教师设计了特殊的制度，学生可以用来表示他们需要帮助。他们会给孩子们一个可以放在桌面上的"帮助"标牌，或者一面小红旗。需要帮助的孩子可以把标牌上的"帮助"字样翻转过来，或者举起小红旗。在一些教室里，学生们到黑板或剪贴板上签名求助。

像这样的制度使你能够定期扫视全班，判断哪些学生需要帮助，以便在适当的时间向他们提供帮助。这种做法比让孩子们一需要帮助就来到你的桌前或者指定接见小组的区域要好得多。我们也曾见过一些教室里允许学生在教师桌前排成长队提问。但这不仅干扰了其他学生，而且对于排队等待的学生也是浪费时间。

除了教会孩子获得教师帮助的程序，你还要向他们讲明是否可以向同伴求助。多数情况下，我们的五位教师不仅允许同伴帮助，而且还会指导学生如何互相帮助。这就给教师提供了不受干扰的时间，使他们得以进行小组授课或与单个学生一起学习。加内塔告诉我们：

> 我相信，学生能从同学那里学到知识。有时候，别的同学教一个概念，学生会理解得更好。我努力让学生尽量一起学习，以避免一些学生枯坐在那里，不知道该做什么，或者打扰我和小组的工作。

为了促进同伴间的帮助，芭芭拉和考特妮教她们的学生说："先问三个同学再问我。"这样明确的鼓励是必要的，因为学生通常很不情愿向同伴求助。有关三、五和七年级学生对向同伴求助的态度的研究（Newman & Schwager，1993）解释了这种不情愿求助的原因：在所有的年级中，学生都认为只有教师才更可能帮助他们学习，而且不会因为他们问问题就认为他们是"傻瓜"。

注意这一点也很重要：所有的五位教师都努力解释"帮助"的真正含义。他们不厌其烦地向学生解释，直接提供答案不算帮助，并且强调抄袭没有用处。正如芭芭拉告诉我们的：

在学年的一开始，我们谈了很多关于什么是帮助、什么是替别人做作业的话题。我们分角色扮演了不同的情况。例如，我们翻到数学书上的一页，我假装不会做其中一道题，并向其他人求助。然后我问全班学生：“那是好好地帮助我吗？那是在解释问题还是在替我做作业？”

虽然所有的五位教师都坚信同伴帮助有价值，但有时候他们也不允许学生互相帮助。在这些情况下，他们会很仔细地向学生解释，基本规则是不同的。

这个学年就要结束了。芭芭拉解释说，学生要写一篇文章，最后收到写作文件夹里。然后，这些文件夹要拿给五年级的教师，让他们看看四年级学生取得的进展。芭芭拉强调，学生必须独立完成：“今天的作业与以往唯一的不同点在于，作业要独立完成。独立完成是什么意思？”（男生回答：“自己做。”）“对，你们不能互相帮助，不能让任何人帮你编辑或校对文章。今天我不想听到任何同伴商议，这是一个不能说话的活动。”

暂停与思考

课上自习中，学生在努力完成独立作业时，一定会需要帮助。通过思考下列问题，想出你对这些学生可以使用哪种制度：即使在你忙于应对其他学生时，你也会让学生到你跟前来求助吗？你允许学生向其他同学寻求帮助吗？学生若需要你或同伴的帮助时应该如何表示？

计划应对参差不齐的结尾

由于学生完成课上自习作业的时间有所不同，他们需要知道做完作业之后该做什么。教师要提供有教育性的活动，但也要保证活动的趣味性。如果学生得知会给他们布置别人不需要做的额外的（或者乏味的）作业，他们就有可能学会混时间或者假装没做完作业。考虑下述事件：

> 在一次对某二年级课堂的访问中，一个参与我们课程的学生汇报，她观察到一个孩子，总是花大部分时间盯着窗外，或者在纸上乱画。这位观察者最终走近那个孩子，问是否能帮上什么忙。令她非常吃惊的是，那个孩子表明自己明白作业内容。当被问起为什么他要盯着窗外而不做作业时，男孩指着离他座位有几排远的一个女孩说：“看见她了吗？她所有的作业都做得很快，但是她一做完，就会得到更多作业。”（Jones & Jones，1986，p. 234）

在我们五位教师的课堂上，有无数活动等着那些先于其他人做完作业的学生。他们可以在电脑上学习、可以自由读书，可以完成额外加分的作业，或者进行新闻写作，可以猜谜、玩智力玩具，还可以用操作性玩具学习，比如七巧板或者六形六色积木。提早做完作业还意味着学生可以继续写正在进行的长期的项目作业，比如社会研究报告、科学实验，或者书评。

找到替代练习册的作业方式

依赖带有商业目的的印制的练习册会导致学生产生厌倦情绪和出现脱离任务的行为。我们的五位老师为学生提供了多种选择来替代“填空”练习。维维安娜的话似乎说出了所有五位教师的心声。

我很少让孩子们做练习册。我实在不喜欢练习册。它们大多会阻碍孩子的思考、没有挑战性，而且单调乏味。一些技巧练习册要求孩子们做的练习太多——孩子们并不需要这么多。如果他们能把前 5 个题做对，为什么还要再让他们做 95 个？这会让孩子们觉得无聊、厌烦。我总是努力给我们班的孩子一些挑战他们思考和自我表达的任务。

我们请维维安娜、考特妮、肯、芭芭拉和加内塔分享一些他们认为有意义的作业，可以让学生在教师和单个同学或者小组工作时完成。他们的一些建议列在表 9—2 中。

表 9—2　　练习册的替代活动

真正的阅读活动（个人默读练习或两人一组的阅读练习）
- 确保学生能接触到各种不同类型的图书（包括漫画书、杂志和报纸）和不同题材（包括运动和车辆）的图书。
- 为独立阅读的行为提供清晰的指令。
- 教会学生如何选择适合自己能力的书籍。
- 建立责任制（例如读书日志和讨论会）。

真正的写作活动
- 对苦苦思索要写什么的学生给出提示和建议。
- 为学生提供多种多样的写作样例以便模仿（例如：戏剧、报刊社论、信件、传记等）。
- 让学生准备专门用于写作的笔记本。
- 特别指定一段时间专门用来写作（如，10 分钟）或者指定特定的写作数量（如，“大约 1 页”）。

听力
- 提供有声读物，这样即使对阅读不太自信的学生也能跟上文本，欣赏更复杂的书籍。
- 每种书提供多个副本，这样小组中的儿童就可以人手一本或与搭档合读一本。

正在进行中的项目
- 把课上自习时间当作学生继续从事长期项目工作的机会。

学习中心
- 思考你的学生怎样才能知道该去哪个中心，每个中心一次允许多少学生进入。
- 思考怎样让学生对自己在中心的学习活动负起责任。
- 设计多种活动，使能力不尽相同的学生都可以从事。

总结评论

我们在本章努力为大家提供了对课上自习存在的缺陷与挑战的一些理解，也提出了避免（至少是最大限度减少）这些问题的建议。在决定课上自习学生要做的活动时、在决定介绍课上自习作业的方式时、在确立指导行为的规则和程序时，我们希望大家把这些建议记在心上。

在你计划课上自习任务时，要记住即使是幼儿也能做有挑战性的、引人深思的活动。例如，我们最近观察了考特妮的幼儿园班级的读写时间。当考特妮会见规范阅读小组的时候，其他学生到各个中心去独立自习。一些孩子到听力中心去听录制的故事并跟着录音看书，一些孩子在读写中心玩考特妮发明的“常用词[1]游戏”，还有一些孩子在图书角浏览他们从班级图书馆借来的图书。正如你所见到的，这些本该在座位上进行的课上自习活动甚至不要求学生坐在座位上！

你在自己的班级使用独立课上自习的程度取决于一系列因素——班级构成的多样性程度、你所教的年级、学区政策、你的学生在没有教师密切监督情况下的学习能力，以及你对全班/小组授课的适当性的信条。实际上，考特妮、维维安娜、加内塔、芭芭拉和肯在使用课上自习方面差异很大。例如，肯总是以小组为单位教授阅读，因为他得出的结论是，这样的做法最能使他和学生对文学作品的喜好相一致。其不可避免的后果是每天不参加小组会见的学生都有课上自习。与他相反，芭芭拉喜欢对阅读进行全班教学。她会选择一个各种成绩水平的学生都能阅读的文学作品，这样，她就不太需要为学生设计课上自习的作业了。

在你决定使用课上自习的程度时，要记住自习的利弊。课上自习最主要的好处是使你能在小组范围内和孩子们一起工作，使教学适应个体需要。最主要的缺点是不在小组中的孩子必须独立学习，没有教师的监督和交流。幸运的是，这个缺点可以通过利用小组学习来缓解——这将是我们下一章的话题。

小　结

如果你计划和个体学生或者小组一起学习，那么你就需要某种形式的独立作业或者课上自习。本章我们讨论了课上自习给教师和学生带来的一些挑战。我们也提出了一些建议，可以帮助教师为学生创造出有意义、适当的作业来替代传统的练习卷或练习册。

独立作业的缺陷

教师面临的挑战

- 选择或者创造既能提高学生学习成绩又能让学生独立完成的任务。
- 作业应与学生不同的成绩水平相匹配。
- 监控班级。
- 布置让学生保持任务状态的作业。
- 应对学生学习“参差不齐的结尾”。
- 自习作业的处理。

学生面临的挑战

- 要独立完成作业。
- 知道如何以及何时可以获得教师帮助。
- 理解帮助同伴的规范。
- 学习如何有效地获得同伴的帮助。

有效独立作业的设计和实施

- 布置清晰、有意义的作业。

---

① 英语中的常用词叫作 sight word，就是指一看到就能马上拼读出来的单词。因为是常见词，所以能够一见到就拼读出来，因此能大大提高阅读速度，从而提高阅读兴趣。——译者注

- 作业应与不同的成绩水平相匹配。
- 确保口头指令清晰。
- 监督学生的行为表现，关注他们对作业的理解情况。
- 当学生有困难时，教会他们如何求助。
- 计划应对参差不齐的结尾。
- 找到替代练习册的作业方式。

考虑好你的学生进行独立作业、与同伴一起学习，以及和你在一起的时间量。在你决定不同类型的组别活动的时间分配时，还要记住各种活动的利弊：课上自习能使你和小组一起学习，使授课适应个体需要，但是这也意味着不在小组里的学生必须独立学习。还要记住具有商业目的的练习册可能让学生产生厌倦情绪，因此要仔细选择课上自习的作业，尽可能找到替代练习册的作业方式。有很多课上自习的资源——你不必自己创造所有的作业。课上自习作业也不必要成为让学生忙碌起来的作业！

技巧培养活动与反思

课上活动

1. 下面所有的技能或概念都可以通过练习卷来复习。以小组为单位，选择其中四项，针对每一项思考一个更积极、更吸引人的课上自习活动，向学生提供复习和强化的机会。

例如，教一年级字母写法的时候，可以用手指在沙子或者食盐上画出字母，还可以用黏土制作字母。

年级水平	技能/概念	练习卷的替代方法
幼儿园	数字“4”	
一年级	辨认常用词	
二年级	两位数加法	
三年级	故事中事件的顺序	
四年级	引号的使用	
五年级	花的构成部分	
六年级	地理术语	
七年级	法语词汇	
八年级	短篇小说中的人物分析	

2. 选择练习册的一页或者找到一张练习卷，复制四份带到班级。以小组为单位，把下面的问题当作指南，仔细研究这张练习卷。如果你发现了问题，那么就提出一些改进建议。

- 指令清晰吗？
- 页面的组织构成是否能帮助学生理解任务？
- 这一活动是否可以强化目标技能？
- 任务是否有意义？
- 附图是起到了帮助学生理解的作用还是分散了学生的注意力？

独立活动

1. 分析你在执教或者观摩的班级的每周日程表，计算出分配给独立作业的时间是多少。在那段课上自习的时间里，观察三名“目标”学生。（试着分别选出成绩好、中、差的学生各一名。）注意每个学生在课上自习时间要求做的活动是什么。（所有同学做的活动都相同吗?）每隔两或三分钟记录学生是处于任务状态还是脱离任务状态。如有可能，让学生说明他们在做什么及其原因。

2. 采访2～4名小学生，了解他们对课上自习的看法。如有可能，选择不同成绩水平的学生。在你的采访中应包括下列问题：

什么科目使用的课上自习最多？什么科目使用的最少？

课上自习何时有用/无用？有趣/无聊？

在班级上自习的时候，教师通常做什么？

教师通常允许你向同伴求助吗？还是必须独立学习？

你的同伴愿意帮助你吗？他们能帮助你吗？

载入档案袋

选择一个年级、一门课程以及一个授课目标（如，“学生将学会书写大写、小写字母”或者“学生将学会区分需要和想要”）。然后，设计三种可以达成授课目标的独立作业活动。区分各项活动，以使成绩较好、成绩一般和学习吃力的学生都得到和自己能力完全适应的活动。简要评价活动，解释活动目标以及你如何区分不同作业。

第十章

小组学习管理

眼睛看着自己的卷子。
不要和邻桌同学说话。
注意听老师讲。
如果需要帮助，把手举起来。
自己做自己的作业。

这些都是传统课堂上的行为规范，在那种环境中，学生很少有机会互相交流、互相帮助、合作完成任务。这些话语是我们对课堂的看法，如此根深蒂固，以至于没上幼儿园的四岁孩子在玩学校游戏的时候都会说这么几句。

这种交流的缺乏是令人遗憾的，尤其在当今的多样性课堂内。有大量的证据表明，小组学习在情感、社交和学业方面都可以带来裨益。与同伴合作完成任务可以增强学生的动机，尤其是对于那些对学校和课堂活动有负面态度的学生而言（Pell et al.，2007）。小组学习通过学生辩论和讨论、相互提问、解释以及对他人作业的评价对学习成绩也有积极影响（Walters，2000）。当孩子们在成员多样化的小组中学习时，他们可以建立起超越性别、种族和民族界限的关系（Kutnick，Ota，& Berdondini，2008；Oortwijn，Boekaerts，Vedder，& Fortuin，2008）。小组学习还有助于将残障儿童纳入普通教育课堂（Johnson & Johnson，1980；Madden & Slavin，1983）。最后，正如雷切尔·罗顿（Lotan，2006）评论的那样，小组学习可以帮助教师创建更有爱心、更加公平的课堂，在这样的课堂里，“学生相互之间成为他人的学习、语言和社交资源，作为个体和小组成员相互负起责任”（p. 525）。

既然有这么多的益处，为什么一些教师仍然不愿意在小学课堂中使用小组学习呢？部分原因是教师既必须负责维持秩序又必须讲完规定课程。在教室这个拥挤而复杂的世界里，如果教师负责讲话、学生负责听课，那么就很容易维持好秩序、讲完规定课程。此外，如果教师所在的学校文化将有序的课堂和安静的教室等同起来，那么小组学习比较吵闹的时候，就会使教师感到不安。思考下面这位实习教师的一篇日记。

> 每次读到有关小组学习的内容时，听起来都那么棒，因此我准备每天都进行小组学习。但当我真的在课堂上尝试时，却开始有了顾虑。我喜欢小组学习带来的学习效果，但是活动时我总是觉得自己不能控制局面。最让我烦恼的是，虽然我自己不介意班级里声音大一些，但我担心校长和其他教师会介意。有几次我们进行合作学习时，有人进来问我是否需要帮助，甚至有人径自告诉我们班的学生保持安静。这真让我生气，我觉得他们唯一能接受的噪声水平就是没有声音。

课堂上高效的小组学习也要求教师的长期付出（Kutnick，Ota，& Berdondini，2008）。成功的小组学习不会自己实现。如果你想让你的学生有建设性地一起学习，那么你就必须周密地计划分组和任务、教会学生规范、提供机会让学生练习所要求的行为，这都需要花费时间。你可能需要注意肯的建议。

如果你想把这件事情做好，就要腾出足够的时间教会学生怎样合作。在一些学校，这可能被视为挪用“完成课程”的时间，特别是在当今这个充满高风险考试和责任制的年代。在实行小组合作学习之前，最好先获得学校管理部门的支持。那样，当你的校长走进教室观摩的时候，他或她就会理解你在做什么、为什么这样做了。你也就不会被责问：“课程指南里面有这一条吗?”

最后，和课上自习一样，小组学习也有自己的一系列缺陷，使教师管理小组学习更加困难。本章我们将讨论那些特殊的缺陷。接下来，我们将利用五位教师的经验以及有关小组学习的研究结果和学术论著来讨论把这些缺陷最小化的方法。

小组学习的缺陷

让我们以思考一位名为汤姆的实习教师的经历作为本节的开始。在一次实习教师的晚间研究会上，汤姆告诉了我们他第一次在他的四年级班级中尝试小组学习的经历。

> 我都等不及要把学生分成学习小组了。我可不想跟我的合作教师一样——她总是满堂灌，从来不让学生一起学习。学生看起来是那么被动，彼此隔绝。虽然她对小组学习没有什么特别的热情，但她还是向我表达了美好的祝愿。我太兴奋了。我敢肯定如果孩子们有机会积极行动、相互交流，他们一定会对小组学习反响很好。我告诉孩子们可以自己选组，我觉得当他们可以跟自己的朋友一起学习时一定会非常有积极性。
>
> 唉，光是分组就够混乱的了。首先我们必须把按排摆放的课桌变为按小组摆放，然后学生就开始大声喊叫，争论谁应该去哪一组。整个过程持续了10分钟，非常吵闹。我的合作教师很不高兴，而我看见所发生的事也很沮丧。我们班的构成可真是复杂——有黑人学生、白人学生、西班牙裔学生、亚裔学生。这下好了，小组最后都变成了种族隔离区，还倾向于组内全是男生或者全是女生。还有更糟糕的呢，我们班有个男孩有学习障碍，还过度活跃，根本没

> 有人愿意跟他一起学习。我最后只得强制一个小组接纳他，但是该组的其他成员都很不乐意。还有一个孩子，非常胆小、害羞，我也不得不也把她强制性地安排到一个小组里。这对他们两个来说都很尴尬。
>
> 终于，我把大家都安顿好之后他们开始做作业。我们当时的授课主题是种子和植物，每个小组都应该规划一个他们最终可以进行的实验，以此证明植物生长所必需的东西。我强调他们要一起学习，保证每个人都为计划作出贡献。
>
> 唉，真是一片混乱。有几个小组做得还可以，但是有一组整个过程都在争论，什么也没有写下来。另一组呢，全是男生，他们决定让科学课学得最好的那个孩子计划全部实验。这个孩子总到我这儿来抱怨别的学生什么也不干。这倒是实情，整个过程中其他的组员就在那儿坐着混时间。另外一组有三个女生和一个男生，这个男生马上夺取了“政权”。他控制了整个讨论过程，那些女生只能坐在那里听他讲该做什么。
>
> 我曾想象大家一起合作、互相帮助、表达想法的场景。但是事情根本就不是那样的。而噪声反而越来越大，一路上扬。我一再用关灯的方式试图提醒他们使用“室内音量”交谈。有那么几分钟，他们安静了一些，但之后声音又大了起来。最后，我的合作教师介入了，她向大家吼了起来。我真感到无地自容。我就是控制不了他们。现在我已经有些厌倦了，不再使用合作小组。我觉得她可能是对的。也许这些孩子根本不能处理一起学习的情况，也许我应该回到老路上，让大家坐着听我讲课。

暂停与思考

你刚才已经读过汤姆关于小组学习的经历和想法了。汤姆开始的时候确实胸有成竹。他的课是从哪儿开始土崩瓦解的呢？他做了什么导致这堂课出现了问题？你会给他提出哪些建议？

遗憾的是，汤姆的故事并不少见。它把教师不理解小组学习带来的问题、不想办法预防这些问题而导致的情况诠释得太生动了。让我们来更仔细地研究其中的四个问题。

第一，正如汤姆所发现的那样，让孩子们自己分组经常会导致学生在性别和种族方面的隔离状态。你曾经在一所种族混合的学校餐厅吃过午餐吗？一眼就能看出来，各个民族和种族群体的成员倾向于坐在一起。同理，在小学阶段，男生更愿意和男生坐在一起，女生愿意和女生一起，这十分典型。认识到这一点很重要：跨种族、跨性别的友谊的建立会遇到强大的反对力量；如果让孩子们自行设计分组，多数人都会选择他们认为和自己相像的学生（Webb，Baxter，& Thompson，1997）。那些有残障的孩子和无残障的同伴之间的友谊甚至会遇到更大的障碍。《残障个体教育法案》鼓励把有残障的儿童纳入正常的主流课堂中。然而，单是身体的在场并不足以保证这些孩子会被喜欢，或者被接纳。

小组学习的第二个问题是小组成员参与的不平等。有时候，这是由于存在加内塔所说的“揩油”现象，即一个小组的1～2个成员把所有的工作全都做了，而其他的成员往椅子上一靠，开始放松。我们看到汤姆的班级里就发生了这种现象，一个小组决定让科学课成绩最好的学生设计小组的实验。虽然这可能是完成任务最高效的方法，但那并不是公平的责任分配，而那些“揩油”的学生也不可能学会如何设计科学实验。

不平等参与的发生还有一个更令人痛苦的原因。在一项对学生在合作学习小组里做数学题的感受的研究中（King，Luberda，Barry，& Zehnder，1998），一个成绩中等的学生布雷特报告说，他经常不能理解任务，因此，他不是从参与中撤出就是进行分散精力、脱离任务的行为。与他类似，彼得是一个成绩较差的学生，他“意识到其他学生很少征询他的想法，而且即使他提出了一些建议，他们也不听他说”（p. 8）。为了保存脸面，他开始了“愚蠢的、怪异的”行为。

布雷特和彼得都是凯瑟琳·马里安（Mulryan，1992）对消极学生所作分类（见表10—1）中的“没有信心”和“未被认可”的学生的典型例子。把这些类型记在心里十分重要。虽然“揩油”的愿望可能是一些学生消极行为的根源，但学生不参与活动也可能是因为没有信心、感到沮丧、未被认可、感到厌烦或者自认为智力超群。

表10—1　　消极学生的六种类型

类型	描述	典型的成绩水平
没有信心的学生	这些学生认为小组任务过难，断定把任务留给理解它的其他学生做更好。	多数为成绩差的学生
未被认可的学生	这些学生最初试图参与的努力或被忽视，或未被认可，他们觉得最好退出。	多数为成绩差的学生
感到沮丧的学生	这些学生不喜欢小组中的一个或多个学生，不想跟他们一起学习。	成绩好或者成绩差的学生
缺乏动机的学生	这些学生认为任务不重要，或者“只是个游戏”，没有指定的评分来回报他们花费的努力。	成绩好或者成绩差的学生
感到厌烦的学生	这些学生认为任务很无趣或者无聊，这经常是因为他们认为任务过于简单、没有挑战性。	多数为成绩好的学生
自认为智力超群的学生	这些学生觉得同伴没有能力，不想对他们解释过多。他们最后经常是独自完成了任务。	成绩好的学生

资料来源：C. Mulryan，1992。

与比较消极、不参与小组活动的学生相反，另一些学生可能会接管并支配整个交流活动（Cohen，1994a，1994b）。那些支配活动的学生通常是课堂上学业地位较高的学生——那些被他们的同伴认为成功的、有能力的学生。有的时候处于支配地位的学生是由于擅长运动或者颇具魅力而受欢迎的人物。还有的时候支配地位反映了较高的社会地位，在我们的社会里往往是白人男性。事实上，研究表明，在多样性的小组中，男性经常支配女性（Webb，1984），而白人经常支配非裔和西班牙裔美国学生（Cohen，1972；Rosenholtz & Cohen，1985）。

小组学习的第三个缺陷是缺乏成就。在汤姆的班级，授课时间的很大一部分都浪费在孩子们分组上了，而即使最后分好了组，有些小组也什么都没有完成。那些没有成就的小组似乎把交流的机会视为社交的良机。他们的行为无疑分散了试图学习的学生的注意力。另外，噪声和干扰是汤姆的合作教师特别关注的事情，也使汤姆感到沮丧，他一再让学生使用“室内音量”交谈，但没有成功。

最后，与小组学习相关的第四个问题是孩子们彼此缺乏合作。汤姆告诉我们“有一个小组一直在争论”。虽然这类行为令人失望，但是这毫不奇怪。汤姆的学生显然对合作学习没有什么经验，而且他们也明显没有成功的小组学习需要的内化规范。习惯于眼睛只看自己作业的孩子会觉得遵循新的规范非常困难。那些习惯于向教师求助的学生不太愿意转向同伴求助，可能是因为他们不想显得“很蠢”。有些学生很难给同伴提供清晰的、细致的解释。那些不是“有效发言者”的学生可能缺乏获得帮助的必要的技巧（Wilkinson & Calculator，1982）。来自竞争性取向的文化背景的学生很难在合作的环境中有所作为。习惯于被动学习的学生不愿意承担起更主动的角色。正如伊丽莎白·科恩（Cohen，1994a）提醒我们的：认为个体（儿童或者成年人）开始就知道如何以高效的、大学生式的方法一起学习，这种假设是错误的。

缺乏合作行为和合作道德规范的问题很突出，尤其是教师要把小组学习作为促进接受和适应残障儿童需要的策略时。罗兰达·奥康纳和约瑟夫·詹金斯（O'Connor & Jenkins，1996）观察了22位带有轻微残障的儿童，看他们是如何与非残障同伴在合作学习阅读课上学习的。调查者认为其中只有40%的残障学生成功参与了合作小组学习。下面的情节就是一次不成功的交流的实例。杰克是一个有学习障碍的五年级学生，他和一个非残障同伴分到一组，然后他们要和另外一组的两个同学一起完成一套阅读任务。

> 教师引导两个人开始阅读，听了前面的几句交流就走开了。杰克读得很不流畅，遇到多音节的词就要犹豫一下，在词组之间长时间地停顿。他的搭档本来应该跟他一起阅读，改正他的错误，但却在一旁摆弄着卷子，靠在椅子背上摇晃着身子。杰克停止了阅读，他的搭档轻轻地敲着杰克的头说：“杰克，你有脑子吗？”……在他们完成了阅读，变成四个人一组后，另外两个组员不带他们就完成了前几个任务。杰克看到他们的进程，叹了一口气。他用圆珠笔使劲点着问题卷的背面，还点出了许多小洞。他的搭档问另外两个小组成员：“我们到底应该做什么啊？我们不是要组成团队学习吗？”另外两个学生不理会杰克和他的搭档，杰克继续更加用力地用笔点着问题卷。(pp. 40-41)

有效小组学习的设计和实施

这一节将在相关研究成果以及五位教师的经验的基础上思考避免小组学习缺陷的基本策略。(本节的“实用贴士”总结并列出了这些策略。)

实用贴士

有效小组学习的设计和实施

- **确定启用何种小组**
  - 允许帮助型——允许儿童互相帮助完成个人作业。
  - 必须帮助型——儿童应该互相帮助。
  - 同伴辅导型——更有能力的同伴帮助一个能力次之的同伴。
  - 合作型——儿童拥有一个共同目标或目的，可能会有些责任分工。
  - 完全合作型——学生拥有一个共同目标，很少或者没有责任分工，小组所有成员在一起创造一个小组产品。

- **确定小组人数**
  - 对于幼小的儿童，两人一组更为合适。
  - 一般推荐4～5人一组，6人为上限。
- **确定组员构成**
  - 仔细考虑学生的成绩水平、性别、文化/语言背景、种族/民族、能力与社交技巧。
- **安排促进积极合作的任务**
  - 分享材料。
  - 为了小组的目标、分数或者奖品而努力。
  - 共享信息。
  - 分享才能和多种能力。
  - 完成不同任务（材料员、计时员、记录员、协调员、汇报员等）。
- **确保个体负起责任**
  - 确保所有小组成员都能负起责任，为目标作出贡献。
  - 评价个体学习。
  - 在小组学习期间监控个体努力程度及进展情况。
  - 根据学生个体的需要而区分责任。
- **教会学生合作**
  - 帮助他们理解合作的价值。
  - 提供小组技巧培训。
  - 提供机会对小组学习经历进行评价。
- **监督学习、参与和合作行为**

确定启用何种小组

学生在一起学习的方法多种多样。苏珊·斯托道尔斯基（Stodolsky，1984）区分了五种类型的小组学习：允许帮助型、必须帮助型、同伴辅导型、合作型和完全合作型。前三类小组学习可以看作“合作型课上自习”（Cohen，1994a），因为这几种类型都涉及儿童在个人作业方面互相帮助。在允许帮助型小组里，儿童自行完成任务、作为个体得到评价，但同时也能（但不是要求）互相帮助。必须帮助型小组情况仅有一点不同，此类小组硬性要求儿童互相帮助。在同伴辅导型小组中，学生之间的关系不是平等的：一位“专家”学生和一个需要帮助的学生两人一组学习，这种情况下帮助是单向流动的。近年来，同伴辅导被推荐为非常有用的方式，以适应来自不同文化和语言背景的学生（Webb & Palincsar，1996）。

合作型小组与上述的帮助情况不同：儿童拥有一个共同目标或目的，而不是要完成完全属于个人的任务。在简单的合作型小组中会出现分担责任的情况。例如，一个研究内战的小组可能会决定，一个孩子研究内战爆发的原因，另一个孩子研究著名战役，第三个孩子研究主要领导人。任务是单独完成的，但是每个人的作业都要被协调起来，形成最后的合作产品。

更复杂的是完全合作型小组。在这样的小组中，学生不仅有共同的目标，而且很少或基本没有分工。小组所有的成员一起学习，创造出小组的产品。这就是汤姆使用的小组学习类型，当时他让四年级的学生计划一项实验，证明植物生长所必需的东西。

在你计划小组学习的时候，记住这些类型之间的区别非常重要。不同类型的小组适合不同类型的活动，需要不同的技巧（见表10—2）。例如，在帮助型情况中，学生对完成个人的作业负有最终责任。虽然这些学生也要知道怎样向别人求助、怎样对别人的问题进行解释和证明（而不是仅仅提供正确答案）、怎样为别人提供支持和鼓励，但他们并不需要真正合作环境（大家怀有同一目标的情况）中的复杂技巧。由于这个原因，对于幼儿和对小组形式很陌生的学生而言，帮助型小组非常有用。幼儿教育者经常推荐的是“思考—组对—分享”活动，活动中学生首先单独思考问题或者解题，然后再和另外一个学生组对分享答案，最后向教师汇报。这种伴随着交流的“间接合作”比起完全合作来，对幼儿可能更加合适（Dowrick，1993）。

表10—2　　不同的小组类型

小组类型	所需技巧	活动范例
允许帮助型	如何请求帮助 如何进行解释	学生独立种植种子，但是浇水的时候可以向他人求助
必须帮助型	如何请求帮助 如何进行解释 如何提供支持和鼓励	学生利用报纸学习地理和时事，他们可以互相帮助，但是要完成个体的练习卷
同伴辅导型	如何请求帮助 如何进行解释 如何提供支持和鼓励	辅导者帮助被辅导者完成一套数学题
合作型	把小组任务分成个体任务 协调个体努力，生产最终的小组产品	M&M巧克力豆活动：学生数出单独小袋中的糖果数量，然后把数字汇总
完全合作型	轮流发言 彼此倾听 协调个体努力 分享材料 合作完成单一任务 解决矛盾 达成共识	建造一个不让毒素渗入地下的垃圾掩埋场

作为一个帮助情况的实例，我们来思考在肯的班级中观摩到的一个活动。

肯的学生一直在利用报纸学习地理和时事。今天，每个学生都要查阅报纸，找到来自本州的五个城市（而不是学生的家乡）的五篇文章、来自其他州的五篇文章，以及来自美国以外其他国家的五篇文章。学生要互相帮助，但是每个学生都要完成一份个人的练习卷，在上面列出地理位置、页码，以及每篇文章的题目。然后每个学生选出一篇文章做深度阅读，再写出文章与他/她有什么“联系”。例如，这篇文章引出了我什么样的想法？关于这个话题我还知道什么？为什么我对这篇文章非常感兴趣？

学生把报纸铺在书桌上、地板上，铺得到处都是。在观察期间，我们看到了许多同学在讨论作业。很多谈话都是对学生发现的文章的简要评论，但是也有请求帮助的说话：“我找不到来自新泽西的第五篇文章。”“富兰克林市在新泽西州吗？”“我不知道该怎么联系到这篇文章，找到联系真难啊。你觉得我应该怎么联系这篇文章？”

与帮助型小组的情况相反，合作型小组要求的技巧不仅仅是求助和给予适当帮助。学生必须能制定行动计划，必须协调彼此，向着共同的目标努力；必须能评价同伴的贡献，以富有建设性的方式提供反馈；必须监督个体的进展，使之朝向小组目标；还必须能把个体的成果总结和综合起来。

在一次对加内塔的课堂的观摩中，我们观察到合作活动的一个良好范例。班级学生被分成4～5人一组做预测和画图表。虽然教师要求学生完成个体任务，但是小组若想成功，他们仍需要协调个人的成果。

加内塔在介绍一项数学活动，她解释说每个学生将会得到一小包M&M巧克力豆。第一项任务是预测每包中各色巧克力豆有多少个。这一预测要记录在“糖果实事”单上，然后学生要画一个柱状图、涂上相对应的巧克力豆的颜色。一旦预测完毕，学生要打开巧克力袋、数出每种颜色的巧克力豆的实际数量。这一信息也要被记录下来并做成图表。

加内塔还解释到，当小组的每个学生都完成了点数工作时，他们要把数字汇集在一起。换句话说，学生要算出小组中各色巧克力的总数，然后把这个信息写到黑板上贴着的大型“小组图表”中。每个组员至少要把表中的一个圆柱涂上适当的颜色。

小组成员们开始预测数量、给图表上色，他们十分兴奋，但都努力地抑制着自己的情绪。学生们预测的结果差异巨大。他们对彼此的预测也有很多评论：“你预测得太高了。根本不可能有那么多嘛！”“你认为全是红色的？不可能的！”孩子们开始打开袋子，兴奋感达到了顶点。大家又是一番比较与评论：“你几乎没有橙色的！”“我的浅棕色巧克力豆比谁的都多！”“你应该像我这样把它们排成一行。”

到了要把个人数好的每种颜色的数字汇集到一起的时候，学生们会大声地喊出总数。一些小组中，一个学生替大家把数字加起来；另外一些小组中，每个成员都把数字记下、加总。还有不少分歧呢：“浅棕色的我算得65。”“啊噢！我得58。”加内塔给每个小组一个计算器，以便他们检查得数。

在这次数学课上，教师要求学生完成一项个人任务。我们可以把这看作劳动分工，因为每个同学只负责数一个袋子里的巧克力豆。但是，为了让全组完成整个任务，每个成员都要准确地完成任务。这种组织形式为组员提供了互相监督进展情况、互相帮助的积极性。另外，学生必须协调个人的努力以便完成一个合作产品——每种颜色的巧克力豆的小组总数。

没有劳动分工的完全合作型小组带来的挑战甚至更大。学生不仅要轮流发言、仔细听其他同学的讲话、协调个人的努力，还要分享材料、在单一任务中进行合作、调和分歧、妥协让步，最后达成一致。思考一下在芭芭拉的课堂上观摩的活动，那是科学课上有关环境单元的一部分。

芭芭拉的班级在学习与垃圾有关的环境问题。今天的课是关于垃圾掩埋场的。芭芭拉解释了每个5人小组要做的事：“今天活动的目标是建造一个垃圾掩埋场，使毒素不渗漏到土地中去。在你的实验用托盘上有需要用的材料。你有一个塑料容器（两升容量的汽水瓶，上下部分已被剪掉），还有一些黏土、粗棉布、葡萄干、树叶和塑料。这些都可以用于建造你的垃圾掩埋场。你还要从教室一边的大桶里拿一些泥土，从水桶里取一烧杯的水。唯一不能使用的是3块小海绵。当你建造好垃圾掩埋场，认为它不会让毒素渗漏到土中，令人满意后，我会过来在每块海绵上放一些可食用的红色素，即‘毒素’。然后你要把这3块海绵放在垃圾掩埋场的上面，从烧杯里倒水出来当作下雨。我们要看看毒素是否会渗出。如果不会渗出，你们小组建造的垃圾掩埋场就是合格的。大家有15分钟的工作时间。"

在各个小组开工之前，芭芭拉检查了每个组员的角色。材料员去给小组取来实验用托盘、泥土和水，计时员跟踪时间，记录员写下小组决定做的事、画出小组垃圾掩埋场的构成图，协调员要确保每个成员都有参与机会，汇报员要在本课结束的时候告诉全班他们所做的事。

在这个活动中，学生担任不同的任务角色，但是他们仍然需要一起建造垃圾掩埋场。他们必须制定一个计划，解释他们的想法，相互尊重地倾听彼此的意见，不带伤害性地拒绝某种观点，为达成一致意见进行尝试，轮流动手建造垃圾掩埋场。这些技巧不容易掌握，即使对成年人也是如此。

如上面三例所示，学生之间越相互依赖，他们的成功合作就越需要技巧。在汤姆的事例中，我们可以看到，他一开始就用上了最复杂的一种小组学习类型。他建立的情境要求那些甚至还不习惯于互相帮助的学生进行完全的合作。另外，他所布置的任务要求创造力和问题解决能力，在智力上极具难度。他的学生不但要应对并不熟悉的社交情境，还要迎接高难度的学业任务的挑战。

在刚开始的时候使用简单一些的小组学习类型，这是一个好主意。斯宾塞·卡根开发了多种简单的小组结构，可以在各种年级的许多内容领域中应用。如想更加了解卡根，见专栏10—1。

专栏10—1　　会见教育家

会见斯宾塞·卡根

斯宾塞·卡根从前是临床心理学医生、心理学和教育学教授。1989年，他创立了卡根出版和职业发展公司（Kagan Publishing and Professional Development），提供有关合作学习、多元智能以及友善用脑授课方面的教材、研讨会以及研究生课程。卡根博士发明了"结构"的概念，即在学生中间组织社会交往的内容自由的方式。他的结构方法正在世界范围内的课堂上被使用。

一些有关合作学习的主要观念

1. 在传统的课堂中，教师运用诸如"全班问答"这样的结构授课。在这种结构中，教师问一个问题，学生举手进行反应，然后教师提问一个人。这是一种顺序结构，每个人轮流参与，留给每名学生积极参与的时间很少。这也会导致学生为获得教师的注意而互相竞争。

2. 教师可以通过遵循共时原则来增加学生的参与机会（例如：如果所有的学生都组队讨论一个问题，那么在任何时间内，班级中都有一半的学生在谈话）。

3. 在更广的范围内，教师可以选择最适合他们特定目标的结构。一些结构对团队建设或者培养沟通技巧很有用，其他的最适合增进对事实性材料或者概念的掌握。

● "编号头碰头"方法适合检查学生对内容的理解。学生在各组内"编号"。当老师提问的时候，团队成员"把脑袋放在一起"（集思广益），确保每个人都知道答案。教师喊出一个号码，这个号码的学生就举手回答问题。

● 在“计时配对分享”中，学生组队分享对教师提出的问题的回答。首先学生甲谈一分钟，然后轮到学生乙。这种共时的交流使得全班学生都可以回答问题，而所用的时间却只相当于使用传统的“全班问答”结构中两个学生回答问题的用时。

网址：www. kaganonline. com。

确定小组人数

在某种程度上，你使用的小组的人数取决于你布置的任务。两人一组适合学生修改或编辑作文，或者互相给开放性的数学题目评分。两人一组对新教师来说也更便于管理（Johnson，Johnson，Holubec，& Roy，1984）。教年纪较小的学生的教师也更喜欢用两人一组，而不常用大组，因为后者往往要求更细致的社交技巧（Edwards & Stout，1989/90）。

对考特妮而言情况尤为如此，她经常让自己的学生两人一组学习。

对我的学生而言，和另外一个人一起学习要比和三四个同学一起学习容易得多。我还记得有一次我启用了较大的组，但是进行得并不顺利。我们在学习形状（三角形、矩形、椭圆形、正方形等），每个孩子都被给定了一种形状，并负责制作形状书上的一页。他们要画一个关于那种形状的图画（如，一个孩子有三角形，他在下面画了一张脸，就把三角形变成了帽子。）就这样他们练习用图形画画，然后我们要制作一个形状壁画。我们全班在一起列出了一些壁画背景的选项，海洋啦、纽约市啦，还有迪士尼乐园。每一个四人或五人组都有一个不同的背景，他们必须在一起工作，用形状创造图画。他们有各种形状要粘在一起，然后可以用马克笔画画。我的发现是，有些组可以朝着共同目标一起工作，但是另一些组就是不能协调他们在做的事情。例如，在海洋壁画中，我们的纸上画满了风筝，铺天盖地的全是风筝，显然他们没有商议好天空应该怎样画！事后一想，我意识到是自己没有教会他们怎样在大组中一起工作，我低估了他们在大组中合作的困难。

维维安娜也更喜欢用两人一组，她为学生的搭档工作提供每一步的指令，而不是简单地把学生分成两人一组就告诉他们开始工作。

维维安娜的学生在学习位值。她发给每个学生一张练习卷，上面分成一个十位栏，一个个位栏。她解释道：“孩子们，我们现在要做一个游戏。我要给每对同学一套数字卡片，并把卡片放在你和搭档中间。”她把卡片发了下去，检查确保每个学生都有了搭档。“现在，一个人拿起卡片最上面的那两张，把它们并排放在一起，得到一个两位数。然后在你的练习卷上用十位栏和个位栏组成数字。我想让你们先自己做，然后再和搭档对答案，看看搭档是怎么组合数字的。”

在孩子们工作的时候，维维安娜来回巡视，检查他们在做什么。每个搭档都在位值练习卷上把数字做出来了，把积木堆在适当的栏里，然后跟搭档来协商。有时候他们表示数字的方法完全相同，有时候他们发现彼此表示数字的方法并不一样。例如，一个孩子做的是67，用了6个10和7个1，而她的搭档的67是用5个10和

17 个 1 表示的。于是他们会讨论二者的不同点。维维安娜帮助他们理解每个人都创造出了 67，只是方法不同。各对同学完成第一个数字并和搭档核对了答案后，维维安娜指导他们把个位和十位颠倒过来。她告诉大家：“现在记住，你们即使用了同样的卡得出的数字也不相同。用数字 6 和 7，你可以组合成 67 和 76。”

在学习任务要求劳动分工的情况下，组成多于 2 人的小组就很有道理了。3 人一组也还相对容易操作，但是你要确保其中 2 个学生不会结成同盟，让第 3 个学生处于孤立状态、遭到排斥（Cohen，1994a）。

一般来说，教育家推荐 4～5 人的合作型小组（Cohen，1994a），上限一般为 6 人（Johnson，Johnson，Holubec，& Roy，1984）。记住，随着小组人数增加，“资源库”也会增大；换句话说，小组有了更多的头脑思考任务，更多的人手分担工作。但是，还有一个事实，小组越大，制定出行动计划、安排发言次序、分享材料和达成一致就越困难。

确定组员构成

除了要决定小组的类型和人数，你还要仔细思考小组的构成。正如我们在本章前面提到的那样，小组学习可以让儿童和那些与自己不同的同学建立关系。事实上，研究（Oortwijn，Boekaerts，Vedder，& Fortuin，2008）发现，多民族学生小组与民族构成一致的小组相比，可以更有效地减少民族间的偏见。由于上述原因，教育者（例如，Slavin，1995）一般建议教师分编在民族、种族、语言背景及能力方面具有多样性的小组。另一方面，也要敏感地注意到一个事实——努力达成多样性可能会给不得不离开让他们感觉最舒适的人群的学生带来一定负担。换言之，作为小组内唯一一名有色人种学生，或者唯一一名母语为西班牙语的学生也是非常困难的。

教师还需要从成绩水平方面考虑小组应具有多样性还是同一性。有时候，同一性小组非常有用。例如，你可能想组成一个多人互助小组，其中的成员都在学习某一数学概念。但是，从总体上讲，教育家还是推荐启用学习成绩方面具有多样性的小组（Cohen，1994a；Slavin，1995）。

这样推荐有一个原因，多样性小组为学生提供了更多问问题和得到解释的机会。但是要记住，创建学习成绩方面具有多样性的小组并不能保证学生实际参与这些行为。研究表明，学生在小组中的交流是教师行为的镜像（Webb，Nemer，& Ing，2006）。如果教师示范的教师角色是一个积极的问题解决者，而学生只是被动地听课，那么这种行为模式也将在学生的小组中体现。研究还揭示，小组的生产力主要与学生间的相互交流有关，而不取决于他们的能力（Webb & Mastergeorge，2003）。因此，通过示范具有建设性、相互帮助的交流行为而帮助学生做好小组学习的准备比小组成员学习成绩的多样性更加重要。

在决定小组构成时，你需要考虑的另一个变量是社交技巧。一些儿童具有非凡的领导才能，而另一些儿童则特别擅长解决冲突，还有一些孩子对不公正高度警觉，这可以帮助保证小组的每个学生都有机会参与小组活动。在分组的时候，把这样的孩子分散开来是很明智的做法，这样每组都能从他们的才干中获益。

另一方面，一些儿童在与他人合作方面存在极大的困难。把这些学生分散开来也是很明智的。正如加内塔指出的那样：

一些孩子脾气很火暴——他们来到学校就已经心怀怨气，所以不论在哪一组都爱捣乱；一些孩子只是“揩油”，什么也不做，一心只想玩；一些孩子总是支配他人；还有一些孩子喜欢独自学习。你必须仔细想好把这些孩子跟哪些孩子放在一组——你当然不会想把他们都放在一组！

由于小组构成非常重要，因此让学生自己选择小组是有风险的。我们已经看到汤姆的班级里发生的情况：学生根据性别和种族把自己隔离开来；朋友聚集在一组，因而从事的社交活动要比学习活动多；有学习障碍的学生和不合群的学生被排除在活动之外。这样的经历让肯相信，基本不应该让学生自己选择小组。他是这样讲的：

如果你让孩子们自己选择小组，却没有认真做整体规划，就会出现重大问题。你这是自己给自己出难题——特别是对于新教师而言。我只在一种情况下才允许学生自行选组，就是他们选小说读的时候。在那种情况下，建立小组的依据是所选择的作品，而不是“我想和这个同学一组”，虽然其中肯定会有这种情况。

有趣的是，加内塔和芭芭拉比肯更经常地让学生自己选择小组，但是这是在学生已经参加过各个小组、几乎和全班每个学生都同过组、获得大量经验之后。考特妮经常让她的学生在个体活动中选择自己的搭档（例如：当他们想要一个“阅读伙伴”时）。但是，如果学生要在一起学习较长时间（例如：写作工作坊），她就会根据学生的成绩水平以及哪两个人在一起配合较好而分配搭档。如她所说：“我发现当学生的技能水平相差太远时，他们的学习并不顺利。我想让搭档的学生处于不同的技能水平，但是看起来他们的水平相当时配合得更好，那样他们能互相学习。”

教师建立起不同的系统来帮助学生选择小组。例如，芭芭拉组成多样化的小组时，首先要把每个学生的姓名写在一张提示卡上，附上和学生有关的成绩和人际关系（例如：这个学生与谁合不来）的信息。接着，她会把学生按照成绩水平排名，把排在最前面和最后面的学生分配到各组。然后分配成绩中等的学生，分配时她会十分注意平衡性别、种族和社交技巧。把每个学生的姓名写在提示卡上，这样芭芭拉就可以重新给学生分组，同时仍然能组合成均衡的、正常运行的小组。芭芭拉评论说：“要想合成完美的小组是不可能的，但这个系统至少给了我一个战斗的机会！”

芭芭拉尤其注意那些有残障儿童在内的小组分配。例如，在把斯图尔特（那个有自闭症的孩子）分到某个小组里时，她也会在该组加一名他的“学生代言人”，再加一名需要额外帮助的学生，这样他也能因斯图尔特有教学助理而受益。当她把马克（有情绪障碍的那个孩子）分到某个组的时候，她极其小心，不让有可能“引爆”马克、使其卷入带火药味的交流的孩子和他一组。她还允许马克“如果一天过得很糟糕的话，可以不做小组作业，但这要看他自己的选择”。

安排促进积极合作的任务

如果你想确保学生合作完成一项任务，那么就要创造出一种环境，让他们为了成功而彼此需要。这就叫作积极的相互依赖，它是把一项小组活动变为真正的合作学习的基本特征之一（Antil，Jenkins，Wayne，& Vadasy，1998）。促进相互依赖的一个简单的策略是要求小组成员分享材料（Johnson，Johnson，Holubec，& Roy，1984）。例如，如果一对学生的成员之一有一页数学题，而另一位成员有答案，并且他们都想完成数学题、对答案的话，他们就需要彼此协调（至少需要一些协调）。但是，分享材料本身不太可能保证发生有意义的交流。

促进相互依赖的另一种方法是创建小组目标。例如，你可能会让每组只完成一件成品，比如一份报告、一个科学证明、一次木偶表演或者一个故事。快到年末的时候，维维安娜的学生要了解“学校帮手”（例如校医、校长、顾问和图书管理员），她把班级分成了几个小组。每个小组采访一位学校帮手，每个成员问一个不同的问题（例如，“你做什么工作?”“你是如何帮助学校里的人的?”）在采访之后，小组要制作一个采访的海报，每个学生写一个句子。（注意：维维安娜这样设计任务是为了让组里的每个孩子都必须参与，以完成小组的作品。如果她不这样做，小组中的某个成员可能就会把所有的工作全都做完，而其他的学生不能参与活动。）

强调合作的重要性还有一种方法，就是给出小组得分或者小组奖励。例如，假设你想鼓励学生互相帮助拼写单词，那么你就可以根据所有小组成员拼写正确的单词的总数来奖励整个小组（Johnson，Johnson，Holubec，& Roy，1984）。同理，如果小组成员都达到了预先规定的成绩水平，那么你就可以给每个数学小组计上奖励点数。一些教师开始上课的时候，给每个组员一个数字（例如，从1到4），然后转动数字轮盘或者掷骰子选出哪个小组成员的作业要交上去评分（Webb & Farivar，1994），然后小组的每个成员都得到该成员的分数。这样的做法显然增加了小组各个成员的压力，他们要确保大家都出色地完成家庭作业或者课堂作业。

促进合作的另外一种方法是设计学生必须相互依赖才能获取信息的任务（Johnson，Johnson，Holubec，& Roy，1984）。例如，在加内塔的巧克力豆数学课上，小组成员必须把他们的个人数据汇总到一起，才能得出每种颜色的巧克力豆的小组数字，此外他们还需要一起努力绘制小组图表。考特妮发现，即使在幼儿园里她也能通过这种方式促进合作。她描述了一个数学活动，活动中孩子们要比较他们自己建造的“宝塔”。

每个学生都有自己的一桶“接接小方块”，都是一种颜色的，每个孩子拿一捧方块造宝塔。然后，他们四人一组比较四个人建的宝塔：谁的最高？谁的最短？等等。然后，他们把宝塔在小组内依次传下去，这样每个成员就能在图表纸上记录信息了。

（这个四人一组的活动比考特妮先前描述的形状壁画活动更成功，可能是因为这个活动要求较少的小组规划和协调。）

拼图活动是最早的合作学习方法之一（Aronson et al.，1978），很好地例证了小组学习的情境。在这种情况下，如果要成功完成任务，学生们必须依靠彼此。多样性小组对学习被分成数个部分的课业材料负有责任（通常为叙事体裁，如社会研究的某章节），每个小组成员只阅读材料的一部分。然后小组就暂时解散，学生到“专家组”里和分到同一部分的同学碰头。他们在专家组里一起研究，学习这部分材料，然后回到原来的小组里去教会其他团队成员这一部分的内容。每个成员都有责任学习所有材料，所以任务的成功完成需要学生认真地倾听他们的同伴。但是，也有一点要谨慎。最近的一项研究（Souvignier & Kronenberger，2007）发现，学生倾向于学会他们被分到的这一部分，而从他们的同伴那里获得的东西较少。因此，如果清楚地讲授如何有效地给同伴讲解材料可能会使学生受益匪浅。

你也可以通过创建要求多项能力（例如，阅读、写作、计算、角色扮演、模型制作、解决空间问题、绘画、歌曲创作以及公开演讲）的丰富而复杂的任务来培养学生对彼此的依赖。通过向学生说明小组的每个成员都各有所长，却没有一个成员每项都擅长，你就能消除成绩好和成绩差的学生参与的分歧，使经常被排除在外的学生也作出贡献（Cohen，1994a，1994b，1998）。听听肯的说法：

生态系统小组学习“海洋实地考察”（一个关于海洋生物的互动电脑软件）时，每个人都要努力投入，以便完成研究、绘制展示他们获得的信息的海报。一些学生有特殊的领导才能，他们能领导小组在图书馆进行研究。另一些学生擅长拼写和书法，但是绘画却很不在行。还有一些学生书法很糟糕，画画却很棒。一些学生能设计版面，而另一些学生擅长发言。

最后，你还可以给小组成员分配不同的角色，要求是若想小组完成总任务，各成员必须执行自己的角色任务。在芭芭拉进行的建造垃圾掩埋场一课中，各小组都包括一名材料员、计时员、记录员、协调员和汇报员。在肯用来进行社会研究的“文化遗产”模拟课上（Wesley，1976），学生组成 3 人竞赛小组，设计一个从加利福尼亚州圣迭戈到缅因州班戈的旅游路线，沿途在 15 处重要的历史名胜停留。每个组员都有特定的角色——司机、巡游者或领袖。在每轮游戏中，学生要更换角色。领袖在每轮游戏开始时掷骰子，选择“命运卡”，可以加上或减去该队“旅行”的里程数。司机负责计算本队每天赢得的点数，以及获得或者失去的里程数。他/她还负责按照班级地图上设计好的旅行路线移动本队的汽车标志，并要写出每天的“日记”。巡游者负责写“旅行日志”，记录在每轮比赛中获得或失去的里程数、旅行的小时数、路况和天气情况，以及其他重要信息。

甚至连很小的幼童也能学会执行这样的角色任务。提醒他们个人职责的一种方法是在每个人的课桌上放置不同的标志。例如，你可以发给每个学生一个不同颜色的五角星（Edwards & Stout，1989/90）。得到红星的孩子负责阅读指令，得到蓝星的孩子负责记录小组所做的事情，得到黄星的孩子负责取材料，得到绿星的孩子负责监控噪声水平。

确保个体负起责任

正如我们在本章前面部分所讨论的，和小组学习相关的主要问题之一就是参与不平等。有时候孩子们拒绝向小组作贡献，想要“揩油”。有时候过于自信的孩子独断专行，别人很难参与。无论哪种情况，缺乏参与都是真正的问题所在。那些不积极参与的学生不会对学习任务有任何了解；此外，小组也学不到合作的技巧。

鼓励所有小组成员参与的一种方法是确保每个人都负责对小组目标作出贡献，每个学生的学习都被单独评分。个人责任制是合作学习的第二个重要特征——也是教师经常忽略的特征（Antil，Jenkins，Wayne，& Vadasy，1998）。

确立个人责任制的方法有几种。你可以要求学生参加针对所学材料的个人测验，获得个人分数；你可以让学生完成小组总体作业中可以识别的一部分内容；你可以让小组中的1～2名学生回答问题、阐释小组的论证，或者提供说明。例如，在加内塔上M&M巧克力豆一课时，所有的学生都必须用自己的预测和实际数字完成一套练习卷，还要完成小组的总数计算。

肯的“文化遗产”模拟课（Wesley，1976）是培养个人责任和小组合作任务的良好范例。每队在一轮游戏中的里程数决定了小组积累的分数，小组成员通过履行与他们特定角色有关的责任获得点数。例如，旅行日志价值10点，一篇日记价值20点。这些做得越好，允许竞赛队前进的里程数就越多。此外，每个队员还要完成一个历史景点的3份研究报告，每份报告价值40点，因此有足够的压力促使其出色完成任务。这样组织“文化遗产”课使得如果个体不参与或者没有做出能让人接受的作业，本队就会受到损失。换句话说，团队的胜利取决于每个人的贡献。这种组织形式使教师得以给出个体分数、提供小组目标——第一个到达缅因州的班戈。

除了规划好任务、让个体负起责任，你还需要在小组学习期间监控学生的努力和进展。我们的五位教师就在教室里不断巡视，观察每组的活动。这样，他们就能注意到问题，提供帮助，让学生处于任务状态。他们还认真建立了进度检查站。例如，芭芭拉会偶尔叫停小组的活动，让每组对他们所完成的工作进行口头或者书面汇报。同样，肯把大作业分成几个部分，每隔几天上交，这使他得以跟踪各组的运行情况。

如果你的各小组包括残障儿童，或者英语水平有限的儿童，那么你就要在任务复杂程度和数量上进行区分，以保证所有人都能参与任务、获得成功。例如，我们来做一个假设，一个多样性小组被分配了学习哈丽特·塔布曼（Harriet Tubman）的传记（Schniedewind & Davidson，2000）的一部分的任务。有特殊需要的学生可以在做课堂作业之前与资源教师一起评论书中较短的一部分，而那些能理解较为复杂的材料的学生则要阅读难度较大的章节。关键点在于所有的小组成员都被分到对他们来讲有适当挑战的一部分。阅读之后，学生互相汇报他们的发现，对学到材料的各个部分负责。

安·内文（Nevin，1993）描述了一些合作学习的情况，在这些情况下，教师必须作出调整，以适应学生极具挑战性的教育需要。例如，一位教师特别设计了科学课，以便让患有弱视、不能讲话的鲍比也能上课。

暂停与思考

有时，教师将小组学习与合作学习互换使用。但实际上，合作学习是小组学习的一种形式，而小组学习并不总是合作学习。重要的是要能向学生、家长，甚至是行政管理人员解释清楚你在课堂上使用的小组学习类型。记住这一点，找到合作学习中可以区别于其他小组活动的关键因素。

有这样一堂课，目的是让所有学生通过种子（颜色、大小、形状和数量）辨别不同的水果，每个小组都要制作海报，向班里的其他学生展示。海报应该包括4～5种不同的水果及其种子。鲍比的目标是凭借触觉研究每种水果，并继续为小组工作。这一目的向学生解释完毕，学生被问及鲍比还能为小组哪部分活动出力。学生建议鲍比把一些材料贴到海报上而不用画图。等到所有的小组都完成任务（如有必要，还需修改海报）后，每个同学还要制作一份水

果沙拉，并把它吃掉。(Nevin，1993，p. 52)

教会学生合作

作为授课教师，教会学生一起学习是你的责任。这意味着你要教会他们一套新的规范（Cohen，1994a）：

向同伴求助。

互相帮助。

向其他同学解释材料。

检查同学是否理解。

提供支持。

倾听同伴。

给每个人讲话的机会。

学会这些规范并不是一个简单的过程，学生不可能只通过一节30分钟的课就学会合作。另一方面，研究表明，一定量的训练可以带来可观的改变。罗宾·吉列斯和阿德里安·阿什曼（Gillies & Ashman，1998）考察了对一年级和三年级学生进行小组学习行为和交流训练的效果，训练分成2次，每次1小时。在第一次训练课上，教师给孩子们介绍了小组学习步骤（例如：把活动分为较小的任务，每一个组员都要承担责任，完成一项任务，鼓励平等参与，以及分享资源）。第二次课在第二天进行，主要练习促进合作的人际交流和小组学习技巧（例如：彼此倾听，给出有建设性的反馈，公平分担任务，以及友好地解决分歧）。在后来的小组学习课上，受到过训练的学生比没有接受训练的同伴显示出了更多的合作行为，且不合作行为较少。令人印象深刻的是，当再次观察到三年级的学生（现在是五年级）在小组中学习时，这一差距两年后仍然很明显（Gillies，2002）。

实际上，我们可以从三个阶段来考虑这个过程：学习重视合作、培养小组合作技巧和评价。我们分别简要考虑下面的几个方面：

重视合作

要让学生有效合作，必须让他们理解合作的价值。这对成绩好的学生尤其重要，他们可能更喜欢自己学习，不需要他们认为没有能力的学生的帮助。同样，在用合作学习来促进残障学生的融入时，他们的非残障同伴可能不愿意对残障学生提供支持（O'Connor & Jenkins，1996）。

如果在较长一段时间里学生将在同一个小组里学习，那么可以让他们参与一些非学习活动，以便建立团队身份、培养小组凝聚感，这十分有用。例如，当芭芭拉组建将在一起学习几周的合作小组时，她首先让大家一起给小组起一个名字。然后他们制作了一个条幅，展示队名和适当的标志。有时候，芭芭拉会给每个小组成员一个不同颜色的记号笔，学生只能使用发给他们的记号笔，但同时条幅上必须包括所有的颜色。这样，每个成员都能参与制作。

对团队建设（尤其是初级阶段）有用的另外一个活动是制作一本“______团队喜欢的事物”的图书（Graves & Graves，1990）。每组可以得到一叠图片，每个学生轮流为该书选择一幅图。但是，只有小组成员都同意说他们喜欢，这幅画才能被采纳到书中。一旦达成一致，所有图片要被粘在标签纸或者建筑用纸上，由团队成员提供说明或者标题。这项活动还可以扩展，让各队制作“______团队喜欢做的事”的图书，甚至还可以制作“______团队讨厌做的事”的图书！

小组合作技巧训练

最近，一位实习教师在日记中写道：

> 在第一次使用小组学习的灾难发生后，我断定自己需要写出一份授课计划以教会我们班的学生怎样参与合作学习。我要像教数学那样教他们如何参与。我意识到，如果我自己没有教过怎样合作，就不能指望他们知道怎样做才会成功。没有训练和实践，我不能指望学生会做两位数的加法，小组合作也是如此。

这位实习教师得到了一条重要的经验教训：小组合作技巧训练需要系统的解释、示范、实践和反馈。只把规则陈述一下就期望学生理解和记住这些技巧是不现实的。还有，任何事都不要想当然：即使连“不要影响别人”和“使用‘室内音量’”这样最基本的指导也需要教给学生。

要教会和鼓励学生使用的一项非常重要的技巧就是请求帮助。在第九章我们讨论了一些学生在获得帮助方面遇到的困难。但是即使学生能够有效地沟通，他们也不愿意向同伴求助。例如，一项学生对求助的态度的研究（Newman & Schwager，1993）发现，三、五、七年级的学生一般更愿意求助于教师，而不愿意求助于同学。学生认为教师不仅更有可能促进学习，而且不太可能因为他们问问题就认为他们是“傻瓜”。为了消除这样的态度，你可能需要给出明确指令，讲清何时、向谁，以及如何请求帮助（Farivar & Webb，1991）。你也可以这样鼓励求助行为：提醒学生向其他组员问问题能帮助他们学习、强调在需要帮助时他们并不孤独，或者告诉学生只有在他们没能从同伴那里获得帮助的情况下，教师才对他们的要求作出反应。（还记得芭芭拉和考特妮的话吗？——“先问三个同学再问我。”）要记住，成绩差的学生，也就是最需要学习上的帮助的人，却最有可能对求助采取消极态度（Newman & Schwager，1993）。

有帮助的做法是，一开始就应分析你选择的小组学习任务，以便决定学生需要知道哪种特定的技巧（Cohen，1994a）。学生是否要解释材料？他们是否要注意倾听对方？他们是否要达成一致？分析任务之后，你可以选择一两个主要的行为教给学生。要抵抗住一次性把全部小组合作技巧都介绍给学生的诱惑。走得太远太快当然要遇到挫折。

接着，向你的学生解释他们要学习在小组工作中所必需的技巧。要确保解释名词、讨论原理，以及提供实例。约翰逊夫妇（Johnson & Johnson，1989/90）建议你建立一个“T形表”，列出所需技巧，然后和全班一起记录下来有关这种技巧的行为和语言的想法。图10—1中就是一个关于“分享”的T形表。

分享	
这样的行为是分享： 把记号笔放在桌子中间，让每个人都能拿到。 自己用完记号笔，把它递给其他人。 把记号笔放回到桌子中央。 轮流使用记号笔。	**这样的语言是分享：** 记号笔在这儿。 谢谢你给我拿来记号笔。 我用完记号笔了，有人要用吗？ 有人需要红色记号笔吗？

图10—1　关于“分享”的T形表

最后，你需要给学生提供机会实践这一技巧并接受他们的反馈。你可以让学生进行角色扮演，可以把这个技巧和一个熟悉的学习活动放在一起，这样学生就能把精力集中在练习交流技巧上面（Carson & Hoyle，1989/90），或者你还可以让学生进行专门为讲授特定技巧而设计的练习。

不论提供哪种类型的实践机会，你都需要给学生提供关于他们的表现的反馈。他们需要知道自己从事新行为的频率及表现。正如肯评论的那样：

> 社交技巧需要不断强化。我必须每天告诉孩子们，我非常欣赏他们合作的方式，或者告诉他们我看到有些小组将问题解释得非常好。就我个人而言，讲授这些技巧和教授数学或者语言艺术是同等重要的。

除了自己提供反馈，肯觉得在每组指定一个"过程监督员"也很有效。这个学生负责跟踪小组的运行情况，例如，他/她可以监督每个组员发言的次数。在小组学习课结束时，过程监督员可以发布具体的数据，小组可以以此来评价它的合作能力。

评　价

为了从自己的经验中学到东西，学生们需要有机会讨论发生过的事情，评价他们合作的成功程度。一种简单得多的评价方法是让学生说出三件他们小组做得好的事、一件下次可以做得更好的事（Johnson & Johnson，1989/90）。你还可以让学生考虑更具体的问题，如下：

你们使用"室内音量"了吗？

你们轮流发言了吗？

每个人都完成了自己的作业吗？

每个人都有机会发言吗？

你们认真听彼此发言了吗？

你们有不同意见时是怎么处理的？

对于幼小的儿童来讲，类似图 10—2 中的那种简单的检查清单是很有帮助的。

姓名________________　　日期________________

今天我在小组中表现如何？

我做到……了吗？

是________　否________

1. 分享想法？
2. 鼓励别的同学？
3. 让别人讲话？
4. 听别人讲话？
5. 完成了自己的工作？

图 10—2　小组技巧评价检查清单

小组各自讨论完他们的经历后，让各组向全班汇报也很有帮助。你可以通过问题来鼓励各组分享和比较他们的经历："你们组有同样的问题吗？""有多少组同意他们组解决问题的方式？""你们有什么建议？"

遗憾的是，有时候教授了小组合作技巧、提供了练习和评价也还不足以使个别儿童合作。一些儿童情绪混乱、不稳定或者充满敌意，不论在哪一组都会引起冲突。这种情况发生的时候，你可能没有办法，只能把他们排除在活动之外，为他们设计一些个人作业。遇到这样的情况，芭芭拉告诉学生：“如果你完全不能和小组一起学习，那么你就只能自己完成整个任务。”

监督学习、参与和合作行为

在合作学习活动中，考特妮、维维安娜、加内塔、芭芭拉和肯都不断在教室里巡视，倾听、帮助、鼓励、敦促、提问。总的说来，就是要确保学生参与活动以及高效、合作地学习。研究证实，教师的监督有助于提高学生参与小组活动的水平（Emmer & Gerwels，2002)。监督还有助于促进残障儿童的成功参与。一项对作为全纳教育策略的合作学习小组的研究（O'Connor & Jenkins，1996）发现，监督给教师提供了作公开声明、确认残障学生贡献的机会——这就是科恩（Cohen，1998）所谓的“价值确定能力”。请看维维安娜班级的例子：

维维安娜停下来听乔治的合作小组讨论，他们在做数学作业，即编出四道计算钱币的故事应用题。学生正在构思一个故事，要买三件东西，他们想知道给出一美元会得到多少找零。维维安娜听到乔治——一个低能学生，指出这三样物品加起来超过了一美元。她评论说：“乔治的发现很好。我知道他替妈妈去商店买东西，他很有经验。”维维安娜离开后，我们注意到乔治在小组中更加积极了。维维安娜的评价确认了乔治的贡献，提高了他在小组中的地位。虽然他的写作技巧和数字知识实际上很差，但是他的小组在购买物品的知识方面可以依靠他。

暂停与思考

既然你已经读完关于小组学习管理的内容，回头看看你原来给汤姆提出的建议。你还能给他提出什么办法？他可能会做出什么样的关键性改变以确保下次尝试小组学习时更加成功？

除了在教室里巡视，五位教师都有一个借以获得学生注意的信号，这让他们能对全班提供必要的帮助，或者能结束小组活动。一项对 6 所城市学校的 13 名小学教师的调查（Emmer & Gerwels，1998）发现了各种获得小组注意的信号（例如：“停下来、看着我、听我讲”，“能听见我就拍手”，“把手放在一起”，“能听见我就竖起大拇指”，“把手放在头上”，以及有节奏地拍手）。比起仅要求学生注意的信号来说，要求学生作出明显回应的信号更加有效。

总结评论

虽然本章的标题是“小组学习管理”，但我们已经看到，实际上小组学习有多种不同的情况，每种情况都有自己的一套适用领域、使用程序、要求和缺陷。你计划在自己的课堂上使用小组学习时，记住这些区别是很重要的。有太多的教师认为合作学习就是把学生放到不同的小组里，告诉他们要一起学习。他们选择的任务并不适合小组的人数；在同一性小组更加适用的情况下，他们会选择多样性小组（或者反之)；他们没能融入积极的相互依赖和个人责任的因素；他们不能理解互助小组和合作学习的区别。下面的事例可能会很可笑——如果这是真事的话。

一位同事最近描述了他儿子学校里“合作学习”的一个例子。任课教师告知学生，他们要启用合作学习方法。他的儿子和另一个学生为一组。要求这两个学生完成一个项目的两个独立的部分，但是却要在课堂之外完成。这个作业的每个部分不仅单独评分，还要给出小组分数。在这种情况下，一个孩子因为没有完成作业要求的那部分，得了“不及格”；另一个孩子得了“优秀”。同时，小组的分数是“及格”，这样就奖励了没有完成作业的学生，而惩罚了完成作业的孩子。在这种“合作学习”中，学生没有机会交流，使用小组奖励（小组分数）起到了反作用。虽然大多数合作学习的支持者都认为不能把这个情节认作合作学习，但任课教师的确是这样向学生家长描述的。(O'Donnell & O'Kelly，1994，p. 322)

这个例子证明，教师需要对小组学习的复杂性有大致的了解，对合作学习尤其需要注意。我们希望本章已经使你敏感地注意到了一些可能发生的问题，也给你提供了一套将这些问题最小化的策略。小组学习是一项挑战性极强的授课方法，成功的管理要求格外认真的计划和实施。

尽管有潜在的缺陷，我们仍然相信小组学习应该是小学课堂不可分割的一部分——尤其是在你努力创建成员相互关心、相互支持的班集体时。课堂不只是一个学生学习功课的地方，还是学生学习社会课程的地方——这门课的内容包括互相帮助的好处、与其他种族的学生的关系、接受或拒绝残障儿童，还有友谊。作为一位教师，你将决定这门课的内容。如果计划和实施良好，小组学习将会给学生提供学习关爱、公平和自尊的机会。

小 结

本章伊始，我们谈到了小组学习潜在的益处，也谈到了它所带来的一些特殊挑战。接下来，我们对设计和实施有效小组学习提出了建议。

小组学习的益处

- 减少等待获得教师帮助期间的空闲时间。
- 增强动机。
- 让学生更多地参与学习。
- 提高学生的成绩。
- 减少学生间的竞争。
- 加强跨性别、跨民族、跨种族交流。
- 改善残障学生与同伴间的关系。

小组学习的缺陷

- 造成性别、民族和种族方面的隔离状态。
- 参与的不平等。
- 缺乏成就。
- 小组成员间缺乏合作。

有效小组学习的设计和实施

- 确定启用何种小组（允许帮助型、必须帮助型、同伴辅导型、合作型和完全合作型）。

- 确定小组人数。
- 确定组员构成。
- 安排促进积极合作的任务。
- 确保个体负起责任。
- 教会学生合作。
- 监督学习、参与和合作行为。

小组学习为学生提供了独特的社交和学业奖励，但重要的是要理解它所带来的挑战，不要只因为任务好玩或者有趣就假定课程会自动地平稳进行。记住：要认真规划小组学习，帮助学生做好充分准备，给自己一些时间来获得作为合作小组推进者的经验。

技巧培养活动与反思

课上活动

1. 以小组为单位，针对下列几种情况，选择一个你要使用的小组类型（允许帮助型、必须帮助型、同伴辅导型、合作型和完全合作型）；简要分享你的选择及其原因。

a. 你正在教授学生多样化的数学班如何辨认时间。17 个学生中有 8 人迅速掌握了概念，但是其他学生都遇到了一定困难。

b. 你的三年级班级被分成 3 个文学小组，每组阅读 1 本不同的小说，还要解释 10 个你从书中抽出来的词汇。你对每组的每个孩子的主要目标是正确写下单词定义，作为今后测验的学习指导。

c. 在你的五年级数学班里，学生构成呈同一性，你要复习分数和小数的对应。你想让孩子使用闪卡帮助记忆这些对应。

d. 六年级的科学班要学习岩石和矿物。你想让学生 3 人一组，学习 3 种类型的岩石（火成岩、变质岩、沉积岩）。每个小组要制作一大张海报，展示每种岩石的特点和样品。

e. 你的四年级班级刚刚读过文学选读上的奇谈故事。为了利用他们的热情，你把他们分成小组，根据其中某一个故事编写和表演（带有背景和道具）一个戏剧或者木偶戏。你想让小组的每个成员都享受这个作业带来的从写作到表演的诸多乐趣。

2. 你想利用班级刚刚写出的神秘故事，让他们学习编辑和与同伴研讨的技巧。对你来说重要的是，学生要学会给出和接受有建设性的批评和反馈。你已经决定让学生 3 人一组。你要怎样示范你想让他们练习的技巧？为了达到这个目的，你要指派哪些角色？你要建立什么形式的个人责任制？你要怎样监督小组学习？和你的小组成员讨论这些问题。

独立活动

观摩一项合作学习活动。教师用了哪些方法促进积极的相互依赖，促进个体负起责任？

载入档案袋

根据自己的选择设计一堂合作学习课。写一份简要评价描述下列方面：(a) 本课要求的社交技巧以及你是如何讲授这些技巧的；(b) 你在学生间建立积极的相互依赖以及个体责任制的方法；(c) 学生将会如何评价他们自己的小组交流。

第十一章

课堂提问与讨论的管理

课堂提问的缺陷
有效课堂提问的设计和实施
有效课堂讨论的设计和实施
总结评论
小结
技巧培养活动与反思

教师和学生之间进行的多数谈话都和你在“真实世界”中听到的对话不一样。我们就来思考一个例子吧（Cazden，1988）。在真实世界中，如果你问别人现在几点，我们就可以认为你真的需要知道时间，而且会感激别人的回答。对话可能会是这样的：

“现在几点了?”
“2:30。”
“谢谢。”

与此相反，如果教师在课堂上问起时间，对话听起来就是这样：

“现在几点了?”
“2:30。”
“很好。”

这里的问题不是对所需要的信息的请求，而是一种了解学生所知事情的方法。这种交流不像交谈，而更像一个智力竞赛节目（Roby，1988）：教师发起一个问题，学生回应，然后教师评价学生的回答或者采取某种后续措施（Abd-Kadir & Hardman，2007；Mehan，1979）。这种交流模式（I-R-E/I-R-F）叫作提问。一些研究记录（例如，Stodolsky，1988）表明学生在这种授课活动中所用的时间量相当之大。

提问作为一种授课方法经常遭到批评。批评家反对教师在其中扮演的积极的、支配性的角色，以及学生相对消极的角色。他们谴责说学生之间缺乏交流，声讨说提问总是强调回忆事实信息，而很少要求高水平的思考。下面的事例就是这种提问的证明。在这个片段中，四年级的学生正在讨论《伊索寓言》中的《安德鲁克里斯和狮子》(Androcles and the Lion)。这篇寓言讲的是一个名叫安德鲁克里斯的逃亡奴隶因为把扎在狮子脚爪里的一根大刺拔出来而得到了狮子的感激。

洛老师：好，我们从头开始。那个奴隶叫什么名字？

学生：安德鲁克里斯？

洛老师：对。安德鲁克里斯的主人对他怎么样？

学生：很残忍。

洛老师：好。那么安德鲁克里斯怎么做的呢？

学生：他逃跑了。

洛老师：啊，对的。他逃跑了，跑进了森林。他一直跑着，遇见了……遇见了什么呢，简？

简：一头狮子。

洛老师：对，一头狮子。但是狮子很难受，他怎么啦，阿里？

阿里：他的爪子被割伤了。

洛老师：割伤不准确。塔什卡？

塔什卡：他的爪子上有一根刺。

洛老师：完全正确。一根刺。这头狮子呻吟着、呜咽着，悲哀地把爪子伸给安德鲁克里斯，安德鲁克里斯做了什么？

学生：把刺拔掉了。

洛老师：好，他把刺拔掉了。对了，然后狮子……怎么样啦，全班回答？

学生：（沉默）

洛老师：狮子对安德鲁克里斯有什么感觉？

学生：（开始小声说出各种答案。）感激。高兴。狮子喜欢他。充满爱心。

还有一种批评聚焦于提问期间发生的公开评价。教师提问一个学生时，大家都能看到，也能互相传达对其回答的评判。事实上，菲尔·杰克逊（Jackson，1990）评价说，同学们“频繁地加入这种活动”。

有时候，当教师问：“谁能纠正比利的答案”或者“有多少同学认为雪莉充满感情地朗读了这首诗”时，就是把班级学生作为一个整体来邀请他们对某个学生的表现进行评价（p. 20）。

这样的问题会加剧提问所产生的学生之间“消极的相互依赖”（Kagan，1989/90）。换句话说，如果某个学生不能回答教师的问题，那么其他学生得到提问和获得表扬的概率就会增加。因此，学生实际上会支持他们同学的失败。

尽管这些批评意见很正确，但提问仍然是小学课堂的极其普遍的特征。这项授课策略有何特殊之处使它能在其他众多受到高度赞扬的方法中立于不败之地？

在对芭芭拉课堂的一次观摩中，我们努力地思考了这个问题，而对她进行的一次提问的观察给了我们一些启示。学生刚刚读过他们的新小说《珊瑚岛》（*The Cay*）（Taylor，1969）的前几章。芭芭拉让他们把书拿出来，准备讨论刚读过的几章。她在教室前面的椅子上就座。

芭芭拉：我们复习一下昨天晚上你们读的东西。首先，什么是珊瑚岛？（一个女孩举手。）只有一个人举手吗？（她等了一下，又有几只手举了起来。芭芭拉提问了一个举手的孩子。）玛吉？

玛吉：是一个岛。

芭芭拉：是一种特别的岛吗？

学生：非常小的岛。

芭芭拉：好，小岛在哪里，你们发现了吗？（一个男孩举起了手，但是又放下了。）本，你把手放下了，但是你是不是想说什么？

本：在阿鲁巴岛附近。

芭芭拉：好。还有吗？（芭芭拉提问了一个没有举手的学生。）

学生：在加勒比海。

芭芭拉：对。（芭芭拉指导学生看他们自己的地图，找出小岛。所有学生都找到了小岛，她很满意，继续进行。）故事发生在历史上的什么时间？

学生：1942 年。

芭芭拉：好。那段时间发生了什么重要事件？

学生：那是二战期间。

芭芭拉：对。二战的主要战役多数发生在什么地方？

学生：欧洲。

芭芭拉：哦，它在欧洲吗？（她提问了一个没有举手的学生。）

学生：不在。

芭芭拉：那为什么它受到了影响？（芭芭拉听起来很迷惑。）

学生：因为是世界大战，会影响很多地方。

芭芭拉：这倒对，但为什么偏偏是这个地方？

学生：因为这里有三艘潜水艇。

芭芭拉：那又是为什么呢？

学生：因为那里有大量石油。

芭芭拉：那又怎样呢？为什么石油很重要？

学生：石油很值钱。

芭芭拉：为什么？

学生：因为石油稀少，我们需要石油。

芭芭拉：好，石油是哪里都缺少的重要的自然资源。

芭芭拉的提问帮助我们认识到课堂提问的非常重要的作用。第一，提问使芭芭拉得以复习有关故事的基本事实，检查学生的理解情况（Leahy，Lyon，Thompson，& William，2005）。第二，通过提出有一定智力挑战的问题（例如，为什么战争会影响到加勒比海的居民），芭芭拉可以把学生从低水平的事实回忆提升到高水平的思考。第三，提问使芭芭拉得以让学生参与对材料的讲解（Roby，1988）。例如，芭芭拉没有告诉学生岛屿在哪里，或者它为什么受到了战争的影响，而是通过提问带出了这些信息。第四，提问提供了机会，即使在全班授课的课堂上也能和个体学生交流。事实上，我们的观摩笔记表明，芭芭拉在这段简短的提问期间，和 12 名不同的学生进行了交流。第五，通过提出问题，以及语调和手势的变换，芭芭拉得以让学生保持相对较高水平的注意力，换句话说，她能让大多数学生“跟上她”。

后来，芭芭拉讨论了这堂课使用提问的情况。

很显然，这是一节教师指导课：我的主要目标之一是，让每个人都获得具体信息，而不是自己站在那里满堂灌。这样，所有的谈话都要经过我的过滤。这与真正的讨论不一样，讨论时我会鼓励学生直接互相交谈，自己置身其外。然而，有关这样的课最有意思的是，虽然我指导着课堂进行，但我们班的孩子并不认为这是教课。他们把这看作与我的个人对话，没有意识到这是一节“课”。在提问中我喜欢的一件事就是可以推动孩子们给出更完整的回答，他们在写作时就不愿意这么做。四年级的孩子认为谈话比写作更舒服，因此他们的口头回答一般要比书面回答更完整。在提问的时候，我可以鼓励他们把回答扩展开来，证明自己的立场。我还能把他们的口头回答当作答案的样板，我希望在书面测验或者作文中出现这样的答案。提问还使我得以发现他们没有正确理解的东西，清除他们对材料形成的错误概念。我也能了解他们把什么带到了我的课堂。例如，在这节课中，给我印象最深的是他们在社会研究班中学到了那么多的地理知识。因为他们和别的老师学习了社会研究，因此我都没有意识到他们知道那么多关于地图和气候的知识，他们对二战的知识也比我预期的要多。

正如我们看到的，芭芭拉的提问环节绝不是“智力竞赛节目”，那种情况下学生很消极，无意识地回忆着低级的、不重要的事实。另一方面，不论谈话的模式（I-R-E）还是基本意图（为了评价学生对阅读的理解）都把提问和另一种口头交流——讨论区分了开来。（表11—1总结了提问和讨论的区别。）

表11—1　　提问和讨论的区别

对比维度	提问	讨论
1. 主要发言者	教师（2/3或更多）	学生（一半或以上）
2. 典型的话轮交换	教师提问、学生回答、教师评价（I-R-E）	陈述与问题混合，由教师与学生混合提出
3. 节奏	大量简短、迅速的交流	交流较少、时间长、速度慢
4. 主要目的	检查学生理解程度	激发学生给出各种答案，鼓励学生考虑不同的意见，培养学生解决问题的能力，促使学生对问题的内涵进行思考
5. 答案	事先已定出正误，正确答案对所有学生一致	不能事先决定正误，不同的学生有不同答案
6. 评价	正确/错误，仅由教师评价	同意/不同意，由学生和教师评价

资料来源：Adapted from Dillon，1994。

与提问不同的是，讨论是一种个体一起工作、思考一个事件或问题的口头交流方式。讨论主要用来激发学生给出各种答案，鼓励学生思考不同的意见，培养学生解决问题的能力，促使学生对问题的内涵进行思考，把材料和学生的个人经历联系在一起（Good & Brophy，2008）。在讨论中，个体可以提出自己的理解、相关的事实、建议、意见、观点和经验。这些观点由其在回答问题或解决问题中的功用来检验（Dillon，1994）。

为了把提问和讨论区分清楚，我们再来思考一例，这一次是肯的班级。

八个学生和肯一起坐在阅读桌旁，即将讨论他们刚刚读过的艾尔维亚·伍德拉夫（Woodruff，1991）写的《乔治·华盛顿的袜子》（*George Washington's Socks*）。他们掷骰子决定谁先发言。掷出的是“2”，因此，从阅读桌一头数第二个学生埃里克首先发言。埃里克问了其他学生一个他在阅读作业中准备的分析性问题。（分析性问题要求学生从单纯的回忆事实或者简单理解上升到更深入地审视材料的含义。）

埃里克：亚当·希布斯应不应该替马特归还将军的斗篷？

苏珊妮：从某种角度讲应该……因为他是士兵而马特不是士兵。

查伦：我不这么想。亚当·希布斯不应该去还，他会因为离开岗位而有大麻烦。

劳伦：我认为亚当应该归还，因为他岁数较大，而且后来也就不会倒在刺刀下了。

交流开始热烈起来，有几个学生同时说话。肯看了看埃里克，小声地说：

肯：你可能应该控制一下这个讨论吧。

埃里克：好，大家停停。杰米，你怎么想的？

杰米：对我来说，有点介于应该和不应该之间……

尼尔：对，我也是，就是介于两者之间。一方面我认为他应该把斗篷留在那儿，因为他还了斗篷，之后……

苏珊娜：（打断尼尔）上尉说："你还在打仗。"

尼尔：而且只不过是个斗篷，有什么大不了的？别人也能给他一个斗篷。

讨论继续进行了几分钟，然后肯让埃里克读一读他准备的问题答案。

肯：大家要评论一下埃里克的答案吗？

查伦：如果亚当·希布斯没让马特去，也许他就不会受伤了。

劳伦：你答案的一部分是针对问题的，但是最后，你开始说到别的事情上去了。又有几个学生评论埃里克的答案。

肯：（又听了几个学生对埃里克答案的评价。）这个分析性问题太棒了！看看，它引起了多少辩论和讨论。我都不用评价这个问题了，从大家的反应上就能判断出来。好，让我们再听一个问题。苏珊娜？（肯让下一个学生发言，引出了又一轮类似的讨论。）

从这段节选中我们可以看出，这种交互中的主导模式不是 I-R-E（教师提问，学生回答，教师评价），而是发起问题（学生扮演教师角色），随后带来多种回答（I-R-R-R）。除了在交流变得兴奋时确保学生都有机会发言、推动学生更深入探索问题，肯基本上处于交流之外。与提问不同，学生直接相互对话。他们互相评价彼此的贡献、问题，当有分歧时，他们会对此进行解释。

提问和讨论经常被混淆。教师常常说他们进行很多的讨论，而实际上他们在进行提问。例如，在一项观察研究（Alvermann，O'Brien，& Dillon，1990）中，虽然 24 位中学教师报告说他们使用的是讨论教学，但实际上只观察到 7 个人是这么做的；其余的教师是在使用提问或者散布问题的方式进行授课。这些发现和对全国 1 000 个中小学课堂的观摩的结果是一致的，在那些课堂中，讨论只占课堂时间的 4%～7%（Goodlad，1984）。很显然，课堂上很少使用真正的讨论教学。

暂停与思考

即使你对提问这一术语并不熟悉，你在校期间可能也参与过很多提问—回答这样的环节。与此相反，你在以学生为中心的讨论方面的经验可能非常有限。思考两者之间的不同，思考这两种授课方式对你所执教（或者你要执教）的年级的适用性。你能否想出何时适用以学生为中心的讨论的情况？如果能想出，你将何时使用这样的讨论？

詹姆士·狄龙（Dillon，1994）提出了课堂使用讨论频率较低的三点原因。第一，讨论不是自然形成的，它必须经过学习，而且讨论很困难——对于学生和教师都是如此。第二，教师本身对课堂讨论也没有多少经验，可能也没有接受过可以引导他们的培训或者指导。第三，学校文化一般都不支持讨论。如果教师感觉到有“必须完成大纲”的压力，要让学生在标准化考试中表现突出，那么他们可能会认为讨论是一种他们负担不起的奢侈品。此外，提供讨论机会意味着教师必须放弃他们的领导角色，而担任推进者的角色。这对在强调控制的学校工作的教师很困难，对习惯于支配，至少是指导对话的教师也是如此。

教育批评家经常谴责使用提问授课，而提倡进行讨论，但是两种交流的形式如果能被有效地使用，则都应该在小学课堂上占据合法地位。本章的开头探讨了与提问有关的管理问题和缺陷。接下来，我们要思考教师和研究者对于减少这些问题有何说法。然后转向对讨论的思考，并提出管理这类交流的一些方针。

课堂提问的缺陷

第一个缺陷是学生中的参与不平等。想象一下：你站在有 25 个孩子的班级前面，刚刚问了一个问题。有几个孩子奋力地挥舞着手，小声说“哦！哦!”，明显地传达了他们想被提问的渴望。其他的孩子静静地坐着，目光茫然、面无表情。还有一些孩子尽可能地在座位上缩低，他们的体态显然在说：“千万别提问我啊。”

在这种情况下，提问一个急于被问的孩子很有诱惑力。毕竟，你很有可能得到正确答案——多让人满意的情况啊！你还能避免让那些在众人面前发言感觉不舒服的孩子和那些不知道答案的孩子感到尴尬，另外还能保持课堂节奏。但是，只选择那些主动回答问题或者那些喊出声来的学生会把交流局限在一小部分学生中。这就是问题所在。如果学生积极参与，他们就会学到更多（Morine-Dershimer & Beyerbach，1987）。另外，由于主动回答问题的都是成绩好的学生，只提问那些学生会给你展现一幅有关全班理解程度的扭曲的画面。最后，把问题局限于一小部分学生会传达出对其他学生的负面期望（Good & Brophy，2008）：“我不提问你是因为我敢肯定你没有什么可贡献的。”

如果你的课堂上有英语学习者，那么参与不平等的问题就会更加突出。虽然英语学习者已经有两年的英语经历，能够熟练地与同伴对话，但是一般要过五六年他们才能在学术语篇方面达到适合年级水平的熟练程度（Cummins，2000）。因此，对英语学习者来讲，在提问中扮演积极角色比较困难、令人畏缩。

提问的另一个缺陷是有脱离重点、失去课堂节奏和学生参与的危险。20 世纪 60 年代一个流行的电视节目就利用了“童言无忌”这一事实，该节目的名称充分描述了在提问时可能发生的问题。当你问问题的时候，可能会得到心目中预期的答案，你也可能得到显示困惑和误解的答案、与课堂毫不相关的不合时宜的话语（例如：“我的鞋上粘着一块口香糖”），或者意想不到的答案，一时间让你失去平衡。这些情况都威胁着提问的顺利进行，会使提问变得迟缓、跳跃和没有重点。

这样的威胁要求你立即决定如何让提问继续进行。这绝非易事。例如，如果一个学生的答案显示出他很困惑，那么向他提供反馈和帮助就很重要。另一方面，解决这个学生的问题可能使这节课的节奏变得缓慢，其他的学生因此开始做白日梦或者坐立不安。在提问期间，你会经常遭遇两种互不相容的需要：解决单个学生的问题、强化他的学习的需要，以及继续进行授课、防止课堂动力和全班注意力流失的需要。

在芭芭拉讲授《珊瑚岛》的过程中，我们看到了这种张力的一个典型例子。学生在讨论主人公所遇到的问题，这时候杰西卡突然举手问道：“如果我被困在加勒比的一个小岛上，我可能活下来吗?”这个问题显然与本课无关，但是芭芭拉允许这个问题存在。事实上，她说：“我可不知道。”转向全班学生，她问道：“你们认为呢？杰西卡能幸存吗?”这引发了学生们对相关因素长时间的交流：是否有食物、水、藏身处、温度以及猛兽等等。最后，芭芭拉通过询问学生这个问题与大家所读的任务有什么关系而把学生的注意力引回到了书本上。

课后，当我们和芭芭拉讨论这个小事件的时候，她解释了为什么决定要探讨杰西卡的问题。

杰西卡的问题真的把我给难倒了，我只好继续下去。我们这一段进行得很好，我不能打乱这个流程，也不想失去讨论的焦点。但是她看起来很真诚，不像蓄谋引开我们的话题——而且她平时很少参与，这本书对她是个很大的挑战。我决定把她带到谈话中来，“提高”她在众人眼里的地位，给她一些信任度。还有，我也决定用这个问题引出书中主角菲利普面对的一些问题。但是我在冒险，因为一节课是很容易偏离目标的。这时站在班级前面真的很可怕。有时候，你提出问题后，一点也不知道学生会说出什么。很难告诉孩子说，我们现在不能谈论他说的东西，但是如果你跟着所有的题外话走，就什么也讲不成。如果我决定不讨论孩子提出的问题或者评论，但还是会把它写在黑板上，提醒自己以后要说一说，可能是在休息或者午餐时间。

提问的第三个缺陷是教师在监控学生理解程度方面可能有困难。提问给教师提供了一个检查学生理解程度的机会，但是实施起来并不容易。最近，一位五年级的教师给我们讲述了她的实习教师丽贝卡所教的一节课。那个班一直在学习有关人体的知识，在那个单元进行到一半的时候，丽贝卡决定给学生进行一次测验。测验那天，她向学生提出了一连串有关呼吸系统和循环系统的问题，以此来简要复习所学过的材料。问题回答的正确率很高，丽贝卡对此感到满意，于是问道：“我把测验卷发下去之前，还有什么问题吗?”没有看到问题，她就补充道：“大家都理解了吧?”还是一片沉默。丽贝卡让学生把书合上，分发测验卷。当天下午开始改卷。结果很不理想，令她震惊——很多学生都只得了“及格”或者“不及格”。在课后和合作教师进行交流的会议上，她悲叹地说道：“怎么会这样啊？我们复习的时候他们都知道答案的呀!”

这个事件证明了要想探知全班所有成员对课堂内容的理解程度是非常困难的。正如我们先前提到的，有时候教师被蒙蔽了，因为他们只提问主动回答的学生——这些学生最有可能给出正确答案。针对这种情况，丽贝卡和她的合作教师绘制了师生口头交流的“地图”，以便能分享一些说明问题的资料：在 15 分钟的复习中，丽贝卡仅仅提问了全班 19 个孩子中的 6 个，而且这 6 个孩子都是主动举手的。虽然这使丽贝卡得以保持交流的流程顺畅，但是也导致她过高地估计了学生掌握知识的程度。另外，丽贝卡的合作教师还向她指出，通过询问“大家都理解了吗”不太可能得到对学生理解程度的精确评价。这样的问题不能让学生负起责任，换句话说，这样的问题不要求学生证明他们已经理解了材料。此外，不理解材料的学生经常不好意思承认自己不懂。(他们甚至可能没有意识到自己没有理解!)显然，你需要找到其他的办法来评价你的班级是否“跟上了”你。

提问的最后一个缺陷是与学生带到学校的沟通模式互不兼容。虽然提问采用的I-R-E模式是学校的主要的教学方式，但这种形式根植于中产阶级白人价值观，它所代表的沟通方式与很多来自不同文化背景的学生的交流话语不相匹配。例如，提问通常采用“被动接受”的话语模式：教师讲解时学生要安静地听讲，然后单独回答教师提出的问题。但是，非裔美国学生可能习惯于一种更积极、参与性更强的话语模式（“高声作答”）。当他们通过喊出答案、评论和反应表示参与时，欧裔美国教师可能会把这当作一种无礼的干扰行为（Gay，2000）。一些美国土著儿童也觉得提问这种形式很陌生、让人不舒服：“美国土著文化中，没有这种自然发生的情况，即唯一一个成年权威规定谁可以发言、发言时应以何种音量、可以与谁交谈”（Henning，2008，p. 138）。当美国土著学生不愿参与的时候，欧裔美国教师可能会得出结论，认为他们不感兴趣。

除了文化背景，话语风格方面的性别差异也会影响学生对提问的参与。正如语言学家德博拉·坦嫩（Tannen，1995）指出的那样，男孩和女孩在成长过程中学习到了不同的讲话方式。

> 由社会学家、人类学家和心理学家主持的研究观察了玩耍期间的美国儿童。研究显示，虽然男孩和女孩都找到了创造融洽氛围和沟通地位的方式，但女孩倾向于学习聚焦于使人际关系融洽方面的对话规范，而男孩则倾向于学习聚焦于地位维度的规范。(p. 140)

坦嫩认为，女孩倾向于淡化地位差别而强调每个人都相同的方面。她们也了解到，让人听起来过于自信会使自己不受欢迎。同时，男孩一般都会识别出，也期待出现地位的差别。事实上，他们学会了使用语言展示自己的能力和知识，以便传达他们在群体中的地位。处于领导地位的男孩发号施令、挑战他人，在“讲故事和说笑话时占据中心地位”。当我们考虑到沟通方式的差别时，就很容易看出，提问过程需要公开展示知识，且具有内在的竞争性，因此I-R-E话语模式与男孩的沟通方式比女孩的方式更加兼容（Arends，2008）。

对性别与课堂谈话的研究也表明，“教师对班级中的男性参与表现出明显的偏袒倾向”（Grossman & Grossman，1994）。

> 要求学生回答提问时，教师更可能提问主动举手的男同学；在提问非主动学生时，情况也是如此。学生回答提问时，教师也更可能倾听男生的答案，并与之交谈。教师在课堂讨论中更多地采用男生的想法，以及更有效地对男生进行回应。(p. 76)

同样，美国大学妇女联合会（AAUW）的研究报告《学校教育如何亏待了女生》（*How Schools Shortchange Girls*，1992）显示，男同学经常要求并且也能够得到教师的更多注意。对中小学学生进行的一项研究（Sadker，Sadker，& Thomas，1981）发现，男生喊出答案的次数比女生高出八倍。此外，当男生喊出答案时，教师总是倾听他们的评论。与此相反，女生喊出答案时，总是被告知“如果想发言就请举手”。另一项研究（Sadker & Sadker，1985）发现，甚至当男生不主动举手时，教师也更可能征求他们的回答。

为什么教师允许男生通过喊出答案来支配课堂交流？琳达·莫尔斯和赫伯特·汉

> **暂停与思考**
>
> 回想一下你自己的经历，学生带到学校的是什么样的沟通模式？你是否注意到了交流方式中的性别差异，或者来自不同文化背景的学生间的差异？这些差异对课堂提问和讨论的参与有什么影响？

德利（Morse & Handley，1985）提出了三个可能的理由：（1）这种行为非常频繁，教师逐渐习惯了；（2）教师希望男同学的竞争性更强一些；（3）喊出答案在教师看来是表示有兴趣。不管原因是什么，教师都需要对参与中的性别差异保持敏感，运用各种策略保证男同学和女同学都有机会参与课堂学习。

有效课堂提问的设计和实施

本章的这一节，我们将提出六条策略，以便把与提问有关的缺陷减少到最少。和前几章一样，教学方面的研究、与五位教师的谈话和对他们班级的观摩为我们的建议提供了基础。（本节的“实用贴士”总结了我们的建议。）

实用贴士

有效课堂提问的设计和实施

- **分配参与机会**

  从一个杯子里选出学生姓名。

  在座位图上划掉已被提问过的学生的名字。

  利用预定的轮换次序。

- **给出思考时间**

  把等待时间延长到三秒。

  告诉学生你并不期待马上就得到答案。

  允许学生写出答案。

- **激发和保持兴趣**

  注入神秘因素和悬念。

  注入幽默和新异成分。

  挑战学生的思维。

  融入身体活动。

- **向学生提供反馈**

  当学生的回答正确、充满自信时，简要地对答案进行确认。

  当学生的回答正确，但学生很犹疑时，应更加刻意地对答案进行确认。

  当学生的回答不正确，但是由于马虎造成时，简要地对学生的答案进行修正。

  当学生的回答不正确，但学生经过帮助能获得答案时，对学生进行提示或返回更简单的问题。

  如果学生不能作答，不要追究这个问题。

- **监控学生理解情况**

  要求作出明确反应：让学生举起应答卡片，用操作性教具展示答案，集体回答。

  利用“掌舵小组”：抽样观察学生的表现（包括成绩差的学生），以便了解何时可以继续进行授课。

- **支持不同类型学习者的参与**

注意你问问题的方式。跟踪记录你提问了谁、经常提问谁，以及你对他们的答案的反应。

逐渐熟悉和你文化背景不同的学生的话语模式特点。

向学生明确讲授在学校应该使用的话语模式。

加入特别设计的“多种应答方式选择”，使所有学生都参与进来，而不是只有一两个参与者。

分配参与机会

在一次对考特妮的课堂观摩中，我们观察到她正在进行《七彩国度》（The Land of Many Colors）这首诗的分享阅读。诗句被打印在画板架用纸上，考特妮每读一行，学生们就跟着她读。然后，他们试着齐声朗读。之后，考特妮问孩子们：“谁能到前面来找到一个新的常用词?”许多小手乱摇，很明显，大家都想要得到这个机会。考特妮把手伸进一个饮料罐，拉出一根色彩鲜艳的冰棍杆儿，把冰棍杆儿放到一边，然后提问了丹尼尔。丹尼尔从地毯上他的座位那里站起来，走到画板架前，然后拿起一片红色透明胶带，把它放在了“喜欢”这个词上。后来，我们和考特妮谈起了冰棍杆儿的使用。

使用“选我吧”冰棍杆儿能帮助我确保提问到每一个学生。一个学生的名字叫过了，就把那根冰棍杆儿放到饮料罐外面，这样每个人都能有机会。我发现，除非使用这样的制度，否则我就很难跟踪谁得到了参与的机会，谁没有得到。而且，有些孩子太渴望主动发言了，他们可能会垄断整堂课。

考特妮并不是每堂课都使用冰棍杆儿，我们当然也不是在建议你这样做。有时候你不想随机提问学生，而更希望选择特定的学生回答特定的问题。然而，这种制度可以帮助考特妮保持学生的注意力，广泛而公平地分配参与机会。这个制度还能帮助她保持课堂节奏，因为她每次并不是特意选择学生提问。

一些教师不用饮料罐（或者我们在第四章描述的肯的“咖啡杯制度”），而使用名册或者座位表来帮助记录谁已经发言，他们会在已经参与了的孩子的名字旁边画一个对号。一些教师运用“预定的轮换次序”，以指定的顺序提问学生。对这一做法的有效程度的研究证据还不是结论性的。很多教育家（例如，Kounin，1970）认为，指定的轮换次序会导致学生注意力不集中，因为孩子们确切地知道自己何时要被提问。但是杰利·布罗菲和卡洛琳·艾弗森（Brophy & Evertson，1976）发现，在阅读小组中使用指定的轮换次序会提高成绩。对这个发现的一种解释是，指定轮换次序把更多时间留给了阅读，而没有把任何时间丢失在决定下一个让谁来朗读上面。另一个解释是，指定次序保证了所有人都有机会和教师交流。

不论选择哪种制度，最重要的一点是确保交流不被几个主动发言的学生支配。一些孩子在班级面前讲话很不舒服，因此会试图规避显得很蠢或者很傻的风险。在一项对四个六年级课堂里学生和教师语言交流情况的研究中，32%的学生被列为“沉默的人”。在访谈中，这些学生总是把自己描述为胆小（72%）和缺乏自信

（50%）的人。凯伦解释她沉默的原因时，讲述了一件发生在四年前的事情。

我在课堂上很少说话。我怕有些人不喜欢我说的话。我上二年级的时候，我们要表演感恩节大餐的事，同学们都要扮演（从欧洲来到美洲的）朝圣者。我举手说我想演印第安人，把头发编成辫子。谁也没有说什么，而老师也只是说"嗯哼"，这太令人难堪了。(p. 177)

我们的五位教师都充分地意识到鼓励害羞的学生参与的重要性。请听芭芭拉说的话：

让所有人都参与、让不爱说话的孩子讲话是你的职责。我一般会问："你是怎么想的"或者"你同意彼得的想法吗"。如果孩子感到说话不自在，可能我不会过于频繁地提问他们，但是一旦提问，我总是努力使自己变得更加温和。我会问一些我知道他们知道的事，或者一看到他们有任何迹象说明他们正在考虑举手，我就提问他们。我也努力认同这样的孩子所说的话，比如"彼得刚刚告诉我们……"但是不论我怎样做，最终都会提问到每个人，孩子们也知道这一点。

"提问到每个人"，这是一项艰巨的工作，尤其是在人数多的班级里。一种有效的策略是使用应答卡——小黑板或者白板，学生在上面写出1～2个词回答你的问题。应答卡不仅增加了学生回答问题的积极性，而且也提高了学生的学习成绩和参与率（Narayan et al.，1990）。

另外一个策略是允许几个学生回答一个问题，而不是"抓到"一个答案就进行下一个。在下面的交流中，我们看到加内塔通过这种做法提高了参与率。

加内塔：实验是在做什么？
学生：发明东西。
加内塔：好的，还有吗？
学生：调查！
加内塔：好！这是一个大词。调查是什么意思？
学生：就是试着发现一些东西。
学生：你是侦探的话，调查就是找出一些东西。
学生：找到事实——寻找并发现。
加内塔：还有看不见的东西！（在黑板上写：看东西、找到事实、做侦探。）

有时候，分配参与机会是很困难的，这不是因为孩子们不愿意回答问题、主动举手的人太少，而是因为举手的人太多。在一节课中，教师越是激发起学生的兴趣，学生就越想回答问题。这意味着次序轮转中的竞争更加激烈（Doyle，1986），而且使学生在"竞标"发言机会时，声音更大、更难以驾驭。在一次对加内塔的课堂观摩中，我们看到了她是如何处理这种情况的。她和学生讨论他们刚刚看过的一部电影《亚瑟王宫中的康涅狄格美国佬》（*A Connecticut Yankee in King Arthur's Court*）。孩子们对这个电影着迷得不得了，人人都急于说说自己的感受。

加内塔：我们想一想亚瑟王时代人们的生活方式吧。你们在电影中看到他们的哪些生活方式跟我们现在一样？（孩子们争先恐后地回答问题，有很多"哦，哦"的声音，还有喊"钱恩老师"的。）这么多人想说话，我们轮流来，每个人说一句。阿丽莎，从你开始。

阿丽莎：他们骑马，我们也骑马。（加内塔继续按顺序提问学生。）

加内塔用一种“循环”的方式进行次序轮换，因为她们班的学生很少（15 名学生）。这种方法在人数多一些的班级中也许效果不会很好，大班里座位在“底线”位置的孩子有时会感到受到了欺骗，因为他们对问题的答案已经没有新东西可补充了。一个替换策略是让每个孩子写下回答，并让他们把这个答案和一两个邻桌的孩子分享。这能让所有的人都积极参与。然后你可以让其中几组汇报他们的讨论结果。

最后思考一点：在你考虑广泛分配参与的时候，要记住我们在第二章谈到行为区现象时提出的建议：(1) 尽可能地在教室里走动；(2) 与座位离你较远的学生建立目光接触；(3) 作评论时也要面向坐在后排或者两边的学生；(4) 定期更换学生的座位，以便使所有学生都有机会坐在前排中间。

给出思考时间

想象一下这样一个情景：你刚刚问了一个精心设计的、字斟句酌的高水平问题，以期促进学生的评判思维和问题解决的能力，然而却遇到了万马齐喑的场面。你的脸开始感到发烫，你的心跳有些加快。现在该怎么做？

学生的沉默令人难受的一个原因是，他们的沉默让教师无法了解他们是否在思考这个问题。他们睡着了吗？他们是否感到糊涂，不能回答这个问题？沉默对教师来说十分棘手，因为它威胁着课堂节奏和前进动力。即使是几秒钟的沉默也让人感觉像永远。这可以帮助解释为什么有的教师只等待一秒钟就开始提问学生（Rowe，1974）。然而，研究证明，如果你把“等待时间”延长到 3～4 秒钟，那么就能提高学生答案的质量、促进学生参与的积极性。延长等待时间对有学习障碍的学生也会有帮助，他们在信息处理方面比同伴总要慢一些。

有时候，向学生表示你并不期待马上获得答案也很有帮助。这不仅可以使沉默合法化，也给了学生形成自己的答案的机会。在芭芭拉的《珊瑚岛》一课的提问中，我们看到她向孩子表示，她希望所有人先思考一会儿再回答问题。

芭芭拉：CT 使用的一种逃生办法是什么？（孩子们举起手。）吉姆？（他没有举手。）

吉姆：用切开的树枝生火。

芭芭拉：在黑板上给我们画出树枝是怎样被切开的。他画的时候，其余的同学思考另一个问题。（他画了一段切开的树枝，芭芭拉转向全班。）为什么这样的树枝更容易点燃？（一些学生举了手。）大家把手放下，再考虑一分钟。（长时间的停顿。然后又举起了几只手，之后又有一些。最后芭芭拉向一个学生点了点头。）

女孩：因为有更多的燃烧空间。

芭芭拉：对。

让孩子们把你问题的答案写下来是给他们时间思考的另一种方法。书面答案还能帮助学生保持投入的状态，因为大家都在构思答案。除此之外，对即席发言感到不舒服的学生还可以照着写出的答案来读。我们观察到这种策略的一例，那是在芭芭拉的班级开始学习《萨拉、普莱恩和托尔》（*Sarah*，*Plain and Tall*）（MacLachlan，1985）的时候。芭芭拉给学生下列指令：

芭芭拉：默读第一章，读的时候我要给你们每人一张纸。写下一些有关你遇到的人物的句子。（学生完成了默读和写作，芭芭拉再一次让他们注意听自己讲。）好，你们遇见了萨拉，关于她你们知道哪些情况？

一旦你选择了回答问题的人，就应给那个学生一些思考时间。这是另外一种等待时间，而也有研究表明，教师通常在这时推进得太快（Rowe，1974）。有时候他们自己就给出了答案，有时候他们会转而提问另一个孩子。如果这时其他学生狂热地挥着手，那么提问另一个孩子就更有诱惑力了。请看肯在一节关于数列的课上是如何应对这种局面的。

肯：C数列是什么？罗宾？（罗宾不说话。班上其他孩子挥着手要回答这个问题，还小声说着："哦，哦，老师……"）让她慢慢来，这个问题很偏，给她个机会。

罗宾：是奇数的累加，1，3，5……

肯：嗯，我想知道数列是否要继续下去……

激发和保持兴趣

在前面的章节中，我们讨论了雅各布·库宁对有序课堂和无序课堂所做的经典研究（Kounin，1970）。该研究的发现之一是，如果教师努力让学生参与提问任务、保持他们的注意力、使他们保持"警醒"，那么学生就会对学习更加投入，干扰教学的活动也会减少。库宁把这种行为称作"组群警戒"。对五位教师的观察表明，他们经常运用组群警戒的策略来集中学生注意力、保持课堂节奏。例如，请看考特妮是如何把悬念注入一堂讲授短音［a］的语音课中的。

考特妮：大家都闭上眼睛，我有一些很特别的东西要和你们分享。（她拿出一个盖着小布的野餐篮子。）好，现在睁开眼睛。这里面有什么呢？（她的声音充满好奇。）我们听听大家的预测吧。

学生：好吃的！

考特妮：凯伦，你认为呢？

学生：信。

考特妮：劳伦斯，你认为呢？

学生：记号笔。

考特妮：好吧，让我把手伸进去，拿出一样东西给你们看看。明天我们再拿一样。（她拿出了一个塑料苹果。）

学生：是个苹果！

对学生提出挑战也是使他们随时保持警醒的方法。例如，在一节数学课上，维维安娜告诉学生："下面一道题可不是小孩的玩意儿了。这个真的需要你进行思考，仔细读指令。"教室里的兴奋几乎触手可及，一会儿我们听见学生小声说道："这太简单了，就是小孩玩意儿，我会做。"维维安娜的挑战使我们想起了"X老师"的行为，那是赫尔米娜·马歇尔进行的（Marshall，1987）一项对三位教师的动机策略进行的研究中的观察对象之一。马歇尔发现，X老师经常使用向学生的思维提出挑战的话语："我要骗骗你们。""动动脑子，你们得想想……""开动脑筋。""眼睛放亮点，耳朵竖起来。”（马歇尔认为，说这些时要“带着热情和一份幽默”。）这位教师频繁地使用能够刺激和保持学生注意力的话语，和研究中其他两位教师的话语形成了鲜明的对比。实际上，Y老师和Z老师从不使用引起学生注意的策略，也很少提出挑战让学生思考。他们绝大部分的指令都是试图在学生注意力和兴趣消退之后使他们回到任务上来。

在下面的事例里，我们会看到维维安娜教她的学生描述动作的词。虽然这本来可能极为枯燥，但是教室里却生气勃勃，学生非常兴奋，因为维维安娜允许学生做他们正在学习的动词。

维维安娜：大家站起来。原地跑步，跑、跑、跑，我让你们停下才能停下。（所有的孩子都在他们的课桌附近原地跑起来。）你们在做一件事。你们在做什么？

学生：我们在跑。

维维安娜：所以跑是一种动作，是你在做的事。好了，停。让我们……跳。（孩子们在原地跳。）你们在做什么事吗？

学生：是的。

维维安娜：你们在做什么？

学生：我们在跳。

维维安娜：因此跳也是一种动作，是你在做的事。（这种模式重复着，孩子们向前跳，然后又单足跳回原地。）

向学生提供反馈

研究证明了向学生提供反馈的重要性（Fisher et al.，1980）。但是你怎样才能提供适当的反馈，同时又能保持课堂节奏和前进动力呢？巴拉克·罗森夏恩（Rosenshine，1986）评价了有效教学方面的研究并制定了一套可能有帮助的指导方针。罗森夏恩认为，当学生自信地给出正确答案时，你就可以直接问下一个问题，或者用一个简单的语言或非语言信号表示答案正确。但是，如果学生回答正确但他们有些犹疑时，你就要更刻意地对他们的答案进行确认。你也可以解释一下为什么他们的答案是正确的（“对，答案正确，因为……”），以便强化学习的内容。

当学生给出不正确的答案时，反馈过程就会困难一些。如果你认为学生犯了一个粗心的错误，那么可以简单地对其进行纠正，然后继续进行教学。如果你判断学生可以在帮助下找到正确答案，那么你就可以给他提供一些暗示或者提示。有时候，回到一个你认为该学生能回答上来的问题，然后再一步一步推进到你现在的问题，这样的方法也很有用。

也有的时候，学生就是无法回答出你的问题。当这种情况发生的时候，你就没有必要给出提示或者暗示了，因为这只会使问题拖得过长、使提问变得缓慢。肯允许处于这种状态的学生“过”，他和加内塔允许孩子叫一位朋友来帮忙。这些做法不仅能帮助他们保持课堂节奏，还能使学生“保住脸面”。同时，教师心里可以记住要把这个材料重新给那些有困难的人讲授一遍。

在下面的事例中，我们看到加内塔意识到有必要把三等分的概念重新给全班讲授一遍。她的学生一直在用教算术用的奎茨奈颜色棒学习二等分。等到学生明白了

2个黄色棒等于1个橙色棒，而每个黄色棒就是橙色棒的1/2后，维维安娜让孩子们拿出蓝色棒（“9节”棒）。

维维安娜：大家都拿到蓝色棒了吗？好，把它分成相等的部分。

罗伯特：（这个男孩大嚷）3个绿色的！

维维安娜：罗伯特，喊出答案对其他的孩子不公平，因为你没有给他们机会想出答案。（她扫视教室，确保所有孩子都把3个绿色棒摆在蓝色棒旁边。）多少个绿色棒等于1个蓝色棒？

学生：3个。

维维安娜：如果你给朋友1个绿色棒，你还剩几个？

学生：2个。

维维安娜：好，如果你给朋友1个绿色棒，你给出的份数是多少？（一片沉默，孩子们看上去很糊涂。一些孩子试着猜道：“1/2？1？2？”维维安娜注意到了学生这种极度迷惑的状态，于是她就直接给出了答案。）你给出了1/3，而自己还有2/3。我们明天要继续讨论这个问题。现在我们必须收拾好东西，去吃午餐。我们要把教具收上来，我想看到书桌是干净整齐的。

后来，我们和维维安娜讨论了课堂上发生的情况，她告诉我们为什么她“放弃”了自己关于三等分问题的教学。

我发现糊涂的学生太多了，我不想让孩子们有挫折感。而且也就要到午餐时间了，我不可能重新再教一次三等分，因为他们饥饿的时候很难思考，所以最好直接告诉他们答案。明天我会从停下的地方接着讲。

我们也和维维安娜讨论了在孩子们的答案明显错误的时候，如何给出适当的反馈。她在说到需要清晰、诚实地对学生进行反馈的时候，语气十分有力。我们认为她的观点非常有用。

我坚信教师不应该因为伤害孩子的感情而给他们对孩子的回应穿上糖衣。如果答案是错的，孩子就需要知道那是错的。你可以拒绝这个答案，但是不拒绝这个孩子。但是你要解释为什么答案是错的。我经常请其他孩子来帮助我进行解释。当我从另外一个孩子那里得到正确答案时，我会回头再问第一个孩子，查看他是否已经理解。重要的是别让孩子悬在那里迷惑不解。

监控学生的理解情况

要检验你的学生对材料的理解程度有一种简单的办法，就是让他们公开回答你的问题，或齐声应答，或拇指竖起，或拇指朝下，或举起卡片。例如，你可以给孩子们一些“是非”卡，可以在卡片上涂上红色或者绿色，也可以在上面画上笑脸或者哭脸，孩子们可以用这些卡回答你的是非题。另外一个建议是发给每个学生一套4张卡片，写明A、B、C、D，然后以多项选择形式问问题（Leahy，Lyon，Thompson，& Wiliam，2005）。在数学课上，学生可以用数字卡或者运算符号卡来向你展示正确答案。“数字扇”（Rief，1993）对全组回答也很有用。“数字扇”的制作方式就是把3块小纸板或者索引卡系，分别标记为1、2、3，它们可以用来表示“完全同意”（1）、“基本同意”（2），或者“不同意”（3）。学生还可以在小黑板或者白板上写上一两个词来回答问题（Narayan et al.，1990）。

你可以让孩子们在座位上操作一些教具，或者以身体姿势来展示他们的答案。在一次对加内塔的班级观摩中，她正在和学生复习除法。她让学生在座位上用彩色积木学习，同时一个学生在黑板上做除法题。

加内塔：好，现在数出了 48，我看见你们大多数人拿出了 4 个表示 10 的积木和 8 个表示 1 的积木。（学生屏住呼吸，好像觉得很难似的。）你们要把表示 48 的积木分成 4 组。（一个孩子小声说：“啊，太简单了！”）拉沙德，你到黑板上做这道题，其他的人用积木做。好，我们看看你们每组放了多少积木。（她扫视教室，检查学生做题的情况。）我只想大家动手。

学生：12。

加内塔：大家看黑板上的题，拉沙德，你算的是多少？

拉沙德：12。

加内塔：好，这就是说我们答案一致。现在大家做这道题。（她在黑板上写出另一道题。）

检查学生理解程度的另一种方法是观察“掌舵小组”，即抽样选出一些学生，他们的表现可以用来显示班级是否能“跟上你”、你是否可以进行一个新主题。但是，选择“掌舵小组”的学生时要非常仔细。如果你只选择成绩好的学生，他们的表现会导致你过高估计全班的整体理解水平。

一次在和加内塔讨论的时候，她提到一个成绩差的学生乔利，他是数学“掌舵小组”的主要成员。加内塔给我们讲述了乔利帮助她监控班级理解情况的例子。

我们在学习位值。我在黑板上写出 382，让乔利告诉我们哪个数在个位上、哪个数在十位上、哪个数在百位上、它们分别代表了什么。他答对了！这就是一个课堂已经成功的标志，然后我又通过抽查其他几个学生确认了一下。

支持不同类型学习者的参与

通过理解和承认学生的家庭话语模式与提问中使用的话语模式并不相同这一事实，你就能更好地确保班级里所有的学生都有均等的参与机会，尽管他们的性别和文化背景不同。虽然对这一问题并没有简单的解决办法，但是有几条指导方针很有帮助。（本章前几页关于提问管理的“实用贴士”总结了这些指导方针。）首先，教师要对自己提问的模式有清晰的意识、给学生留出思考时间，并对学生进行表扬（Arends，2008）。这意味着你要跟踪记录你提问了哪些学生、你提问他们的频率，以及你对他们的回答的反应。（因为跟踪记录自己的提问模式比较困难，因此请其他人帮你做这件事就很有帮助了。）其次，逐渐熟悉和你文化背景不同的学生的话语模式特点也是非常重要的（Arends，2008）。例如，在假定认为孩子们喊出答案就是表示不尊敬之前，最好先问一问这种行为是不是代表一种习得的文化话语风格，是不是在学校之外的环境下是适当的、正常的行为。

虽然有时候容忍学生的话语模式是可能的，也是适当的，但是一些教育者（例如，Delpit，1995）认为，教师需要向学生明确讲授在学校应该使用的（一般通过暗示方式建立的）话语模式。实际上，明确讲授这种知识被认为是教师的“道义责任”，因为这能帮助儿童充分参与课堂社区以及更大的社会团体（Gallego，Cole，& Laboratory of Comparative Human Cognition，2001，p. 979）。因此我们的第三条指导方针强调对提问的话语模式（I-R-E）进行明确讲授，并允许儿童实践这些沟通技巧。

最后，教师可以加入特别设计的“多种应答方式选择”，使所有学生都参与进来，而不是只有一两个参与者（Walsh & Sattes，2005）。有些方法我们已经提到过了，例如齐声应答、明确作答（“竖起拇指”或“拇指朝下”），以及做题样本（如：学生可以在自己的写字板上独立解题，然后举起写字板让老师看见）。这些做法都要求学生独立回答问题，但是也有一些方法允许儿童在回答教师问题之前合作解题。这些更加活泼、参与性更强的应答方式可能会使对传统的提问—回答—评价模式感到陌生和害怕的儿童更加自信和自在。

暂停与思考

思考一下前一节描述的有关提问管理的策略。你在计划提问的时候，想记住的最重要的五件事是什么？

有效课堂讨论的设计和实施

迄今为止，本章分析了几个与提问有关的主要问题，并提供了避免这些问题的一些建议。现在我们要转向语言交流的第二种类型——讨论。正如我们前面说到的，虽然提问和讨论这两个术语经常互换使用，但是清晰地区别两者是极其重要的。（请再次参见表11—1。）

我们来思考一个有关讨论的例子，这是在加内塔的班级中观察到的。他们刚刚读过比尔·皮特写的故事《小小大角羊比福德》（Bill Peet，1993）。比福德是“一只瘦骨嶙峋、矮矮小小的山地大角羊”，它有一对巨大的角，这给它带来了很多困难。但是，到最后，比福德发现它的大角还是很有用的。它把角当作雪橇，还摆脱了猎人的追赶，在一个冬季滑雪胜地成了“吸引游客的明星”。加内塔的学生正在讨论比福德是否会考虑把它的角变成正常尺寸：

加内塔：我的女士们、先生们，我们要复习一下讨论中的行为规范。如果有人在讲话，我们不能打断他，对吧？举起手，我会看到的。记住，你不能只说“我同意”或者“我不同意”，你必须为自己的答案辩护。这意味着什么？什尼卡？

什尼卡：你要努力说服别人你是对的。

加内塔：好，你要给出理由，说明你的想法，为什么这样想，你要解释。路易斯，你想帮助我们大家开始吗？告诉我们你的想法，给我们一些支持论据，好吗？

路易斯：好的。

加内塔：好，它应该修剪它的角吗？（路易斯点头。）为什么你这么认为？

路易斯：因为它的角太长了，如果它摔倒了就会受伤。

维克托：我不同意。在故事中，它摔倒的时候挂在了树上，所以大角帮助了它。

塔内亚：我不同意，因为角先让它摔倒的。它应该把角拿下来，这样猎人就不会追它了。

格兰顿：我同意路易斯说的。如果比福德不把角剪掉，它会滑倒、受伤。

阿丽莎：对，我也同意路易斯说的，因为比福德要是不把角剪掉就会总摔倒。

什尼卡：我不同意，因为比福德走路的时候摔倒了，是它的角救了它。

维克托：对，如果它把角剪掉了，那么世界各地的人就不会来了，它就不能成为大明星了。

加内塔：你想说什么吗，詹姆斯？

詹姆斯：我不想让它把角剪掉，因为那样它就不能滑雪了。

当天的晚些时候，加内塔跟我们谈起了这次讨论，以及她看到的与开学初相比学生的进步。

以前总是两三个学生支配着一切，其他的人不参加讨论。维克托总是向任何跟他有不同意见的人大喊，而其他孩子看起来又不敢说话。现在他开始意识到，别人有权利发表自己的意见。以前总是维克托和露西亚说话，现在基本上所有人都乐于表达见解。有时候我仍然需要介入讨论，确保大家都有机会讲话，但是没有以前频繁……从开学到现在他们已经有了一些进步，但还是需要教师来确保他们保持在正题上，并彼此倾听。如果我们想让他们解决问题、培养解析思考技巧，就要让他们实践。而且教师也需要实践，我们要学会在不主导讨论的情况下引导讨论进行。

正如加内塔的话所表明的，要使讨论成功进行并非易事，尤其是对于那些习惯于在课堂上支配语言交流的教师而言。但是，即使是幼儿园学生也能开始学会讲话和相互倾听。例如，考特妮经常以“分享圈”来结束一天的课程，“分享圈”是另一种会议组成部分，是回应型课堂方法的一部分。（虽然正常来讲，“分享圈”应该是早会的一部分，但考特妮发现“分享圈”在其他时间做效果更好，因为早会可能时间过长，她的学生坐不住。）观察孩子们互相交流可以清晰地看出考特妮已经确切地教会了他们如何参与这项活动。“分享圈”中每个要进行分享的孩子首先要陈述他或她的信息，然后邀请三个孩子提问和评论。下面是迈克尔的分享。

迈克尔：我去了好时公园。现在我准备好接受评论和提问了。

儿童甲：你进到游泳池里了吗？

迈克尔：没有，太冷了。

儿童乙：有没有融化的巧克力池子？

迈克尔：没有。

儿童丙：你玩得高兴吗？

迈克尔：高兴。

当你学习主持讨论的时候，要记住三点建议（Gall & Gillett，1981）。第一，限制小组人数可能是明智之举。参与人数多的时候进行以学生为中心的讨论是很困难的。一种选择办法是运用“金鱼缸”的方法，让五六个学生在教室的中间进行讨论，而班级里其他的学生在他们四周围坐成大圈，扮演观察者和记录者。另外一种解决办法就是把全班分成由五人组成的讨论小组，并由其中一名学生担任每组的讨论领导人。

第二，安排好学生的座位，让他们能进行目光交流。如果你只能看见某人的后背和后脑勺，那么想要直接跟他对话是很困难的。如果有可能，学生应该把座椅摆放好，以便能面对面就座。

第三，要通过明确讲授如下必备的技巧，来帮助学生做好准备参与以学生为中心的讨论：

- 相互讨论，不能只对主持者讲话。
- 给别人说话的机会。
- 询问别人的想法。
- 允许别人有不同意见，不要进行人身攻击。
- 倾听别人的想法。
- 认同别人的想法。
- 对不相关的话语提出质疑。
- 请求对方澄清观点。
- 询问对方持有某种意见的理由。
- 给出你持有某种意见的理由。

由于一些学生在次序轮换方面有困难，因此你可以用一些道具（例如，一支特殊的笔、一根小棒或者一个玩具）来指定发言者。这个道具要从一个孩子传给另一个孩子，这可以鼓励次序的轮换，帮助孩子记住不要用喊的方式说出意见。

詹姆斯·狄龙（Dillon，1994）也为准备和进行讨论提供了一些极其有用的指导方针（见“实用贴士”）。注意，狄龙建议在以学生为中心的讨论中不要问问题，以防讨论变成提问。虽然他的担心很有根据，但是其他的讨论专家认为，提问题也是一种使对话继续的、适当有效的方法（McCrone，2005）。事实上，斯蒂芬·布鲁克菲尔德和斯蒂芬·普莱斯基尔（Brookfield & Preskill，1999）区分了几种不同的问题类型，这对保持课堂的前进动力非常有帮助。

要求更多论据的问题：

你怎么知道是这样？

你的主张基于什么数据？

作者说的哪些话可以支持你的论点？

你在文中什么地方找到了这种观点的表达？

当有人怀疑你的解释时，你会给他们什么论据？

要求澄清观点的问题：

你能否把这个观点换一个说法？

那样说是什么意思？

你谈论的想法有什么实例？

你能否解释一下刚才你用的术语？

联系或者扩展问题：

你的发言和刚才拉吉夫的发言有没有联系？

你的评论和尼恩刚才的评论有哪些相符之处？

你的观察结果和上周小组的判断有什么联系？

你的想法支持我们正在说的问题吗？还是会挑战该论点？

假设性问题：

如果乔伊没有赶上校车会发生什么问题？

在我们刚刚看到的录像里，如果阿诺德接住了球，故事的结局会怎样？

如果作者想让教师成为一个更有同情心的人，他会如何改写这段对话？

因果问题：

骂人可能会出现什么结果？

流言蜚语对学校的戏剧有什么影响？

总结性和综合性问题：

本次讨论中出现的最重要的一两个想法是什么？

关于这个话题还有什么没有解决或者有争议的问题？

作为今天讨论的结果，你更好地理解了哪些东西？

根据你们今天的讨论，如果我们要更好地理解这个问题，下次要讨论哪些内容？

哪些关键词和关键概念最能概括我们今天讨论的内容？

实用贴士

有效课堂讨论的设计和实施

● 精心设计用于讨论的问题（确保问题形式不会引起是/非、或者/或者型答案），还要加上补充问题、嵌入问题、后续问题和相关问题。

● 创建问题提纲，对主问题至少要找出三个分问题、四种替代答案。

● 把讨论问题展示给全班，写在黑板上或者用投影仪或者写在纸上发给全班。大声朗读问题之后，还要给出问题的意义、确认术语、解释问题的相关性、把问题与从前做过的讨论或者班级活动联系起来，等等。问题结束时要向全班发出邀请，让他们开始就问题发言。

● 开始的时候，要帮助学生集中讨论问题，而不是直接给出答案。例如，邀请学生来谈谈他们对问题的了解，以及该问题对他们的意义。

● 第一个学生发表意见之后不要进行评论。（如果你这样做了，交流很快就会变为 I-R-E。）此外，不要问："其他人对此有什么想法？"（如果你这样做了，就是在邀请学生给出不同的见解，或者给出与第一种观点相反的意见，而讨论就会变为辩论。）

● 一般说来，不要问第一个问题以外的问题。可以使用非问题型替代品：陈述（你想到的与发言者刚做过的发言相关的思想），与发言者意见相关的思考型陈述，表示对发言者的发言有进一步兴趣的陈述，揭示刚做过的发言与前面发言的联系的陈述，信号（表示对发言者所说的话有兴趣的声音或者话语），甚至可以沉默。（狄龙承认，故意沉默对所有教师都非常困难。为了帮助教师保持沉默，他建议教师可以在每个学生发言之后默唱"咩，咩，小黑羊"。）

● 推进讨论，可以这样做：

定位："我们讨论到哪儿了？我们在说什么？"

总结："我们完成了哪些任务？达成一致了吗？"

开启："我们下一步做什么？"

返轨："我们有点偏离主题了。我们怎样才能回到同样的问题上来？"

调速："等一下，我觉得我们是不是进行得太快了。我们再进一步看看这个问题……"

● 到结束讨论的时候，帮助学生总结讨论内容、识别剩余问题。

总结评论

本章集中讨论了语言交流的两种不同模式：提问和讨论。重要的是，不要把二者混为一谈——不要认为你在领导讨论，因为实际上你可能正在进行提问。还要记住提问所遭到的批评意见，仔细思考自己是否总是在支配课堂语言交流。问问自己，是否在以学生为中心的讨论中为学生提供了发言的机会，自己是否在其中起到了推进作用（而不是只做提问者）、鼓励学生和学生之间的直接交流。反思你的问题要求学生启用哪种思维水平。课堂提问可以起到很多作用，但是过度使用提问意味着你的课程绝大部分是由姓名、日期、事实和运算法则构成的（Cazden，1988）。

小　结

本章伊始，我们回顾了对提问的一些批评，也讨论了提问所起到的积极作用，然后区分了提问和讨论。接下来，本章考量了提问可能给教师带来的一些风险并对如何避免这些问题提供了一些建议。最后，我们研究了一个讨论的实例，对缺乏使用讨论的原因进行了反思，并简要考量了管理这种口头交流的几条指导方针。

提问的模式特点

- I-R-E（教师发起问题，学生回应，教师评价）或者 I-R-F（教师发起问题，学生回应，教师采取后续措施）。
- 节奏快。
- 目的是复习材料、详细阐述课文。

对提问的批评

- 使教师成为主导人物，学生变成消极人物。
- 学生间缺乏交流。
- 强调回忆，不强调高水平思维技巧。
- 促进公开评价可能导致学生消极地相互依赖。

提问的五个作用

- 提供检查学生理解程度的机会。
- 让学生参与到材料演示中去。
- 让教师在群组环境下仍可与学生个体交流。
- 帮助保持学生的注意力水平。
- 提供机会，推动学生建构更加完整的答案。

讨论的特点

- I-R-R-R（发起问题—多种回答）。
- 学生发起问题。
- 学生对同伴的贡献进行评价。
- 步调较慢。

- 用来促进思考、促进问题解决、对问题的内涵进行思考。

提问的缺陷

- 参与不平等。
- 脱离重点、失去课堂节奏和学生参与。
- 监控学生理解程度有困难。
- 与学生带到学校的沟通模式互不兼容。

有效课堂提问的设计和实施

- 分配参与机会：
  利用预定的轮换次序。
  从一个杯子里选出学生姓名。
  使用点名册。
  柔和地鼓励保持沉默的学生参与。
  确保男生和女生有同等的参与机会。
- 给出思考时间。
- 激发和保持兴趣：
  运用"组群警戒"的策略。
  注入幽默和新异成分。
  注入对学生的挑战。
  融入身体活动。
- 向学生提供反馈。
- 监控学生的理解情况：
  要求学生对问题作出明确回答。
  观察"掌舵小组"。
- 支持不同类型学习者的参与：
  注意你问问题和回应问题的模式。
  逐渐熟悉和你文化背景不同的学生的话语模式特点。
  适当容忍学生的话语风格。
  明确讲授在学校应该使用的话语模式。
  使用多种应答方式。

有效课堂讨论的设计和实施

- 限制小组的人数。
- 安排好学生的座位，让他们能够进行目光交流。
- 明确讲授讨论的技巧。
- 做讨论推进者，不做提问者。
- 设计讨论问题（补充问题）的提纲。
- 开始时，集中讨论问题，而不是直接给出答案。
- 最初的问题提出后，使用非问题型替代品使讨论继续（或者明智审慎地使用问题）。

● 用定位、总结、开启、返轨以及调速等方法管理讨论。

在你备课的时候，思考一下你要在自己的课堂上运用提问和讨论的程度。思考一下你问的问题处在何种水平。是否所有的问题都是低水平、事实型问题，是否可以用一两个词作答，这些问题是否可以用来促进学生思考和解决问题的能力？问问自己是经常在交流中占主导地位，还是给学生提供了真正的讨论机会。

技巧培养活动与反思

课上活动

1. 你的同事请你帮忙想出他的学生在课堂上不注意听讲的原因。他想让你旁听他的课并提供反馈。下面是你观摩的课的一段记录。运用你所知的分配参与机会、激发和保持兴趣以及监控学生理解情况的知识，找出他这节课中的弱点，并提出三点具体的改进建议。你走进教室的时候，B老师已经在教室前面的椅子上就位，手里拿着科学课教材。

B老师：谁记得光合作用是什么？（没有回应。）你们还记得昨天我们观察了绿色植物，并讨论了植物是怎样给自己制造食物的吗？（老师注意到西娅在点头。）西娅，你记得什么是光合作用吗？

西娅：记得。

B老师：好，你给全班说说。

西娅：这与光和叶绿素有关。

B老师：好，汤姆，你能补充吗？（汤姆正在笔记本上画画。）

汤姆：不能。

B老师：汤姆，西娅告诉我们光合作用与光和叶绿素有关，你记不记得昨天我们的讨论中定义了光合作用？

汤姆：好像记得。

B老师：这是什么意思？难道你没有像其他同学一样记下定义吗？看看你的笔记，告诉我定义是什么。（汤姆开始逐页翻看笔记。很多学生开始小声说话、窃笑。有些学生也在看笔记。）你们有多少人已经找到了光合作用的定义？（七个学生举起手）好，谁来给我读一下定义？西娅。

西娅：光合作用就是光作用于叶绿素时，植物把水和二氧化碳转化成糖和淀粉的过程。

B老师：非常好。大家都理解了吗？（一些学生点头。）好，明天我们要进行关于植物和光合作用的小测验。汤姆，你准备好测验了吗？

汤姆：当然了，老师。

B老师：好，现在我们把科学书翻到第135页，阅读植物的作用。

2. 监控学生的理解程度有时也是个问题。从下列话题中选择其一，并建议两种不同的方式，使教师可以鼓励学生公开参与到课堂教学中，以便判断学生的理解程度。

a. 主要人物及其特点。

b. 小数的各部分。

c. “大于号”和“小于号”。

d. 音节划分。

e. 西班牙语单词。

f. 各州首府。

g. 云的类型。

独立活动

1. 观摩一个课堂，观察提问活动。在座位表上标出语言交流情况，可以在每个参与交流的孩子的“座位”上画“√”或者画“×”（见图 11—1）。分析记录结果，就该班级参与分配的广泛度和公平度进行总结。

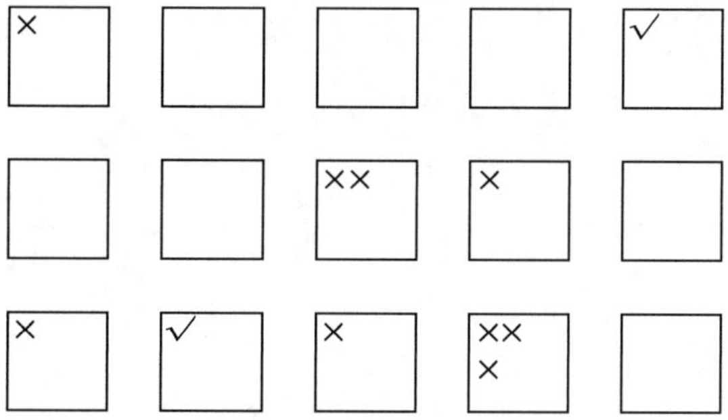

√=问题/评论
×=对问题的回应

图 11—1 独立活动练习

2. 我们知道提问和讨论经常被混淆。观察并记录某班 10 分钟的“讨论”，然后利用下面的检查清单（清单中说明了讨论的一些特性）判断这种语言交流是否达到了讨论的标准，还是说它更像提问。

- 学生是占主导地位的发言者。
- 语言交流的模式不是 I-R-E，而是陈述和问题交织、教师和学生交替发言的模式。
- 节奏较长、较慢。
- 基本目的是激发学生给出各种答案，鼓励学生思考不同的意见，培养学生解决问题的能力。
- 评价包括同意/不同意，而不是正确/错误。

载入档案袋

创建两份授课教案，一份纳入提问环节，一份纳入讨论环节。按照顺序列出你在每个环节要使用的问题。写出一份简评，解释这两份教案的不同之处，说出为什么所选的教学策略适合该课内容。

第四编　课堂秩序的维持与重建

报纸对校园犯罪、暴力和故意破坏的报道让公众对课堂形成了一种无情、可怕的印象，但是教师所面对的大多数学生的不当行为要普通得多——不注意听讲、和邻桌说话、不完成家庭作业、叫喊、忘记带备品或者书籍。尽管如此，这样的行为也很令人烦恼、精疲力竭，它会占用宝贵的授课时间和学习时间，也可能对爱心班集体造成威胁。显然，教师对待这些问题必须有办法、有训诫、有策略，这样才能有效处理不当行为。

这一编中的两章集中探讨有效应对问题行为的策略。第十二章开始部分提出了一套指导原则，供你思考如何能以最有建设性的方式处理这些问题。然后，我们将考量对各种问题行为的层级策略，从最不显眼、最易实施的策略开始谈起，以需要花费大量时间和精力的策略结束。第十三章，我们转而讨论校园暴力问题。首先研究校园暴力的频发程度和严重程度，然后阐述如何预防和应对带有故意、侵略性和危险性的行为。

两章都呼应了先前各章的主题，即创建班集体和培养积极的师生关系。当学生不注意听讲、不服从教师或者干扰他人时，教师很容易退回到惩戒性、权威性的反应上——“别那样，要不然有你好看！”“因为我说了！”“到校长办公室去！”“放学后留校三天！”但是这样的反应会破坏教师和学生之间的关系。怨恨在积累、反抗会升级，“我们对抗他们”的气氛就开始弥漫。此外，这样的反应通常没有效果，因此还会导致教师得出结论“这些孩子无可救药了。”

正如我们前几章所论述的那样，研究一致表明，当学生感觉老师在支持和关心他们的时候，他们更可能表现出合作和负责任的行为，更可能遵守课堂规范。因此，和学生保持积极关系的教师更能有效地预防不当行为。我们也相信，师生关系在教师有效应对问题行为的能力中能起到关键作用。如果你的学生认为你是一位公平的、值得信任的、“站在他们那边”的教师，那么他们更有可能乐于服从你的训诫干预。

第十二章

如何有效应对儿童的不当行为

不当行为的处理原则
轻微的不当行为的处理
较为严重的不当行为的处理
长期不当行为的处理
棘手问题的处理
当训诫侵犯学生的宪法权利时
总结评论
小结
技巧培养活动与反思

不久以前，我们同一位叫谢里尔的只有一年教龄的老师谈话，她班上的孩子使她难以忍受。刚到十月，在谈到她五年级班上的学生无礼的干扰行为时，谢里尔就几乎声泪俱下。她告诉我们："我不像个老师，倒更像个警察。"对于她自己对学生的敌对感，谢里尔既吃惊又沮丧，因为她一直是"非常喜爱孩子们的"。究竟哪里出了问题？

随着谈话的深入，事情渐渐清楚了，谢里尔的问题并不是缺少明确的规则，或是授课方法令人厌烦、拖沓冗长。

> 看起来他们并不是不理解我的想法。开学的第一天，我们谈了很多关于规则的话题。比如，耳语要尽量小声、不要打断别人的话、先举手再说话……我原以为我们有个良好的开端。他们都规规矩矩、彬彬有礼！可现在他们似乎不再有任何顾虑。我要时时提醒他们，比如，老师讲课的时候要认真听讲。开始的几分钟还好，但随后他们就开始喊叫、站起来削铅笔、把橡皮扔来扔去。我感到非常灰心，就开始大喊——这是我以前从不会做的。我不明白……我真是不知道怎样才能让他们遵守我定的那些了不起的规则。有时我告诉他们，我们以后再也不会做那些有趣的活动了，我每天只会让他们做作业。但是那并不是我理想中的课堂。我想让我的课堂令人兴奋，我想让我的学生们喜爱上学。

这位一年教龄的老师了解到了课堂生活糟糕的一面：有明确合理的规则并不意味着每个人都会自动遵守。在刚开始的学年，学生们努力地对老师进行摸底——判断老师的期望和要求、试探老师对他们的容忍程度，以及老师可以忍受的底线。多数学生会在老师设定的界限内行事，但是他们需要知道那些界限是什么。这就强调了把你期望的行为告诉给学生是很重要的（第四章的主题），然后强化那些期望。在我们关于不当行为的讨论中，加内塔、肯、芭芭拉、考特妮和维维安娜不断地强调坚持遵守你制定并教给学生的规则的重要性。正如芭芭拉所说："如果你想让孩子做某事，你就要确定一定要让他们做。否则，你传递的信息就是你并不是真的想要这样。"

在这一章中，我们将考量一些你可能遇到的行为问题的解决方法，这些行为包括从轻微的、非干扰性违纪到长期的、更严重的不当行为。

不当行为的处理原则

很少有关于训诫策略的相对效用的研究（见 Emmer & Aussiker，1990），但是有六项原则指导我们的探讨（见表 12—1）。第一，训诫策略必须与要创建安全的、充满爱心的课堂环境的目标相一致。你要获得秩序，但是你也要选择能够维护你和学生们的关系的策略，帮助他们实现自律，而且要让他们在同伴的面前保存颜面。《讲究尊严的训诫》（*Discipline with Dignity*）一书的作者理查德·柯温和艾伦·门德勒（Curwin & Mendler，1988）这样讲道：

> 学生们会不惜代价地来保护他们的自尊，如果被逼急了甚至会不惜生命。在小鸡博弈的游戏中，两辆小汽车以最快的速度跑向悬崖，谁先踩刹车谁就是失败者。没有什么东西比得到伙伴们的认同和保持尊严更能解释这种奇异的推理。(p. 27)

表 12—1　　不当行为的处理原则

1. 选择与创建安全的、充满爱心的课堂环境的目标相一致的训诫策略，还要为每个学生保留尊严。
2. 让授课进程持续下去，将干扰降至最低。
3. 在判定某种行为是否不当时，要把行动的背景考虑进去。
4. 应对行为问题应做到及时、准确。
5. 实施训诫的严厉程度要与你想消除的不当行为相匹配。
6. 坚持"文化回应型"应对，因为规范、价值观以及沟通风格的差异对学生行为都有直接影响。

如需柯温和门德勒著作的更多信息，见专栏 12—1。

专栏 12—1　　会见教育家

会见理查德·柯温和艾伦·门德勒

理查德·柯温和艾伦·门德勒的声名广为人知，是课堂管理、训诫和动机问题方面的作家、演说家、顾问和研讨会领导者。柯温曾担任过七年级教师、情绪障碍儿童教师，以及大学教授。门德勒是学校心理医生，在普通教育和特殊教育环境下广泛开展儿童工作。他们一起合著的《讲究尊严的训诫》一书于 1988 年第一次出版。

一些有关课堂管理的主要观念

- 处理学生行为是管理工作的一部分。

● 管理策略必须维护每个学生的尊严。

● 训诫计划的核心应该是教学责任，而不是让学生顺从。

● 在典型的课堂上，80%的学生很少违反规则，基本不需要训诫计划；15%的学生偶尔违反规则，他们需要一套明确的行为要求和违反要求后要面对的后果；5%的学生长期一贯地违纪。好的训诫计划能控制住那15%，但又不会把剩下的5%逼入绝境。

● 违反规则的后果不是惩罚。惩罚是报复的一种形式，其目的是使违反规则者为错误行为付出代价。后果是与规则直接相关的，其目的是教育性的而不是惩罚性的，因为后果是为了使学生懂得他们行为的影响。当后果十分明确、具体而具有逻辑性时，其教育效果最好。

● 教师应该有一套选择性后果，这样他们就能自由裁量，选择与某种情境最为匹配的后果。

● 教师需要教学生懂得“公平不等于平等”的概念。

网址：www.tlc-sems.com。

为了保持你和学生的关系以及维护学生们的尊严，教师要避免课堂中的权力斗争，因为这样可能会使学生们在同伴的面前颜面扫地。我们的五位老师能平静、低声地同行为不当的学生讲话。他们不翻旧账，注意区分孩子的个性和个别的不当行为，他们谈论孩子做的事（“你没有交前两次的家庭作业”），而不是对其进行人身攻击（“你真懒”）。如果轻微的干预并不能奏效，那么他们总是尽量想办法同学生进行单独谈话。

在学校的第二天，我们亲眼见证了加内塔老师在课堂上展示维护学生尊严的训诫。虽然还处于一个学年的初期，塔尼娅已经开始展示导致她声名狼藉的不当行为了。

上午的第一个小时里，塔尼娅哭着拒绝参加课堂活动，用拳头打了两个经过她书桌的孩子，还对自己在去洗手间的队伍中的位置小题大做了一番。如果不单独监督她，她就什么都不做，总是要加内塔帮这帮那，而且如果加内塔不立即帮她的话，她马上就会撅嘴。10点的时候，塔尼娅又哭了。加内塔告诉全班休息五分钟，她过去看塔尼娅并且耐心地同她讲话，她们一起来到走廊。几分钟以后，加内塔自己回来了，不久塔尼娅也回来了。她坐在自己的书桌前开始完成加内塔之前布置的任务。大约十分钟后，加内塔让塔尼娅去办公室办一件重要的差事。我们惊奇地发现，塔尼娅是笑着离开教室的，她很快就回来了，之后这个上午就再也没有出现什么问题。

后来我们让加内塔透露一下在走廊上的事。她告诉我们，她问塔尼娅有什么烦心事。塔尼娅说她旁边的那个男孩说她的鞋子很难看。加内塔就问道：“你觉得这鞋难看吗?”塔尼娅说：“不难看。”她们谈论了几分钟塔尼娅的鞋子，以及有人说你看起来难看时的感觉。显然这并不是整个上午烦扰塔尼娅的问题，加内塔没有追究下去，只是对塔尼娅说她一定会同那个男孩谈谈他的评论。接着，加内塔告诉塔尼娅，她很高兴她的班级有塔尼娅这名学生，指出那天早上塔尼娅表现好的地方，也指出有问题的地方，并且鼓励她在剩下的时间里好好学习。她让塔尼娅去洗手间洗洗脸、喝点水再回教室。“我看到她做得好的时候，我就想立即给她奖励。像塔尼娅这样的孩子通常不会得到重要的差事，因为老师们都知道他们在走廊上肯定会有不当行为。因此我给她差事就是想让她知道我相信她、喜欢她，而且知道她已经做得很好了。”

在这个小插曲中，我们知道了加内塔是怎样通过单独谈话而努力避免让塔尼娅尴尬的，也看到了她如何表示关心塔尼娅关于男孩对鞋子的负面评论的感受的。我们看到，相对于那天早上塔尼娅的不当行为，她更关注塔尼娅表现好的地方；看到她如何努力敦促塔尼娅完成作业，以及通过委派塔尼娅重要的差事来增强她的自信。这并不是万能的解决方法。虽然加内塔可以在某种程度上改进塔尼娅的行为，但是孩子们的问题是根深蒂固而且持久的。不管怎样，这个小插曲说明了加内塔的工作方法，她告诉孩子们她所期望的良好的表现，同时也维护了塔尼娅的自尊，进而加强了师生的纽带关系。

第二，在处理这些不当行为的时候，最重要的是尽量保持教学过程的持续，把干扰降到最低。要达到这一目标就需要仔细地权衡。一方面，你不能允许不当行为来干扰教学过程。另一方面，一定要意识到训诫策略本身也是对教学有干扰的。正如沃尔特·多伊尔（Doyle，1986）所评论的那样：干扰具有“内在的危险性”（p. 421），因为它们使得不当行为被关注，并可以使学生暂时脱离课程。为了避免这样的情况发生，一定要预期可能发生的问题，并且提早预防。如果一定要采用训诫干预的方式，就要尽量确保没有干扰。

观察我们五位教师的行为，很明显他们都知道保持教学过程持续进行的重要性。在下面的事件中，考特妮甚至做到了不让一个意外飞来的东西打断她的授课。

学生们分为四个竖排坐在地毯上，正在上一堂语音微型课。考特妮正在讲授要做的一个活动的指令。突然，她被一小团蓝色胶带打中了，那是有人从地毯上撕下来的。“啊，哦，这是什么？”她望向胶带飞来的方向，犯错的学生不安地扭动着。“好吧，我们过会儿再谈这个。”说完，她继续上课。后来，趁学生在课桌旁进行后续活动的时候，考特妮走近娜塔莉，在她旁边蹲下来，这样她们的视线就齐平了，然后她们非常轻声地谈起话来。

同样，我们可以观察维维安娜如何预料到了潜在的干扰局面并成功地维护了课堂秩序。

那是在万圣节的时候，维维安娜的学生们刚刚上完美术课回来，美术课上他们制作了面具。他们戴着面具进入教室，显然他们沉浸在兴奋和骄傲之中。维维安娜站在黑板前，要开始上语言艺术课。她长时间地看着学生们，等着他们坐好。然后，她走到她的桌前，拿出一个面具戴上。然后回到黑板前宣布：“既然你们都戴着面具，那我也戴一个，我们就戴着面具上语言课吧。”后来，她告诉我们：“我只有两种选择。显然，如果我让他们把面具摘掉，这整节课我都要和学生们斗争，我的课时就要被消耗掉了。如果我让他们戴着面具，而且甚至我自己也戴一个，我就能让课堂有秩序，而且学生们也能够参与进来。总之我不能让我的课堂就这样土崩瓦解。”

有效训诫的第三条原则是，一种特定的行为是否构成不当行为取决于它发生的环境（Doyle，1986）。有一些很明显的例外不包含在这一概念中——攻击别的孩子和偷盗显然是违规行为，它们需要教师予以干预。但是其他的行为并非如此界限分明。例如，在某些课堂上，戴帽子、坐在教师的桌子上、嚼口香糖、同邻座的孩子讲话也都是不当行为，但是在另外的课堂上，这些行为都是可以被接受的。什么样的行为是不当行为往往取决于个别教师的容忍程度或者个别学校制定的标准。判断一种行为的时候，要问问自己："这种行为是不是使得正在进行的教育活动混乱了起来？这种行为违反了既定规则吗？"如果这些问题的答案是否定的，就不必进行训诫干预。

芭芭拉告诉我们说："我很容易坐立不安，当我第一次参加面试应聘教师职位的时候，我妈妈告诉我不要戴任何的珠宝首饰，因为她知道在谈话的时候我总是会不自觉地摸它们。因此我对我课堂上的坐不住板凳的学生很同情。如果孩子们不能安静地坐着，总是在他（她）的椅子上动来动去，除非是影响到了别人时我会进行干涉，否则我就当没有看见。有时我能听到孩子们在学习的时候轻轻地哼着歌，我会先看看是否影响到其他人再作打算。对我来说，最重要的问题是：这种行为是否影响到了别人并使得别人无法听课？如果没有，就不是问题。"

除了考虑到课堂环境，你还要对学生的家庭情况敏感起来，家庭有时使学生过着不断挣扎的生活。我们近来得知，一位二年级的学生经常迟到是因为他必须自己起床，然后叫醒自己的弟弟（幼儿园学生）、准备早餐，最后一起上学。当他上课15分钟后才出现在本班教室门前时，他的老师会严厉地斥责他并让他到办公室去。的确，男孩违反了学校关于不能迟到的规定，但是我们觉得，一个更加人性化的反应应该是用一个温暖的问候欢迎他到学校，同时和学校的社工一起配合，看看能否为改善这种状况做些什么。毕竟，他能最终来到学校本身就是一大成就了。

另一方面，教师们有时会原谅一些孩子的不当行为，因为"这些孩子忍不住就要这样做"。而其实孩子们是可以忍住的，至少在教师的支持下可以做到。我们听到教师们反映："对于那样的家庭，你能期望什么呢"或者"这些可怜的孩子在家里已经备受折磨了，我讨厌用强制的制度使他们的生活变得更糟"。也许教师这样做的用意很好，但是当孩子们本可以负起责任时，通过不让孩子对自己的不当行为负起责任对管理是没有帮助的。孩子们可能会对限制表示抗议，但实际上他们渴望前后一致、可以预期的有序生活——特别是当他们的校外生活是矛盾的、不可预知而且没有组织的时候。加内塔给我们提供了一个令人感动的片段。

我的班上有个女孩有很严重的行为问题。她的妈妈经常坐牢，因此孩子不得不在不同的亲戚朋友间转来转去。她又瘦又单薄，易怒而且很敏感。她不能忍受别人向她大喊大叫，需要很多的爱心呵护。我对她比对别的孩子要柔和得多。比如，我让她做功课的时候，她会说："好的，我会听话的。钱恩老师，给我个拥抱吧！你还喜欢我吗？"我会告诉她："我很爱你，我也会抱你，但是你一定要做功课啊。"

第四条原则是应对行为问题应做到及时、准确。雅各布·库宁（Kounin，1970）提出教师在处理课堂不当行为过程中存在两种普遍错误：时机错误和目标错误。教师纠正不当行为前等待时间过长就发生了时机错误。例如，一位教师可能意识到（或者忽视了这一事实）几个学生不举手就喊出答案，然后严厉批评了下一个喊出答案的学生。这种时机错误不仅对那位受到批评的学生不公平，而且喊出答案可能已经成了学生的习惯，因此与立即进行纠正相比，错过时机会使不当行为更加难以制止。

目标错误的意思是，当实际上有两个或者更多学生都做错事时只注意某个特定的学生。一个学生可能拽了前面女生的头发——而这个女生却因为在课堂上尖叫而受到了斥责。扔纸飞机打到老师的学生可能没有被注意到，但是距离老师更近一点的学生可能因此被责怪。像这样的错误是可以理解的，因为不当行为的事例总是模棱两可，而且经常发生在教师看向别处时。为此，一定要注意准确、及时地应对不当行为。

第五条原则强调实施训诫的严厉程度要与你想消除的不当行为相匹配，这一点很重要。研究（例如，Pittman，1985）表明，一些教师将不当行为分为三类：轻微的不当行为（制造噪声、交谈过多、做白日梦），较为严重的不当行为（争辩、不遵从群体的指示），不可容忍的不当行为（偷盗、故意伤害别人、破坏公物）。他们也会考虑这些不当行为是经常性的，还是只是一个孤立的个别情况。

当思考怎样应对问题的时候，根据这些类别来考虑会很有帮助，这样就可以选择一种与这种不当行为严重程度相匹配的回应方式。当然说起来容易做起来难。当不当行为发生时，老师们往往来不及评估它的严重程度，或判断它是经常性行为还是偶尔为之，也没时间细想该选择哪一种适当的应对方式。尽管如此，老师们的确也不想忽视严重的不当行为，或者对之态度淡然，同时也不想对相对轻微的不当行为反应过度。

最后，有效训诫的第六条原则强调“文化回应型”应对，因为规范、价值观以及沟通风格的差异对学生行为都有直接影响。一个“文化回应型”的应对方法的范例来自辛迪·巴伦杰的著作《教好别人的孩子》（*Teaching Other People's Children*，Ballenger，1999）。巴伦杰是一位有经验的学前教育教师，她认为自己教一个班的四岁大的海地儿童应该不会有什么困难。但是，让她惊奇的是，她惯常使用的一套管理技巧都没能创建一个尊重他人、井井有条的环境。而她的同事（全是海地人）在课堂管理方面都没有遇到难题，因此巴伦杰断定，“问题并不在孩子身上”（p. 32）。她开始探索自己在儿童行为方面的信念和做法，并观摩了其他教师的课堂，检视他们的“控制陈述”。最终，巴伦杰区别了自己的话语风格和她的海地教师同事之间的主要差异。海地教师强调关心儿童，把他们的最高利益放在心间（例如：“这里的大人都喜欢你们，想让你们成为好孩子”），而巴伦杰频繁提到孩子们的内心状况（例如：“你一定很生气吧”）。此外，她倾向于强调孩子们行为的逻辑性后果（例如：“如果你不听讲，你就不知道该做什么”），而海地教师则会清晰地表达作为群体成员的价值和责任，不太直接强调后果，如给家庭蒙羞等。巴伦杰发现这些控制陈述的差异之后，马上开始努力适应海地的话语风格。她的课堂秩序随之得到了显著改观。

正如这个事例所揭示的，“文化回应型”应对办法意味着对自己判断为有问题的各种行为进行反思，考虑这些行为是否与种族和民族文化有关。例如，盖尔·汤普森（Thompson，2004）这位主要研究有色人种学生的学校教育经历的非裔美国教育家指出，非裔美国儿童在家中非常习惯大声讲话，而这种行为在学校里为他们带来了麻烦。请听一位八年级学生的母亲讲述她的孩子因为说话声音大而在学校被认为纪律有问题的事情。

> 她是个大嗓门，我的丈夫也是个大嗓门，他们两个解释自己的想法时，声音就很大。他们的声音会越来越大。然后，老师就觉得她不尊重人，因为这个，她有一次还被转送到校长办公室。（p. 98）

同样，非裔美国儿童倾向于比欧裔美国儿童更尖锐、对抗性更强，他们更可能质问学校管理人员，因为他们把领导才能看作力量和坚强的象征（而不是地位和信誉的象征）；他们可能会直接加入热烈的讨论，而不是等轮到他们时再发言（Irvine，1990）。只熟悉主导文化的教师可能会把这些行为模式视为粗鲁和干扰的事例，并且以愤怒来回应甚至采取惩罚性措施。与此相反，把行为看作文化规范的反映的教师更能保持冷静和非防御性，从而能思考出各种更加有建设性的应对办法（例如：讨论课堂规范，讨论在大的群组中轮流发言的必要性等）。实际上，他们还可能看到允许学生在课堂上表达激情也是有益处的，这拓展了他们对什么是可接受的学生行为的定义。

此外，“文化回应型”课堂管理者也能认识到种族和民族对训诫后果的影响方式。30 多年来进行的研究一再表明，同大多数同龄人相比，非裔美国学生和西班牙裔美国学生，尤其是男生，因为行为问题而被转送到校长办公室的比例很不平衡（Skiba et al.，2008）。事实上，非裔美国小学生的停学察看率比欧裔美国学生高 4～7 倍（Raffaele-Mendez & Knoff，2003）。

这种比例失调的原因是什么？一条明显的解释是，黑人和西班牙裔学生比他们的白人同伴违反课堂和学校规范的次数多。如果真实情况确实如此，那么比例失衡的处罚就是对不当行为的适当应对，而并非偏见的证明。但是，对学生行为、种族和训诫的研究并没有得出任何支持上述解释的证据。实际上，研究揭示，非裔美国学生更可能由于较轻的行为而受到较严重的处罚（Skiba & Rausch，2006）。此外，似乎白人学生被转送到校长办公室更多的是因为“客观上的”违纪，如破坏公物、未经允许离开课堂以及使用下流语言等。而黑人学生多由于“主观上的”违纪而被转送——不尊重他人、声音过大，以及威胁他人（Skiba，Michael，Nardo，& Peterson，2002）。总之，在学校纪律方面的种族差别看起来并不是由于非裔美国学生不当行为的出现率更高。相反，证据表明，非裔美国学生由于相对不严重的、更加主观的原因而被转送到校长办公室和接受处罚性训诫后果（Skiba & Rausch，2006）。

含意已经十分清楚了：要想成为“文化回应型”课堂管理者，教师需要承认自己的偏见和价值观中的问题，并思考这种偏见和价值观是怎样影响自己和学生的交流的。下面是你可以问自己的一些有用的问题（Weinstein，Curran，& Tomlinson-Clarke，2003）：

- 我是不是对某些学生有更多耐心和鼓励？
- 我是不是更可能责备其他学生？
- 我是不是由于某些学生的种族和民族就认为他会有干扰行为？
- 我是否凭发型和服装来对我的学生形成既成的判断？
- 当学生违反规范的时候，我对所有学生是否都能平等对待？

> **暂停与思考**
>
> 在阅读具体的训诫干预手段之前，回想一下你自己作为小学生和初高中生的那些年。你的管理最有效的老师采取了哪些训诫策略？管理最无效的老师使用了哪些策略？

记住这六条原则：保持一个安全、充满爱心的课堂环境，保证授课进程，考虑学生的文化背景，及时、精确地应对，选择与不当行为相适应的训诫策略来应对，“文化回应型”应对。现在我们将更详细地说明回应不当行为的方法。

轻微的不当行为的处理

正如我们在第四章中提到的，雅各布·库宁（Kounin，1970）关于有序和无序课堂的经典研究使得人们相信，成功的课堂管理者如同在脑后也长了眼睛一样。库宁发现有效的课堂管理者很清楚教室中发生了什么，而且他们的学生也知道老师什么都知道，因为这些教师能够洞察细微的问题并且把问题“消灭在萌芽状态”。库宁把这种能力称为“明察秋毫”，这是一个后来在探讨课堂管理的时候被广泛使用的术语。

这些明察秋毫的教师是如何处理轻微的不当行为的呢？他们是怎样成功地把问题消灭在萌芽状态的呢？这一部分将要讨论非语言干预和语言干预，以及一些根本什么都不必做的情况。（本节的“实用贴士”总结了一些建议。）

实用贴士

轻微不当行为的处理

- **运用非语言干预**
  面部表情。
  目光接触。
  手势。
  接近。
  游戏币或彩色卡片。
- **运用间接语言干预**
  点出学生的姓名。
  把学生的名字编入课堂内容里。
  点名让该生参与活动。
  使用小幽默。
  使用“我信息”表达法。
- **运用直接语言干预**
  给出简洁的命令。
  提醒学生注意规则。
  给出选择机会，是进行适当行为还是接受处罚。
- **选择刻意不干预策略**（仅用于不当行为轻微、短暂的情况）

非语言干预

前不久，我们认识的一个11岁的女孩说她可以成为一名出色的教师。我们问她为什么这样自信的时候，她说：“我知道该怎样做表情。”接下来，她做了示范：她的眉毛向下倾斜、前额紧皱、嘴唇绷成一条线。她的确对表情了如指掌。

“教师的表情”是一种维持课堂秩序、非语言干预的好例子。目光的接触、手势信号（例如：拇指朝下、手指向学生应该做的事情等）的运用以及向行为不当的学生靠近是另外一些传递出你明察秋毫的非语言表达方法。所有非语言干预都能传递出一种信息："我看见你在干什么了，我不喜欢你这样。"但是由于非语言干预不像语言命令那样直接，因而它们能鼓励学生承担起回到任务状态的责任。

非语言干预策略最适用于轻微的但持续的不当行为：经常小声说话、望天儿、走神儿、喊出答案、随便走动、玩玩具、传纸条等。非语言干预不但可以处理这些不当行为，还可以保证课堂不被打断。

那是在圣诞节假期过后没几天，我们来观摩加内塔的课堂。在一个原创写作活动中，坐在教室对角线上的两个男孩开始了"射击比赛"，他们用铅笔当"枪"，发出很逼真的枪的声音。加内塔正在辅导另一个学生，她停下来长时间地瞪着那两个男孩。他们看了老师一眼，马上停止了战斗并回到了学习中。加内塔结束辅导后在教室里走动，她在两个男孩的课桌前停下，并检查了他们的功课。

这个小事件表明，在一些情况下非语言提示就足以阻止不当行为，引导学生把注意力转回到课堂学习中来。事实上，一份对 6 所中学的教师的研究（Lasley, Lasley, & Ward, 1989）表明，对于不当行为的最成功的回应就是非语言表达。这种策略可以阻止 79%的不当行为；在 3 名"最有效的课堂管理者"中，这种策略的成功率更高——达到 95%。

使用非语言提示的最明显的优势是你在处理不当行为的时候不会分散其他学生的注意力。正如芭芭拉评述的那样：

无论何时你只要陷入与一个孩子的言语对质中，其他孩子就把这当成"自由活动时间"。他们会停下功课来听你们讲话。如果一个孩子在玩一辆小汽车（玩具），只是走过去拿走它就会很管用。小汽车没有了，你也就再不用担心了。

非语言干预也可能是有形的。例如，一些教师会静静地把一个黄卡或者红卡放在某个学生课桌上，以示第一次或第二次警告；画着苦脸的卡片或者玩扑克用的筹码也可以被使用。把手放到学生的肩膀上或者用身体指导学生捡起铅笔再做功课也不会妨碍课堂秩序，这也是教师们发现的有效的非语言干预。然而，对于身体的接触，要记住第三章陈述的注意事项。曾经有一名实习教师用手把本来望向窗外的学生的头转向黑板。后来，这名学生说她感到颈痛，并指责这名教师"猛拉"她的头。这名实习教师马上通知了她的合作教师和校长，向他们陈述了所发生的情况，并打电话通知了学生家长，最后幸运地化解了更多可能的麻烦。然而，像这样的事件充分说明了避免使用任何可能被诠释为躯体虐待的身体干预的重要性。

语言干预

有时你会感到所处的情形不可能使用非语言提示。或许你无法捕捉到学生的眼神，或者你在会见小组学生，起身走过教室到行为不当的学生的身边就对小组构成了干扰。或者有些情况下，教师使用了非语言提示，但是并没有起到阻止不当行为的作用。

在类似这样的情况下，你可以使用间接的语言干预。这可以使你敦促学生进行适当行为，而同时把决定该怎样做的责任留给行为不当的学生。比如，只是点出学生姓名就可能足以使学生回到学习任务中来。有时，可以把学生的名字编入正在进行的授课内容中。我们曾亲眼见到肯在一个小组讨论中使用这种不妨碍秩序的策略。

布赖恩懒散地坐在他的座位上，看起来没有注意听讲。肯正在表扬另一个学生："你们明白乔伊是怎样分析这道题的了吗？他并没有说'布赖恩正懒散地坐在椅子上'，而是说……"布莱恩立即坐好，讪笑了一下就开始参加到讨论中。

如果不当行为发生的时候你正在授课，或者小组正在讨论，或者全班正处于问答环节，那么你可以点名让学生以某种形式参与或者回答问题。思考下面的例子：

维维安娜正在组织全班同学上阅读课——《母鸡和面包》(The Hen and the Bread)。她问同学们："图画中什么是错误的，什么是正确的？"孩子们仔细地观察图示，逐渐地都举起手来。她叫了一名没有举手的学生，他看起来在做白日梦。"费尔南多，这幅图画中什么是错误的？"他被带回到课堂内容中，看着图画，慢慢地回答了问题。

叫学生来回答问题可以传递出你知道学生正在做什么的信息，甚至不必提起不当行为就能吸引学生的注意力。但是要记住我们前面提到的，即要维护学生的尊严。如果你要故意"抓住"学生让他们难堪，这可能会激起学生的怨恨并最后事与愿违（Good & Brophy，2008）。一种避免这种问题的方法就是警告学生接下来你要叫他们回答下一个问题："莎伦，第 18 题的答案是什么？泰莎，下一个问题你来回答。"

使用幽默也是另一种提醒学生们纠正他们行为的"柔和"的方法。使用得当的话，幽默可以向学生们表明你是可以接受课堂生活中有趣的一面的。但是一定要注意所用的幽默不能带有讽刺的意味，这可能会刺伤学生们的感情。

加内塔让她的学生们收拾好书桌，为下一次的活动做准备。一个男孩拿出一张纸，揉成一团，扔进了书桌里。加内塔故意瞪大眼睛说："我看到那张纸挤进了你的桌子里。"男孩和全班的同学都笑了。他拿出了纸团，扔进了废纸篓里。

"我信息"表达法是另一种不直接下命令而能向学生提示适当行为的方法。"我信息"通常包括三个部分。第一步，教师用非责备、不下定论的方式来描述不能接受的行为。这种话通常以"当……时候"开头："当我在上课、有人说话的时候……"第二步是描述该行为对教师的切实的影响："我不得不重复我的话，而这样就比较浪费时间……"第三步就是陈述教师对这种切实影响的感觉："我感到很灰心。"当芭芭拉的学生上完一堂特别杂乱的美术课后没有打扫教室的时候，她运用了这三部分构成的"我信息"："当你们把满屋子弄得这么乱的时候，我就得清扫，这样我以后就可能再也不想组织这样的活动了。"

下面是一些用到"我信息"表达法的其他例子。

"当你走进教室却没有带好用具的时候，我就不能按时开始上课，而我也会变得很生气。"

“当你把滑板放在走廊过道中间的时候，我就会被它绊倒，我也害怕会把腿摔断。”

虽然最理想的“我信息”表达法是包含依照次序的三个部分，但是“我信息”依照任何次序甚至省略一部分内容，也是一样可以奏效的（Gordon，2003）。我们见过五位教师运用“省略”的“我信息”。例如，维维安娜在讲不要嘲笑别人犯错误的重要性的时候说：“如果我犯错误的时候你们嘲笑我，我感觉糟透了。”芭芭拉诚实地告诉她的学生：“你们如果那样做，我恨不得去撞墙。”

运用这种方法有几点好处。与典型的“你信息”（如：“你真粗鲁”、“你知道不应该做的”、“你的行为就像个小孩子”）相反，“我信息”最大限度地减少了对学生的负面评价。因此，它们鼓励师生之间建立并保持一种积极的关系。由于“我信息”将改变行为的决定权留给了学生，因此这种方法也更有助于提升学生的责任感和自治感。而且“我信息”可以向学生们展示他们的行为后果，告诉他们教师也是有真情实感的人。“我信息”不像“你信息”那样让学生有抵触感或逆反情绪，它能让学生更乐于改变他们的行为。

我们中的很多人不习惯用这种方式讲话，因此“我信息”看起来有点尴尬和做作。然而只要练习一下，使用“我信息”就会自然多了。听说有一个四岁的女孩（她的父母在家总是使用“我信息”）告诉她在幼儿园的小朋友：“当你用铅笔戳我的时候，它会伤害我，我也感觉很糟糕，因为我会认为你不想和我做朋友。”

除了这些间接的方法之外，也有很多直接的策略可供你尝试。事实上，几位非裔美国教育学者（例如，Delpit，1995；Thompson，2004）认为，这些方法可能更适合那些非裔美国学生的沟通模式。例如，《别人的孩子：课堂上的文化冲突》（*Other People's Children：Cultural Conflict in the Classroom*）的作者丽萨·德尔皮特（Delpit，1995）评论说，以疑问的方式（如：“你愿意现在坐下来吗?”）来讲出指示，是中产阶级（还有女性）讲话的主要方式，体现了一种更平等、非专制的氛围。根据德尔皮特的说法：

> 很多学生不会对这样的语言结构做出反应，因为在他们的本土文化中命令不是用疑问的方式讲出来的。教师对他们可以不问问题，而要学会说：“把剪刀放好”、“现在坐下”或者“现在请坐下”。（Valentine，1998，p. 17）

正如德尔皮特建议的那样，最直接的方式是把学生引导到正在进行的任务中（“马上做那道数学题”、“你们小组应该讨论前三页”）。你也可以提醒学生遵守规则或者让他们知道他们正在做违背要求的事（如：“有人讲话的时候，其他的人都应该认真听”）。有时，不当行为比较普遍的时候，让全班的学生回顾一下规则是相当有效的。在经过一个节日、周末，或者假期后，最应该这样做。考特妮发现，在下半年非常需要复习规则和常规。

突然之间，我一直在使用的获得学生注意的信号全都不好使了。我以为他们对信号厌烦了，因此不得不编出些新的，同时我也对学生们产生的行为问题感到惊讶。从9月到12月，他们一直都那么合作，然后到了2月，这一切就突然改变了。他们特别能讲话，一直聊啊、讲啊、聊啊。上半年开学的时候也没有谁撞人、打人的，可是一转眼，他们开始打闹起来。虽然我知道那只不过是在玩闹，但我仍然很惊讶。我想这是因为他们越来越适应彼此、适应我和学校了。这令我很高兴，但是我们还是要把在学校应有的举止行为复习一遍。

另一个策略是让学生们在适当行为和为继续不当行为接受处罚之间做一个选择（如："如果你不能在小组中活动，你就得回到座位上去"；"你不能喊出答案，你必须举起手来，否则你就是在选择不参加讨论"）。这种表述不仅警告学生如果继续不当行为就会受到处罚，同时也强调学生们在行为表现上是有选择权的，而且实施的处罚并不是毫无原因的。肯就经常使用这种策略。例如，在一个拼写测试中，班上的一个男孩不断地喊出答案，而非语言提示和间接提醒都无效。于是肯告诉他："巴里，你要么保持安静，要么就会失去和其他同学踢足球的机会。"巴里用惊讶的语气辩白道："我做什么啦？"肯平静地描述他的行为及其影响："你在大叫，打扰了教室中的人，也包括我。"

刻意不干预策略

如果不当行为的时间很短暂，也不会妨碍秩序，那么最好的行动方案就是不作为。例如：在一次讨论中，一名学生可能因为急于发表评论而忘了举手，或者有人偶尔走神、不集中精力，或者两个男孩在你进行指导的时候低声地交换意见。如果是这样的小事，进行干预就会比学生本身的行为更妨碍课堂秩序。

忽略轻微的不当行为的一个危险后果就是学生们可能会得出结论——你并没有察觉所发生的事。因为学生会猜想你对他们干的事情不是很了解，于是他们可能想看看到底能做到什么程度，因此问题肯定就会升级。你要仔细地监控课堂以确保这类事不会发生。

另一个问题是，偶尔的忽略会转变成完全的"视而不见"。这在一个对名叫海莉恩的实习教师的研究中很形象地展现了出来（Créton，Wubbels，& Hooymayers，1989）。在海莉恩讲课的时候，她的学生们经常吵闹、精神不集中。海莉恩的回应是更大声地讲话，更多的时间看着黑板而背对着她的学生。她不想让自己看到、听到这种无序——或许是因为这太有威胁了，而她不知道该怎样应对。遗憾的是，学生们认为海莉恩的这种"视而不见"就是意味着允许这种噪声，因此他们变得更加无序了。海莉恩最终认识到了"看"的重要性，并对这种小混乱进行了回应，以避免它升级扩大。

较为严重的不当行为的处理

有时，非语言提示和语言提醒不足以让学生确信你对制定的行为规则的遵守是很严肃认真的。而且有时不当行为非常严重，使用这些浅层面的回应并不适合。像这样的情况，就有必要采用更为实质性的干预以执行你制定的行为规则。

坚决执行规则的重要性在埃默、埃弗森和安德森（Emmer，Evertson，& Anderson，1980）关于有效的课堂管理的研究中表述得很清楚。当违反规则的行为发生时，无效的课堂管理者经常提醒或者警告学生说，要采取处罚措施，但是他们并不会真正实施处罚，因此问题行为的频率和严重性就会不可避免地逐渐增加。相反，有效的课堂管理者会迅速按照预期的规则来处理违规行为。当他们警告学生如果不当行为不停止的话他们就会受到处罚的时候，教师们就要确定在警告后实施处罚。

埃默、埃弗森和他们的同事还发现，有效的课堂管理者会事先计划他们的处罚措施。在一些事例中，教师们在讲授规则的过程中就会提到处罚措施，这样学生们在最开始的时候就会知道犯规的后果。在第四章中，加内塔对学生就是这样做的。这样会防止不愉快的“惊讶”，也会最大限度地消除佯装不知的抗议：“可是之前你并没有告诉我会这样啊！”

处罚方式的选择

对于刚开始教学的教师来说，选择适当的处罚措施可能会有困难。一名遭受挫折的实习教师曾经告诉我们：

> 放学后我不能把学生留下来，因为他们要赶校车。我不想在休息和午饭的时间把学生留下，因为那是唯一的属于我自己的时间，而且我还要用这段时间备课。我的合作教师说我不能阻止学生们上特别课程，因为美术课、音乐课和体育课都是必修课，是整个课程的重要组成部分。其他教师告诉我说不要将学生们送到校长办公室，因为那样校长和合作教师会认为我自己无法处理问题。而我的教授告诉我一定不要用额外的作业来作为处罚措施，因为那样的话孩子们会认为所有作业都是一种惩罚。那么，还剩什么办法呢？

我们对五位教师提出了这个问题，了解了他们常用的一些处罚措施。按照一般的经验法则，我们的几位教师都努力施行那些与不当行为有逻辑联系的处罚措施（例如，Curwin & Mendler，1988；Dreikurs，Grunwald，& Pepper，1982）。例如，如果学生们把科学中心搞得很脏很乱，那么一个符合逻辑的处罚就应该是让他们将中心打扫干净。如果一个学生因为忘了带书而不能做作业，那么就可以处罚他在自由时间或者休息时间向别人借书来完成作业。一个在小组中不能与人很好合作的学生就要被处罚离开小组，直到她认为可以同他人合作为止。如果学生交上来的论文写得马马虎虎，那么就要罚他重写。

这些逻辑后果与传统的惩罚是不同的，传统的惩罚与不当行为本身并没有任何关系。下面列举一些传统惩罚的例子：一名一直在同邻座同学耳语的学生被罚做额外的数学作业（而不是把她隔离起来）。一名学生忘记让家长在他的拼写测验上签字，教师就罚他在休息的时候留下来（而不是让孩子给家长写封信说明要在测验上签字）。在全班讨论中，一个学生一直在喊出答案，教师罚他放学后必须留下来打扫仓鼠笼（而不是让这名学生制作一个“我不再喊出答案了”提示卡放在桌上或者是不让这名学生参加讨论）。

下面描述了我们的五位教师使用的一些具体的处罚措施。在你阅读每一种措施的时候，请记住这几位教师都在非常努力地建设与学生互爱互敬的关系。毋庸置疑，这样的关系更可能让学生把处罚诠释为合理的后果，并且是由一位非常关心学生、坚持让学生表现到最好的教师执行的，而不是把处罚看成充满敌意的、武断专横的对手给他们的惩罚（Bondy & Ross，2008；Gregory & Ripski，2008）。

表达失望

通常，我们不认为这是一种处罚。但是如果这些班级的学生确实喜欢他们的老师，那么老师觉得烦恼的时候，他们也会感觉糟糕。我们的几位教师就会严肃地用几乎悲伤的语气表达他们对不当行为的失望和惊讶，并且指导学生考虑他们行为的后果。

失去特权

在芭芭拉、加内塔和肯的课上，持续做出不当行为的学生会失去宝贵的自由活动的时间。如果他们“忘记”做家庭作业了，他们就要在这段时间来做。肯告诉我们，对他的学生们来说，有资格做“本周最佳学生”很重要，因此，如果失去本周评选资格就会被当作严重的处罚。

计时隔离

在五位教师的课堂上，那些扰乱其他学生或者不能同伙伴们合作的学生就要到教室的另一边去，直到他们准备好可以重新加入小组时才可以回来。维维安娜告诉她的学生：“你自己决定什么时候回来。”肯的课堂上有个孩子总是不停地说话。他和这名学生协商好，如果必要时他就要到一个令人愉快的、安静的、隔离地带去。他们商量好一个信号，如果语言警告不能奏效的话，肯就发出这个信号让这名学生到事先约好的地方去。

有时，教室内的计时隔离不能实现或者没有效果，那么教师就要让学生离开教室。芭芭拉已经与另一名教师创建了一套制度，如果必要的话，她会让这名学生到他的课堂中去。她只是在一张纸上写上时间（例如：10 分钟），让学生拿着给另一名教师。在另一间教室，这名学生一定要安静地坐着做作业，教师和同学们都不理睬他。

这种计时隔离的方法特别适用于患有注意力缺损多动障碍的孩子们（Rief，1993）。这些孩子应付典型课堂环境中的干扰和刺激比较困难，而计时隔离可以为他们提供一个必要的机会平静下来以重新获得自我控制能力。尽力用平静、积极的态度来指导学生们的计时隔离，特别是要具体指出他们出问题的行为［例如：“肖恩，我想让你把手放好，请你坐到‘反省’椅上，直到你认为可以坐在座位上而不去碰别人”（Rief，1993）］。

有几种情况要注意（Walker & Shea，1995）。第一，你需要考虑一下接受计时隔离的孩子的性格特点。计时隔离对于愿意交际的、有一定干扰性和攻击性的孩子可能很有效，但是对于倾向于做白日梦的孤僻的孩子倒是一种奖励。第二，孩子们要了解他们为什么会被计时隔离，以及了解正确的规则（比如：要安静地坐着、直到计时器响起，直到计时隔离结束才能再参加活动）。第三，重要的是要避免讲大道理和进行谴责，因为这可能会强化该不当行为。第四，计时隔离区域应该远离活动群体以杜绝该学生与其他人进行互动的可能。但是，隔离区域也要是一个安全的、教师可以进行管理的地方。（基于上述原因，走廊就不是一个理想的计时隔离区域！）第五，计时隔离应该被控制在 2～5 分钟，绝不要超过 10 分钟。

记录反省问题

在加内塔的课堂上，有持续不当行为的孩子要写一篇文章，记录他们做了什么、他们对这种行为的想法，以及为什么这样做不适当。在肯的课堂上，伤害其他孩子的学生要给别人写道歉信。芭芭拉有时让她的学生们拿出日记本，记下所发生的问题。

转送校长办公室

五位教师都相信“把学生踢出去”是一种要保留到严重干扰行为发生时才能使

用的策略。他们仅在极少的情况下才会把学生转送到校长那里。虽然如此，在极端的事件中（比如身体上的攻击），他们都认为把学生遣送出教室同校长或者教导主任见面是必要的。即便如此，加内塔也告诉我们："我会给校长写个纸条让他处理后就把学生送回来。我想让我的学生都在课堂上，他们在校长办公室是学不到我的课程的。"

留　堂

有时，加内塔、肯和芭芭拉会想让学生们在课后留几分钟。这使他们有机会私下里与学生们交流他们进行的那些不当行为并找出这么做的原因。"校车学生"也可能会留下。如果需要学生们留下长一些的时间，就必须提前通知他们的父母。肯有时也会在午饭的时候留下学生（尽管这要求他必须也在教室用餐，正如我们在这一节开始引述的实习教师所评论的）。在这段时间内，学生们要补齐落下的作业，肯还能以一种更私密、更温和的方式同他们谈话。

找家长

如果学生表现出重复性的不当行为的模式，我们的五位教师都会及时联系家长。例如，在芭芭拉的课上，当孩子们第一次不做家庭作业的时候，她会提醒他们自己的要求。如果短期内他们又"忘记"了，她就会告诉他们："我有责任告诉你们的父母你们没有做作业，让他们帮助监督你们完成作业。"她在这样说的时候尽量不生气，但却是用一种非常关心的态度。她想传递这样的信息："或许我和你的家长都负起责任，就能帮助你完成。"

这七种处罚措施表现了考特妮、维维安娜、加内塔、芭芭拉和肯在有一定灵活度的情况下，如何选择处理问题的方法。此外，有时他们被要求遵从学校的政策，这些政策规定了对于特定的不当行为应如何应对。比如在维维安娜的学校，副校长（也是学校的教导主任）要求，如果学生不断地挑衅、咒骂、打架，教师们就要将学生送到他的办公室。一定要明确你所在的学校对于严重问题行为的政策。

还有一点很重要，那就是在《不让一个孩子掉队》法案规定下，学校必须制定计划，保证校园安全、远离毒品。这些计划必须包括相关的训诫政策，禁止混乱行为、非法拥有枪械，以及非法使用、拥有、散布和贩卖烟草、酒精及其他药品。作为结果，现在几乎所有的学校都对上述违法行为引起的相关后果采取零容忍政策。零容忍政策也适用于其他问题，例如欺凌和威胁。虽然后果的严重程度可能不同，但是违反这种政策的结果通常是学生自动休学或者退学。你要确保自己熟悉你任教的学校的零容忍政策。

暂停与思考

复习五位教师在处理轻微的不当行为时经常使用的各种处罚措施。你最倾向于实施哪一种？有没有你不同意的措施？

如果你的班上有残障学生，那么你就需要同特殊教育者或者与这个孩子的学习团队成员协商好适当的干预策略，这一点至关重要。严重的行为问题需要团队的努力，父母、特殊教育教师、心理学家、社会工作者以及行政人员都可能提供有价值的想法和建议。同时也要注意《残障个体教育法案》中包括的几条关于残疾学生在训诫程序方面的权利。例如，如果行为问题是"由于学生的残障引起的"或者与该残障有"直接而重大的联系"，那么不允许让该生停学十天以上。

实施处罚与维持关系

孩子们有不当行为的时候是很令人受挫的，有时我们的挫折感会影响实施处罚的方式。我们也曾看到，教师在教室一头向学生们喊叫，数落学生们从前的不当行为，含沙射影地说他们糟糕的家庭背景以及攻击他们的人格。显然，这样的行为损害了学生们的尊严，破坏了与他们建立良好关系的可能性。那么，怎样才能避免此类情况的发生呢？

首先，如果你对某个学生真的非常生气，那么一个好办法就是推迟讨论。你可以只对这个学生说："坐在那里好好想想发生的事，过几分钟我要同你谈谈。"芭芭拉有时同她的学生说："刚才的事我真的很生气。每个人都拿出你们的日记，我们要把这种情况写下来。"写了一会之后，她就可以用一种心平气和的态度来与学生更有效地讨论不当行为了。同样，肯可能会同某个学生说："我不喜欢刚才见到的情况。在休息的时候来找我，我们好好谈谈。"通过推迟讨论，每个人都有机会冷静下来，这样就可以把孩子们的品性与他们的行为区分开来。你要传递的信息一定是："你没有问题，但是你的行为是不可接受的。"

其次，单独地、平静地、悄声地实施处罚也是很重要的。尽管大喊大叫很有诱惑力，但你的嗓音越温柔、站得离学生越近，训诫效果就越显著（Bear，1998）。记住，学生们在同伴面前时是非常要面子的。当众责罚可能会让一个学生的不当行为作为例子对其他学生起到警示作用，但是这样也会激起怨恨和尴尬。众多研究发现，学生认为被当众训斥是处理问题的最不能接受的方式（Hoy & Weinstein，2006）。另外，果断处理而又不使用威胁和公开羞辱的能力对那些已经有不满情绪和在校受到孤立的学生来讲尤为重要。例如，对 31 位被认为处于学业失败危险的中学"边缘学生"进行访谈时我们发现，如果教师"进行公开表明自己是权威人物的行为——对某些学生杀一儆百、把学生赶出教室，以及命令学生顺从"，那么这些教师就会被学生当作不关心学生、不公平的敌对派（Schlosser，1992，p. 135）。

我们的五位教师都同意这种说法。当加内塔训斥一名学生的时候，会私下进行，而且讲话的声音非常轻柔，没有人能听到她在讲什么。甚至在对全班的学生讲不当行为的时候，她的嗓音都非常轻柔低沉——明显区别于她高亢激昂的"授课用声音"。

在下面的例子中，芭芭拉说起她是怎样处理罗伯特的：

因为他令人讨厌的习惯，罗伯特总是成为教师的焦点。我想他非常愿意被人吼进而成为大家瞩目的中心。他的记录表明他经常生气，不愿意做其他同学做的活动。我觉得我要早点解决他的问题，要不然他会毁了我的课的，我发誓不让他把我拖离课堂任务。我决定私下里单独与他谈谈。在这学期的开始，他总是迟到，做什么事都慢腾腾的。他或者要削铅笔，或者要整理书桌，或者要拿字典——他总是要耽搁课程。因此我做的第一件事就是把他带到一边告诉他我的要求。如果他因为上学迟到或者耽搁而完不成作业，那么他就没有休息时间了。接下来的三天，他都没有休息时间，这使得他对我非常生气。我拒绝同他谈使他生气的事，装作没看见。之后，他试着用哭解决问题，我也假装没看见他的眼泪。三天以后，我提醒他要他完成课业的事。那天他顺利完成了，也有了休息时间。罗伯特需要了解我是说到做到的。而且，当然，我对他的其他方面给予了肯定，因此他不会觉得我总是在挑剔他。

最后，实施完处罚之后，回到学生的身边并重新建立一种积极的关系是个好主意。在这一章的开头，我们看到加内塔是怎样在把塔尼娅叫到走廊后又派给她一个差事的。同样，你可以称赞学生的功课或者轻拍一下他的后背，向学生表达你不会对他的不当行为耿耿于怀。

坚持一致性

刚开始任教的教师不断被告诫，要“坚持一致性”，而研究也支持这种建议（例如，Emmer，Evertson，& Anderson，1980）。如果教师不是始终如一地执行这些规则，学生就会感到迷惑，开始测试教师的底线，最后导致问题行为的增加。另一方面，教师们又经常感觉受限于坚持一致性的需要。（见第三章关于公平的讨论。）如果对待一个平常尽责、偶尔一次忘记完成家庭作业的学生，和一个经常不完成家庭作业的学生一样，都是给家长写便条，看起来就不是很合理。而且，对一个孩子有效的结果可能对另一个就不起作用。放学后被留下对于一个着急回家玩的孩子来说可能是一次非常不好的经历，但是对于一个对回家并没有什么特别期待的孩子来说倒可能是一次积极的、奖励性的经历。

为了摆脱这种约束，就需要建立“一般性后果等级制度”，这可以适用于所有的不当行为，又可以灵活地处理特殊的情况。思考下面的例子：

第一次犯规：语言警告。

第二次犯规：与教师单独会商，制定行动计划。

第三次犯规：找家长。

第四次犯规：与儿童、家长一道制定行动计划。

提早向学生解释清楚“公平不等于平等”也很重要。一个问题的解决方案不可能适用于每个学生。正如教师们要设计课程来满足学生的不同课业需求一样，他们也要针对学生的不同的社会需求来选择结果。一套备选后果使你能够对你期望的学生的行为保持一致性，又能使学生在后果的选择上有一定的自由度。

个体犯错，处罚全组

有时，教师会因为一两个学生的不当行为而对全班实施处罚，希望其他的学生会因没有犯错而受到处罚感到恼怒，这样就会对同伴施加压力，让他们进行适当行为。

我们决定问问我们的五位教师他们对于这种做法怎么看。他们的回答非常一致。他们都感觉这种做法基本上是不公平的，会破坏他们建设爱心班集体的努力。他们还认为，这种做法也会让学生误认为“反正要受到惩罚，根本不值得好好表现”。加内塔还担心由于惩罚集体而引起学生间的憎恨和肢体冲突。她描述了孩子们发誓要和行为不当的孩子“算账”的情景——“放学后我们会给你好看”。

当我们询问五位教师哪些情况会促使他们因为个人的错误而惩罚群体时，答案也是高度一致。四位有经验的教师说的都是偷盗问题，并且描述了他们为了解决这一问题，放学后把学生留下或者不给他们休息时间的情况。请听维维安娜的说法。

我对全班同学说，放学后要留下来，并说明有个女孩的钱“失踪”了。我告诉他们我们要花几分钟的时间在教室中找找，帮她把钱找回来。我说如果有人找到了钱就把钱放到我的桌上，我也会帮忙找的。几分钟后，我再回到办公桌那里时，钱已经在桌上了。

长期不当行为的处理

到目前为止，我们所探讨的规则策略不适用于一些有顽固行为问题的学生：非语言提示、语言提醒和处罚措施对他们不起作用。还有什么其他的应对策略吗？在这一节，我们将讲述两种基本方法。首先，我们会检视一种解决问题策略。这种方法把不当行为看作一种可以通过讨论和协商解决的冲突。其次，我们会考察基于行为学习原则的四种自我管理的方法，也就是自我监控、自我评估、自我指导和行为合同。最后，我们将转向讨论积极行为支持，这些干预手段被设计用来以新的行为替代问题行为，对学生来讲，新行为的目的与他们原来的行为一致。

通过解决问题化解冲突

许多教师在考虑课堂冲突的时候会从输赢的方面考虑问题。《教师效能培训》（*Teacher Effectiveness Training*，T.E.T）的作者托马斯·戈登（Gordon，2003）说：

> 在学校纪律问题上，这种输赢的思考取向看起来处于问题的核心。教师们觉得他们只有两种方法进行选择：他们的管理或者严格或者松散、或者粗暴或者温柔、或者独断或者宽容。他们将教师和学生的关系看作一场权力的斗争、竞赛或者争夺……当冲突发生的时候，就像他们经常做的那样，许多教师都想以赢的方式来解决问题，或者说至少不能输。显然，这就意味着最终学生会输掉，或者说至少不会赢。(p. 185)

第三种解决冲突的选择是“不输”的问题解决方法（Gordon，2003），由六个步骤组成。第一步，教师和学生（或学生们）定义问题。第二步，大家集思广益想出可能的解决办法。在集体讨论活动中，在这一阶段不对任何建议作出评论。第三步，评估所有解决方案。“现在我们来看看大家提出的所有的解决方案，哪些是我们喜欢的，哪些是我们不喜欢的。你们有什么偏好吗?”说出你们的观点和偏好很重要。不要保留那些你不能接受的解决方案。第四步，你和学生们一起决定你们想尝试的解决办法。如果有不止一个学生参与，投票表决的方式就很有诱惑力了。不过这也可能不是一个好主意，投票通常就会产生赢家和输家，除非大家的意见一致，否则讨论过后，有些学生会觉得不满意。与此相反，要努力达成一致。

当你决定了要采纳哪种解决办法之后，就可以进入第五步，即确定怎样实施这个方案：什么人在某一时间之前应做些什么。最后，第六步，评估试行的解决方案。有时，教师可能想把所有人再次叫到一起询问：“大家对我们现在施行的解决方案还满意吗?”很重要的一点就是，要让大家都了解这个方案并不是确凿不变的，他们可以摒弃旧的方法、寻求更好的解决问题的方法。

戈登提供了下面的事例，它讲述了一位教师在她的小学班级中运用了“不输”

的问题解决方法。

教师：我有一个问题，你们可以帮我解决。课堂上说话的人太多了，我感觉总得要求你们静下来，我不喜欢这样。有时候，我必须要求你们静下来才能讲课，但是你们谈话的时候我必须重复指令，还必须把已经讲过的材料再过一遍。然而，我看出你们好像特别需要说话。我们大家一起想想吧，看看有没有什么事情能满足我的需要也满足你们的需要。我会提几条建议，你们也都想出一些建议。我会把这些建议写在黑板上。每一条建议都会被列在黑板上，但我们不对它们做评论。然后我们再讨论这些建议，删掉你们不想要并且我也不想要的。

下面是学生提出的选择方案，列在了黑板上：

1. 重新安排座位。
2. 惩罚。
3. 想说话随时可以说。
4. 每天留出一定时间交谈。
5. 只有在别人不讲话的时候才能交谈。
6. 根本不要谈话。
7. 一次只给班级的一半学生讲课（另一半可以交谈）。
8. 低声谈话。
9. 只布置口头作业。

教师：现在我们把大家都不喜欢的建议划掉吧。我会划掉第二、第三和第九条，因为我不喜欢它们。（注意：如果教师能解释她为什么不喜欢这些建议就更好了。）

（一些学生建议划掉第六条和第七条。）

教师：现在我们来看看剩下的建议。第一条“重新安排座位”怎么样？

贝蒂：你已经试过那条了，不好使啊。（经过一番讨论，全班决定划掉这一条。）

教师：“每天留出一定时间交谈”，这条行吗？

（对这条建议没有反对意见。）

教师：“低声谈话”，你们觉得这条怎么样？

（对这条建议也没有反对意见。）

教师：这样看来，我们还剩下第四、第五和第八条。还有要添加的吗？没有？好，那么我要把这些建议抄在一张纸上，我们大家都签上名字。这就是我们所说的合同，也就是老师和学生之间签署的协议。我们都要努力遵守合同，不要违反合同规定。（2003，pp. 236-237）

正如戈登指出的，这次问题解决讨论会没有超越第四步。这位教师本可以让学生参与到第五步中来，说些这样的话：“好的，现在我们怎样开始行动呢？必须做什么？谁应该去做？”此外，这位教师也没能带领班级走到第六步——评估。尽管如此，这位教师确实做到了用“我信息”描述问题，而且她也和学生一起承担了找出问题解决方式的责任。

启用行为学习法

行为学习原则强调外部事件（而非思维或知识）是行为变化的起因（Woolfolk，2007）。应用行为分析（亦称行为修正）是应用行为学习原则来改变行为的方法，即通过系统地使用强化方法以获得所期望的行为。相对于其他的课堂管理方法，很多研究都更专注于应用行为分析的有效性，也有数十本这方面的书籍可供教师们选择（例如，Alberto & Troutman，2006；Zirpoli，2005）。

近几年，教育学者们开始强调一种让学生自我管理的行为方式：自我监控、自我评估、自我指导以及行为合同。这些自我管理策略的目标是帮助学生学会调控他们自己的行为。控制的概念在这个过程中是非常关键的：当我们感觉到一切都在控制中的时候，可能就会对我们的行为更负责任。

在本章的下面几部分中，我们要描述一些自我管理的方法。然后我们会转向一种相对较新的行为方法，这种方法强调通过积极的行为让学生学会适当的行为。

自我监控

一些学生可能不会意识到他们自己经常离开座位，经常坐在那里发呆，或者经常在课堂讨论的时候喊出答案。这样的青少年可能在自我监控的过程中受益。在自我监控的过程中，学生们学习观察和记录自己在指定的一段时间内的行为。有趣的是，自我监控在青少年自身监控不完全准确的情况下也可以产生积极的效果。（Graziano & Mooney，1984）。

在开始一项自我监控的计划以前，一定要确定学生们可以识别出需要改变的目标行为。比如一些学生可能不知道“独立学习”是什么样的。那么你就要做一定的示范，清楚地说明其所有的组成部分：“如果我在独立学习，我就要坐下来（不是歪在椅子上），看着书桌上的本子，手里握着铅笔。”对于幼小的儿童，单单示范还不够，同时运用图画或者照片进行讲解会有帮助。

然后学生要学习怎样观察和记录自己的行为。这些内容可以采取两种方法完成。第一种方法是让个体对他们每次参与的目标行为进行记录。例如，学生们可以学会记录在课堂作业中所做的数学题的数量，在讨论中脱口而出的、与讨论不相关的评论的次数，或者是记录他们举手发言的次数。对于幼小的儿童来说，记录单上可以包含适当行为和不当行为的图画。（见图 12—1 中的“计数单”，Jones & Jones，2010）。第二种方法是用某种计时器来提示个人在一定的时间间隔内观察和记录他们参与的目标行为。在既定的时间内，学生们可以在记录单上做记号，表示他们进行的适当行为或不当行为。在一项特定的研究中（Cloward，2003），研究者运用这种方法增加了四年级患有注意力缺损多动障碍的学生在课上自习中处于任务状态的时间。

芭芭拉和肯对使用我们讨论过的那些简单的、常规的策略都没有效果的学生使用过自我监控的方法。在肯的课堂上，我们看到这位大师级的教师被一个叫作贾森的学生所烦扰，这个男孩一直在同他的邻座说话、同肯说话，还自言自语。非语言提示、语言指导甚至是处罚都只能奏效片刻。最后教师和贾森达成一致意见，让他坐在教室里的一个隔离开的角落里，这样他就不会打扰别人了。但是即使是坐在那里，贾森在做作业的时候还是一直在咕哝，在课堂讨论的时候总是脱口说出他的评论，与每一个经过他身边的孩子聊天。当肯同贾森讲他说话太多的时候，贾森还抵赖说他没有这样做。显然，他看起来就是一个使用自我监控方法管理的理想人选。肯描述了他和贾森制定的自我监控的体系。

我决定先将注意力集中到贾森的一个令人生气的行为上——在课堂讨论中喊出答案。我使用了“计数单”（见图 12—1），这样贾森就可以记录下他举手发言的次数和他随意讨论的次数。从某些方面讲，这并没有完全成功：我见到贾森在没有什么好说的情况下也举手，只是为了想在“计数单”上积极行为的一面加点分。另一方面，我经常看到当他又开始随便评论的时候，会突然意识到错了，这样他也不在“喊出答案”这一边做记录。而当他真的大叫的时候，我用表情暗示他，他才不情愿地意识到自己不得不在“计数单”上将此记录下来。这确实使得他对自己的行为更加注意，我的确看到了他的进步。

计数单

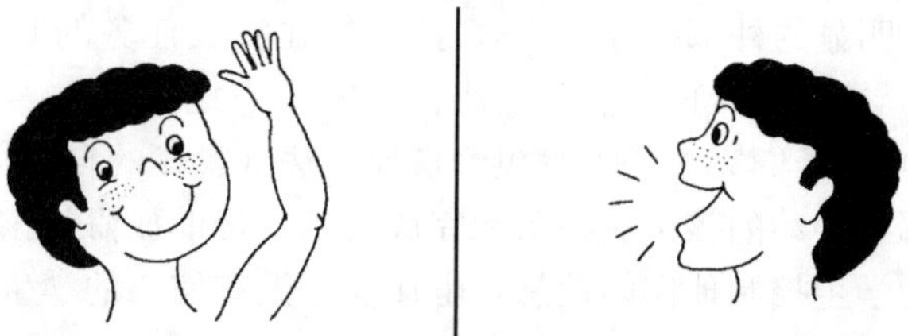

1	2	3	4	5	6	7	8	9	10	1	2	3	4	5	6	7	8	9	10
11	12	13	14	15	16	17	18	19	20	11	12	13	14	15	16	17	18	19	20
21	22	23	24	25	26	27	28	29	30	21	22	23	24	25	26	27	28	29	30
31	32	33	34	35	36	37	38	39	40	31	32	33	34	35	36	37	38	39	40
41	42	43	44	45	46	47	48	49	50	41	42	43	44	45	46	47	48	49	50

举手次数记录　　“喊出答案”次数记录

图 12—1 “计数单”一例

资料来源：Jones & Jones，*Comprehensive Classroom Management*，© 2001. Reproduced by permission of Pearson Education，Inc. 。

在芭芭拉的事例中，自我监控对于一个总是想离开教室到洗手间去的孩子起到了作用。与肯的情形相似，当芭芭拉对路易斯谈起他经常离开教室的事时，路易斯坚决不承认她的说法。最后，他们决定让路易斯做一个记录。芭芭拉在去洗手间的通行证旁边放置了一桶宾果筹码，通行证一直放在门旁边的黑板的壁架上。当路易斯去拿洗手间通行证的时候，他也要拿一个宾果筹码放在他的书桌上。这些筹码成为他离开教室的具体的证据。几天以后，这些筹码的数量开始减少了。

自我评估

这种管理方法不像自我监控那样简单，后者只需要儿童判断他们自己的行为的质量或者判断自己的行为是否可以被接受。有时自我评估是同强化鼓励联系在一起的，也就是说，行为的改善会得分或者得到奖励。

有证据表明，即使是幼小的儿童也可以学会这样做。在一项研究中（Sainato，Strain，Lefebre，& Rapp，1990），四个学龄前儿童经常表现出不当行为（打人、发脾气、不断讲话、缺乏社交回应），因此他们被要求学习评估自己是否能表现出课上自习要求的适当行为（听教师讲解指令、坐姿正确、安静地做作业）。首先，每个学生都要看到照片上正确行为的示范。这些照片随后被粘贴在图画用纸上，配有解释文字，这些文字用来说明示范的每一种行为。每一张照片旁边都有两张脸：一张笑脸代表“是”，一张哭脸代表“否”。这些纸由一个透明的塑料封住，然后放在三孔活页夹中。这四个孩子每人拿到一个属于他们自己的个性化的活页夹。在每一个课上自习（20分钟）结束时，孩子们都要评估他们自己的行为，用可擦除的石印笔来记录“是”或者“否”。结果表明，即使是这些幼小的儿童也可以准确地评估他们的行为。而且，这种自我评估可以立即、显著地改进儿童的行为方式。

自我指导

第三种自我管理的方法是自我指导，用这种方法孩子们可以学习默默地对自己的行为给出指令。多数的自我指导的策略都是基于唐纳德·迈肯鲍姆（Meichenbaum，1977）的认知行为矫正五步法：（1）一个成年人完成一个任务，同时大声地讲出这个任务，仔细地描述每一部分；（2）孩子们来完成任务，而成人在旁边大声讲述（明显的外部指导）；（3）孩子们在完成任务的时候自己大声讲出来（明显的自我指导）；（4）孩子们在完成任务时小声地说出来（声音减弱、明显的自我指导）；（5）孩子们完成任务时想着指导方法（隐藏的自我指导）。这种方法一直被用来教会那些冲动的孩子更稳重地完成任务，帮助孤僻的孩子发起伙伴间的交流，教会好斗的学生控制他们的愤怒，也让那些没有信心的学生尝试解决问题而不是放弃任务（Brophy，1983）。

自我指导通常用于特殊教育班级，或者一对一的环境中（例如：在医生和病人之间），但是布伦达·曼宁（Manning，1988）所做的研究表明，这种方法也非常适用于普通教育课堂。曼宁的研究在那些由教师认定在课上行为表现不当的一年级和三年级学生中进行，这些学生在课堂上喊出答案、经常离开座位、发呆、玩书桌上的东西、打扰别人。曼宁同这些孩子每周见面2次，每次约50分钟，连续4周。开始，她先示范适当行为（例如：举手、待在椅子上、精力集中、手脚放好），然后她让学生们来表现这些行为，同时大声说出所做的事：“如果我喊出答案，别人就会受到干扰。我会举起手，等着轮到我来答时再回答。我做得很好——看，我可以等待！”最后，学生们这样做的时候，不用大声讲出来，但是他们会使用“提示卡片”来提示自己（“我会举手等着轮到我来答”）。据观察，经过自我指导训练后的学生在课堂上的行为有了明显的进步。

虽然我们的五位教师都没有对学生试用过自我指导的方法，但是他们经常使用提示卡片来提醒学生们要行为得当。他们告诉我们，报事贴便条是达到这一目的的有效的“低技术”工具。报事贴可以贴在书桌上提醒学生们不要喊出答案、不要聊天或者不要发牢骚，也可以贴在小柜子上提醒学生们戴眼镜或者带上教科书。有一位总想主导课堂讨论的实习教师在自己的教案上贴了一个纸条提醒自己“保持安静，让孩子们来讲话”。

在我们要结束自我监控、自我评估和自我指导的讨论之前，需要再强调一点，自我管理的策略特别适用于在普通教育课堂中的残障儿童。只有少数的研究（例如，Rock，2005）是在全纳课堂中进行的，但是这些研究都表明，可以对残障学生使用自我管理来改善他们的社交和课业表现。如果你决定尝试自我管理中的某种策略，最好事先向学校的心理医生、法律顾问或者特殊教育教师咨询一下。

行为合同

行为契约或者行为合同是教师与学生个体达成的协议，它规定了学生获取特殊奖励所需要做的事。行为合同的签订需要教师与学生协商，合同双方就学生需要表现的行为、合同的有效时间以及表现后的奖励必须达成一致。为了起到最佳效果，合同需要被记录下来并由双方签字。当然，如果合同没有起到作用，还可以重新审查或者重新商谈。

考特妮和班里经常脱离任务的学生爱什莉签订了一个行为合同。爱什莉总是在教室里走来走去、频繁地去卫生间、干扰其他学生。在早会期间，她经常喊出答案，或者给出不适当的回答。别的学生都围成一圈，把脚像“椒盐卷饼”一样盘好，而她呢，就在圆圈外跪在地上，把玩自己的名签、头发或者玩具（早会上是不应该带玩具的）。考特妮认为，爱什莉行为的主要目的是引起别人的注意。

我要是和她谈起她的行为，她就会说：“你会给我妈妈、爸爸打电话吧?”——听起来她似乎就喜欢那样。她还不理睬别的孩子；她很专横，不愿意和别人分享；她把所有马克笔据为己有；只要和别的孩子一起学习，她就会烦到别人，也不听从指令；应该停止活动和开始收拾的时候她从来不这样做。来新同学的时候，爱什莉的行为就更加糟糕了。我认为那是因为她不喜欢别人获得了大家的注意。她停止了学习，这是以前没有跨越过的界限，于是我决定对她采取更有系统性的措施。

考特妮决定和爱什莉一起制定一个行为合同，以便强化适当行为（见图12—2）。第一，她知道自己必须选择爱什莉真正喜欢的强化手段，比如放学后和考特妮一起留在教室里（而不是去“课后看护”教室）。第二，她想让这个制度简单、易于管理。考特妮决定，每次授课时爱什莉如果表现出处于任务状态的合作行为，就发给她一个贴纸。她们一起商量每天需要拿到多少贴纸才能获得放学后和考特妮在一起10分钟的奖励，而且数量还要不断增加。起初，她们每节课后都会评价爱什莉的行为，但是最后他们只在课间餐时间（上午过一半的时候）、午餐时间、“特别课程”之后，以及一整天结束后才会进行评价。当制度运行一个月左右的时候，我们请考特妮告诉我们它的效果如何。

她的行为肯定得到了改善，而且她也喜欢这个制度——实际上，简直有点过于喜欢了。每隔10分钟她就会问我：“我现在能数数有多少贴纸吗?”我有点受不了总是给她看贴纸了，于是我们就决定只有在评价她是否能得到新贴纸的时候才允许她数。我真的很惊奇，她是那么诚实。我问她：“你认为自己可以赢得贴纸吗?”她会说：“不，我应该停下来好好想想了。”

起初，我们决定她必须获得7张贴纸（一共12次机会）放学后才能和我在一起。然后我们增加到8个、9个……事情进展顺利，但是当我们增加到12个的时候，她好像要退回以前那样了。我意识到，如果她搞砸了一次，这一天剩下的时间她就再也没有积极性好好表现了。于是我决定回到以前的数字，说她必须至少得到10张。

有趣的是，其他的孩子也加入了。特别课程结束后，他们会跑来说：“爱什莉今天在特别课程中表现可好了，她应该得贴纸。”我本来害怕他们会抱怨，爱什莉可以得贴纸而他们不能，但那并没有发生。甚至5岁的时候，他们就明白她需要得到特殊支持。如果他们问我为什么爱什莉有贴纸表而他们没有，我就说：“你们能作出正确选择，而爱什莉需要一点点帮助才能作出正确选择。贴纸表会帮助她。”还有，我认为她在放学后有时间和我在一起也很好，这和她在白天能得到一些奖励相比，不那么明显。由于她放学后会花时间玩电脑游戏，现在她变成了班级里的电脑专家。

从总体上讲，事情这样进展我很满意。爱什莉真的很喜欢这个制度，有一天她来到我跟前说："明年我怎么办呢？那时你就不教我了，而且我也没有贴纸表了。"我告诉她："嗯，希望你已经学会了作出正确选择，那时你就不需要贴纸表了。"她似乎对这个回答很满意。

我的合同

我，爱什莉，同意做到以下几点：

当我有话要说的时候，我会举手。

在地毯上和我的桌旁时，我必须待在我自己的空间内。

如果我能做到这些事情，我就会在每天的几个时间段得到贴纸。
7 张贴纸＝放学后和贝尔老师在一起 10 分钟

____________ 爱什莉

____________ 贝尔老师

图 12—2　行为合同一例

积极行为支持与功能行为评估

积极行为支持的原则基础是，某种行为的发生总会有一两个原因。积极行为支持是使个体得到他们想要的东西（积极强化）①，或者使个体避开他们觉得令人不愉快的东西（消极强化）。换言之，行为总是事出有因，虽然个体可能并没有意识到这一点。考虑到这一原则，积极行为支持的开端就是调查出为什么会发生问题行为（即它的功能或目的是什么？）然后教师就可以设计出一种干预措施，以便消除这种有挑战性的行为，用一种可以达到同样目的的、社会认可的行为来代替问题行为。

调查问题行为发生的原因被称作功能行为评估。功能行为评估程序在历史上一直被用于严重残碍的学生。事实上，2004 年的《残障个体教育法案》规定，如果残障学生被连续停学十个到校日以上或者停学引起学生安置方面的变化时，学校应对该生进行功能行为评估。但是，近年来，功能行为评估也被广泛推荐用于普通教育课堂中发育比较典型的学生，以及轻微残障的学生（Robinson & Griesemer，2006）。

功能行为评估由几个步骤构成。第一，需要以精确、可测量、可观察的方式描述问题行为，以便评估主体能对发生的行为达成一致意见。这意味着，不可以说"劳伦有攻击性"，而需要说"劳伦在学习中心打人，推别的孩子，抢走他们的材料。"第二，要收集学生行为发生前后的环境信息。这个步骤被称为 ABC 评估，A 代表该行为的先行事件，B 代表该行为，C 代表后果。（图 12—3 中是 ABC 评估记录单一例。）因为在你教学时收集这种信息是不可行的，所以你需要安排另外一个

① 积极强化英文为 positive reinforcement，该术语译名不统一，也可被译为正强化、正性强化，还可被译为阳性强化。消极强化英文为 negative reinforcement，也可被译为负强化、负性强化、阴性强化。——译者注

人（例如：合作教师、教学助理，或者学校顾问）在你授课时做评估（反之亦可）。还有一点也很重要，那就是观察应在几天的跨度中进行、每天分几个时段观察，这样你就会确信自己得到的是学生行为的代表性样本。第三，要确保在目标行为出现的典型时间以及不发生该行为的典型时间进行观察。如果你能认真仔细地进行这一步，那么你就能回答下列问题了（Kerr & Nelson，2006）。

这种行为通常在什么环境下发生？

在一天中的什么时间会发生这种行为？

这种行为发生在某些人在场的时候吗？

这种行为在什么活动中更可能发生？

这种行为在什么活动中不太可能发生？

在这种行为之后学生会怎样？

其他人是如何回应这种行为的？

在这种行为之后周围环境有没有发生变化？

学生　罗纳德　　　　日期　10月11日

观察者　格林先生　　　　时间　9：15

环境/活动　写作工作坊

目标行为　不服从/具有攻击性

时间	先行事件 （该行为之前发生了什么）	行为 （学生做了什么）	后果 （该行为之后发生了什么）
9：15	教师让全班学生把写作材料放好，准备去体育馆。	罗纳德还在继续写，其他孩子开始收拾。	教师告诉他把写作文件夹和马克笔收好，帮助本组收拾课桌。罗纳德继续写。
9：17	教师走近罗纳德，蹲下身与他的视线齐平，说她需要他现在就收拾好。	罗纳德把纸揉成一团，扔到地上。	教师告诉罗纳德坐到计时隔离椅上去，直到去体育馆的时间为止。
9：22	教师告诉全班学生排好队去体育馆。	罗纳德抢到门口，把排在第一位的孩子推开，自己占据了队伍领导者的位置。	教师让罗纳德排到队尾去。

图 12—3　ABC 评估记录单一例

功能行为评估的第三步，就是要形成有关问题行为目的的假设。换言之，这时候你要努力想出该儿童想要的是什么。例如，让我们假设在第二步的信息收集中，已经弄清楚贾斯廷仅在写作工作坊期间干扰他人（先行事件），那时候他会惹恼同他一桌的小组里的孩子，拿走他们的铅笔，发出怪声，从椅子上摔下来（行为）。为了应对这种行为，教师反复告诉他“安静下来，开始学习”（一个后果）。当这无法带来积极变化时，教师让他去计时隔离椅，想想学生在写作工作坊期间应该有什么样的行为（另一个后果）。在此信息基础上，我们可以假设贾斯廷的行为是为了使他得以避开让他觉得反感的东西，也就是写作工作坊。

第四步是通过制定一套行为干预计划来验证你形成的假设。这可能涉及调整环境的某一方面，并需要观察环境变化带来的影响。在贾斯廷的情况中，因为写作任务看起来让他有挫折感，教师可以给他提供一些额外支持（例如让他拥有个人专用的字典），允许他向一位“写作伙伴”寻求帮助，以及向他给予鼓励和所需的进一步授课指导。此外，教师也许会停止对不当行为做出反应，而对适当行为报以微笑和表扬。如果监控（第五步）证明行为干预成功（即不当行为停止），那么功能行为评估就结束了。如果不当行为仍在继续，你就需要回到第三步，形成一些新的假设。但是要记住：长期的行为并不会一夜之间就改变，你可能需要按照计划执行两三周的时间，然后再判断计划是否带来了改变（Friend & Bursuck，2002）。

虽然功能行为评估是非常有用的工具，但是它并不简单，而且识别一种行为的潜在功能还需要经过良好训练的观察者的帮助（Landrum & Kauffman，2006）。因此，我们敦促教师向特殊教育人士咨询。

积极行为支持也可能成为全校性的协作，这样可以预防问题行为、促进社交和课业目标的实现（Lewis，Newcomer，Trussell，& Richter，2006）。今年，考特妮成为一名全校积极行为支持团队的成员，这支团队由校长、指导顾问、各年级及相关科目教师代表、儿童研究团队成员，以及一位家长组成。这支团队共同努力，选择和定义了对行为的三项要求：尊重、负责、安全。这些行为要求现在会被教授给全体学生。一个监控系统将会评价这项计划的进展，并将对继续表现出问题行为的儿童提供额外的支持。

棘手问题的处理

无论在何处教学，总有些问题行为看起来和教师如影随形并让他们烦心。由于涉及不同的主要行为者、环境背景和历史情况，每一个事例都是独一无二的，因此也不可能为这些问题开出一份万用良方。尽管如此，在这些行为发生之前仍要思考出应对问题的办法。让我们再听一听五位教师在处理问题时是怎样思考的，这对我们是很有帮助的。在本章的这一节中，我们就来看看让教师们寝食难安的七种行为。

滥告状

幸运的是，滥告状通常仅在低年级中发生；不幸的是，如果不及时制止，这种行为就会流传开来，创造出一种消极的氛围，浪费授课时间。而且，如果滥告状受到鼓励或者宽恕，孩子们接受的信息就会只有“更高的权威”才可以解决争端、解决问题。

五位教师都强调一个事实，孩子们需要理解：在有危险和伤害的情况下给教师发信号与受到轻微的损害或者感觉不公时就告诉教师，这之间是有区别的。这可能需要明确的讲授，教师要在班上讨论什么是滥告状、清楚地解释它是怎样影响课堂气氛的，以及讲授学习解决这些问题的重要性（Charles & Senter，1995）。学生们需要练习如何区分不同的情况并做出不同的反应。有些特殊的情况需要立即跟教师汇报（例如：你看到一个同学要用剪刀戳别人的时候），有些情况需要他们试着自己解决（例如：你的邻座嘟嘟囔囔地自言自语，而且影响到了你），而有的情况是可以忽略的（例如：你看到一个同学在不该用铅笔刀的时候用了）。当然，如果你鼓励学生自己解决自己的问题，你就要让他们掌握一些策略。例如，考特妮教会她的学生对一个捣乱的人使用“我信息”。

首先，我和我的助手示范怎样使用“我信息”。我们表演了一个典型的幼儿园情境。她推我，然后我告诉她：“我不喜欢你那样推我，因为我觉得很疼。”我解释说，当课堂中出现问题的时候，我们需要告诉别人我们的感受。我没有把这个叫作使用“我信息”，我把它叫作“用你自己的话说”。我让一个孩子和我一起示范，然后再让两个孩子做角色扮演。我们做了很多练习，效果很好。一开始，当孩子们找到我告诉我一个问题时，我会听完，然后问：“你用自己的话说了吗?”如果他们说没有，我就会让他们回去试一试。后来规则就清楚了，除非他们已经尝试过“用自己的话说”，否则我是不会听他们的。如果他们用了“自己的话说”，但是不管用，我就会过去，问他们发生了什么事，教他们怎样处理。

我们的五位教师也都试图向学生传递一个信息——当有严重问题发生的时候，他们随时都可以帮助学生，但是他们对于那些微不足道的小抱怨不感兴趣。当确实有人滥告状的时候，他们就会尽力劝阻。肯有时会问：“你们为什么告诉我这个事情呢?”当学生解释（“嗯，他拿了我的纸……”）时，肯就会接着问这样的问题：

除了告诉我这件事，你还能做些什么吗?
这很严重吗?
你能同他谈谈吗?
你想把这个写下来吗?

加内塔也建议学生们把问题写下来，并答应他们，如果她有时间会阅读他们记下的内容。这通常就会阻止学生进一步讨论这个问题，除非这种情形确实对这名学生有很大的困扰。当然，这时候她就会承认他们的感觉，尽力帮助他们处理问题。

在午饭后或者休息后，孩子们带着在自助餐厅或者操场上发生的故事回到教室时，经常会发生滥告状的事件。在处理这些情况的时候，芭芭拉告诉学生们：“除非你受到了伤害，否则我不想听这些琐碎的事。”然而，如果午饭或者休息时的事件打扰了课堂生活，教师就需要与事件涉及的个体学生或者是与全班同学一起直接处理问题。（见第三章描述芭芭拉解决问题的部分。）

作　弊

随着教师们越来越多地强调合作、合作学习以及同学间的相互指导，教师和学生们都发现，区分作弊和分享也越来越困难了。另外，在教室里，互相帮助是很正常的学习方式，很难让学生放弃这种方式而开展像测验这样个体的、独立的活动。分小组摆放的课桌也增加了这种难度。正如我们在第二章中讨论的那样，小组促进了讨论和分享，当孩子们应该独立学习甚至测验的时候，情况也是如此。

显然，在作弊发生之前就能够进行处理比事后处理要好得多。这就意味着要找到减少引发作弊的方法。你可以在班会上讨论作弊，解释帮助同学和作弊的不同之处，示范各种活动中的行为要求，让孩子们区别什么时候分享各自的想法是适当的、什么时候是不适当的。由于网络的出现，还要解释什么是抄袭，要清楚地说明你认为抄袭是严重的违纪，这一点十分重要（至少在小学高年级阶段是这样的）。很多学生并不认为从网上复制和粘贴东西是一种作弊（Ma，Lu，Turner，& Wan，2007）。

你还可以解释学习和课业成绩的不同之处，让学生们清楚你的工作就是帮助他们学习。一项特定的研究（Anderman，Griesinger，& Westerfield，1998）发现，如果学生们认为教师更强调成绩而不是知识掌握的时候（例如：在测验中得 A 比掌握内容更重要的时候），学生更有可能报告说他们曾经有过作弊行为。同样的，当教师们以外在的动机去激励学生（例如：让那些测验得 A 的学生不用交作业）而不是试图鼓励在学习任务上形成真正的兴趣的时候，学生会更经常地报告他们的作弊行为。

为了减少作弊的诱惑，你还可以采取一系列简单的预防措施来把这种诱惑降至最低。例如，在测验的时候，把课桌分开就很有效；此外，在教室中巡视、每年都用不同的测验题及同样的测验采用不同的形式都很有效。在标准化的测试中，可以提前几天就重新排一下座位，这样学生们就会适应新的安排。

显然，做了所有的预防以后，作弊的事件还是可能发生。这时就有必要处理相关的学生。“实用贴士”中有一些处理类似问题的建议。

实用贴士

作弊的处理

- 单独谈话。再次强调，训诫时要避免造成学生在公共场合受到羞辱的情况。这会引起一系列针对该生的指责和否定，而且这些指责会越来越激化。

- 拿出你怀疑学生作弊的理由。平静而坚定地，甚至有点悲伤地展示出你的证据。

- 表示关心。要清楚地表示你不想这种行为在这个学生身上发生。尽量发现这个学生为什么会作弊（比如：是不是他们只是没有准备？他们是不是有很大的要胜过他人的压力?）。

- 解释结果。对付作弊的一个常用的回应是给在作业或者测验中作弊的学生低分或者零分。乍看起来这似乎是一个比较明智的解决办法，但是它把作弊行为本身和学生的知识掌握程度混淆了（Cangelosi，1993）。换句话说，看到教师的成绩册很难判断这个低分是表示学生违反了测验规则还是表示他没有学会要学的内容。我们倾向于使用更合理的结果，即让学生在更严密监控的情况下重新做课业或者测验。一些学校会提前制定好作弊的处罚结果，比如留堂或者通知家长。如果是这样，教师就要遵照学校的规定采取措施。

- 讨论持续作弊的后果。警告学生持续作弊的后果。如果学生一直作弊，就需要调查一下产生这种行为的原因。学生们作弊可能是因为看电视而没有学习，也可能是因为他们的家长又给他们增加了额外的任务，或者是因为他们自己有着不切实际的目标，还可能是因为他们在测验中没有必需的能力和背景以取得好的成绩（Grossman，1995）。显然，对这些不同原因的作弊要采取不同的应对措施。

暂停与思考

如果一名儿童的文化环境强调合作、友谊与慷慨的重要性，你会如何向他解释有时候在任务中向他人提供帮助并不是一件好事，而且实际上会被认为是作弊？

你也需要思考一下自己应如何应对那些在测验中给予别人帮助的儿童。经常，遵照教师的指令而置身事外的愿望与儿童帮助有困难的朋友的愿望会发生冲突（Bloome & Theodorou，1988）。这对于那些来自慷慨大方的文化背景的孩子来说，是特别艰难的抉择。例如，夏威夷美国人和讲西班牙语的学生可能会认为，即使教师认为这是作弊行为，帮助朋友也是必要的（Grossman，1995）。对于因为这个而帮助其他人的学生而言，温和地提醒他们注意要遵守学校环境下适用的规则也许是一个有效的第一步应对办法。

偷　窃

和滥告状一样，多数的偷盗事件都发生在低年级，那时学生对冲动缺乏控制能力，而且还在学习如何辨别分享和拿走不属于他们的东西的不同点。需要再次说明的是，帮助幼小的儿童区分这两种情况的不同之处是很重要的。通常，向儿童简单地提示关于个人财产的规则就会很有帮助，但是要记住，像“尊重他人的财产”这样的规定要明确地在儿童中实施。

除了年龄的因素，不同的文化背景在对待分享和拿取之间的区别时也会造成混淆。一些文化强调分享和慷慨，而另一些强调私人所有权。例如，赫伯特·格罗斯曼（Grossman，1984）观察到，当教师在解释“我的东西属于我，而你的东西属于你”的时候，西班牙裔学生可能会感觉“迷惑、不解甚至拒绝接受，感到受了侮辱”（p. 89）。

如果偷盗行为确实发生了，而且你知道是谁干的，你可以就所发生的事同他进行一次平静的、单独的谈话。如果并不确定学生是否理解了分享和拿取之间的不同，你在谈话时最好避免直接谴责：“我相信，你回家的时候可能是忘了他的彩笔还在你的书包里，但是明天你要把它带回来。”当学生把彩笔拿回来的时候，可以采取进一步的教育方法：“你把彩笔拿回来我很高兴，要知道，你不应该把别人的财产放到你自己的书包里。即便这是偶然事件，有些人还是会把这称为偷盗，而我知道你不想遭受这样的谴责。”

根据财产的价值、事件发生的频率以及你所教授的年级，这类事件也可能要采取更有力的干预措施。像我们前面讲到的，五位教师都曾通过对全班同学施加压力而让被偷的物品返回。有时，可能还需要联系家长或者把问题交给校长来处理。

讲脏话

儿童越来越多地通过家庭或媒体受到不当用语的影响，因此在学校中脏话也越来越多。在判断采取哪种适当的应对措施时，要想想学生们使用脏话的原因。这其中就有年龄的原因。年纪小的学生可能只是重复他们从朋友处、家里或者电视上听到的语言，几乎不理解其含义。这种情况下最适当的应对措施是教育，而不是训诫。你要向他们解释“在学校中我们不能使用这种语言”。你也可以问问学生他们是否理解这些话的含义，建议他们同家长谈一谈，也可以联系家长，让他们同孩子谈一谈。

儿童也可能因为在家庭中频繁听到脏话而使用起来，这已经成为他们的口语词汇中固定的一部分了。遇到这种情况，就要向他们明确说明，这种语言在学校里是不适当的，也是不可接受的。芭芭拉提醒她的学生，她不会在学校中使用那种语言，同时也希望他们不要使用那种语言。

最后一点，学生有时会生气地对另外的学生或者教师使用脏话。这种情况发生的时候就需要向学生强调，使用语言伤害别人是不能被容忍的，而且表达愤怒有很多可以被接受的方式。有时孩子们气愤至极，根本不考虑环境，脏话脱口而出。在这种情况下，在讨论发生的事情之前，最好给他们些时间让他们平静下来。在处理他们使用不当语言之前先谈谈他们生气的原因也会有所帮助。

挑　衅

我们请考特妮、芭芭拉、加内塔、肯和维维安娜说说他们处理挑衅的方法时，我们的问题遭遇到了不寻常的沉默。最后，肯谨慎地解释说他的学生很少有挑衅行为，因此他很难说出他会做什么。另外四位教师都低声表示同意。开始我们很怀疑，但在进一步的谈话中我们逐渐清楚了，这个问题的答案取决于教师是否能防止轻微问题升级为严重问题。思考一下加内塔处理拉蒂西亚的方法，这可是一个“整个二年级都在校长办公室中度过”的学生。

拉蒂西亚总是不断地挑起打斗、骂人、讲从前教过她的老师的坏话……显然，我不能不采取什么措施就让她待在我的课堂上。但是当她来找我的时候，她首先说的几件事就包括“没有人认真听过我说话”。我把这作为一个解决问题的线索。我确保自己认真地听她说话，总是努力地参与到她出现的问题中。我看到她开始调皮的时候——可能是要碰别人，我会立即走过去，轻轻地告诉她随我一起到走廊去。我从不会同她在大家面前争论。我会真的保持平静，等走出去后，我再问她所发生的事情。当她告诉我她为什么生气时，我会先听，然后再谈如果她再生气时该怎么做。她慢慢地就不用到办公室去了，但是如果我任由事情发展，别的孩子就会反击。之后可能就会发生打架事件，而她最终还是会被叫到校长办公室去。

如果教师遵照加内塔的模式，挑衅的行为通常是可以避免的。话虽如此，我们还是需要思考一下，如果学生们确实做出挑衅的行为，教师应该采取的应对措施。“实用贴士”中列举了一些建议。

实用贴士

挑衅的处理

- 控制好自己的情绪。尽管你的第一反应就是大吼大叫，但不要这样做。（深吸几口气，或者对自己说：“我可以平静地处理这件事，我要低声地讲话。”）
- 指导其他的学生做些作业。（比如：“大家都接着做下面的三道题”或者“开始阅读下一部分的内容”。）

- 把这个学生带到远离同学们的地方。与学生在更为隐秘的地方谈话。这就消除了学生担心的保持脸面的问题。
- 站在离学生几步远的地方（即不要进入“他的领地”）。一个感觉生气及挑衅的学生会把靠近他理解为侵略性的行动（Wolfgang，1999）。
- 承认学生的感受。“看得出，你真的非常生气……”
- 避免权力斗争。“这里我说了算，我告诉你要……”
- 提供选择。“我知道你非常烦，我们一会儿再谈吧。但是你也有别的选择，你可以到办公室去，或者我让别人来叫你去。”

还有一点要注意：患有对立违抗性障碍（ODD）的儿童会表现出某种模式的违抗或敌对行为，特别是对权威人物。如果你的班级有 ODD 儿童，那么你就需要按照他或她的个别化教育计划中规定的方法处理。在这种情况下，向顾问咨询一下这名儿童的行为是很重要的。

与性有关的行为

考虑孩子们的发展阶段的必要性在本节尤其重要。在低年级的课堂中，儿童偶尔揉搓生殖器官的现象并非鲜见。通常，只要你一转移他们的注意力或者让他们更积极地参与到课堂活动中，这种行为就会停止。维维安娜只是告诉她的一年级的学生，她想看到每个人的手都放到桌上。然而如果手淫仍然继续的话，她就会与学生进行单独谈话。

我不想让孩子觉得难堪，但是如果不阻止的话，其他的孩子会看见并拿这个开玩笑。或许这个学生根本不知道这种行为在学校里是不适宜的。我会说：“我不想让你把手放到裤子里。这并不是不好，但是人们在学校里是不做这种事的。”

根据情况，你也可能需要联系家长，让他们同孩子谈谈，向他们建议一些控制这种行为的简单的方法——例如，让孩子穿需要系腰带的裤子，而不是腰部有松紧带的裤子。

儿童到了四年级的时候，大部分都知道了手淫在学校中是不当的行为。然而如果你看到一个年级较小的孩子确实这样做了，你需要在其他孩子还没有注意到且没有引起奚落的时候谨慎地处理这种情况。芭芭拉使用这种方法：“我看到你在休息时间在座位上做的事了，这种事你不应该在学校里做。你还好吗？”

如果看到一名儿童以性的方式来触碰另一儿童，也要考虑儿童的发展阶段。同样，幼儿园的孩子互相探究对方的身体是很平常的事，一个简单的指令和提醒“把你们的手都放好”通常就会解决问题。在中年级（4～6 年级），学生们需要知道什么行为会构成性骚扰，还要知道在学校里这种行为是不能容忍的。他们也要知道自己可以报告性骚扰事件，学校里的成年人会因此采取行动。

在小学的任何年级，习惯性手淫、性早熟的行为都要被清楚地调查。那些在你刚说完这个问题就继续手淫的孩子可能有很严重的问题，那些模仿成人性行为的孩子可能是亲眼见过这样的行为或者亲身经历过这样的行为。这些问题，都需要联系适当的儿童福利机构。（见第五章中虐待的特征和报告的程序。）

不能完成作业

当学生们一贯不完成作业的时候，教师应好好考虑下这些作业的价值，以及是否把这些作业的价值同学生们讲清楚了。反省一下作业量的大小也很重要，另外还应思考作业对学生来说是不是太难独立完成了、分配给学生完成作业的时间是否足够。下面“实用贴士”中有一些额外的策略，可以有助于增加学生完成作业的可能性。

实用贴士

增加学生完成作业的可能性

● 提供家庭作业计划簿。家庭作业计划簿不仅可以帮助学生们记住他们的作业，而且可以让家长了解孩子的家庭作业是什么，同时可以用计划簿给孩子的教师反馈信息。家庭作业计划簿对于有学习障碍的学生和有家庭作业问题的中等学生有特别的积极作用（Bryan & Sullivan-Burstein，1998）。

● 提供作业选择。例如，如果儿童必须学会词汇表中的单词，那么可以允许他们使用包含这些单词的句子、做单词搜索，或者制作一本图解这些词汇的手翻书（D'Agostino，2003）。

● 开学之初就要教儿童如何做家庭作业。和儿童一起谈论他们写的家庭作业经历。（哪些作业难？哪些作业简单？他们喜欢哪些作业？不喜欢哪些作业？）讨论如何管理学习时间，如何找到一个安静的、适当的学习空间，如何保管好学习材料（Bates，2003）。

● 检查、收取作业或者给作业打分。如果你布置了作业而没有检查学生完成的情况，那么你向学生传递的信息就是家庭作业并不是很重要。你确实不必给所有的作业打分，甚至不必都收上来，但明智的做法是检查学生们是不是都完成了，并在记分册上进行记录。

● 让学生为他们完成作业的次数画图表。学生们可以自己制作一个图表来表示家庭作业完成的情况：没交的作业（用红色标记）、完成并准时上交的作业（用绿色标记）、完成但是迟交的作业（用黄色标记）（Bryan & Sullivan-Burstein，1998）。

● 进行家庭作业测验。有些教师会做每日一测，其中会涉及一两个前一天晚上留的作业题。此外，每周或者每两周进行一次家庭作业测验。他们会选择一些在家庭作业中出现的问题，允许学生们参考作业本，但不能看书。

● 除了阅读以外，还要求一个“产品”。如果你让孩子们在阅读的时候再做些什么，他们就会更愿意读。（例如：标记上你最喜欢的三个段落，列出作者用来暗示主人公性格特点的十个词或短语，根据文章想出三个问题让同学们来回答。）

● 提供校内支持。有时，学生的家庭环境会干扰他们完成作业。他们可能正处于家庭危机的旋涡中。他们也可能正生活在被虐待的环境中。他们还可能因为放学后还有很多职责（比如照顾弟妹）而没有时间做作业。出现这些情况时，你就可以同学生一起制定一个在校完成作业的计划。

在你尽了最大努力后，有些学生可能还是不交作业。在这种情况下，就需要单独与这样的学生讨论这个问题、想出可行的解决办法，并与他共同制定一个行动计划。这可能包括联系家长、寻求他们的合作和支持、签署行为合同，以及指派一个“家庭作业伙伴”来帮助学生记住和完成家庭作业。

当训诫侵犯学生的宪法权利时

在我们离开训诫干预这个话题之前，还要再检视三种情况，在这几种情况下本来是好意的教师都有可能无意中侵犯了学生的宪法权利。第一种情况涉及宪法第一修正案中规定的权利。思考下面的情节：一位学生穿着T恤来上学，你觉得上面的口号或者图案有冒犯性。那么，你有权利要求他或她脱下T恤或者反过来穿吗？

法律和教育专家戴维·施梅尔（Schimmel，2006）认为，答案是你没有权利这样做，除非该生的行为引起了较大的骚乱，或者侵犯到了其他人的权利。1969年，美国高级法院裁决，宪法第一修正案适用于公立学校，学生自由表达的权利“并不止于学校大门”（廷克诉得梅因学区案，1969，p. 506；转引自Schimmel，2006）。在那次具有开创性的案件中，艾奥瓦州得梅因学区里的学校由于担心教学受到干扰，禁止学生戴黑色臂章抗议越南战争。法院驳回了学校的论点，认为学校不能为了“回避与不受欢迎的观点相伴随的那种不舒适感和不快感”就禁止学生的自由言论。虽然随后的高院裁决也限制了廷克，但是基本原则仍然保持完整。“也就是说，学生在学校期间的非干扰性个人表达受到宪法第一修正案的保护，即使他们的观点不受欢迎或者有争议”（Schimmel，2006，p. 1006）。考虑到这些法律裁决，你需要在训诫表达有争议的言论的学生时采取谨慎态度。毫无疑问，在采取训诫措施之前，你要向学校管理人员或者学区法律顾问咨询。

第二种情况是教师无意之中侵犯宪法第四修正案中规定的学生不受无理搜查、其财物不被没收的权利。沃特金斯诉千禧学校案（2003）就是一个例证（Schimmel，2006）。俄亥俄州三年级教师爱普利女士发现自己办公桌里的美元不见了，就让沙尼科娃·沃特金斯和其他两名学生打开书包、掏空口袋，并解下裤子的腰带检查，结果什么也没有发现。然后教师将沙尼科娃带到备品室，在那里她让这名女生将外裤和内裤脱下，以便检查裤子里是否有钱。

在随后的诉讼中，法院裁决，学校对于维持秩序和灌输道德价值观的利益不应超越沙尼科娃·沃特金斯的个人利益。他们写道，“一位有理性的教师应该知道学生拥有第四修正案所规定的权利，并保护他们不受无理搜查，保证其财物不被没收”，在没有证据的情况下要求学生暴露身体的隐私部位显然不合理（p. 902，转引自Schimmel，2006，p. 1009）。如果你怀疑某位学生偷窃并匿藏某物，请记住上述法律，最好把该生带到适当的学校官员那里，而不是自己进行搜查。

最后，另外一个涉及学生的第四修正案权利的情况是使用一种被称为“隔绝式计时隔离”的计时隔离形式，在这种隔离中，学生从教室环境被赶出并被放置在一个为达此目的而专门设置的房间里。（注意：这种形式比我们的几位教师所用的计时隔离形式限制更多，也更有争议。）近年来，家长发起的几起诉讼案都主张，学区由于不适当地使用隔绝式计时隔离而侵犯了学生的第四修正案权利。例如，在彼得斯诉罗马城市学区案（2002）的裁决中，纽约的一个陪审团判给一个家庭75 000美元的赔款，因为这家的二年级学生被关在紧锁着门的计时隔离室里一个多小时

(Ryan，Peterson，& Rozalski，2007)。如果现在的辩护成功，这种计时隔离的形式将会被完全禁止。同时，隔绝式计时隔离应该仅仅被当作最后的办法，只有在仔细核对学校或者学区的政策和程序后才能使用。

总结评论

一天下午放学后，我们同加内塔谈论了她的学生们在学校中的一些问题。她表现出对学生们的家庭状况的极大的同情和了解。尽管如此，她仍然强调了她对他们的行为和成就有很高的期望。

> 教会学生负责任、有原则，以及要求他们完成任务是我们的责任。我们不能简单地说“他们忍不住要犯错”或者“他们不做，因此得零分”。你要告诉他们你的期望，并且为此坚持不懈。我看到很多的孩子被排除在课堂外，我想：“你同他们谈话了吗？在你放弃他们、把他们赶出去前，你努力过吗？”有时我感觉我也有把学生赶出教室的想法。但是我马上就提醒自己，我是在管理整个班级，我要对这里发生的一切负责。

加内塔的评论证明了高效课堂管理者的两个重要特点。第一，高效管理者乐于承担管理学生行为的责任，而低效管理者倾向于放弃责任并且把问题推给学校其他的工作人员，如校长、教导主任等（Brophy & Rohrkemper，1981）。我们的五位教师都乐于对他们的学生的行为承担责任。他们很少把学生转送到校长办公室。他们都意识到是他们在“掌权”，因此他们对课堂上发生的事情都负有责任。

第二，高效管理者（尤其是在像加内塔任教的这样高度贫困的学校里）都以“温暖的要求者”为特征（Bondy & Ross，2008）。用这个名词描述我们的几位教师最合适。作为“温暖的要求者”，他们真正地关心学生，努力与学生建立相互支持、相互信任的关系。同时，他们坚持认为对学生必须高标准、严要求。他们接受问题行为必然发生这一事实，但是他们也相信学生有改正的能力。他们清楚地表明，尊重他人、举止得当是不容商议的。最后，正如加内塔强调的，他们一直在“坚持”。

小　结

本章讨论了从轻微的、非干扰性的违纪行为到习惯性的、更加严重的不当行为等各种问题的应对方法。

不当行为的处理原则

- 训诫策略必须与创建安全的、充满爱心的课堂环境的目标相一致。
  把学生的性格和具体的不当行为区别开来。
  鼓励学生承担管理自己行为的责任。
- 尽量保持教学过程的持续性，把干扰降到最低。
- 要考虑学生行为的背景环境。在一种环境下可以接受的行为在另一种环境中可能并不适当。

- 应对行为问题应做到及时、准确。
- 实施训诫的严厉程度要与你想消除的不当行为相匹配。
- 坚持“文化回应型”应对，因为规范、价值观以及沟通风格的差异对学生行为都有直接影响。

轻微的不当行为的处理

- 非语言干预。
- 语言干预。
- 对短暂的不当行为采取刻意不干预策略。

较为严重的不当行为的处理

- 事先计划处罚措施。
- 选择与不当行为有逻辑联系的处罚措施。
- 平静、轻声地进行处罚。
- 尽快与学生重新建立积极的关系。
- 保持一致性。
- 制定一系列的后果选择。

长期不当行为的处理

- 问题解决过程

  第一步：定义问题。

  第二步：集思广益想出可能的解决办法。

  第三步：评估解决方案。

  第四步：决定想尝试的解决办法。

  第五步：确定怎样实施这个方案。

  第六步：评估试行的解决方案。

- 行为学习法

  自我监控。

  自我评估。

  自我指导。

  行为合同。

  积极行为支持和功能行为评估。

棘手问题的处理

- 滥告状。
- 作弊。
- 偷窃。
- 讲脏话。
- 挑衅。
- 与性有关的行为。

- 不能完成作业。

当训诫侵犯学生的宪法权利时

● 学生的非干扰性个人表达受到宪法第一修正案的保护，即使他们的观点不受欢迎或者有争议。

● 宪法第四修正案保护学生不受无理搜查、其财物不被没收，因此在搜查学生身体和他们的物品之前应向管理人员咨询。

● 使用“隔绝式计时隔离”应该高度谨慎，因为这种限制多、有争议的干预方法可能侵犯学生的宪法第四修正案权利。

高效教师乐于承担管理学生行为的责任，他们也都以“温暖的要求者”为特征，他们努力建立与学生相互关心、相互支持的关系，同时也坚持认为对学生必须高标准、严要求。

技巧培养活动与反思

课上活动

1. 不当行为发生的时候，通常不会有太多的仔细考虑合理后果的时间。我们列出了一些典型的不当行为供你练习如何处理。以小组为单位，给每个例子列出两种符合逻辑的后果。

a. 你班的班长总是忘记打扫沙鼠笼子，而笼子已经有些异味了。

b. 课间餐过后，汤姆总是要比别人多花些时间才能安静下来，而且很多时候，马上要上课了他却还在吃东西。

c. 雷切尔在应该上计算机课的时候玩她钱包里的东西。

d. 作为实验组的一员，卢乱操作实验品，把液体溅出来，让他的同组成员抱怨不已。

e. 米根用一个紫色的魔术笔涂了希莉萨一脸。

f. 罗斯把胶水弄得满手都是，因为他要等胶水干了以后剥着玩。

g. 阿里安娜还回小说的时候，有些书页已经撕坏了，封面也没有了。

2. 以小组为单位，讨论遇到下面的情况你会怎样做？你在检查昨晚的家庭作业。你让詹姆斯来做第五题。他深陷在椅子中烦躁地玩着脖颈上的链子。你告诉他全班同学都在等他回答第五题。最后他嘟囔着：“我没有做×的作业。”①

独立活动

1. 刚任教的教师有时会对不当行为反应过度或者根本就不采取任何行动，只是因为他们不知道该做什么、说什么。首先阅读下表中的示例，然后思考随后发生的情况，为每个事件想出一种非语言干预、一个语言提示和一个“我信息”。

---

① 学生带出脏字。——译者注

示例	非语言干预	语言提示	"我信息"
一个学生在课桌上写字	递给学生一块橡皮。	"我们应该往纸上写字。"	"你在桌子上写字后，管理员就会跟我抱怨，我就会觉得很难堪。"
一个学生夸张地翻看自己的书包找作业，打扰了其他学生，拖延了开始上课的时间。	做出"表情"。	"我们就要开始了。"	"当你花那么长时间拿东西时，我就不能开始讲课，我对浪费了时间感到很沮丧。"

a. 一个学生在抄另一个学生的试卷。

b. 一个学生拿走了另一个学生的笔记本。

c. 一个学生在你讲课的时候削铅笔。

d. 一个学生回答问题时不举手，而是喊出答案。

2. 很多课堂中的常见不当行为之一是学生脱离任务（例如：教师讲课时学生与他人交谈，或者试图干扰其他同学）。

a. 如果这种不当行为很常见，你会对课堂规范或者课堂活动得出什么样的结论？

b. 学生脱离任务的原因可能是什么？

c. 基于你对 a 和 b 两部分的回答，一位明智的教师应该怎样应对？

载入档案袋

设计一个行为修正的计划（如自我监控或者行为合同）来处理以下问题：

a. 亚瑟在二年级的班级里长得比别的孩子都高大。每天都有孩子向你抱怨亚瑟打人、推人或者嘲笑别人。你同他的家长谈过，但是他们也不知道该怎么办。

b. 辛西娅是一个五年级的学生，很少完成她的作业。她总是在发呆、同别人交往过度、错误地理解指令，而且在你同她谈起她没有完成作业的时候她总是很生气。问题看起来越来越严重。

第十三章

校园暴力的预防与应对

> 截止到2000年，美国所有的学校将成为没有吸毒、暴力、未经许可携带武器和酒的地方，并为学生提供有一个有利于学习的纪律环境。(HR 1804：Goals 2000：Educate America Act，1994，Sec. 102)

20世纪90年代后期，在密西西比州、肯塔基州、阿肯色州、宾夕法尼亚州、田纳西州和俄勒冈州发生的一系列枪击事件清楚地表明，由国会批准通过、克林顿总统签署的值得赞扬的国家目标实在是遥不可及。但是，1999年4月20日发生的事件更是这个国家始料不及的。那天，科罗拉多州李特尔顿市科隆比纳高中的2名学生开枪射杀了12名学生、1名教师，然后饮弹自杀。一夜之间，关于校园暴力的话题突然占据新闻头版。在整个学年的最后几周里，枪击模仿案、炸弹恐吓和暴力威胁让人们产生了前所未有的恐惧和不安。家长们对于要把孩子送到学校感到痛苦。政治家、政策制定者以及权威人士都把青少年暴力看作“国家流行病”，苦苦思索其产生的原因（Drummond & Portner，1999)。这种患病的感觉在2000年得到了加强，密歇根州一个6岁的儿童带着手枪来到学校，杀死了一名班上的同学(Naughton & Thomas，2000)。5年后，这个国家又一次陷入震惊，在明尼苏达州北部的红湖印第安保留区，一个高中学生持枪狂奔，射杀了自己的祖父母、5名同学、1名教师、1名保安，最后自杀。自此之后，学生枪击事件在威斯康星、华盛顿、俄亥俄、田纳西、加利福尼亚以及佛罗里达等州相继发生。

但是校园暴力是怎样传播的呢？科隆比纳、红湖发生的事件，以及近来的多起枪击事件是这种疾病不断恶化的征兆，还是只是一个个可怕的孤立事件？让我们来看看一些事实和数据。

校园暴力知多少

关于校园暴力的频率和严重程度的信息来自美国教育部和司法部（Dinkes，

Cataldi, & Lin-Kelly, 2007)。数据表明，1992—2005 年，全美校园犯罪实际上有所减少，从每千名学生中发生 50 起暴力事件降低到 24 起。1993—2005 年，声称自己在校园内有过斗殴行为的高中生比例从 16%下降到了 14%。同样，自己报告此前 30 天内在校园携带枪支、刀具或棍棒等武器的学生比例从 12%下降到了 6%。

虽然比例有所下降，但是暴力仍然是必须面对的问题。2005 年，有 129 000 名 12～18 岁的学生成为在校发生的严重暴力犯罪的受害者，还有 74 000 名学生成为了在校盗窃案的受害者（Dinkes, Cataldi, & Lin-Kelly, 2007)。此外，对暴力的感知非常普遍，给学生造成了很多焦虑。盖洛普/美国有线电视新闻网调查报告说，红湖枪击案发生后，近 3/4 的美国公众相信，这样的校园枪击事件在他们的社区中也可能发生，60%的人认为类似事件是无法防范的（Astor & Benbenishty, 2005)。当被问及在学校中要处理的最大的问题时，13～17 岁的学生提到了暴力、斗殴以及学校安全，提到这类问题的频率是其他问题的 2 倍（Gallup Poll, 2005)。显然，教师和管理者必须努力降低学生的恐惧和焦虑，也要减少实际发生的校园暴力事件。

暂停与思考

由于媒体报道的校园暴力问题非常突出，所有教师都对这种事件产生焦虑也是正常的，新教师尤为如此。你对校园暴力有怎样的恐惧？和你所观摩或者任教的学校的教师交谈一下，向他们询问这所学校处理暴力问题的程序。有没有现成的标准程序？知道在危机情况下应该做什么不但能减轻焦虑，而且也可能极大地改变事情的结果。

本书前面几个章节已经提到很多预防暴力的有效策略。逐渐了解你的学生、建立相互尊重的关系、建立有序课堂、制止同伴骚扰和欺凌，以及努力满足儿童的学习需要都可以减少潜在的暴力。本章我们将讨论更多预防暴力的策略，然后检视应对暴力发生的方法。

校园暴力的预防策略

建立守望相助的学校大家庭

尽管在第三章中我们已经强调过需要创建更安全、更有爱心的课堂，但在涉及预防暴力的话题时，我们还是要重温一遍这个观点。很多教育学者的论点是，预防暴力要强调创建更人性化的环境，让学生感到被人理解、被人支持（Astor, Meyer, & Behre, 1999)。芭芭拉学区的主管也赞同这种观点。

> 一所安全的学校是一所对学生做出回应的学校，工作人员应该了解孩子，知道到哪里能让有麻烦的孩子获得帮助……在这里我们不会谈论金属探测器或者安全措施。我们预防暴力的方法是强调与孩子们的沟通和满足他们的社交情感需要，我们努力确保一个群体不凌驾于另一个群体之上……同时尊重孩子之间的差异。

芭芭拉的学校与这位主管对安全学校的信条一致，并做出极大努力创建全校一家的感觉。学校前门树立着的生日告示板上用巨大的日历标出每个人的生日；走廊上，年级告示板上允许每名学生展示自选的作业样品；除了班规之外，学校还采纳了一些“信条”，张贴在每间教室的墙上（见图 13—1)。

在我们的学校里……

- 每个人都有受到尊重，受到友好、礼貌对待的权利。这意味着我们不会不公平地对待任何人，也不会嘲笑他人、忽略他人、伤害他人感情。
- 每个人都有权感受安全。这意味着我们不会用语言或行为伤害任何人。
- 每个人都有权倾听和得到倾听。这意味着我们要运用倾听的姿态、讲话者的权力一起建立有效的解决方案、保持冷静。
- 每个人作为个体都有学习的权利。这意味着我们会鼓励、支持和欣赏人们学习的不同方式。

图 13—1　芭芭拉学校所采纳的全校信条

肯的学校也在努力建设学校大家庭。每位教师、每位教学助理在学校大楼内都有一个"家庭"，由每个年级（一年级至五年级）的两个孩子组成。家庭还有名字（肯的家庭叫作金鹰）、代表颜色和一个特殊的家庭标志。每周二上午 11 点，家庭成员聚在一起做 20 分钟的活动，比如早会。家庭成员在几年中待在一起，使儿童得以建立跨年级的关系，并与学校大楼里的另一个成年人保持联系。

创建一个守望相助的学校大家庭比以往任何时候都更重要。家庭性质和经济条件的变化要求两位家长都离家出去工作，很多学生在同伴的伴随下度过的时间比和成年家庭成员在一起的时间多。这些同伴关系并不足以替代成年人的注意，因此，教师与学生发展和培养互相关心的关系就变得至关重要了（Laursen，2008）。

警惕仇恨的迹象

根据来自南部贫困法律中心的一份报告（Southern Poverty Law Center，2004），自"9·11"事件之后，青少年实施的仇恨犯罪数量急剧增加。

> 青少年对穆斯林美国人的攻击数量大增。对性别和性取向少数群体、西班牙裔美国人以及无家可归者的攻击也有所增加。仇恨活动也不再专属于白人男孩了，虽然他们仍是主要实施者。更多的西班牙裔和非裔美国儿童卷入仇恨活动，越来越多的女孩也加入其中……（此外，）另一项人口统计显示，现在大多数仇恨活动在郊区迸发——在较为富裕的青年中间展开。（p. 1）

作为教师，如果学生的读书报告、文章、图画或者日记传递出了仇恨或暴力的信息，你就必须作出记录，并且把你的担忧向校长、学校顾问或者学区的平权法案官员报告。帮助学生辨认仇恨的象征符号以及对种族、民族和性取向的贬义标签。万圣节期间，不鼓励穿着负面人物类型划分的化妆服（例如："吉卜赛"或者"无家可归者"）、不鼓励增进仇恨的组织以及武器的展示。

了解潜在暴力的早期预警信号

1998 年，美国教育部和司法部出版了一部帮助学校开展综合预防暴力计划的指南（Dwyer，Osher，& Warger，1998）。这部指南中有一个"早期预警信号"的列表，可以提醒教师和学校的工作人员注意学生潜在的暴力以及预示暴力迫在眉睫的信号（见表 13—1 和表 13—2）。

表 13—1　潜在暴力的早期预警信号

社交退缩
过度的孤立感和隔绝感
过度的被拒绝感
暴力的受害者
感觉受到挑剔和迫害
对学校无兴趣，学习成绩差
在写作和绘画中表达暴力内容
不能控制愤怒
冲动的、具有长期的攻击性、胁迫和欺侮的行为模式
有纪律问题史
有暴力或者进攻行为史
不能容忍分歧，态度中持有偏见
吸毒、酗酒
与帮派有关联
不适当地接近、拥有和使用火器
严重的暴力威胁

资料来源：Adapted from Dwyer，Osher，& Warger，1998。

表 13—2　预示暴力迫在眉睫的信号

与同伴或者家庭成员有过激烈的打斗
严重的财产破坏行为
由于轻微原因而非常愤怒
具体的致命性暴力威胁语言
拥有或使用火器和其他武器
其他自残行为或者自杀威胁

资料来源：Adapted from Dwyer，Osher，& Warger，1998。

记住这一点很重要：早期预警信号可以预测儿童或青少年是否会对自己或者他人采取暴力行为，但它并不是完全可信的（Dwyer，Osher，& Warger，1998）。还要记住有潜在暴力的孩子通常会表现出多个预警信号。因此，对单独的信号、词语或者行为不要反应过度，不要对学生的种族、社会经济地位、学习能力或者身体长相等持有偏见。

区别真正的安全威胁和无害的学生表达是十分困难的，一份 2000 年华盛顿州的联邦法庭的裁定就表现了这种困难（Walsh，2000）。在这个案例中，一个高中一年级学生给他的英语教师交了一首诗，诗的内容是一个孤独的学生带着沉重的心在高中校园徘徊。这首诗包含了这样的内容：

> 当我靠近教室的时候，
> 我拿出枪，推开门。
> 砰，砰，砰砰。
> 一切都结束了，28 人死亡，
> 而我只记得并不陷入（原文如此）一丝懊悔（原文如此），
> 因为我感到，我在，清洗我的灵魂……

这名学生的教师向管理者报告了此事，一名心理学家也看过这首诗，他认为这名学生不会真的对自己和他人造成伤害。尽管如此，学区还是紧急决定将他开除。后来经过一名精神病学家的诊断，学区撤销了开除决定，这名学生也顺利地完成了一年级学业。之后这名学生的家长起诉学区，控告学校侵犯了学生宪法第一修正案关于言论自由的权利，而且要求清除他们儿子的开除记录。2000 年 2 月 24 日，一名联邦社区法官裁决该家庭胜诉，认为学校开除学生的行为属于反应过度。她暗示，学区应该有其他限制更低的方法来确保学生和学校人员的安全，例如等待心理诊断期间暂时停学。

这样的故事会打消教师汇报他们从学生的评论中或者美术课业上发现的、带有威胁信息或者暗示潜在暴力的积极性。但是对于你所了解的事情最好还是报告给学校的官员，而不是忽视这些指示信号，否则悔之晚矣。找出你所在学校的汇报程序，然后问自己，你把担心的事向校长汇报了吗？向学校的护士汇报了吗？向顾问汇报了吗？通知家长了吗？记住，在将可识别的个人信息向校外的机构透露以前要征得家长的参与和同意（除非有紧急情况或者怀疑该学生滥用物质）。对社区机构的所有转送都必须遵守《家庭教育权和隐私保护法案》（Family Educational Rights and Privacy Act，FERPA）这项联邦法律中关于教育记录隐私权的规定（Dwyer，Osher，& Warger，1998）。

留心观察“无主”地带

除了要了解早期预警信号外，教师们可以通过对走廊、自助餐厅、楼梯间和衣帽间的观察来帮助预防暴力——“无主”地带是经常发生暴力的场所。一项研究（Astor，Meyer，& Pitner，2001）就学校中看起来不安全和易发生暴力的地点对一些中小学生进行了访谈。那些学生感觉不安全的地方是相对缺少成年人监管和监控以及过于拥挤的地方，正如一位小学生说的：

> （打架容易发生）在走廊里……因为那里看起来是校园中最大的空间。老师们去取咖啡时，多数也不会往走廊里看。

注意耳语、流言与威胁性语言

我们在过去几年中亲眼目睹的引人注目的学校枪击事件被情报局称作“有目标的暴力”——在暴力袭击发生前袭击者就已选定好特定目标的事件。作为美国情报局和美国教育部的《安全校园计划》的一部分，研究者对 37 起校园枪击事件中涉及的 41 名袭击者进行了研究，他们都曾是在校生，或者近期还是在校生（Vossekuil et al.，2002）。下面是一些发现：

- 学校中的目标暴力事件很少是突然的或者冲动的行为。典型情况是，袭击者预先计划了袭击。
- 在大多数事件中，其他人在袭击发生之前就已经知情。3/4 以上的事件中，至少有一人知情；近 2/3 的事件中，一人以上知情。一些同伴知道袭击的详细步骤，而其他一些人只是知道在一个特殊的日子里学校要发生“大事”或者“坏事”。
- 多数袭击者都参与过袭击事件之前的某种行为，这些行为或者让其他人感到担心，或者是一种需要帮助的信号。

这些发现与那些一般的理解相抵触，一般认为目标暴力行动只是简单的“突然事件”，而且这些袭击者也不是那些不合群的、能对自己计划保密的人。在一项跟进研究中，研究者访谈了15名学生，这些学生都对学校的潜在暴力威胁有所了解（Pollack，Modzeleski，& Rooney，2008）。他们发现，学校的气氛对这些学生是否报告他们所知的暴力威胁有一定影响。一名学生知道校内藏有枪械，但是他不愿意站出来报告，因为他预期会有一个负面的反应：“你要是说了什么，你就有麻烦了，而且老师会询问你。”此外，很多旁观者都不相信那些威胁会真的被执行出来，因此他们也没有告诉任何人。这就意味着学校的工作人员对于通过耳语谋划什么事情的人一定要留心观察，还要创造一种鼓励学生报告有暴力倾向的流言的氛围。就像芭芭拉学区的学生援助顾问托尼娅·穆尔所说：“你要让你的雷达一直在外接收信息。”

你还要了解你所在学区有关威胁要伤害他人的政策，不管是书面还是口头威胁。例如，在考特妮的学区，各学校的主管给家长和监护人发出一封信解释说，学区“不能再将任何威胁当作恶作剧一样忽视了”。信中还概括说明了如有暴力威胁应该遵循的报告程序。首先，大楼主管人员要通知中心办公室、报警并联系被指控的学生的家长。其次，该生要受到训诫并被安排家庭辅导，直至学校收到精神病专家的报告，证明该生不会造成威胁。最后，作为他们自己的调查内容的一部分，警方可以采取他们视为恰当的任何行动。

让潜在的爆炸性局面降级

爆炸性局面通常始于温和的氛围。你提了个合理的要求（“你能加入那边的一组吗”）或者发出了一项平常的指令（“从这一部分结尾的题开始做”）。但是学生却感觉很生气——可能他刚在走廊受到了奚落和羞辱；可能他的妈妈刚刚处罚过他，限制他一个月的行动；可能上一堂课的教师嘲笑了他的答案。这种气愤可能根本就与你无关，但是却在你的课堂中发泄出来。抱着敌对的态度，学生就不能立刻遵守指令，而且还可能产生对抗反应。遗憾的是，在这一点上，教师们通常会因为生气和没有耐心而使这种冲突升级。他们发布最后通牒：“按照我说的做，否则有你好看。”这时，教师和学生是潜在的爆炸性局面中对立的双方，而这种情况是双方都不希望看到的。

我们来思考一个例子（改编自Walker，Colvin，& Ramsey，1995）：师生之间的交流开始并无伤大雅，但是很快升级为爆炸性局面。

> 学生们在做教师布置的一组数学题。迈克尔懒散地坐在椅子上，盯着地板看，看上去很生气。教师正在辅导其他的学生，看到迈克尔没有做数学题，就在教室的后面点他的名字。
>
> 教师：迈克尔，你为什么不做作业呢？
>
> 迈克尔：我做完了。
>
> 教师：好，那就让我看看。（她走到迈克尔的桌子前，看到他做完了4道题。）好，你做了4道题了，但是你得完成10道才行。
>
> 迈克尔：没人跟我说啊！
>
> 教师：迈克尔，我布置作业的时候说得很清楚，而且还问过有没有对要做的作业不清楚的！

迈克尔：我不记得了。
教师：看黑板。我写在那儿了。看，第163页，第11～20题。
迈克尔：我没看到。不管怎么说，我讨厌这烦人的东西。
教师：好，够了。不用再争论了。第163页，第11～20题。现在就做。
迈克尔：没劲，我不做。
教师：先生，你必须做。
迈克尔：是吗？你让我做我就做啊？
教师：如果你现在不做，你就到校长办公室去。
迈克尔：他×的！
教师：够了！
迈克尔：你想要数学题？给你吧！（他把数学书扔到了教室的另一边。）

乍看起来，好像教师面对迈克尔的固执、敌对和谩骂时相当地有耐心和理性，然而通过进一步的检视就会发现一系列导致冲突连续升级的交互行为。其中，迈克尔的行为是从怀疑和挑战升级到敌对和谩骂的，而对于迈克尔的行为，教师也给予了回应（Walker，Colvin，& Ramsey，1995）。教师能早点打断这个链条吗？答案是肯定的。

首先，教师应该敏锐地察觉到迈克尔生气的面部表情以及他懒散的坐姿。面部表情、脸红、眼睛斜视、攥着拳头、僵硬的身体姿态、踱步并跺脚，这些都能暗示学生即将发作（Hyman，1997）。其次，如果教师们不把学生逼到角落里、不同他们争辩、不让他陷入权力斗争中（“在这间教室里我是老板，我告诉你要做……”），以及不令学生在同伴面前难堪的话，通常是可以避免敌对状况的。本节的“实用贴士”总结了具体的建议。

实用贴士

管理潜在的爆炸性局面

- 缓慢地、有意地来到发生问题的地方。
- 单独地、轻声地、平静地讲话。不要发出威胁信号，尽可能显出公事公办的态度。
- 尽量保持静止的动作，避免指向学生或者做各种手势。
- 保持合理的距离，不要挤到学生跟前，不要“与学生脸对脸”。
- 讲话的语气要表现出对学生的尊重。称呼学生的名字。
- 与学生视线齐平。
- 简洁地说明问题，避免啰唆陈述和唠叨。
- 保持教学进程。对当前的问题保持关注，不要转移目标，以后再处理不那么严重的问题。
- 避免权力斗争，不要陷入“我不……你要……”的争论中。
- 告知学生你所期望的行为，将进行其他行为的负面后果作为学生自己所做的选择或决策来表达。然后从学生身边离开，给他时间让他来做决定。（“迈克尔，你得回到你的座位上去，要不然我只好把你送到校长办公室。你可以考虑一会儿再做决定。”然后，教师走开了，去辅导其他的学生。如果迈克尔选择不当的行为，你应向其说清楚负面的结果。“你的选择是让我叫校长。”）最后还要贯彻结果。

资料来源：Adapted from Walker，Colvin，& Ramsey，1995。

在这样的背景下，我们再回到迈克尔的例子中，看看教师怎样处理就可能防止事件升级。

学生们在做教师布置的一组数学题。迈克尔懒散地坐在椅子上，盯着地板看，看上去很生气。教师注意到迈克尔的姿势，意识到他可能正为了某些事烦恼。她走过去，弯下身，让自己与迈克尔视线齐平，轻轻地谈话。

教师：迈克尔，你做完题了吗？你看起来很不高兴。（教师表达了同情理解。）

迈克尔：我还好。

教师：嗯，很好，但是如果你一会儿想谈谈的话，就告诉我。（教师发出了进一步交流的邀请。）同时，你要完成作业。

迈克尔：我已经做了。

教师：哦，好的。让我看看你做得怎么样。（她检查了卷子。）好，你已经做完了前4道，做得很好。现在做剩下的题吧，做完后，再让我看看。（她走开了，给学生留出了空间。）

暂停与思考

想象一个发生在你课堂上的攻击性行为的事件（例如：一个孩子愤怒地爆发了，把书朝另一名学生扔去）。考虑一下你会采取什么步骤阻止这种进攻性行为升级，使班级恢复平静。你会说哪些话？然后继续阅读下一节，看看加内塔是怎样处理她课堂上的一次爆发事件的。

校园暴力的应对

攻击性行为的处理

尽管你全力预防，有时学生还是会爆发出有敌意的攻击性行为。一个女孩尖叫着说脏话，还把一摞字典推到地板上；一个男孩勃然大怒，把椅子扔到教室另一边；有人大叫“我要杀了你”，把笔记本用力地扔向另一名学生。这些情况对每个教师来说都是噩梦，很容易让人因为失去自我控制而批评学生。这是很正常的反应。但是，教师不能有这样的正常反应，那只会让事情更糟糕，而你的责任是让事情变得更好。

我们来思考在加内塔的教室中发生的一个事件。

我的班级正在以三或四人为一个小组做关于“五种感官”的活动。每个小组都要收集一种不同的感官的信息。我在班里巡视，帮助有困难的小组，指导他们获得额外资源。突然，我听到教室的另一边有骚动。拉里掀翻了他学习用的桌子，还朝杰弗里大喊：“放学后我要好好教训你。”杰弗里也站了起来，看起来是要抓住拉里。

我的第一直觉就是想大喊：“马上给我住手！”但我还是冷静了下来，立即走到两个男孩的位置。我说的第一句话是：“杰弗里，把手放下，到图书室的角落里去。

拉里，你到我这来。”我不断重复着。终于，拉里看着我，开始朝我走了过来，嘟囔着杰弗里的弟弟上次打了他（拉里）妹妹的事。当我们的距离比较近的时候，我伸出胳膊搂着他（这是一种很自然的动作，我以前做过很多次），轻轻地说：“咱们到门口去吧，在那里我们可以谈谈。”我想与他进行私下的交谈，同时我还希望能够照看到整个班级。我告诉其他的学生我要同拉里谈谈，我想让他们继续他们的活动计划。我告诉他们如果他们对活动认真负责，周五的时候，我们就可以在教室中一起吃午饭。

我们朝门口走的时候，一名保安正路过这里。我让他去把副校长威廉斯先生叫来。同时，我尽力让拉里保持平静。显然，他还是随时可能爆发怒火。我说：“显然，你对某些事真的很生气，同我说说这件事吧。”他告诉我杰弗里的弟弟总是打他的妹妹。

当威廉斯先生来的时候，我同他解释了刚刚发生的事情。他把拉里、杰弗里（路上还把两个人的弟弟妹妹带上）都叫到了办公室，这样每个人都可以说说这件事中他们自己的情况。我回到教室中，我的学生们都想知道到底发生了什么事，这是当然的了。我告诉他们，两个男孩长期不和，但是现在他们要同威廉斯先生谈谈，把所有的事情都解决好。我表扬了他们的举止，大家一起回到了课堂的正轨上来。

大约20分钟后，拉里从副校长那里回来了，带着一张便条。上面说，给拉里带上他的夹克衫和书包，因为他今天要待在家里。我拥抱了拉里，告诉他我很高兴看到他平静下来了。我告诉他我可以理解他为什么那么生气，但是我们要学会用更好的方法来表达我们的愤怒。我清点了他必须带的东西，这样他在家里也可以完成活动计划。拉里刚离开，杰弗里也带着同样的纸条回来了。我也给他一个拥抱，帮他把他的东西整理好。我告诉他我真的很高兴他能够听我的话，没有还手。

两个男孩离开后，威廉斯先生通过对讲机让我在放学的时候顺便去见他。我发现这件事是因为两个男孩的母亲之间有争吵，把孩子们也牵扯进来了。威廉斯先生已经同她们都见过面了，她们也都同意会见学校的咨询顾问两次，并解决她们之间的问题——一次带着孩子们，一次不带。如果她们达成一致，他就同意不让拉里休学。

在整个事件中，我的班级的学生都表现得很好——我真为他们感到骄傲。周五的时候，我兑现了承诺——我们一起在教室中举行了比萨午餐。

通过分析加内塔对拉里发怒的应对措施，可以发现一些处理教室中的攻击行为的重要指导方针。让我们来仔细研究一下她的行为，思考从中可以得到的经验。

(1) 尽管加内塔开始的直觉反应是要大喊，但她还是保持了表面上的平静，控制住了自己。这样做，她能够在班级同学面前降低情绪激动的程度，以防止情况升级。然后，她指示杰弗里不要还手，并到图书室的角落里去，这就防止了拉里的攻击行为升级到全面的肉搏。接下来，她平静、坚定、重复地对拉里提出要求，让他远离杰弗里，到她自己这边来。

(2) 加内塔的第二步行动是请路过的保安帮忙叫来副校长。不要让生气的、敌对的学生单独去办公室，因为你不能保证他们确实到那儿了，而且你也不知道在路上他们会做什么。如果你没有电话或者对讲机（也没有保安恰巧路过），可以平静地让一个负责任的学生去寻找援助。

(3) 加内塔在等副校长来的时候，私下里平静地同拉里进行了交谈，目的是缓解他的攻击性。她既没有谴责也没有威胁他，而是理解他的怒火，表示愿意听他诉说。

再次强调一下，教师能够忍住“正常反应”而不指责学生是非常关键的。你需要慢慢地、轻柔地讲话，通过不走到学生的范围内、把手放到该放的位置而将威胁性降到最低。即使学生说了脏话，也要让他们讲述事实和他们的感受，运用积极倾听技巧（“所以你发现这件事情后就会感到非常的愤怒……”）。不要表示不同意或者与学生争辩。

如果尽管你努力恢复平静，学生的攻击性还是有所升级，那么除非你受过身体约束技巧的训练，否则最好先走开。即使在那时，也不要使用身体约束技巧，除非你足够强壮而又实在没有别的选择。正如像海曼（Hyman，1997）强调的那样：“你最不需要做的就是用身体应对一名被激怒得可能失去控制的学生”。

(4) 拉里和杰弗里去办公室之后，加内塔就把她的注意力转向了班级，判断其他学生的感觉，并决定下一步的做法。她决定简短地解释发生的事情，然后接着上课。

有时，学生可能会很烦乱、害怕，不能继续学习。芭芭拉的学区的学生援助顾问建议说，让他们表达情感是很重要的。

如果学生很烦乱，那么你就需要给他们机会讲述发生的事情，理解他们的恐惧。不要假装什么都没有发生，否则他们到下一节课心里都在翻腾。

(5) 当拉里回到教室来拿他的东西的时候，他给了加内塔一个重新建立积极的师生关系的机会。她给他一个拥抱、帮助他收拾东西，并对他的怒火表示理解。她的行动向他保证：他还是这个班级的一员，他可以从这件事中得到教训。

斗殴的有效应对

比起在课堂上，斗殴更可能发生在操场上、走廊和餐厅里。但是，如果斗殴发生时你正在现场，你应该做些什么呢？有一天晚上，在我们讨论到学校的暴力问题时，我们问了五位教师这个问题。他们的回答是一致的，他们所采取的步骤被列在“实用贴士”中。在我们讨论校园斗殴问题时，五位教师不断强调打架是快速发生的事件。它们可能很快爆发——因此你没有时间思考该怎样应对，而又通常在30秒内结束（虽然感觉好像是一辈子那么长）。

实用贴士

斗殴的有效应对

- 迅速估计局势。这是一场口头争吵吗？有没有身体接触？有人持有武器吗？
- 派一名负责任的学生去寻求帮助，去请离现场最近的教师、校长或副校长。一旦有其他的人来帮助，就更容易让情况得到控制，也更安全。
- 让学生们停下。通常学生们也不想一直打架，他们会对简短、明确而坚定的要求做出反应。如果你知道打架者的名字，就直呼其名。

● 遣散其他学生。这种情况是不需要观众的，你肯定也不想旁观者最后也参与到打架中来。如果你在走廊上，就指示学生们做他们自己的事。如果你在教室里，就让学生们到图书室或者其他安全的地方去。

● 不要用身体进行干预——除非打架者的年龄、身材和人数表明你可以安全地采取这种方法，或者有3～4个人来帮忙，或者你学习过身体约束技巧，否则不要考虑此方法。

重要的是要记住，你必须汇报暴力行为。每个学校制度都要有暴力事件汇报机制，要求你报告发生了什么事、在何时何地发生、涉及哪些人，以及采取了什么行动（Blauvelt，1990）。

总结评论

科隆比纳事件发生后，全美范围内的学校官员都开始重新检查学校的安保措施。学校安装了监控摄像头，在校期间通过闭锁和监控大门来限制进入，进行“一级防范禁闭”和安全训练，要求用透明的塑料背包或者干脆禁止背包。尽管加强安保措施是对暴力犯罪威胁的合理反应，但是一些教育学者担心，安全措施会产生负面的环境氛围，把学校变成像监狱一样令人压抑的机构（Astor，Meyer，& Behre，1999；Berreth & Berman，1997；Noguera，1995）。

显然，仅靠加强安保系统是无法解决校园暴力问题的，这些措施也无法消除学生的恐惧和焦虑。创建更安全的学校——让学校感觉更安全，需要师生通力合作，教师向学生伸出援手，建设容忍度更高、大家庭式的氛围。在最后的分析中可以看出，是那些有爱心的管理者和教师托起了预防暴力的最大希望。

小　结

虽然有关校园暴力的频繁程度、严重程度的数据显示了数字的下降，但学生、教师和家长仍然感到恐惧，对暴力增加的感知也非常普遍。本章提供了一系列预防和应对暴力的策略。

校园暴力的预防策略

- 建立守望相助的学校大家庭。
- 警惕仇恨的迹象。
- 了解潜在暴力的早期预警信号。
- 留心观察“无主”地带。
- 注意耳语、流言与威胁性语言。
- 让潜在的爆炸性局面降级。

校园暴力的应对

- 攻击性行为的处理
  预防行为升级。
  寻求帮助。

平息进攻性。

与攻击者重建积极关系。

判断其他学生有什么感觉。

- 斗殴的有效应对

迅速估计局势。

派一名负责任的学生去寻求帮助。

让学生们停下。

遣散其他学生。

不要用身体进行干预，除非这样做很安全。

金属探测器和安保系统的作用有限，与学生建立纽带至关重要。在最后的分析中可以看出，是那些有爱心的管理者和教师托起了预防暴力的最大希望。

技巧培养活动与反思

课上活动

思考下面的情况。以小组为单位，讨论你将会怎样处理每一个事件。

1. 在学生们进入教室的时候，你无意中听到一个女孩在嘲笑安娜玛丽太胖了。他们都坐到位子上后，这种奚落还是没有停止。突然，安娜玛丽站起来，走向那个女孩，喊道："你闭嘴！把嘴闭上！要不然我就揍你！"

2. 你的学生们正在做一个家庭作业的小测验。那些已经完成作业的学生正在进行阅读。在你巡视班级、收上那些完成的卷子的时候，你看到詹姆斯正在画可怕的图画，图画中人们在用刀和枪搏斗，而他把其中的一个死去的人标上了一个同学的名字。

3. 你抓到乔正给皮特递纸条。纸条上面写着："迈克尔是同性恋，咱们午饭后去抓住他。"

4. 你让卡拉交作业。她低声嘟囔着什么。当你说你没听清她的话时，她大喊道："我没做，你这个婊子！"

独立活动

对一位有经验的教师、学生援助顾问、学校护士或者指导顾问进行采访，找出下列问题的答案：

当你发现一个学生表现出一些潜在暴力的早期预警信号时，你应该向谁报告自己的担忧？

有正式的表格要填写吗？

你需要同家长联系吗？

载入档案袋

用文件记录你将如何创建一种良好的课堂氛围，让学生感到可以没有顾虑地告诉你学校的暴力威胁。回头看看你在完成第三章"载入档案袋"这部分内容时创造的作品，修改这些作品，把与本章内容相关的材料也包括进去。写一份简要的评述，解释你将怎样帮助学生理解报告威胁的重要性。

参考文献

The AAUW Report: How schools shortchange girls. (1992). Washington, DC: The AAUW Educational Foundation and National Education Association.

A field trip to the sea. (1999). Pleasantville, NY: Sunburst Communications.

Abd-Kadir, J., & Hardman, F. (2007). Whole class teaching in Kenyan and Nigerian primary schools. *Language and Education, 21*(1), 1-15.

Adams, R. S., & Biddle, B. J. (1970). *Realities of teaching: Explorations with video tape.* New York: Holt, Rinehart, & Winston.

Ainsworth, M.D.S. (1964). Patterns of attachment behavior shown by the infant in interaction with his mother. *Merrill-Palmer Quarterly, 10,* 51-58.

Ainsworth, M.D.S. (1967). *Infancy in Uganda: Infant care and the growth of love.* Baltimore, MD: Johns Hopkins University Press.

Akin-Little, K. A., Little, S. G., & Laniti, M. (2007). Teachers' use of classroom management procedures in the United States and Greece: A cross-cultural comparison. *School Psychology International, 28*(1), 53-62.

Alberto, P. A., & Troutman, A. C. (2006). *Applied behavior analysis for teachers* (7th ed.). Upper Saddle River, NJ: Pearson Prentice Hall.

Alfi, O., Assor, A., & Katz, I. (2004). Learning to allow temporary failure: Potential benefits, supportive practices and teacher concerns. *Journal of Education for Teaching, 30*(1), 27-41.

Allen, J. B. (2007). *Creating welcoming schools: A practical guide to home-school partnerships with diverse families.* New York: Teachers College Press.

Allen, J. B. (2008). Family partnerships that count. *Educational Leadership, 66*(1), 22-27.

Alvermann, D., O'Brien, D., & Dillon, D. (1990). What teachers do when they say they're having discussions of content area reading assignments. *Reading Research Quarterly, 25,* 296-322.

American Psychiatric Association. (2000). *Diagnostic and statistical manual of mental disorders* (4th ed., text rev.). Washington, DC: Author.

Anderman, E. M., Griesinger, T., & Westerfield, G. (1998). Motivation and cheating during early adolescence. *Journal of Educational Psychology, 90*(1), 84-93.

Anderson, K. J., & Minke, K. M. (2007). Parent involvement in education: Toward an understanding of parents' decision making. *Journal of Educational Research, 100*(5), 311-323.

Anderson, L. (1985). What are students doing when they do all that seatwork? In C. W. Fisher & D. C. Berliner (Eds.), *Perspectives on instructional time.* New York: Longman, 189-202.

Anderson, L. (1994). Assignment and supervision of seatwork. *International Encyclopedia of Education* (2nd ed.). Oxford: Pergamon Press, 5359-5363.

Anderson, L., Brubaker, N., Alleman-Brooks, J., & Duffy, G. (1985). A qualitative study of seatwork in first-grade classrooms. *Elementary School Journal, 86,* 123-140.

Anderson, R., Hiebert, E., Scott, J., & Wilkinson, I. (1985). *Becoming a nation of readers: The report of the Commission on Reading.* Washington, DC: National Institute of Education.

Antil, L. R., Jenkins, J. R., Wayne, S. K., & Vadasy, P. F. (1998). Cooperative learning: Prevalence, conceptualizations, and the relation between research and practice. *American Educational Research Journal, 35*(3), 419-454.

Arends, R. I. (2008). Learning to teach (8th ed). New York: McGraw-Hill.

Arlin, M. (1979). Teacher transitions can disrupt time flow in classrooms. *American Educational Research Journal, 16,* 42-56.

Aronson, E., Blaney, N., Stephan, C., Sikes, J., & Snapp, M. (1978). *The Jigsaw classroom.* Beverly Hills, CA: Sage.

Astor, R. A., & Benbenishty (July 27, 2005). Zero tolerance for zero knowledge. *Education Week.* Downloaded from www.edweek.org/ew/articles/2005.

Astor, R. A., Meyer, H. A., & Behre, W. J. (1999). Unowned places and times: Maps and interviews about violence in high schools. *American Educational Research Journal, 36,* 3-42.

Astor, R. A., Meyer, H. A., & Pitner, R. O. (2001). Elementary and middle school students' perceptions of violence-prone school subcontexts. *The Elementary School Journal, 101*(5), 511-528.

Atwater, R., & Atwater, F. (1966). *Mr. Popper's penguins.* New York: Scholastic.

Ayers, W. (1993). *To teach: The journey of a teacher.* New York: Teachers College Press.

Bailey, J. M., & Guskey, T. R. (2001). *Implementing student-led conferences.* Thousand Oaks, CA: Corwin Press.

Ballenger, C. (1999). *Teaching other people's children: Literacy and learning in a bilingual classroom.* New York: Teachers College Press.

Bates, A. (2003). Comments on homework. *Responsive Classroom Newsletter, 15*(4), 6.

Beane, A. L. (1999). *The bully free classroom: Over 100 tips and strategies for teachers K-8.* Minneapolis, MN: Free Spirit.

Bear, G. G. (1998). School discipline in the United States: Prevention, correction, and long-term social development. *School Psychology Review, 27*(1), 724-742.

Berk, L. E. (2009). *Child development* (8th ed.). Boston: Pearson/Allyn & Bacon.

Berreth, D., & Berman, S. (1997). The moral dimensions of schools. *Educational Leadership, 54*(8), 24-26.

Bickley-Green, C. (2007). Visual arts education: Teaching a peaceful response to bullying. *Art Education, 60*(2), 6-12.

Blauvelt, P. D. (1990). School security: "Who you gonna call?" *School Safety Newsjournal,* Fall, 4-8.

Bloome, D., & Theodorou, E. (1988). Analyzing teacher-student and student-student discourse. In J. E. Green & J. O. Harker (Eds.), *Multiple perspective analyses of classroom discourse.* Norwood, NJ: Ablex, 217-248.

Bodine, R. J., & Crawford, D. K. (1998). *The handbook of conflict resolution education: A guide to building quality programs in schools.* San Francisco: Jossey-Bass.

Bohn, C. M., Roehrig, A. D., & Pressley, M. (2004). The first days of school in the classrooms of two more effective and four less effective primary-grades teachers. *The Elementary School Journal, 104*(4), 269-287.

Bolick, C. M., & Cooper, J. M. (2006). Classroom management and technology. In C. M. Evertson & C. S. Weinstein (Eds.), *Handbook of classroom management: Research, practice, and contemporary issues.* Mahwah, NJ: Lawrence Erlbaum Associates, 541-558.

Bomer, R., Dworin, J. E., May, L., & Semingson, P. (2008). Miseducating teachers about the poor: A critical analysis of Ruby Payne's claims about poverty. *Teachers College Record, 110*(12), 2497-2531.

Bondy, E., & Ross, D. D. (2008). The teacher as warm demander. *Educational Leadership, 66*(1), 54-58.

Bonus, M., & Riordan, L. (1998). *Increasing student on-task behavior through the use of specific seating arrangements.* Chicago: Saint Xavier University & IRI/Skylight Field-Based Masters Program. ERIC Document Reproduction Service No. ED 422 129.

Bowlby, J. (1969). *Attachment and loss, Vol. 1: Attachment.* New York: Basic Books.

Bowlby, J. (1973). *Attachment and loss, Vol. 2: Separation.* New York: Basic Books.

Brady, K., Forton, M. B., Porter, D., & Wood, C. (2003). *Rules in school.* Greenfield, MA: Northeast Foundation for Children.

Brandt, R. (1989). On parents and schools: A conversation with Joyce Epstein. *Educational Leadership, 47*(2), 24-27.

Brendgen, M. B., Wanner, B., Vitaro, F., Bukowski, W. M., & Tremblay, R. E. (2007). Verbal abuse by the teacher during childhood and academic, behavioral, and emotional adjustment in young adulthood. *Journal of Educational Psychology, 99*(1), 26-38.

Brookfield, S. D., & Preskill, S. (1999). *Discussion as a way of teaching: Tools and techniques for democratic classrooms.* San Francisco: Jossey-Bass.

Brophy, J. (2004). *Motivating students to learn.* Mahwah, NJ: Lawrence Erlbaum Associates.

Brophy, J., & Rohrkemper, M. (1981). The influence of problem ownership on teachers' perceptions of and strategies for coping with problem students. *Journal of Educational Psychology, 73,* 295-311.

Brophy, J. E. (1983). Classroom organization and management. *The Elementary School Journal, 83*(4), 265-285.

Brophy, J. E., & Evertson, C. (1976). *Learning from teaching: A developmental perspective.* Boston: Allyn & Bacon.

Brown, D. F. (2004). Urban teachers' professed classroom management strategies: Reflections of culturally responsive teaching. *Urban Education, 39*(3), 266-289.

Brown, L. H., & Beckett, K. S. (2007). Parent involvement in an alternative school for students at risk of educational failure. *Education and Urban Society, 39*(4), 498-523.

Brown, M. W. (1949). *The important book.* New York: Harper & Row.

Bryan, T., & Sullivan-Burstein, K. (1998). Teacher-selected strategies for improving homework completion. *Remedial and Special Education, 19*(5), 263-275.

Campbell, L., Campbell, B., & Dickinson, D. (1996). *Teaching and learning through multiple intelligences.* Needham Heights, MA: Allyn & Bacon.

Cameron, C. E., Connor, C. M., & Morrison, F. J. (2005). Effects of variation in teacher organization on classroom functioning. *Journal of School Psychology, 43*(1), 61-85.

Cameron, C., Tate, B., MacNaughton, D., & Politano, C. (1997). *Recognition without rewards: Building connections.* Winnipeg, Manitoba: Peguis Publishers.

Cameron, J. (2001). Negative effects of reward on intrinsic motivation—A limited phenomenon: Comment on Deci, Koestner, and Ryan (2001). *Review of Educational Research, 71*(1), 29-42.

Cameron, J., Banko, K. M., & Pierce, W. D. (2001). Pervasive negative effects of rewards on intrinsic motivation: The myth continues. *The Behavior Analyst, 24*(1), 1-44.

Cameron, J., & Pierce, W. D. (1994). Reinforcement, reward, and intrinsic motivation: A meta-analysis. *Review of Educational Research, 64*, 363-423.

Cangelosi, J. S. (1993). *Classroom management strategies: Gaining and maintaining students' cooperation* (2nd ed.). New York: Longman.

Canter, L., & Canter, M. (2001) *Assertive discipline: Positive behavior management for today's classroom* (3rd ed.). Santa Monica, CA: Lee Canter & Associates.

Carbone, E. (2001). Arranging the classroom with an eye (and ear) to students with ADHD. *Teaching Exceptional Children, 34*(2), 72-81.

Carson, L., & Hoyle, S. (1989/90). Teaching social skills: A view from the classroom. *Educational Leadership, 47*(4), 31.

Carter, K., & Doyle, W. (2006). Classroom management in early childhood and elementary classrooms. In C. M. Evertson & C. S. Weinstein (Eds.), *Handbook of classroom management: Research, practice, and contemporary issues.* Mahwah, NJ: Lawrence Erlbaum Associates.

Cartledge, G., & Lo, Y. (2006). *Teaching urban learners: Culturally responsive strategies for developing academic and behavioral competence.* Champaign, IL: Research Press.

Cartledge, G., with Milburn, J. F. (1996). *Cultural diversity and social skills instruction: Understanding ethnic and gender differences.* Champaign, IL: Research Press.

Cary, S. (2007). *Working with second language learners: Answers to teachers' top ten questions.* Portsmouth, NH: Heinemann.

Catalano, R. F., Haggerty, K. P., Oesterle, S., Fleming, C. B., & Hawkins, J. D. (2004). The importance of bonding to school for healthy development: Findings from the social development research group. *Journal of School Health, 74*(7), 252-261.

Cazden, C. B. (1988). *Classroom discourse: The language of teaching and learning.* Portsmouth, NH: Heinemann.

Centers for Disease Control and Prevention. (2007). Surveillance summaries. MMWR 2007; 56(SS-1).

CHADD. (1993). *Attention deficit disorders: An educator's guide (CH.A.D.D. Facts #5).* Plantation, FL: Children and Adults with Attention Deficit Disorders.

Charles, C. M., & Senter, G. W. (1995). *Elementary classroom management* (2nd ed.). New York: Longman.

Charney, R. S. (2002). *Teaching children to care: Classroom management for ethical and academic growth, K-8.* Greenfield, MA: Northeast Foundation for Children.

Chilcoat, G. W. (1990). How to make seatwork more meaningful. *Middle School Journal, 21*(4), 26-28.

Child Welfare Information Gateway. (2008). Gay and lesbian adoptive parents. Available at www.enotalone.com/article/9874.html.

Children's Defense Fund. (2008). *State of America's children 2008.* Washington, DC: Children's Defense Fund.

Ching, C.L.P. (1991). Giving feedback on written work. *Guidelines, 13*(2), 68-80.

Chrispeels, J. H., & Rivero, E. (April 2000). *Engaging Latino families for student success: Understanding the process and impact of providing training to parents.* Paper presented at the Annual Meeting of the American Educational Research Association, New Orleans.

Christensen, L. (1994). Building community from chaos. In B. Bigelow, L. Christensen, S. Karp, B. Miner, & B. Peterson (Eds.), *Rethinking our classrooms: Teaching for equity and justice.* Milwaukee, WI: Rethinking Schools Limited, 50-55.

Clayton, M. K., with Forton, M. B. (2001). *Classroom spaces that work.* Greenfield, MA: Northeast Foundation for Children.

Cloward, R. D. (2003). Self-monitoring increases time-on-task of attention deficit hyperactivity disordered students in the regular classroom. *Dissertation Abstracts International Section A: Humanities & Social Sciences, 64*(5-A). US: University Microfilms International.

Cohen, E. G. (1972). Interracial interaction disability. *Human Relations, 25*, 9–24.

Cohen, E. G. (1984). Talking and working together: Status, interaction, and learning. In P. L. Peterson, L. C. Wilkinson, & M. Hallinan (Eds.), *The social context of instruction*. New York: Academic Press, 171–188.

Cohen, E. G. (1994a). *Designing groupwork: Strategies for the heterogeneous classroom* (2nd ed.). New York: Teachers College Press.

Cohen, E. G. (1994b). Restructuring the classroom: Conditions for productive small groups. *Review of Educational Research, 64*(1), 1–35.

Cohen, E. G. (1998). Making cooperative learning equitable. *Educational Leadership, 56*(1), 18–21.

Coles, A. D. (May 10, 2000). Educators welcome guidelines for diagnosing ADHD. *Education Week, 19*(35), 6.

Committee for Children. (2002). *Second step: A violence prevention program* (3rd ed.). Seattle, WA: Committee for Children.

Cook, L., & Friend, M. (1995). Co-teaching: Guidelines for creating effective practices. *Focus on Exceptional Children, 28*(3), 1–16.

Coontz, S. (May 13, 2007). Motherhood stalls when women can't work. *Hartford Courant*. Available at www.contemporaryfamilies.org.

Corbett, D., Wilson, B., & Williams, B. (2005). No choice but success. *Educational Leadership, 62*(6), 8–12.

Cornelius-White, J. (2007). Learner-centered teacher-student relationships are effective: A meta-analysis. *Review of Educational Research, 77*(1), 113–143.

Créton, H. A., Wubbels, T., & Hooymayers, H. P. (1989). Escalated disorderly situations in the classroom and the improvement of these situations. *Teaching & Teacher Education, 5*(3), 205–215.

Cronin, D. (2000). *Click clack moo—Cows that type*. New York: Simon & Schuster Books for Young Readers.

Crothers, L. M., & Kolbert, J. B. (2008). Tackling a problematic behavior management issue: Teachers' intervention in childhood bullying problems. *Intervention in School and Clinic, 43*(3), 132–139.

Cummins, J. (2000). *Language, power and pedagogy: Bilingual children in the crossfire*. Clevedon, UK: Multilingual Matters.

Curwin, R. L., & Mendler, A. N. (1988). *Discipline with dignity*. Alexandria, VA: Association for Supervision and Curriculum Development.

D'Agostino, T. (2003). Comments on homework. *Responsive Classroom Newsletter, 15*(4), 6.

Damon, W. (1977). *The social world of the child*. San Francisco: Jossey-Bass.

Davidson, A. L. (1999). Negotiating social differences: Youths' assessments of educators' strategies. *Urban Education, 34*(3), 338–369.

Davidson, C. (2007). Routine encounters during independent writing: Explicating taken-for-granted interaction. *Language and Education, 21*(6), 473–486.

Davis, B. (1995). *How to involve parents in a multicultural school*. Alexandria, VA: Association for Supervision and Curriculum Development.

Deci, E. L., Koestner, R., & Ryan, R. M. (1999). A meta-analytic review of experiments examining the effects of extrinsic rewards on intrinsic motivation. *Psychological Bulletin, 125*(6), 627-668.

Deci, E. L., Koestner, R., & Ryan, R. M. (2001). Extrinsic rewards and intrinsic motivation in education: Reconsidered once again. *Review of Educational Research, 71*(1), 1-27.

Delgado-Gaitan, C. (1992). School matters in the Mexican-American home: Socializing children to education. *American Educational Research Journal, 29*(3), 495-513.

Delpit, L. (1995). *Teaching other people's children: Cultural conflict in the classroom.* New York: The New Press.

Delpit, L. (2002). No kinda sense. In L. Delpit & J. K. Dowdy (Eds.), *The skin that we speak: Thoughts on language and culture in the classroom*. New York: The New Press, 31-38.

Denton, P., & Kriete, R. (2000). *The first six weeks of school.* Greenfield, MA: Northeast Foundation for Children.

deVoss, G. G. (1979). The structure of major lessons and collective student activity. *The Elementary School Journal, 80,* 8-18.

Diaz-Rico, L. T., & Weed, K. Z. (2009). *The crosscultural, language, and academic development handbook. A complete K-12 reference guide* (4th ed.). Boston: Allyn & Bacon.

Dillon, J. T. (1994). *Using discussion in classrooms.* Philadelphia: Open University Press.

Dinkes, R., Cataldi, E. F., & Lin-Kelly, W. (2007). *Indicators of school crime and safety: 2007.* (NCES 2008-021/NCJ 219553). National Center for Education Statistics, Institute of Education Sciences, U.S. Department of Education, and Bureau of Justice Statistics, Office of Justice Programs, U.S. Department of Justice. Washington, DC. (Can be downloaded at http://nces.ed.gov.)

DiPardo, A., & Freedman, S. W. (1988). Peer response groups in the writing classroom: Theoretical foundations and new directions. *Review of Educational Research, 58*(2), 119-149.

Dowd, J. (1997). Refusing to play the blame game. *Educational Leadership, 54*(8), 67-69.

Dowrick, N. (1993). Talking and learning in pairs: A comparison of two interactive modes for six- and seven-year-old pupils. *International Journal of Early Years Education, 1*(3), 49-60.

Doyle, W. (1983). Academic work. *Review of Educational Research, 53*(2), 159-200.

Doyle, W. (1985). Recent research on classroom management: Implications for teacher preparation. *Journal of Teacher Education, 36*(3), 31-35.

Doyle, W. (1986). Classroom organization and management. In M. C. Wittrock (Ed.), *The handbook of research on teaching* (3rd ed.). New York: Macmillan, 392-431.

Doyle, W. (2006). Ecological approaches to classroom management. In C. M. Evertson & C. S. Weinstein (Eds.), *Handbook of classroom management: Research, practice and contemporary issues.* Mahwah, NJ: Lawrence Erlbaum Associates, 97-126.

Dreikurs, R., Grunwald, B. B., & Pepper, F. C. (1982). *Maintaining sanity in the classroom: Classroom management techniques* (2nd ed.). New York: Harper & Row.

Drummond, K. V., & Stipek, D. (2004). Low-income parents' beliefs about their role in children's academic learning. *The Elementary School Journal, 104*(3), 197-213.

Drummond, S., & Portner, J. (May 26, 1999). Arrests top 350 in threats, bomb scares. *Education Week, 1,* 12-13.

Dwyer, K., Osher, D., & Warger, C. (1998). *Early warning, timely response: A guide to safe schools.* Washington, DC: U.S. Department of Education.

Eccles, J., & Wigfield, A. (1985). Teacher expectations and student motivation. In J. Dusek (Ed.), *Teacher expectancies.* Hillsdale, NJ: Lawrence Erlbaum Associates, 185-226.

Edwards, C., & Stout, J. (1989/90). Cooperative learning: The first year. *Educational Leadership, 47*(4), 38-41.

Elias, M. J., & Clabby, J. F. (1988). Teaching social decision making. *Educational Leadership, 45*(6), 52-55.

Elias, M. J., & Clabby, J. F. (1989). *SDM skills: A curriculum guide for the elementary grades.* Gaithersburg, MD: Aspen Publishers.

Emmer, E. T., & Aussiker, A. (1990). School and classroom discipline programs: How well do they work? In O. C. Moles (Ed.), *Student discipline strategies.* New York: SUNY Press, 129-165.

Emmer, E. T., Evertson, C. M., & Anderson, L. M. (1980). Effective classroom management at the beginning of the school year. *The Elementary School Journal, 80*(5), 219-231.

Emmer, E. T., & Gerwels, M. C. (April 1998). *Classroom management tasks in cooperative groups.* Paper presented at the annual meeting of the American Educational Research Association, San Diego, California.

Emmer, E. T., & Gerwels, M. C. (2002). Cooperative learning in elementary classrooms: Teaching practices and lesson characteristics. *The Elementary School Journal, 103*(1), 75-91.

Epstein, J. L. (2001). *School, family, and community partnerships: Preparing educators and improving schools.* Boulder, CO: Westview Press.

Epstein, J. L., & Becker, H. J. (1982). Teachers' reported practices of parent involvement: Problems and possibilities. *The Elementary School Journal, 83*(2), 103-113.

Epstein, J. L., Clark, K. C., & Jackson, V. E., with Language Arts, Science/Health, and Math Teachers. (1995). *Manual for teachers: Teachers involve parents in schoolwork (TIPS), language arts, science/health, and math interactive homework in the middle grades.* Baltimore, MD: Johns Hopkins University Press.

Epstein, J. L., Sanders, M. G., Simon, B. S., Salinas, K. C., Jansorn, N. R., & Van Voorhis, F. L. (2002). *School, family, and community partnerships: Your handbook for action* (2nd ed.). Thousand Oaks, CA: Corwin Press.

Erikson, E. H. (1963). *Childhood and society* (2nd ed.). New York: Norton.

Evertson, C. M., & Emmer, E. T. (2009). *Classroom management for elementary teachers* (8th ed.) Upper Saddler River, NJ: Pearson.

Evertson, C. M., & Weinstein, C. S. (2006). Classroom management as a field of inquiry. In C. M. Evertson & C. S. Weinstein (Eds.), *Handbook of classroom management: Research, practice, and contemporary issues.* Mahwah, NJ: Lawrence Erlbaum Associates, 3-16.

Farivar, S., & Webb, N. (1991). *Helping behavior activities handbook: Cooperative small group problem solving in middle school mathematics (Report to the National Science Foundation).* Los Angeles: University of California, Los Angeles.

Finders, M., & Lewis, C. (1994). Why some parents don't come to school. *Educational Leadership, 51*(8), 50-54.

Fischer, L., Schimmel, D., & Kelly, C. (1999). *Teachers and the law.* New York: Longman.

Fisher, C. W., Berliner, D. C., Filby, N. N., Marliave, R., Cahen, L. S., & Dishaw, M. M. (1980). Teaching behaviors, academic learning time, and student achievement: An overview. In C. Denham & A. Lieberman (Eds.), *Time to learn.* Washington, DC: U.S. Department of Education, 7-32.

Flowerday, T., & Schraw, G. (2000). Teacher beliefs about instructional choice: A phenomenological study. *Journal of Educational Psychology, 92*(4), 634-645.

Fordham, S., & Ogbu, J. U. (1986). Black students' school success: Coping with the "burden of 'acting white.'" *The Urban Review, 18*(3), 176-206.

Franek, M. (2005/6). Foiling cyberbullies in the new wild west. *Educational Leadership, 63*(4), 39-43.

Fraser, B. J., McRobbie, C. J., & Fisher, D. L. (April 1996). *Development, validation and use of personal and class forms of a new classroom environment instrument.* Paper presented at the annual meeting of the American Educational Research Association, New York.

Friend, M., & Bursuck, W. D. (2002). *Including students with special needs: A practical guide for classroom teachers.* Boston: Allyn & Bacon.

Froschl, M., & Gropper, N. (1999). Fostering friendships, curbing bullying. *Educational Leadership, 56*(8), 72-75.

Fryer, R. G. (2006). "Acting White." *Education Next, 6*(1), 53-59.

Fulk, C. L., & Smith, P. J. (1995). Students' perceptions of teachers' instructional and management adaptations for students with learning or behavior problems. *The Elementary School Journal, 95*(5), 409-419.

Fuller, M. L., & Olsen, G. (1998). *Home-school relations: Working successfully with parents and families.* Boston: Allyn & Bacon.

Gall, M. D., & Gillett, M. (1981). The discussion method in classroom teaching. *Theory into Practice, 19*(2), 98-103.

Gallego, M. A., Cole, M., & Laboratory of Comparative Human Cognition. (2001). Classroom cultures and cultures in the classroom. In V. Richardson (Ed.), *Handbook of research on teaching* (4th ed.). Washington, DC: American Educational Research Association.

Gallup Poll. (2005). Teens say safety issues top problem at school. Surveys conducted July 6-Sept. 24, 2005, ± 4% margin of error, sample size = 600. Accessed at http://www.gallup.com.

Gardner, H. (1995). Reflections on multiple intelligences: Myths and messages. *Phi Delta Kappan, 77*(3), 200-209.

Gardner, H. (1998). Reflections on multiple intelligences: Myths and messages. In A. Woolfolk Hoy (Ed.), *Readings in educational psychology* (2nd ed.). Boston: Allyn & Bacon.

Gay, G. (2000). *Culturally responsive teaching: Theory, research, and practice.* New York: Teachers College Press.

Gay, G. (2006). Connections between classroom management and culturally responsive Teaching. In C. M. Evertson & C. S. Weinstein (Eds.), *Handbook of classroom management: Research, practice and contemporary issues.* Mahwah, NJ: Lawrence Erlbaum Associates, 343-370.

Gearheart, B. R., Weishahn, M. W., & Gearheart, C. J. (1992). *The exceptional student in the regular classroom* (5th ed.). New York: Macmillan.

Giangreco, M. F., & Doyle, M. B. (2002). Students with disabilities and paraprofessional supports: Benefits, balance, and band-aids. *Focus on Exceptional Children, 34*(7), 1-12.

Gillies, R. M. (2002). The residual effects of cooperative-learning experiences: A two-year follow-up. *The Journal of Educational Research, 96*(1), 16-20.

Gillies, R. M., & Ashman, A. F. (1998). Behavior and interactions of children in cooperative groups in lower and middle elementary grades. *Journal of Educational Psychology, 90*(4), 746-757.

Ginsberg, M. B. (2007). Lessons at the kitchen table. *Educational Leadership, 64*(6), 56-61.

Good, T. L., & Brophy, J. E. (2008). *Looking in classrooms* (10th ed.). Boston: Pearson/Allyn & Bacon.

Goodlad, J. (1984). *A place called school.* New York: McGraw-Hill.

Gordon, J. A. (1998). Caring through control. *Journal for a Just and Caring Education, 4*(4), 418-440.

Gordon, T. (2003). *Teacher effectiveness training: The program proven to help teachers bring out the best in students of all ages.* New York: Three Rivers Press.

Gorney, C. (June 13, 1999). Teaching Johnny the appropriate way to flirt. *The New York Times Magazine,* 43-47, 67, 73, 80-83.

Governor's Task Force on Child Abuse and Neglect. (October 1988). *Child abuse and neglect: A professional's guide to identification, reporting, investigation, and treatment.* Trenton, NJ: Author.

Grandin, T. (2007). Autism from the inside. *Educational Leadership, 64*(5), 29-32.

Graves, T., & Graves, N. (1990). Things we like: A team-building/language development lesson for preschool-grade 2. *Cooperative Learning, The Magazine for Cooperation in Education, 10*(3), 45.

Graziano, A. M., & Mooney, K. C. (1984). *Children and behavior therapy.* New York: Aldine.

Greenwood, G. E., & Hickman, C. W. (1991). Research and practice in parent involvement: Implications for teacher education. *The Elementary School Journal, 91*(3), 279-288.

Gregory, A., & Ripski, M. (2008). Adolescent trust in teachers: Implications for behavior in the high school classroom. *School Psychology Review, 37*(3), 337-353.

Griffith, J. (1998). The relation of school structure and social environment to parent involvement in elementary schools. *The Elementary School Journal, 99*(1), 53-80.

Grossman, H. (2004). *Classroom behavior management for diverse and inclusive schools* (3rd ed.). Lanham, MD: Rowman & Littlefield.

Grossman, H. (1984). *Educating Hispanic students: Cultural implications for instruction, classroom management, counseling, and assessment.* Springfield, IL: Thomas.

Grossman, H. (1995). *Classroom behavior management in a diverse society.* Mountain View, CA: Mayfield.

Grossman, H., & Grossman, S. H. (1994). *Gender issues in education.* Boston: Allyn & Bacon.

Grossman, D. C., Neckerman, H. J., Koepsell, T. D., Liu, P. Y., Asher, K. N., Beland, K., Frey, K., & Rivara, F. P. (1997). The effectiveness of a violence prevention curriculum among children in elementary school. *Journal of the American Medical Association, 277*(2), 1605-1611.

Gruber, B. (1983). *Managing your classroom! An instant idea book.* Palos Verdes Estates, CA: Frank Schaffer.

Gruber, B. (1985). *Classroom management for elementary teachers. An instant idea book.* Palos Verdes Estates, CA: Frank Schaffer.

Gump, P. V. (1982). School settings and their keeping. In D. L. Duke (Ed.), *Helping teachers manage classrooms.* Alexandria, VA: Association for Supervision and Curriculum Development, 98-114.

Gump, P. V. (1987). School and classroom environments. In D. Stokols & I. Altman (Eds.), *Handbook of environmental psychology.* New York: John Wiley & Sons, 691-732.

Gumperz, J. J. (1981). Conversational inference and classroom learning. In J. Green & C. Wallat (Eds.), *Ethnography and language in educational settings.* Norwood, NJ: Ablex.

Gutman, L. M., & McLoyd, V. C. (2000). Parents' management of their children's education within the home, at school and in the community: An examination of African-American families living in poverty. *The Urban Review, 32*(1), 1-24.

Hagin, R. A. (2004). Autism and other severe pervasive developmental disorders. In F. M. Kline & L. B. Silver (Eds.), *The educator's guide to mental health issues in the classroom.* Baltimore, MD: Paul H. Brookes, 55-73.

Hansen, P., & Mulholland, J. A. (2005). Caring and elementary teaching: The concerns of male beginning teachers. *Journal of Teacher Education, 56*(2), 119-131.

Harmon, A. (August 26, 2004). Internet gives teenage bullies weapons to wound from afar *New York Times,* pp. A1, A23.

Harrison, M. M. (Fall 2005). Bully on the bus. *Teaching Tolerance, 28,* 39–43.

Hastings, N., & Schwieso, J. (1995). Tasks and tables: The effects of seating arrangements on task engagement in primary classrooms. *Educational Research, 37*(3), 279–291.

Hatch, J. A. (March 1986). *Alone in a crowd: Analysis of covert interactions in a kindergarten.* Presented at the annual meeting of the American Educational Research Association, San Francisco. ERIC Document Reproduction Service No. ED 272 278.

Heilman, E. (2008). Hegemonies and "transgressions" of family: Tales of pride and prejudice. In T. Turner-Vorbeck & M. Miller Marsh (Eds.), *Other kinds of families: Embracing diversity in schools.* New York: Teachers College Press, 7–27.

Helmke, A., & Schrader, F. W. (1988). Successful student practice during seatwork: Efficient management and active supervision not enough. *Journal of Educational Research, 82*(2), 70–75.

Henderson, A. T., Mapp, K. L., Johnson, V. R., & Davies, D. (2007). *Beyond the bake sale: The essential guide to family-school partnerships.* New York: The New Press.

Henley, M., Ramsey, R. S., & Algozzine, R. F. (2002). *Characteristics of and strategies for teaching students with mild disabilities* (4th ed.). Boston: Allyn & Bacon.

Henning, J. E. (2008). *The art of discussion-based teaching.* New York: Routledge.

Heuveline, P. (2005). *Estimating the proportion of marriages that end in divorce.* A research brief prepared for the Council on Contemporary Families. Available at www.contemporaryfamilies.org.

Hidi, S., & Harackiewicz, J. M. (2000). Motivating the academically unmotivated: A critical issue for the 21st century. *Review of Educational Research, 70*(2), 151–179.

Hodgkinson, H. (1985). *All one system: Demographics of education, kindergarten through graduate school.* Washington, DC: Institute for Educational Leadership.

Hoover, J., & Oliver, R. (2008). *The bullying prevention handbook: A guide for teachers, principals and counselors* (2nd ed.). Bloomington, IN: Solution Tree.

Hoover-Dempsey, K. V., Bassler, O. T., & Brissie, J. S. (1987). Parent involvement: Contributions of teacher efficacy, school socioeconomic status, and other school characteristics. *American Educational Research Journal, 24*(3), 417–435.

Hoover-Dempsey, K. V., Bassler, O. T., & Burow, R. (1995). Parents' reported involvement in students' homework: Strategies and practices. *The Elementary School Journal, 95*(5), 435–449.

Hoover-Dempsey, K. V., & Sandler, H. M. (1997). Why do parents become involved in their children's education? *Review of Educational Research, 67*(1), 3–42.

HR 1804: Goals 2000: Educate America Act, 103rd Congress, 2nd session. 1994.

Hyman, I., Kay, B., Tabori, A., Weber, M., Mahon, M., & Cohen, I. (2006). Bullying: Theory, research, and interventions. In C. M. Evertson & C. S. Weinstein (Eds.), *Handbook of classroom management: Research, practice, and contemporary issues.* Mahwah, NJ: Lawrence Erlbaum Associates, 855–884.

Hyman, I. A. (1997). *School discipline and school violence: The teacher variance approach.* Boston: Allyn & Bacon.

Irvine, J. J. (1990). *Black students and school failure: Policies, practices, and prescriptions.* New York: Greenwood.

Irvine, J. J. (2002). *In search of wholeness: African American teachers and their culturally specific classroom practices.* New York: Palgrave.

Irvine, J. J., & Fraser, J. (May 13, 1998). Warm demanders: Do national certification standards leave room for the culturally responsive pedagogy of African-American teachers? *Education Week, 17*(35), 56.

Jackson, P. W. (1990). *Life in classrooms.* New York: Teachers College Press.

Johnson, D. W., & Johnson, R. T. (1980). Integrating handicapped students into the mainstream. *Exceptional Children, 47*(2), 90-98.

Johnson, D. W., & Johnson, R. T. (1989/90). Social skills for successful groupwork. *Educational Leadership, 47*(4), 29-33.

Johnson, D. W., & Johnson, R. T. (1995). *Reducing school violence through conflict resolution.* Alexandria: VA: ASCD.

Johnson, D. W., & Johnson, R. T. (1999). The three Cs of school and classroom management. In H. J. Freiberg (Ed.), *Beyond behaviorism: Changing the classroom management paradigm*. Boston: Allyn & Bacon, 119-144.

Johnson, D. W., Johnson, R. T., Holubec, E. J., & Roy, P. (1984). *Circles of learning: Cooperation in the classroom.* Alexandria, VA: Association for Supervision and Curriculum Development.

Jolivette, K., Stichter, J. P., & McCormick, K. M. (2002). Making choices—improving behavior—engaging in learning. *Teaching Exceptional Children, 34*(3), 24-30.

Jolivette, K., Wehby, J. H., Canale, J., & Massey, N. G. (2001). Effects of choice-making opportunities on the behavior of students with emotional and behavioral disorders. *Behavioral Disorders, 26*(2), 131-145.

Jones, E., & Prescott, E. (1978). *Dimensions of teaching-learning environments. II: Focus on day care.* Pasadena, CA: Pacific Oaks College.

Jones, F. H., Jones, P., Lynn, J., Jones, F., & Jones, B. T. (2007). *Tools for teaching: Discipline, instruction, motivation.* Santa Cruz, CA: Fredric H. Jones & Associates.

Jones, M. G., & Gerig, T. M. (1994). Silent sixth-grade students: Characteristics, achievement, and teacher expectations. *The Elementary School Journal, 95*(2), 169-182.

Jones, V. F., & Jones, L. S. (1986). *Comprehensive classroom management: Creating positive learning environments.* Boston: Allyn & Bacon.

Jones, V. F., & Jones, L. S. (2010). *Comprehensive classroom management: Creating communities of support and solving problems* (9th ed.). Upper Saddle River, NJ: Pearson.

Kagan, S. (1989/90). The structural approach to cooperative learning. *Educational Leadership, 47*(4), 12-15.

Karweit, N. (1989). Time and learning: A review. In R. E. Slavin (Ed.), *School and classroom organization.* Hillsdale, NJ: Lawrence Erlbaum Associates.

Kashti, Y., Arieli, M., & Harel, Y. (1984). Classroom seating as a definition of situation: Observations in an elementary school in one development town. *Urban Education, 19*(2), 161-181.

Katz, M. S. (1999). Teaching about caring and fairness: May Sarton's *The Small Room.* In M. S. Katz, N. Noddings, & K. A. Strike (Eds.), *Justice and caring: The search for common ground in education.* New York: Teachers College Press, 59-73.

Katz, S. R. (1999). Teaching in tensions: Latino immigrant youth, their teachers, and the structures of schooling. *Teachers College Record, 100*(4), 809-840.

Keith, S., & Martin, M. E. (2005). Cyber-bullying: Creating a culture of respect in a cyber world. *Reclaiming Children and Youth, 13*(4), 224-228.

Kerr, M. M., & Nelson, C. M. (2006). *Strategies for addressing behavior problems in the classroom* (5th ed.). Upper Saddle River, NJ: Pearson Prentice Hall.

Kershner, R., & Pointon, P. (2000). Children's views of the primary classroom as an environment for working and learning. *Research in Education, 64*, 64-78.

Kidder, T. (1989). *Among schoolchildren.* Boston: Houghton Mifflin.

Kim, D., Solomon, D., & Roberts, W. (April 1995). *Classroom practices that enhance students' sense of community.* Paper presented at the annual convention of the American Educational Research Association, San Francisco, California.

King, J. R. (1998). *Uncommon caring: Learning from men who teach young children.* New York: Teachers College Press.

King, L., Luberda, H., Barry, K., & Zehnder, S. (1998). *A case study of the perceptions of students in a small-group cooperative learning situation.* Paper presented at the Annual Conference of the American Educational Research Association. San Diego, California.

Kline, F. M., & Silver, L. B. (2004). *The educator's guide to mental health issues in the classroom.* Baltimore, MD: Paul H. Brookes.

Kohn, A. (1993). *Punished by rewards: The trouble with gold stars, incentive plans, A's, praise, and other bribes.* Boston: Houghton Mifflin.

Kohn, A. (1996). *Beyond discipline: From compliance to community.* Alexandria, VA: Association for Supervision and Curriculum Development.

Kottler, E. (1994). *Children with limited English: Teaching strategies for the regular classroom.* Thousand Oaks, CA: Corwin Press.

Kottler, J. A., & Kottler, E. (1993). *Teacher as counselor: Developing the helping skills you need.* Newbury Park, CA: Corwin Press.

Kottler, J. A., & Kottler, E. (2009). *Students who drive you crazy: Succeeding with resistant, unmotivated, and otherwise difficult young people* (2nd ed.). Thousand Oaks, CA: Corwin Press.

Kounin, J. S. (1970). *Discipline and group management in classrooms.* New York: Holt, Rinehart & Winston.

Kralovec, E., & Buell, J. (2000). *The end of homework: How homework disrupts families, overburdens children, and limits learning.* Boston: Beacon Press.

Krantz, P. J., & Risley, T. R. (September 1972). *The organization of group care environments: Behavioral ecology in the classroom.* Paper presented at the Annual Convention of the American Psychological Association, Honolulu. ERIC #ED 078 915.

Kriete, R. (2002). *The morning meeting book.* Greenfield, MA: Northeast Foundation for Children.

Kriete, R. (2003). Start the day with community. *Educational Leadership, 61*(1), 68-71.

Kutnick, P., Blatchford, P., Clark, H., McIntyre, H., & Baines, E. (2005). Teachers' understandings of the relationship between within-class (pupil) grouping and learning in secondary schools. *Educational Research, 47*(1), 1-24.

Kutnick, P., Ota, C., & Berdondini, L. (2008). Improving the effects of group working in classrooms with young school-aged children: Facilitating attainment, interaction and classroom activity. *Learning and Instruction, 18*, 83-95.

Kyle, D., & McIntyre, E. (2000). *Family visits benefit teachers and families—and students most of all.* CREDE Practitioner Brief #1. Santa Cruz, CA: Center for Research on Education, Diversity & Excellence.

Ladson-Billings, G. (1994). *The dreamkeepers: Successful teachers of African American children.* San Francisco: Jossey-Bass.

Ladson-Billings, G. (2001). *Crossing over to Canaan: The journey of new teachers in diverse classrooms.* San Francisco: Jossey-Bass.

Landrum, T. J., & Kauffman, J. M. (2006). Behavioral approaches to classroom management. In C. M. Evertson & C. S. Weinstein (Eds.), *Handbook of classroom management: Research, practice, and contemporary issues*. Mahwah, NJ: Lawrence Erlbaum Associates, 47-72.

Landsman, J. (2006). Bearers of hope. *Educational Leadership, 63*(5), 26-32.

Lasley, T. J., Lasley, J. O., & Ward, S. H. (1989). *Activities and desists used by more and less effective classroom managers.* Paper presented at the annual meeting of the American Educational Research Association, San Francisco.

Latham, A. S. (1997). Learning through feedback. *Educational Leadership, 54*(8), 86-87.

Laursen, E. K. (2008). Respectful alliances, *Reclaiming children and youth, 17*(1), 4-9.

Lawrence-Lightfoot, S. (2003). *The essential conversation: What parents and teachers can learn from each other.* New York: Ballantine Books.

Leahy, S., Lyon, C., Thompson, M., & Wiliam, D. (2005). Classroom assessment: Minute by minute, day by day. *Educational Leadership, 63*(3), 18-24.

Lee, J., & Bowen, N. K. (2006). Parent involvement, cultural capital, and the achievement gap among elementary school children, *American Educational Research Journal, 43*(2), 193-215.

Leinhardt, G., Weidman, C., & Hammond, K. M. (1987). Introduction and integration of classroom routines by expert teachers. *Curriculum Inquiry, 17*(2), 135-175.

Leishman, J. (2002). Cyberbullying: The Internet is the latest weapon in a bully's arsenal. Toronto: CBC News. Available at http://cbc/ca/news/national/news/cyberbullying/index.html.

Lepper, M., Greene, D., & Nisbett, R. E. (1973). Undermining children's intrinsic interest with extrinsic rewards: A test of the "overjustification" hypothesis. *Journal of Personality and Social Psychology, 28,* 129-137.

Levin, J., & Nolan, J. F. (2003). *What every teacher should know about classroom management.* Boston: Allyn & Bacon.

Lewis, T. J., Newcomer, L. L., Trussell, R., & Richter, M. (2006). Schoolwide positive behavior support: Building systems to develop and maintain appropriate social behavior. In C. M. Evertson & C. S. Weinstein (Eds.), *Handbook of classroom management: Research, practice, and contemporary issues.* Mahwah, NJ: Lawrence Erlbaum Associates.

Lindeman, B. (2001). Reaching out to immigrant parents. *Educational Leadership, 58*(6), 62-66.

Lindle, J. C. (1989). What do parents want from principals and teachers? *Educational Leadership, 47*(2), 12-14.

Lisante, J. E. (June 6, 2005). Cyber bullying: No muscles needed. Published on Connect for Kids (http://www.connectforkids.org).

Lopez, G. R. (2001). The value of hard work: Lessons on parent involvement from an (im)migrant household. *Harvard Educational Review, 71*(3), 416-437.

Lord, B. B. (1984). *In the year of the boar and Jackie Robinson.* New York: Harper & Row.

Lortie, D. (1975). *Schoolteacher.* Chicago: University of Chicago Press.

Lotan, R. (2006). Managing groupwork in the heterogeneous classroom. In C. M. Evertson & C. S. Weinstein (Eds.), *Handbook of classroom management: Research, practice, and contemporary issues.* Mahwah, NJ: Lawrence Erlbaum Associates.

Ma, H., Lu, E. Y., Turner, S., & Wan, G. (2007). An empirical investigation of cheating and digital plagiarism among middle school students. *American Secondary Education, 35*(2), 69-82.

MacLachlan, P. (1985). *Sarah, plain and tall.* New York: Harper & Row Junior Books.

Madden, N. A., & Slavin, R. E. (1983). Cooperative learning and social acceptance of mainstreamed academically handicapped students. *Journal of Special Education, 17,* 171-182.

Mamlin, N., & Dodd-Murphy, J. (2002). Minimizing minimal hearing loss in the schools: What every classroom teacher should know. *Preventing School Failure, 46*(2), 86-93.

Manning, B. H. (1988). Application of cognitive behavior modification: First and third graders' self-management of classroom behaviors. *American Educational Research Journal, 25*(2), 193-212.

Marshall, H. H. (1987). Motivational strategies of three fifth-grade teachers. *The Elementary School Journal, 88*(2), 135-150.

Martin, S. H. (2002). The classroom environment and its effects on the practice of teachers. *Journal of Educational Psychology, 22,* 139-156.

Marzano, R. J., Gaddy, R. J., Foseid, M. C., Foseid, M. P., & Marzano, J. S. (2005). *A handbook for classroom management that works.* Alexandria, VA: Association for Supervision and Curriculum Development.

Maslow, A. H., & Mintz, N. L. (1956). The effects of esthetic surroundings: Initial effects of three esthetic conditions upon perceiving 'energy' and 'well-being' in faces. *Journal of Psychology, 41,* 247-254.

McCaslin, M., & Good, T. L. (1998). Moving beyond management as sheer compliance: Helping students to develop goal coordination strategies. *Educational Horizons,* Summer, 169-176.

McCrone, S. S. (2005). The development of mathematical discussions: An investigation in a fifth-grade classroom. *Mathematical Thinking and Learning, 7*(2), 111-133.

McIntosh, K., Herman, K., Sanford, A., McGraw, K., & Florence, K. (2004). Teaching transitions: Techniques for promoting success between lessons. *Teaching Exceptional Children, 37*(1), 32-38.

McKinley, J. (March 25, 2009). Cities deal with a surge in shantytowns. *New York Times,* p. A1.

Meadan, H., & Monda-Amaya, L. (2008). Collaboration to promote social competence for students with mild disabilities in the general classroom: A structure for providing social support. *Intervention in School and Clinic, 43*(3), 158-167.

Mehan, H. (1979). *Learning lessons: Social organization in a classroom.* Cambridge, MA: Harvard University Press.

Meichenbaum, D. (1977). *Cognitive behavior modification.* New York: Plenum.

Miller, E. (1994). Peer mediation catches on, but some adults don't. *Harvard Education Letter, 10*(3), 8.

Milner, H. R. (2006). Classroom management in urban classrooms. In C. M. Evertson & C. S. Weinstein (Eds.), *Handbook of classroom management: Research, practice, and contemporary issues.* Mahwah, NJ: Lawrence Erlbaum Associates, 491-522.

Minke, K. M., & Anderson, K. J. (2003). Restructuring routine parent-teacher conferences: The family school conference model. *The Elementary School Journal, 104*(1), 49-69.

Montemayor, R., & Eisen, M. (1977). The development of self-conceptions from childhood to adolescence. *Developmental Psychology, 13*(4), 314-319.

Morine-Dershimer, G., & Beyerbach, B. (1987). Moving right along. . . . In V. Richardson-Koehler (Ed.), *Educators' handbook, a research perspective.* New York: Longman, 207-232.

Morrow, L. M. (2005). *Literacy development in the early years: Helping children read and write* (5th ed.). Needham Heights, MA: Allyn & Bacon.

Morrow, L. M., Reutzel, D. R., & Casey, H. (2006). Organization and management of language arts teaching: Classroom environments, grouping practices, exemplary instruction. In C. M. Evertson & C. S. Weinstein (Eds.), *Handbook of classroom management: Research, practice, and contemporary issues.* Mahwah, NJ: Lawrence Erlbaum Associates, 559-581.

Morrow, L. M., & Weinstein, C. S. (1982). Increasing children's literature use through program and physical design changes. *Elementary School Journal, 83*(2), 131-137.

Morrow, L. M., & Weinstein, C. S. (1986). Encouraging voluntary reading: The impact of a literature program on children's use of library centers. *Reading Research Quarterly, 21*(3), 330-346.

Morse, L. W., & Handley, H. M. (1985). Listening to adolescents: Gender differences in science classroom interaction. In L. C. Wilkinson & C. B. Marrett (Eds.), *Gender influences in classroom interaction*. Orlando, FL: Academic Press, 37-56.

Mulryan, C. M. (1992). Student passivity during cooperative small groups in mathematics. *Journal of Educational Research, 85*(5), 261-273.

Murawski, W. W. (2005). Addressing diverse needs through co-teaching. *Kappa Delta Pi Record, 41*(2), 77-82.

Myles, B. S., Gagnon, E., Moyer, S. A., & Trautman, M. L. (2004). Asperger syndrome. In F. M. Kline & L. B. Silver (Eds.), *The educator's guide to mental health issues in the classroom*. Baltimore, MD: Paul H. Brookes, 75-100.

Narayn, J. S., Heward, W. L., Gardner, R., III, Courson, F. H., & Omness, C. K. (1990). Using response cards to increase student participation in an elementary classroom. *Journal of Applied Behavior Analysis, 23*(4), 483-490.

National Coalition of Homeless Children and Youth. (2008). *Fact sheet #10, June 2008.*

National Commission on Excellence in Education. (1983). *A nation at risk: The imperative for educational reform.* Washington, DC: U.S. Government Printing Office.

National Crime Prevention Council (2003). Cyberbullying. Downloaded from www.mcgruff.org.

National Dissemination Center for Children with Disabilities. (2003). Pervasive developmental disorders. Fact sheet 20. (Downloaded from www.nichcy.org/pubs/factshe/fs20txt.htm)

National Dissemination Center for Children with Disabilities (2004). Learning disabilities. Fact sheet 7. (Downloaded from www.nichcy.org/pub/factshe/fs7txt.htm).

National Education Commission on Time and Learning. (1994). Prisoners of time. Available at http://www.emich.edu/public/emu_programs/tlc/toc.html.

National Institute on Alcohol Abuse and Alcoholism. (2004/2005). Alcohol and development in youth: A multidisciplinary overview. *Alcohol Research and Health, 28*(3). Available at http://pubs.niaaa.nih.gov/publications/arh283/toc28-3.htm.

National Law Center on Homelessness and Poverty. (2008). *Homelessness and poverty in America: Overview.* Washington, DC: National Law Center on Homelessness and Poverty.

Naughton, K., & Thomas, E. (March 13, 2000). Did Kayla have to die? *Newsweek,* 24-29.

NCELA. (2007). The growing numbers of LEP students, 2005-2006 Poster. Washington, DC: U.S. Department of Education. Retrieved 02/24/2009 from http://www.ncela.gwu.edu/stats/2_nation.htm.

Nelsen, J. L., Lott, L., & Glenn, H. S. (2000). *Positive discipline in the classroom* (3rd ed.). Roseville, CA: Prima.

Nelson-Barber, S., & Meier, T. (Spring 1990). Multicultural context a key factor in teaching. *Academic Connections,* Office of Academic Affairs, The College Board, 1-5, 9-11.

Nevin, A. (1993). Curricula and instructional adaptations for including students with disabilities in cooperative groups. In J. W. Putnam, *Cooperative learning and strategies for inclusion: Celebrating diversity in the classroom*. Baltimore, MD: Paul H. Brookes, 41-56.

New Jersey v. T.L.O., 105 S. Ct. 733 (1985).

Newby, T. (1991). Classroom motivation: Strategies of first-year teachers. *Journal of Educational Psychology, 83,* 195-200.

Newman, R. S., & Schwager, M. T. (1993). Students' perceptions of the teacher and classmates in relation to reported help seeking in math class. *The Elementary School Journal, 94*(1), 3-17.

Nieto, S., & Bode, P. (2008). *Affirming diversity: The sociopolitical context of multicultural education* (5th ed.). Boston: Allyn & Bacon.

Noguera, P. A. (1995). Preventing and producing violence: A critical analysis of responses to school violence. *Harvard Educational Review, 65*(2), 189-212.

Nucci, L. (2006). Classroom management for moral and social development. In C. M. Evertson & C. S. Weinstein (Eds.), *Handbook of classroom management: Research, practice, and contemporary issues*. Mahwah, NJ: Lawrence Erlbaum Associates, 711-731.

Oakes, J., & Lipton, M. (1999). *Teaching to change the world.* Boston: McGraw-Hill.

Obidah, J. E., & Teel, K. M. (2001). *Because of the kids: Facing racial and cultural differences in schools.* New York: Teachers College Press.

O'Connor, R. E., & Jenkins, J. R. (1996). Cooperative learning as an inclusion strategy: A closer look. *Exceptionality, 6*(1), 9-51.

O'Donnell, A., & O'Kelly, J. (1994). Learning from peers: Beyond the rhetoric of positive results. *Educational Psychology Review, 6*(4), 321-349.

Olds, A. R. (1987). Designing settings for infants and toddlers. In C. S. Weinstein & T. G. David (Eds.), *Spaces for children: The built environment and child development.* New York: Plenum, 117-138.

Olmsted, P. P. (1991). Parent involvement in elementary education: Findings and suggestions from the Follow Through program. *The Elementary School Journal, 91*(3), 221-231.

Olweus, D. (2003). A profile of bullying at school. *Educational Leadership, 60*(6), 12-17.

Oortwijn, M. B., Boekaerts, M., Vedder, P., & Fortuin, J. (2008). The impact of a cooperative learning experience on pupils' popularity, non-cooperativeness, and interethnic bias in multiethnic elementary schools. *Educational Psychology, 28*(2), 211-221.

Osterman, K. F. (2000). Students' need for belonging in the school community. *Review of Educational Research, 70*(3), 323-367.

Ostrander, R. (2004). Oppositional defiant disorder and conduct disorder. In F. M. Kline & L. B. Silver (Eds.), *The educator's guide to mental health issues in the classroom.* Baltimore, MD: Paul H. Brookes, 267-286.

Paley, V. G. (1992). *You can't say you can't play.* Cambridge, MA: Harvard University Press.

Patrick, H., Anderman, L. H., Ryan, A. M., Edelin, K. C., & Midgley, C. (2001). Teachers' communication of goal orientations in four fifth-grade classrooms. *The Elementary School Journal, 102*(1), 35-58.

Patall, E. A., Cooper, H., & Robinson, J. C. (2008). Parent involvement in homework: A research synthesis. *Review of Educational Research, 78*(4), 1039-1101.

Patton, J. E., Snell, J., Knight, W. J., & Gerken, K. (April 17-21, 2001). *A survey study of elementary classroom seating designs.* Paper presented at the Annual Meeting of the National Association of School Psychologists.

Payne, R. K. (2005). *A framework for understanding poverty* (4th rev. ed.). Highlands, TX: aha! Process.

Peet, B. (1993). Buford, the little bighorn. In R. C. Farr & D. S. Strickland (senior authors), *A most unusual sight. HBJ treasury of literature.* Orlando, FL: Harcourt Brace Jovanovich.

Pell, T., Galton, M., Steward, S., Page, C., & Hargreaves, L. (2007). Promoting group work at key stage 3: Solving an attitudinal crisis among young adolescents? *Research Papers in Education, 22*(3), 309-322.

Pietrangelo, R., & Giuliani, G. (2008). *Frequently asked questions about Response to Intervention: A step-by-step guide for educators.* Thousand Oaks, CA: Corwin Press.

Pittman, S. I. (1985). Cognitive ethnography and quantification of a first-grade teacher's selection routines for classroom management. *The Elementary School Journal, 85*(4), 541-558.

Pointon, P., & Kershner, R. (2000). Making decisions about organising the primary classroom environment as a context for learning: The views of three experienced teachers and their pupils. *Teaching and Teacher Education, 16*(1), 117-127.

Pollack, W. S., Modzeleski, W., & Rooney, G. (2008). *Prior knowledge of potential school-based violence: Information students learn may prevent a targeted attack.* U.S. Secret Service and Department of Education. Washington, DC: U. S. Government Printing Office. (Downloaded from http://www.ed.gov.)

Powell, R. R., Zehm, S. J., & Kottler, J. A. (1995). *Classrooms under the influence: Addicted families/addicted students.* Newbury Park, CA: Corwin Press.

Power, B., & Chandler, K. (January/February 1998). Six steps to better report card comments. *Instructor, 107*(5), 76-78.

Proshansky, E., & Wolfe, M. (1974). The physical setting and open education. *School Review, 82,* 557-574.

Raffaele-Mendez, L. M., & Knoff, H. M. (2003). Who gets suspended from school and why: A demographic analysis of schools and disciplinary infractions in a large school district. *Education and Treatment of Children, 26,* 30-51.

Reeve, J. (2006a). Extrinsic rewards and inner motivation. In C. M. Evertson & C. S. Weinstein (Eds.), *Handbook of classroom management: Research, practice, and contemporary issues*. Mahwah, NJ: Lawrence Erlbaum Associates, 645-664.

Reeve, J. (2006b). Teachers as facilitators: What autonomy-supportive teachers do and why their students benefit. *Elementary School Journal, 106*(3), 225-236.

Renewing Our Schools, Securing Our Future: A National Task Force on Public Education. (2005). Getting smarter, becoming fairer. Available at http://www.ourfuture.org/docUploads/gsbf_popup.html.

Richards, C., Pavri, S., Golez, F., & Murphy, J. (2007). Response to intervention: Building the capacity of teachers to serve students with learning difficulties. *Issues in Teacher Education, 16*(2), 55-64.

Rief, S. F. (1993). *How to reach and teach ADD/ADHD children.* West Nyack, NY: The Center for Applied Research in Education.

Robinson, S., & Ricord Griesemer, S. M. (2006). Helping individual students with problem behavior. In C. M. Evertson & C. S. Weinstein (Eds.), *Handbook of classroom management: Research, practice, and contemporary issues*. Mahwah, NJ: Lawrence Erlbaum Associates, 787-802.

Roby, T. W. (1988). Models of discussion. In J. T. Dillon (Ed.), *Questioning and discussion—A multidisciplinary study*. Norwood, NJ: Ablex, 163-191.

Rock, M. L. (2005). Use of strategic self-monitoring to enhance academic engagement, productivity, and accuracy of students with and without exceptionalities. *Journal of Positive Behavior Interventions,* 7(1), 3-17.

Roeser, R. W., Eccles, J. S., & Sameroff, A. J. (2000). School as a context of early adolescents' academic and social-emotional development: A summary of research findings. *The Elementary School Journal, 100*(5), 443-471.

Romero, M., Mercado, C., & Vazquez-Faria, J. A. (1987). Students of limited English proficiency. In V. Richardson-Koehler (Ed.), *Educators' handbook: A research perspective.* New York: Longman.

Rosenholtz, S. J., & Cohen, E. G. (1985). Status in the eye of the beholder. In J. Berger & M. Zelditch Jr. (Eds.), *Status, rewards, and influence*. San Francisco: Jossey-Bass, 430-444.

Rosenshine, B. (1980). How time is spent in elementary classrooms. In C. Denham & A. Lieberman (Eds.), *Time to learn*. Washington, DC: U.S. Department of Education, 107-126.

Rosenshine, B. V. (1986). Synthesis of research on explicit teaching. *Educational Leadership, 43*(7), 60-69.

Ross, R. P. (1985). Elementary school activity segments and the transitions between them: Responsibilities of teachers and student teachers. Unpublished doctoral dissertation, University of Kansas.

Rowe, M. B. (1974). Wait-time and rewards as instructional variables: Their influence on language, logic, and fate control. Part 1: Wait time. *Journal of Research in Science Teaching, 11*, 291-308.

Ryan, R. B., Peterson, R. L., & Rozalski, M. (2007). State policies concerning the use of seclusion timeout in schools. *Education and Treatment of Children, 30*(4), 215-239.

Ryan, R. M., & Connell, J. P. (1989). Perceived locus of causality and internalization. *Journal of Personality and Social Psychology, 57*, 749-761.

Ryan, R. M., & Deci. E. L. (2000a). Intrinsic and extrinsic motivations: Classic definitions and new directions. *Contemporary Educational Psychology, 25*, 54-67.

Ryan, R. M., & Deci, E. L. (2000b). Self-determination theory and the facilitation of intrinsic motivation, social development, and well-being. *American Psychologist, 55*(1), 68-78.

Sadker, D., & Sadker, M. (1985). Is the OK Classroom OK? *Phi Delta Kappan, 55*, 358-367.

Sadker, D., Sadker, M., & Thomas, D. (1981). Sex equity and special education. *The Pointer, 26*, 33-38.

Sadker, D., Sadker, M., & Zittleman, K. (2009). *Still failing at fairness: How gender bias cheats girls and boys in school and what we can do about it.* New York: Simon & Schuster.

Sainato, D. M., Strain, P. S., Lefebvre, D., & Rapp, N. (1990). Effects of self-evaluation on the independent work skills of preschool children with disabilities. *Exceptional Children, 56*(6), 540-549.

Sanoff, H. (1979). *Design games.* Los Altos, CA: William Kaufmann.

Sapon-Shevin, M. (1995). Building a safe community for learning. In W. Ayers (Ed.), *To become a teacher: Making a difference in children's lives.* New York: Teachers College Press.

Sapon-Shevin, M. (1999). *Because we can change the world: A practical guide to building cooperative, inclusive classroom communities.* Boston: Allyn & Bacon.

Sapon-Shevin, M. (2003). Inclusion: A matter of social justice. *Educational Leadership, 61*(2), 25-28.

Scarcella, R. (1990). *Teaching language minority students in the multicultural classroom.* Upper Saddle River, NJ: Prentice Hall Regents.

Schaps, E. (2003). Creating a school community. *Educational Leadership, 60*(60), 31-33.

Schimmel, D. (2006). Classroom management, discipline, and the law: Clarifying confusion about students' rights and teachers' authority. In C. M. Evertson & C. S. Weinstein (Eds.), *Handbook of classroom management: Research, practice, and contemporary issues.* Mahwah, NJ: Lawrence Erlbaum Associates, 1005-1020.

Schlosser, L. K. (1992). Teacher distance and student disengagement: School lives on the margin. *Journal of Teacher Education, 43*(2), 128-140.

Schlozman, S. C. (2001). Too sad to learn? *Educational Leadership, 59*(1), 80-81.

Schmoker, M. (October 24, 2001). The Crayola curriculum. *Education Week, 21*(8), 42.

Schmollinger, C. S., Opaleski, K. A., Chapman, M. L., Jocius, R., & Bell, S. (2002). How do you make your classroom an inviting place for students to come back to each year? *English Journal, 91*(6), 20-22.

Schniedewind, N., & Davidson, E. (2000). Differentiating cooperative learning. *Educational Leadership, 58*(1), 24-27.

Shalaway, L. (1989). *Learning to teach . . . not just for beginners.* Cleveland, OH: Instructor Books, Edgell Communications.

Shariff, S. (2004). Keeping schools out of court: Legally defensible models of leadership. *The Educational Forum, 68,* 222-232.

Shaw, C. (1947). *It looked like spilt milk.* New York: HarperCollins.

Sheets, R. H. (1996). Urban classroom conflict: Student-teacher perception: Ethnic integrity, solidarity, and resistance. *Urban Review, 28*(2), 165-183.

Shin, H. B., with Bruno, R. (2003). Language use and English-speaking ability: 2000. Washington, DC: U.S. Census Bureau. (Downloaded from www.census.gov.)

Shuy, R. (1988). Identifying dimensions of classroom language. In J. L. Green & J. O. Harker (Eds.), *Multiple perspective analyses of classroom discourse.* Norwood, NJ: Ablex.

Sileo, T. W., & Prater, M. A. (1998). Creating classroom environments that address the linguistic and cultural backgrounds of students with disabilities: An Asian Pacific American perspective. *Remedial and Special Education, 19*(6), 323-337.

Skiba, R., Horner, R., Gung, C. G., Rausch, M. K., May, S. L., & Tobin, T. (2008). *Race is not neutral: A national investigation of African American and Latino disproportionality in school discipline.* Paper presented at the Annual Meeting of the American Educational Research Association, New York, New York.

Skiba, R. J., Michael, R. S., Nardo, A. C., & Peterson. R. (2002). The color of discipline: Sources of racial and gender disproportionality in school punishment. *Urban Review, 34,* 317-342.

Skiba, R. J., & Rausch, M. K. (2006). Zero tolerance, suspension, and expulsion: Questions of equity and effectiveness. In C. M. Evertson & C. S. Weinstein (Eds.), *Handbook of classroom management: Research, practice, and contemporary issues.* Mahwah, NJ: Lawrence Erlbaum Associates.

Skinner, E. A., & Belmont, M. J. (1993). Motivation in the classroom: Reciprocal effects of teacher behavior and student engagement across the school year. *Journal of Educational Psychology, 85*(4), 571-581.

Slavin, R. E. (1995). *Cooperative learning: Theory, research, and practice* (2nd ed.). Boston: Allyn & Bacon.

Smith, B. (1998). *It's about time: Opportunities to learn in Chicago's elementary schools.* Chicago: Consortium on Chicago School Research. Available at www.ncrel.org/sdrs/areas/issues/envrnmnt/go/go6lk10.htm.

Smith, B. (2000). Quantity matters: Annual instructional time in an urban school system. *Educational Administration Quarterly, 36*(5), 652-682.

Smith, E. (2002). Ebonics: A case history. In L. Delpit & J. K. Dowdy (Eds.), *The skin that we speak: Thoughts on language and culture in the classroom*. New York: The New Press, 15-30.

Sobel, A., & Kugler, E. G. (2007). Building partnerships with immigrant parents. *Educational Leadership, 64*(6), 62-66.

Soodak, L. C., & McCarthy, M. R. (2006). Classroom management in inclusive settings. In C. M. Evertson & C. S. Weinstein (Eds.), *Handbook of classroom management: Research, practice, and contemporary issues*. Mahwah, NJ: Lawrence Erlbaum Associates, 461-490.

Southern Poverty Law Center. (September 2004). Hate among youth becomes widespread. *SPLC Report, 34*(3), 1.

Souvignier, E., & Kronenberger, J. (2007). Cooperative learning in third graders' jigsaw groups for mathematics and science with and without questioning training. *British Journal of Educational Psychology, 77*, 755-771.

Steele, F. I. (1973). *Physical settings and organization development*. Reading, MA: Addison-Wesley.

Stefkovich, J. A., & Miller, J. A. (April 13, 1998). *Law enforcement officers in public schools: Student citizens in safe havens?* Paper presented at the annual meeting of the American Educational Research Association.

Stigler, J. W., Lee, S., & Stevenson, H. W (1987). Mathematics classrooms in Japan, Taiwan, and the United States. *Child Development, 58*, 1272-1285.

Stipek, D. J. (1993). *Motivation to learn: From theory to practice* (2nd ed.). Boston: Allyn & Bacon.

Stodolsky, S. S. (1984). Frameworks for studying instructional processes in peer work groups. In P L. Peterson, L. C. Wilkinson, & M. Hallinan (Eds.), *The social context of instruction*. New York: Academic Press, 107-124.

Stodolsky, S. S. (1988). *The subject matters: Classroom activity in math and social studies*. Chicago: University of Chicago Press.

Strauss, S., with Espeland, P. (1992). *Sexual harassment and teens: A program for positive change*. Minneapolis, MN: Free Spirit.

Strong-Wilson, T., & Ellis, J. (2007). Children and place: Reggio Emilia's environment as third teacher. *Theory into Practice, 46*(1), 40-47.

Substance Abuse and Mental Health Services Administration (SAMHSA). (2003). *Results from the 2002 National Survey on Drug Use and Health: National Findings*. NHSDA Series H-22, DHHS Pub. No. SMA 03-3836. Rockville, MD: SAMHSA, Office of Applied Studies. Available at http://www.oas.samhsa.gov/nhsda/2k2nsduh/Results/2k2Results.htm.

Swap, S. M. (1993). *Developing home-school partnerships: From concepts to practice*. New York: Teachers College Press.

Tannen, D. (1995). The power of talk: Who gets heard and why. *Harvard Business Review, 73*(5), 138-148.

Tarr, P. (2004). Consider the walls. *Young Children, 59*(3), 88-92.

Taylor, T. (1969). *The cay*. New York: Doubleday.

Thompson, B. (2008). Characteristics of parent-teacher e-mail communication. *Communication Education, 57*(2), 201-223.

Thompson, G. L. (2004). *Through ebony eyes: What teachers need to know but are afraid to ask about African American students*. San Francisco: Jossey-Bass.

Tomlinson, C. A. (1999). *The differentiated classroom: Responding to the needs of all learners*. Alexandria, VA: Association for Supervision and Curriculum Development.

Towers, R. L. (1989). *Children of alcoholics/addicts*. Washington, DC: National Education Association.

Trueba, H. T., Cheng, L.R.L., & Ima, K. (1993). *Myth or reality: Adaptive strategies of Asian Americans in California*. Washington, DC: Falmer Press.

Trumbull, E., Rothstein-Fisch, C., Greenfield, P. M., & Quiroz, B. (2001). *Bridging cultures between home and school: A guide for teachers*. Mahwah, NJ: Lawrence Erlbaum Associates.

U.S. Census Bureau. (2008). Language spoken at home. American Community Survey. Washington, DC: U.S. Census Bureau. Retrieved 02/24/2009 from http://factfinder.census.gov/home/saff/main.html?_lang=en.

U. S. Department of Education, National Center for Education Statistics (NCES). (March 13, 1998). *Third international math and science study* (TIMSS). Available at http://nces.ed.gov/timss/video/finding3.htm.

U.S. Department of Health and Human Services, Administration of Children, Youth, and Families. (2008). *Child maltreatment 2006.* Washington, DC: U.S. Government Printing Office. Available at http://www.acf.hhs.gov/programs/cb/stats_research/index.htm#can.

Urdan, T., & Schoenfelder, E. (2006). Classroom effects on student motivation: Goal structures, social relationships, and competence beliefs. *Journal of School Psychology, 44*(5), 331-349.

Valentine, G. (Fall 1998). Lessons from home (an interview with Lisa Delpit). *Teaching Tolerance, 7*(2), 15-19.

Valenzuela, A. (1999). *Subtractive schooling: U.S.-Mexican youth and the politics of caring.* Albany: State University of New York Press.

Valli, L., Croninger, R. G., & Walters, K. (2007). Who (else) is the teacher? Cautionary notes on teacher accountability systems. *American Journal of Education, 113*(4), 635-662.

Vaughn, S., Bos, C. S., & Schumm, J. S. (2003). *Teaching exceptional, diverse, and at-risk students in the general education classroom.* Boston: Allyn & Bacon.

Vaughn, S., Gersten, R., & Chard, D. J. (2000). The underlying message in LD intervention research: Findings from research syntheses. *Exceptional Children, 67*(1), 99-114.

Vaughn, S., Levy, S., Coleman, M., & Bos, C. S. (2002). Reading instruction for students with LD and EBD: A synthesis of observation studies. *Journal of Special Education, 36*(1), 2-13.

Villa, R. A., Thousand, J. S., & Nevin, A. I. (2008) *A guide to co-teaching: Practical tips for facilitating student learning* (2nd ed.). Thousand Oaks, CA: Corwin Press.

Villegas, A. M., & Lucas. T. (2007). The culturally responsive teacher. *Educational Leadership, 64*(6), 28-33.

Vossekuil, B., Fein, R., Reddy, M., Borum, R., & Modzeleski, W. (2002). *The final report and findings of the Safe School Initiative: Implications for the prevention of school attacks in the United States.* Washington, DC: U.S. Secret Service and the U.S. Department of Education. Available at www.secretservice.gov/ntac/ssi_final_reprot.pdf.

Vygotsky, L. (1978). *Mind in society: The development of higher psychological processes.* (Eds. M. Cole, V. John-Steiner, S. Scribner, & E. Souberman). Cambridge, MA: Harvard University Press.

Walberg, H. J. (1988). Synthesis of research on time and learning. *Educational Leadership, 45*(6), 76-85.

Walde, A. C., & Baker, K. (1990). How teachers view the parents' role in education. *Phi Delta Kappan, 72*(4), 319-320, 322.

Walker, H. M., Colvin, G., & Ramsey, E. (1995). *Antisocial behavior in school: Strategies and best practices.* Pacific Grove, CA: Brooks/Cole.

Walker, J. E., & Shea, T. M. (1995). *Behavior management: A practical approach for educators.* Englewood Cliffs, NJ: Merrill/Prentice Hall.

Walker, J.M.T. (Ed.). (2009). A person-centered approach to classroom management. *Theory into Practice, 48*(2), 95-159.

Wallace, M. A., Cox, E. A., & Skinner, C. H. (2003). Increasing independent seatwork: Breaking large assignments into smaller assignments and teaching a student with retardation to recruit reinforcement. *School Psychology Review, 32*(1), 132-142.

Walsh, J. A., & Sattes, B. D. (2005). *Quality questioning: Research-based practice to engage every learner*. Thousand Oaks, CA: Corwin Press.

Walsh, M. (June 2, 1999). Harassment ruling poses challenges. *Education Week, 18*(38), 1-22.

Walsh, M. (March 8, 2000). Law update: A fine line between dangerous and harmless student expression. *Education Week,* 14.

Walters, L. S. (2000). Putting cooperative learning to the test. *Harvard Education Letter, 16*(3), 1-6.

Watson, M., & Battistich, V. (2006). Building and sustaining caring communities. In C. M. Evertson & C. S. Weinstein (Eds.), *Handbook of classroom management: Research, practice, and contemporary issues*. Mahwah, NJ: Lawrence Erlbaum Associates, 253-280.

Watson, M., in collaboration with Ecken, L. (2003). *Learning to trust: Transforming difficult elementary classrooms through developmental discipline.* San Francisco: Jossey-Bass.

Webb, N. M. (1984). Sex differences in interaction and achievement in cooperative small groups. *Journal of Educational Psychology, 76,* 33-44.

Webb, N. M. (1985). Student interaction and learning in small groups: A research summary. In R. E. Slavin, S. Sharan, S. Kagan, R. Hertz-Lazarowitz, C. Webb, & R. Schmuck (Eds.), *Learning to cooperate, cooperating to learn.* New York: Plenum.

Webb, N. M., Baxter, G. P., & Thompson, L. (1997). Teachers' grouping practices in fifth-grade science classrooms. *The Elementary School Journal, 98*(2), 91-113.

Webb, N. M., & Farivar, S. (1994). Promoting helping behavior in cooperative small groups in middle school mathematics. *American Educational Research Journal, 31,* 369-395.

Webb, N. M., & Mastergeorge, A. M. (2003). The development of students' helping behavior and learning in peer-directed small groups. *Cognition and Instruction, 21*(4), 361-428.

Webb, N. M., Nemer, K. M., & Ing, M. (2006). Small group reflections: Parallels between teacher discourse and student behavior in peer-directed groups. *The Journal of the Learning Sciences, 15*(1), 63-119.

Webb, N. M., & Palincsar, A. S. (1996). Group processes in the classroom. In D. Berliner & R. C. Calfee (Eds.), *Handbook of educational psychology*. New York: Macmillan, 841-876.

Weiner, L. (1999). *Urban teaching: The essentials.* New York: Teachers College Press.

Weinstein, C. S. (1982). Privacy-seeking behavior in an elementary classroom. *Journal of Environmental Psychology, 2,* 23-35.

Weinstein, C. S., Curran, M., & Tomlinson-Clarke, S. (2003). Culturally responsive classroom management: Awareness into action. *Theory into Practice, 42*(4), 269-276.

Weinstein, C. S., Tomlinson-Clarke, S., & Curran, M. (2004). Toward a conception of culturally responsive classroom management. *Journal of Teacher Education,* 55(1), 25-38.

Wengel, M. (1992). *Seating arrangements: Changing with the times.* Research/Technical Report. Eric Document Reproduction Service No. ED 348 153.

Wentzel, K. R. (1997). Student motivation in middle school: The role of perceived pedagogical caring. *Journal of Educational Psychology, 89*(3), 411-419.

Wentzel, K. R. (1998). Social relationships and motivation in middle school: The role of parents, teachers, and peers. *Journal of Educational Psychology, 90*(2), 202-209.

Wentzel, K. R. (2006). A social motivation perspective for classroom management. In C. M. Evertson & C. S. Weinstein (Eds.), *Handbook of classroom management: Research, practice, and contemporary issues*. Mahwah, NJ: Lawrence Erlbaum Associates, 619-644.

Wertsch, J. V. (1985). *Vygotsky and the Social Formation of Mind.* Cambridge, MA: Harvard University Press.

Wesley, D. (1976). *Heritage.* Lakeside, CA: Interact.

Wessler, S. (2008). Civility speaks up. *Educational Leadership, 66*(1), 44-48.

Wheldall, K., & Lam, Y. Y. (1987). Rows versus tables. II. The effects of two classroom seating arrangements on classroom disruption rate, on-task behaviour, and teacher behaviour in three special school classes. *Educational Psychology,* 7(4), 303-312.

Wigfield, A. & Eccles, J. S. (2000). Expectancy-value theory of achievement motivation. *Contemporary Educational Psychology, 25*(1), 68-81.

Wilkinson, L. C., & Calculator, S. (1982). Effective speakers: Students' use of language to request and obtain information and action in the classroom. In L. C. Wilkinson (Ed.), *Communicating in the classroom*. New York: Academic Press, 85-100.

Williams, M. (1993). Actions speak louder than words: What students think. *Educational Leadership, 51*(3), 22-23.

Williams, R. L., & Stockdale, S. L. (2004). Classroom motivation strategies for prospective teachers. *The Teacher Educator, 39*(3), 212-230.

Wodrich, D. L. (2000). *Attention-deficit/hyperactivity disorder: What every parent wants to know* (2nd ed.). Baltimore, MD: Paul H. Brookes.

Wolfgang, C. H. (1999). *Solving discipline problems: Methods and models for today's teachers.* Boston: Allyn & Bacon.

Wood, C. (1999). *Time to teach, time to learn: Changing the pace of school.* Greenfield, MA: Northeast Foundation for Children.

Woodruff, E. (1991). *George Washington's socks.* New York: Apple Paperback, Scholastic.

Woolfolk Hoy, A. (2007). *Educational psychology* (10th ed.). Boston: Pearson Education/Allyn & Bacon.

Woolfolk Hoy, A. W., & Weinstein, C. S. (2006). Student and teacher perspectives about classroom management. In C. M. Evertson & C. S. Weinstein (Eds.), *Handbook of classroom management: Research, practice, and contemporary issues*. Mahwah, NJ: Lawrence Erlbaum Associates, 181-219.

Xu, J., & Corno, L. (2003). Family help and homework management reported by middle school students. *The Elementary School Journal, 103*(5), 503-517.

Zhang, S. (1995). Reexamining the effective advantage of peer feedback in ESL writing class. *Journal of Second Language Writing, 4*(3), 209-222.

Zirpoli, T. J. (2005). *Behavior management: Applications for teachers* (4th ed.). Upper Saddle River, NJ: Pearson Education.

Carol Simon Weinstein, Molly E. Romano, Andrew J. Mignano, Jr.
Elementary Classroom Management: Lessons from Research and Practice, 5e
9780073378626
Copyright © 2011, 2007, 2003, 1997, 1993 by McGraw-Hill Education

All rights reserved. No part of this publication may be reproduced or transmitted in any form or by any means, electronic or mechanical, including without limitation photocopying, recording, taping, or any database, information or retrieval system, without the prior written permission of the publisher.

This authorized Chinese translation edition is jointly published by McGraw-Hill Education and China Renmin University Press. This edition is authorized for sale in the People's Republic of China only, excluding Hong Kong, Macao SAR and Taiwan.

Copyright © 2016 by McGraw-Hill Education and China Renmin University Press.

版权所有。未经出版人事先书面许可，对本出版物的任何部分不得以任何方式或途径复制或传播，包括但不限于复印、录制、录音，或通过任何数据库、信息或可检索的系统。

本授权中文简体翻译版由麦格劳-希尔（亚洲）教育出版公司和中国人民大学出版社合作出版。此版本经授权仅限在中华人民共和国境内（不包括香港特别行政区、澳门特别行政区和台湾）销售。

版权© 2016 由麦格劳-希尔（亚洲）教育出版公司与中国人民大学出版社所有。

本书封面贴有 McGraw-Hill Education 公司防伪标签，无标签者不得销售。

北京市版权局著作权合同登记号：01-2011-4592

图书在版编目（CIP）数据

做最好的小学教师：高效课堂管理的十三堂课/（美）温斯坦，（美）罗马诺，（美）米格纳诺著；梁钫译. —北京：中国人民大学出版社，2016.3
（教育新视野）
ISBN 978-7-300-22317-9

Ⅰ.①做… Ⅱ.①温… ②罗… ③米… ④梁… Ⅲ.①小学-课堂教学-教学研究 Ⅳ.①G622.421

中国版本图书馆 CIP 数据核字（2016）第 001085 号

教育新视野
做最好的小学教师
高效课堂管理的十三堂课

卡萝尔·西蒙·温斯坦（Carol Simon Weinstein）
［美］莫莉·E·罗马诺（Molly E. Romano） 著
小安德鲁·J·米格纳诺（Andrew J. Mignano，Jr.）
梁 钫 译
Zuo Zuihao de Xiaoxue Jiaoshi

出版发行	中国人民大学出版社		
社　　址	北京中关村大街 31 号	**邮政编码**	100080
电　　话	010－62511242（总编室）		010－62511770（质管部）
	010－82501766（邮购部）		010－62514148（门市部）
	010－62515195（发行公司）		010－62515275（盗版举报）
网　　址	http://www.crup.com.cn		
经　　销	新华书店		
印　　刷	运河（唐山）印务有限公司		
规　　格	185 mm×260 mm　16 开本	**版　　次**	2016 年 3 月第 1 版
印　　张	22 插页 1	**印　　次**	2022 年 7 月第 4 次印刷
字　　数	499 000	**定　　价**	58.00 元

版权所有　侵权必究　　印装差错　负责调换

教师反馈表

麦格劳-希尔教育集团（McGraw-Hill Education）是全球领先的教育资源与数字化解决方案提供商。为了更好地提供教学服务，提升教学质量，麦格劳-希尔教师服务中心于 2003 年在京成立。在您确认将本书作为指定教材后，请填好以下表格并经系主任签字盖章后返回我们（或联系我们索要电子版），我们将免费向您提供相应的教学辅助资源。如果您需要订购或参阅本书的英文原版，我们也将竭诚为您服务。

<table>
<tr><td colspan="6">★ 基本信息</td></tr>
<tr><td>姓</td><td></td><td>名</td><td></td><td>性别</td><td></td></tr>
<tr><td>学校</td><td colspan="2"></td><td>院系</td><td colspan="2"></td></tr>
<tr><td>职称</td><td colspan="2"></td><td>职务</td><td colspan="2"></td></tr>
<tr><td>办公电话</td><td colspan="2"></td><td>家庭电话</td><td colspan="2"></td></tr>
<tr><td>手机</td><td colspan="2"></td><td>电子邮箱</td><td colspan="2"></td></tr>
<tr><td>通信地址及邮编</td><td colspan="5"></td></tr>
<tr><td colspan="6">★ 课程信息</td></tr>
<tr><td>主讲课程一1</td><td></td><td>课程性质</td><td></td><td>学生年级</td><td></td></tr>
<tr><td>学生人数</td><td></td><td>授课语言</td><td></td><td>学时数</td><td></td></tr>
<tr><td>开课日期</td><td></td><td>学期数</td><td></td><td>教材决策者</td><td></td></tr>
<tr><td>教材名称、作者、出版社</td><td colspan="5"></td></tr>
<tr><td colspan="6">★ 教师需求及建议</td></tr>
<tr><td colspan="2">提供配套教学课件
（请注明作者/书名/版次）</td><td colspan="4"></td></tr>
<tr><td colspan="2">推荐教材
（请注明感兴趣领域或相关信息）</td><td colspan="4"></td></tr>
<tr><td colspan="2">其他需求</td><td colspan="4"></td></tr>
<tr><td colspan="2">意见和建议（图书和服务）</td><td colspan="4"></td></tr>
<tr><td>是否需要最新图书信息</td><td>是、否</td><td rowspan="2">系主任签字/盖章</td><td colspan="3" rowspan="2"></td></tr>
<tr><td>是否有翻译意愿</td><td>是、否</td></tr>
</table>

教师服务热线：800-810-1936
教师服务信箱：instructorchina@mheducation. com
网址：www. mheducation. com

麦格劳-希尔教育教师服务中心
地址：北京市东城区北三环东路 36 号环球贸易中心 A 座 702 室　教师服务中心　100013
电话：010-57997618/57997600
传真：010 59575582